한국문학과 역사의 그늘

지은이 하상일(河相一, Ha, Sang-il)은 부산대학교 국어국문학과를 졸업하고 같은 대학원에서 「1960년대 현실주의 문학비평 연구」로 박사학위를 받았다. 1997년 『오늘의 문예비평』으로 비평활동을 시작했으며, 평론집으로 『타락한 중심을 향한 반역』, 『주변인의 삶과 시』, 『전망과 성찰』, 『서정의 미래와 비평의 윤리』가 있고, 연구서로 『1960년대 현실주의 문학비평과 매체의 비평전략』이 있으며, 공저로는 『주례사 비평을 넘어서』, 『한국문학 권력의 계보』, 『비평, 90년대 문학을 묻다』, 『탈식민주의를 넘어서』, 『강경애, 시대와 문학』, 『2000년대 한국문학의 징후들』 등이 있고, 공동편저로 『고석규 문학의 재조명』, 『소설 이천년대』, 『일제 말기 문인들의 만주체험』 등이 있다. 현재 동의대학교 문예창작학과 교수로 재직하고 있으며, 『오늘의 문예비평』 편집주간, 〈민족문학연구소〉 연구원으로 활동하고 있다. 고석규비평문학상(2003), 애지문학상(2007)을 수상하였다.

한국문학과 역사의 그늘

초판 인쇄 2008년 11월 05일 **초판 발행** 2008년 11월 10일
지은이 하상일 **펴낸이** 박성모 **펴낸곳** 소명출판 **출판등록** 제13-522호
주소 서울시 서초구 서초동 1621-18 란빌딩 1층
전화 02-585-7840 **팩스** 02-585-7848 **전자우편** somyong@korea.com

값 20,000원

ISBN 978-89-5626-345-8 93810

한국문학과 역사의 그늘

Korean Literature and Shade of History

소명출판

:: 책머리에

지금까지 한국문학이 역사의 그늘로부터 완전히 자유로웠던 적이 과연 있었던가. 부당한 정치권력과 편향된 이데올로기로 인해 지나치게 과대 포장된 작가와 작품들이 있는 반면, 오히려 이들에 의해 심각한 왜곡과 의도적 배제를 당함으로써 거의 언급조차 되지 않은 작가와 작품들도 상당히 많은 것이 엄연한 사실이 아닌가. 그럼에도 불구하고 한국문학사에 짙게 드리워진 역사의 그늘은 여전히 사라지지 않은 채 우리 문학사의 불구성을 더욱 심화시키고 있는 실정이다. 따라서 앞으로 우리의 문학연구는 이러한 역사의 그늘에 대한 비판적 문제의식으로부터 문학사의 왜곡과 모순을 바로잡는 실증적인 노력을 기울여 나가야 할 것이다. 다시 말해 분단이념과 정치권력에 휘둘려온 한국문학사의 역사적 상처와 모순을 근본적으로 혁신하는 새로운 문제제기가 더욱 확산될 필요가 있는 것이다.

우선, 일제 말기 문학에 대한 전면적인 재고가 있어야 한다. 특히 분단이데올로기로 인해 한국문학과 사회주의사상의 관련성에 대한 논의 자체가 금기시되었던 이념적 한계를 뛰어 넘는 전향적인 연구의 방향을 새롭게 정립해야 할 것이다. 일제 말기 문인들의 상당수는 중국과 일본을 통해 유입된 사회주의사상을 통해 자신들의 문학적 정체성을 확립하였다. 또한 이러한 문학적 정체성을 바탕으로 사상성과 예술성의 조화를 모색하는 현실주의 창작활동을 지속적으로 전개하였다. 하지만 그동안 남한의 문학사에는 이러한 사실을 그대로 소개하거나 수용하는 것이 사실상 불가능한 어두운 이데올로기의 장막이 드리워져 있었으므로, 사회주의사상을 수용한 우리 문학작품의 경우 아예 문학사에서 제외시켜 버리는 심각한 왜곡을 저지르기 일쑤였다. 게다가 그동안 남한 문학사는 북한문학사에 대한 전면적인 거부와 재외한인문학사에 대한 소외로 인해 진정한 의미에서 한국문학사의 종합적 체계를 갖추지도 못했던 것이 사실이다. 이 책의 1부와 2부는 이러한 문제의식으로부터 강경애・이육사・박세영・허남기의 문학과 『한양』을 중심으로 재일 한인 시문학과 비평문학의 양상과 의미를 살펴보았다. 아직은 시론(試論)적 성격의 글이 대부분이라서 자료를 정리하는 수준의 엉성하기 짝이 없는 글들이 대부분이지만, 이를 토대로 앞으로 깁고 더하여 한민족문학사의 거시적 틀을 마련할 수 있기를 기대한다.

다음으로, 지금까지 이루어진 한국전쟁 이후 발표된 우리 문학작품과 작가에 관한 연구를 비판적으로 검토함으로써, 우리 문학사의 빈자리를 메우는 작업을 지속적으로 전개할 필요가 있다. 우선 1960년대 이후 『창작과비평』과 『문학과지성』이라는 두 에콜의 권력화로 인해, 상당수의 문학 활동과 결과들이 역사의 그늘 속으로 묻혀버리고 말았다는 사실을 반드시 기억해야 한다. 그리고 반공을 국시로 해온 남한정부의 혹독한 감시와 억압 때문에 지금까지도 역사의 그늘로부터 벗어나지 못한 채 어두운 창고에 갇혀 있는 자료가 한두 가지가 아니라는 점도 특별히 주목해야 한다. 이 가운데 『한양』과 『청맥』의 전모를 확인하고 문학사적 의의를 밝힐 수 있었던 것은 연구자로서 아주 큰 행운이 아닐 수 없었다. 이를 통해 『한양』－『청맥』－『창작과비평』－『상황』으로 이어지는 1960년대 이후 우리 현실주의 문학비평사의 계보를 새롭게 정립할 수 있었고, 최일수 · 장일우 · 김순남 등의 비평가에 대한 구체적이고 실증적인 연구의 토대를 마련할 수도 있었다. 이 책의 3부와 4부에서는 이와 같은 문제의식으로 한국문학사의 그늘에 대해 깊이 고민하고 실천한 논문들을 중심으로 수록하였다.

교정을 본답시고 묵은 글들을 다시 찬찬히 읽어보았다. 10년 가까운 편차를 가진 글들이 대부분이어서 한 권의 책으로 묶어 내는 것이 상당히 부담스러울 정도로 제각각이었다. 특히 발표한 지 오래된 논문의 경우에는 마치 나의 글이 아닌 것처럼 거리감이 느껴지기까지 했다. 물론 이러한 거리감은 각 논문을 더욱 객관적이고 엄정한 잣대로 들여다보는 중요한 기회가 되기도 했다. 이 책의 출간이 그동안 나의 공부와 글쓰기를 근본적으로 성찰하는 소중한 계기가 되었다는 점에서 작은 위안을 삼는다. 아직은 문제의식으로만 남아 있는 연구과제들을 앞으로 좀 더 면밀히 살펴서 이 책의 부족함을 조금씩이라도 채워나갈 것을 굳게 다짐한다.

책의 출간을 앞두고 시인의 꿈을 간직했던 나를 연구자의 길로 이끈 두 분을 기억하지 않을 수 없다. 한 분은 이 책에 두 편의 논문으로 남아 있는 고석규 비평가이다. 내가 고석규의 시와 비평을 처음으로 만난 것은 아마 학부 2학년 때쯤이었던 것 같다. 지금은 정년퇴임을 하신 어느 선생님의 연구실에서 아직 원고뭉치 상태로 남아 있었던 고석규의 글을 보았을 때의 감동을 지금도 생생히 기억한다. 이제 겨우 문학에 관심을 갖기 시작한 내게 요절한 그의 문학세계는 그야말로 형이상학적 성채에 다름 아니었다. 그를 넘어서지 않고서 문학을 공부한다고 말하는 것은 어불성설이라는 아주 막연한 감상에 젖어 있었던 것도 같다. 그러던 내가 수 년 전에는 당신의 이름으로 제정되어 젊은 비평가들에게 주어지는 문학상까지 받았으니 그 인연은 아무리 강조해도 지나치지 않을 것이다. 다른 한 분은 학부 시절부터 지금까지 내 문학 공부의 처음이자 마지막이 되어주신 김준오 선생님이다. 대학원에 진학하여 고석규의 문학을 대상으로 석사논문을 쓰고 이제 막 박사과정에 들어섰을 뿐인데, 어느 날 선생님께서는 내게 열심히 공부하라는 마지막 인사만 남기고 서둘러 먼 길을 떠나셨다. 그 때의 아득함이 있었기에 지금까지 열심히 학문의 길을 걸어올 수 있었음을 고백한다. 어느덧 나도 대학의 교수가 되어 선생님의 『시론』으로 어설픈 강의를 하고 있다. 강단에 설 때면 죽비소리 같은 선생님의 육성이 강의실을 가득 메우는 환청을 들을 때가 종종 있다. 아마도 신진연구자로서 참신한 연구와 성실한 태도를 보여주지 못하는 지금의 나를 호되게 야단치시는 것이 아닐까 싶다. 한국문학을 공부하는 연구자로서 두 스승과의 만남은 너무도 큰 행복이고 축복이 아닐 수 없었다. 이제는 당신들로부터 받은 행복을 후배들과 제자들에게 나누어 주는 마음을 가져야 할 때인 것 같다. 이 책의 출간이 이러한 결심을 실천하는 첫걸음이 되기를 마음 속 깊이 다짐하고 또 다짐한다.

2008년 10월

하상일

:: 차례

제1부

제2부

제3부

제4부

제1부

제1장
사회주의적 여성주의와 여성서사의 실현

제2장
이육사의 사회주의사상과 비평의식

제3장
해방 이후 박세영 시 연구
월북 이후 『조선문학』 발표 작품을 중심으로

제
1
장

사회주의적 여성주의와 여성서사의 실현

1. 계몽주의적 여성주의와 사회주의적 여성주의

한국 근대여성문학의 출발은 1920년대 김명순・나혜석・김일엽 등에 의해 이루어졌다. 이들은 문학과 현실의 관계에서 무엇보다도 여성의 삶을 초점화하여 이를 근대적 과제로 제시한 선구적인 문제의식을 보여주었다. 하지만 이들의 여성주의적 시각은 여성육체의 성적 자유에 치중함으로써 여성해방의 문제를 성의 해방과 동일시하는 커다란 한계를 지니고 있었다. 1930년대 여성문학의 관점은 바로 이러한 초기 여성주의 시각의 결정적 한계를 극복하는 방향에서 전개되었다. 이는 1925년 카프의 결성 이후 형성된 우리 문학지형의 변화와 아주 밀접한 관련이 있다. 당시 근대문학의 방향은 식민지 현실의 근원적 모순을 극복하는 계급해방의 실현과 이를 토대로 외세에 대한 저항을 실천하는 반봉건 반식민의 두 가지 역사적 과제를 일관되게 견지하였다. 따라서 1930년대 여성문학의 방향은 여성의 자의식에 대한 각성과 여성 정체성의 새로운 정립이라는 계몽주의적 관점을 뛰어넘어, 여성의 현실을 식민지 사회 내부의 계급구조의 모순과 여성의 사회적 실천의 문제로 인식하는 현실주의적 성격을 강조했다. 이러한 변화의 중심에 있었던 대표적 여성작가가 바로 강경애이다.

강경애는 간도에 거주하면서 작품 활동을 한 특이한 이력과 동반자적인 작품경향으로 동시대의 다른 여성작가들에 비해서 훨씬 두드러진 이념지향성을 추구하였다. 그런데 우리의 근대문학사는 1970년대 후반에 와서야 비로소 강경애를 문학사적으로 평가하기 시작했다. 이에 반해 북한문학사의 경우에는 해방 이후 발간된 최초의 단행본이 강경애의 『인간문제』(노동신문사, 1949)였을 뿐만 아니라, 『현대조선문학선집』(조선작가동맹출판사, 1959)에 이기영의 「쥐불」, 한설야의 「탁류」·「귀향」과 함께 「인간문제」를 수록했고, 장편 「인간문제」 외에 단편 「소금」 등을 함께 실은 작품집 『인간문제』(문예출판사, 1986)를 출간하는 등 강경애의 소설을 일제강점기 우리 소설문학의 가장 위대한 작품으로 평가하였다. 또한 연변에서 발간된 문학사[1]에서도 강경애의 『인간문제』는 반외세 반봉건투쟁을 고무한 기념비적 작품으로, 해방 전 소설문학에서 사회주의적 사실주의 창작방법을 구현한, 진보적 소설문학의 대표적 작품의 하나로 평가하였다. 이러한 사실에서 알 수 있듯이, 지금까지 남한문학사는 이념적 폐쇄성과 역사적 불구성으로 어두운 역사의 그늘을 드리우고 있었음을 비판하지 않을 수 없다.[2]

---

1) 『조선문학간사』, 연변교육출판사, 1987; 박충록, 『한국민중문학사』, 열사람, 1988.

2) 해방 이후 북쪽에서는 강경애가 높은 평가를 받았고 남쪽에서는 박화성과 최정희, 모윤숙이 여성문단의 원로처럼 활동했지만 여성문학 논의 자체는 없었던 편이다. 그러다가 남쪽에서는 1980년대 후반에 들어서서 새롭게 여성문학론이 부각되었는데, 그간 남쪽 문학사에서는 소홀히 취급되었던 강경애가 복권되고 동시에 일방적으로 여성문학

최근 들어 여성문학 혹은 여성문학사에 대한 연구가 활성화됨에 따라 1920~30년대 여성문학의 새로운 의미찾기와 문학사적 체계화가 구체적으로 진행되고 있다. 이는 그동안의 문학사 연구에서 배제되거나 왜곡되었던, 그래서 당대 문학사의 중심에 있지 못하고 주변부로 내몰려버렸던 근대 여성작가들의 문학사적 위치를 올바르게 자리매김하기 위한 것이다.[3] 그 결과 최근 발표된 강경애 연구는 단순한 작품해설의 차원을 넘어선 문학사적 맥락을 강조하는 입장이 두드러진다. 특히 강경애의 문학을 남성/여성의 이분법적 경계를 뛰어넘어 사회주의적 계급의식의 차원에서 논의할 필요가 있다는 사실을 쟁점화하고 있다. 강경애의 문학에 있어서 여성주의적 입장과 계급주의적 노선은 별개의 문제가 아니라 상호통합적 인식 속에서 구체적으로 실천되었다고 할 수 있기 때문이다. 그동안 강경애의 문학적 성격을 두고 "남성적 여성의 적극성"이니 "여성작가가 아닌 작가"니 "남성적인 여성작가"[4]니 하는 식의 남성 중심적 평가 일색이었던 이유는 바로 이러한 측면을 의도적으로 왜곡한 데서 비롯된 결과이다.[5]

따라서 앞으로 전개될 강경애 문학 연구는 1920년대 계몽주의적 여성주의의 한계를 뛰어넘어 사회주의적 여성주의의 차원에서 논의될 필

을 대표했던 최정희가 재평가되면서 다양한 여성문학론이 등장했다. 이상경, 「여성문학의 두 얼굴」, 탄생100주년 문학인 기념문학제 자료집, 대산문화재단, 2006.5.12, 58면.

3) 가장 대표적인 연구성과로 이상경, 『한국근대여성문학사론』(소명출판, 2002)이 있다.

4) 이재선, 『한국현대소설사』, 홍성사, 1979; 김윤식, 『(속)한국근대작가논고』, 일지사, 1981; 조남현, 『한국현대소설연구』, 민음사, 1987.

5) 카프가 해산되고 거대 담론을 함부로 말할 수 없게 된 문단 상황에서 논의가 '일상'과 '사소한 것'에 대한 것으로 옮겨가면서 박화성이나 강경애 같은 작가의 작품을 평가할 때는 "남성에게 지지 않는" 혹은 "남성에 비하여" "남성적"이라는 수식어를 쓰고, 최정희·이선희·장덕조·모윤숙·노천명 등의 작품을 평가할 때는 "여류답게 섬세한" "여성적"이라는 수식어를 쓰면서 '여류작가'의 대표로 최정희가 부각되었다. 이런 언사는 남성성을 기준으로 해서 그것과의 동질성과 차별성을 강조하는 비평적 표현으로서 1930년대 남성중심 문단에서의 여성문학 논의의 특징을 그대로 보여준다. 이상경, 앞의 글, 61면.

요가 있다. 당시 여성문인들 대부분이 조혼, 축첩제도와 같은 봉건적 구습을 비판하고 자유연애를 주창하는 등 계몽적 차원에서 여성해방의 길을 찾았던 데 반해, 강경애는 일제강점기의 경제적 모순으로부터 여성문제의 원인을 찾았다는 점에서 이들과 확연히 구별[6]되기 때문이다. 이런 점에서 강경애 문학 연구는 사회주의적 성격을 지닌 여성문학의 가장 핵심적인 문제인 '여성성'과 '계급성'의 문제를 통합적으로 바라보는 방향으로 나아가야 한다. 다시 말해 일제강점기 계급문제에 대한 인식과 여성문제에 대한 인식의 상호관련성 속에서 사회주의적 여성문학의 성격과 특징을 중점적으로 살펴보아야 할 것이다.

2. 식민지 모순과 억압의 대상으로서의 하층계급 여성의 현실

강경애[7]는 1906년 4월 20일 황해도 송화에서 가난한 농민의 딸로 태어났는데, 그가 네 살 되던 해인 1909년 아버지가 죽자 그와 어머니는 하루하루 끼니를 걱정하지 않을 수 없는 극심한 가난에 직면했다. 결국 가족의 생존을 책임진 어머니는 호구지책으로 이듬해 이웃 장연에 사는 최도감과 재혼을 했고, 강경애는 어머니를 따라 장연으로 이주하여 그곳에서 어린 시절을 보냈다. 그의 의붓아버지인 최도감은 경제력은 어느 정도 있었지만 환갑을 넘긴 늙은이인데다 불구의 몸이었기 때문에, 어머니의 삶은 개가한 여성으로 안정된 생활은커녕 집안의 몸종 노

6) 김양선, 「강경애－간도 체험과 지식인 여성의 자기반성」, 『역사비평』, 1996년 여름, 351면.

7) 강경애의 전기적 사실에 대해서는 대부분 이상경, 「강경애의 시대와 문학」(『강경애 전집』, 소명출판, 2002)을 그대로 따랐음을 밝혀 둔다. 이하 『강경애전집』에서 인용한 글은 『전집』이라 약칭하고 글명과 페이지만 명기할 것임.

릇을 전전하는 여성적 질곡의 연속이었다. 게다가 강경애 역시 의붓아버지의 자식들과 원만한 가족관계를 이루지 못했기 때문에 어린 시절의 가족에 대한 그의 기억은 부정적이고 뒤틀린 어두운 모습으로 각인되 있을 뿐이었다.[8] 그의 작품 대부분이 일제강점기 궁핍한 가족의 현실과 아버지의 부재에서 비롯된 가족의 고통에 뿌리를 두고 있는 이유도 바로 이러한 이유에서이다.

강경애는 1924년 5월 양주동에 의해 『금성』에 시 「책 한 권」을 발표함으로써 창작활동을 시작했다. 하지만 이후 발표된 「가을」(『조선문단』, 1925.11), 「다림불」(『조선일보』, 1926.8.18) 등의 작품을 함께 고려한다 해도 그의 시창작은 사실상 습작 수준을 크게 넘어서지 못했다. 따라서 그의 창작활동은 1929년 10월 『조선일보』에 발표한 평론 「염상섭 씨의 논설 「명일의 길」을 읽고」와 1931년 1월 『조선일보』에 발표한 단편소설 「파금」으로부터 본격적으로 시작되었다고 보는 것이 타당하다. 이런 점에서 그의 문학은 대부분 1930년대 우리 사회의 역사적 현실과 깊숙이 밀착된 지형 속에서 출발되었다고 할 수 있다.

1930년대 초반 식민지 조선의 현실은 일본의 식량 및 공업원료의 공급지로 재편하기 위한 일본의 착취적인 경제정책으로 농가경제는 파탄을 겪지 않을 수 없었고, 도시에서는 공업화로 인한 노동자계급의 확산이 급격하게 이루어진 때였다. 억압적인 식민지 통치정책 하에서 민중들의 전반적인 삶은 생존을 위협받는 수준으로 열악해졌고, 이에 따라 1930년을 전후로 식민통치에 대한 민중의 저항과 분노의 표출이 더욱 증가하였다. 농촌의 경우 다양한 조직적・비조직적 소작쟁의와 혁명적 농

8) 「자서소전」, 『전집』, 788면. "일찍이 아버지를 잃은 나는 다섯 살에 의붓아버지를 섬기게 되었으며, 의붓아버지에게는 소생 아들딸이 있었으니 그들이 어찌나 세차고 사납던지, 거의 날마다 어린 나를 때리고 꼬집고 머리를 태를 뜯어서 도저히 나는 집에 붙어 있을 수가 없었다. 그래서 어머니만 빨래나 혹은 어디 볼 일로 집에 안 계시면 언제나 쫓겨나서 울 뒷산에 올라 망연히 어미님이 오시기를 기다리곤 하였다. 삼십을 넘은 나의 눈엔 아직도 어머니가 돌아오실 그 길이 아련히 남아 있다."

민조합운동이 활발하게 전개되었으며, 도시에서는 노동자계급의 성장을 기반으로 한 공장의 파업이 점차 조직화·장기화되는 추세를 보였다.[9]

강경애의 문학은 이와 같은 1930년대의 현실을 계급주의적 관점과 여성주의적 관점의 통합 속에서 바라봄으로써 식민지사회 모순과 억압의 현실을 근본적으로 타개하려는 뚜렷한 작가의식을 견지하였다. 다시 말해 식민지 모순과 계급모순, 그리고 여성성의 문제가 중층적으로 얽혀있는 세 겹의 억압구조 아래에 있었던 하층계급 여성의 현실에 주목함으로써, 식민지사회의 근원적 모순구조를 해결하는 구체적 대안을 제시하고자 했던 것이다.[10] 이러한 작가의식의 저변에는 자본과 권력의 횡포를 식민지 모순의 근원으로 인식함으로써, 노동자·농민 등 프롤레타리아계급의 해방이야말로 이러한 문제를 근본적으로 해결하는 유일한 대안이라는 사회주의적 의식이 깊숙이 내면화되어 있었다.

그는 청년시절 형부의 도움으로 평양 숭의여학교에 다니다 1923년 10월 기독교적 보수주의 교육체제의 지나친 통제와 간섭에 반발해 동맹휴학을 이끌다 퇴학을 당했다. 이때의 경험은 그에게 당시 불합리한 사회의 질서를 깊이 해부할 수 있는 현실인식과 일제 통치하의 자본주의 현실의 본질과 사회적 모순을 깨닫기 시작하는 중요한 계기가 되었던 것으로 보인다. 이후 그는 고향으로 돌아가 직접 '흥풍야학교'를 세워 무산계급의 아동들을 지도하기도 하고, 1929년에는 당시 가장 대표적인 여성운동 단체였던 '근우회'[11]에서 활발하게 활동하는 등 식민지

9) 강이수, 「식민지하 여성문제와 강경애의 『인간문제』—사회학자가 본 우리 소설」, 『역사비평』, 1993년 가을, 336~337면.

10) 일제강점기에 간도로 이주해 간 여성의 삶을 규정하는 담론의 층위들은 봉건적 관습, 제국주의와 근대화, 가부장제 이데올로기, 민족적 차별 등에 얽혀 있다. 일제하에서 성, 계급, 민족적으로 착취당하는 여성의 삶을 형상화함으로써, 여성의 육체와 모성을 둘러싼 두터운 담론의 층들을 해부하고, 그에 맞서는 여성하위주체의 자각의 가능성 및 그 한계를 탐색하는 작업은 일제강점기 여성문학을 검토하는 데에 매우 중요하다. 김민정, 「강경애 문학에 나타난 지배담론의 영향과 여성적 정체성의 형성에 관한 연구」, 『어문학』 제85호, 한국어문학회, 2004.9, 317면.

모순과 여성의 억압에 맞서는 진취적인 여성운동을 펼쳐나갔다. 특히 그는 사회주의 계열의 여성운동에 관심이 많았으므로 이전의 여성운동과는 달리 '통일적'이고 '목적의식적'인 여성운동의 방향을 강조하였다. 따라서 광주학생사건 및 여공들의 파업 등에 대한 조사와 지원을 하던 근우회의 활동을 통해, 식민지체제의 경제적 착취로 말미암은 여성노동자들의 고통과 자본가, 공장감독과 같은 남성지배권력에 의해 성적으로 유린당하는 여성노동자들의 현실에 대해 더욱 구체적이고 비판적인 문제의식을 지닐 수 있었다. 이로부터 그는 유년시절 어두운 가족사의 근본적 원인과 청년시절 억압적 규율을 강요했던 학교제도의 모순이 동질적인 차원에서 극복되어야 할 문제라는 사실을 분명하게 인식했다. 즉 빈부의 극심한 격차와 규율과 제도를 강요하는 종속적 구조는 식민지사회의 법과 질서에 의해 통제된 근원적 모순과 억압에서 비롯된 것임을 비로소 깨닫게 되었던 것이다.

강경애의 소설은 당시 최하층에서 천대받고 멸시받았던 봉건적 여성과 농민, 노동자들을 주인공으로 하여, 이들이 식민지체제에 영합한 권력층의 위선과 횡포에 처참하게 무너지는 비극적 인간상을 형상화하는 데 주력했다. 특히 그는 민족모순과 계급모순이 중층적으로 얽혀 있는 만주(간도)[12]에서의 생활을 바탕으로 우리 민족의 현실을 이싱의 문제를

11) 3·1운동 이후 민족주의 계열과 사회주의 계열로 분립·병존하던 여성단체는 1927년 5월에 여성해방운동과 항일운동의 일원화라는 목표 아래 '분산적에서 통일적으로', '자연생장적에서 목적의식적으로'라는 기치를 내걸고 여성의 역량을 총집결하여 단일한 여성운동단체를 결성하였는데, 이 단체가 바로 '근우회(槿友會)'이다. 근우회는 조선여자의 공고한 단결을 도모함, 조선여자의 지위향상을 도모함, 교육에서의 성적 차별철폐, 여성에 대한 사회적, 법률적, 정치적 차별철폐, 조혼폐지 및 결혼, 이혼의 자유, 인신매매 및 공창폐지, 농민부인의 경제적 이익옹호, 부인노동자의 임금차별 철폐 및 산전, 산후 휴가와 임금지불, 부인과 소년노동자의 임금차별 철폐 및 야업폐지 등을 주장했다. 이에 대한 자세한 내용은, 최민지, 「한국여성운동과 소사」, 『여성해방운동의 이론과 현실』(이효재 편), 창작과비평사, 1979; 남화숙, 「1920년대 여성운동에서의 협동전선론과 근우회」, 서울대 석사논문, 1989; 菅原百合, 「1920년대 여성운동과 근우회」, 연세대 석사논문, 2003; 최경숙, 『한국 근대사의 이해』, 부산외대 출판부, 2001 참조.

통해 구현해냈다는 점에서 당시 우리 여성들의 이중 삼중의 질곡을 가장 리얼하게 형상화한 작가라고 할 수 있다. 중국 북동부에 위치한 간도는 당시 사회주의운동이 격렬하게 전개되고 항일독립운동의 기지가 된 곳으로, 지주들의 반 이상이 중국인이고 농민들의 3분의 2 이상이 조선인이었다. 따라서 당시 간도의 현실은 민족 간의 갈등이 첨예하게 드러났을 뿐만 아니라 조선 · 중국 · 일본 등 여러 민족들 사이에서 계급적 불평등 구조까지 심화됨으로써 계급모순과 민족모순이 교차되는 특수한 지역으로서의 의미를 지녔다고 할 수 있다.

이러한 식민지 모순의 총체적 공간으로서의 간도의 현실을 하층계급 여성의 삶을 통해 형상화한 작품이 바로 「소금」(『신가정』, 1934.5~10)이다. 「소금」은 일제의 식민지정책으로 더욱 궁핍해진 조선 민중이 간도를 비롯한 만주 지역으로 이주한 후 중국인 지주 밑에서 더욱 비참한 생활을 겪어야만 했던 수난의 역사를 반영하고 있다. 주인공 봉염이네 가족 역시 고향에서 빚에 쫓겨 만주로 와서 팡둥(중국인 지주)의 땅을 소작하면서 겨우 입에 풀칠하며 살아가지만, 봉염 아버지가 팡둥과 함께 자X단의 비위를 맞추다가 공산당에게 살해당하고 그의 아들 봉식이마저 집을 나가 버리자, 봉염 어머니는 남겨진 딸과 함께 살기 위해 호구지책으로 남편을 죽인 거나 마찬가지인 원수 팡둥의 집에서 일을 해주며 겨우 목숨을 이어간다. 하지만 봉염 어머니는 원수 팡둥에게 겁탈을 당하여 원치

12) 우리 근대문학에서 간도 체험이란 식민지 조선에서의 받는 억압으로부터의 탈출구이자 중국과 일본의 세력 다툼과 그에 맞선 반만항일운동이 첨예하게 벌어진 현장이라는 지역적 특수성을 전제한 자리에서 논의할 수 있는 것이다(이상경, 「간도 체험의 정신사」, 『작가연구』 제2호, 새미, 1996, 10면). 강경애는 1924년 양주동과 헤어진 후 고향 장연으로 돌아왔으나 견디지 못하고 1920년대 후반 간도로 건너가서 용정 일대에서 교육기관의 임시 교원 등으로 일하면서 그곳에서의 우리 민족의 삶의 실상을 구체적으로 경험하고 돌아왔다. 이후 그는 당시 장연군청에 근무하고 있던 장하일과 결혼하여 1931년 6월경 다시 간도로 가게 되는데, 이때부터 신병으로 고향으로 돌아온 1940년 2월까지 간도에서 줄곧 생활하고 문학활동을 펼쳤다. 이런 점에서 그의 문학은 1930년대 간도의 역사와 간도 이주민들의 현실을 가장 정확하게 그려낸 작가라고 평가할 수 있다.

않는 임신까지 하게 되고, 이에 팡둥은 그의 아들 봉식이가 공산당이어서 사형당했다는 사실을 핑계로 내세워 이들 모녀를 거리로 내쫓아 버린다. 여기에서 봉염 어머니의 육체는 피식민지 여성의 대표적인 억압 형태인 성적 유린과 노동력 착취대상으로서의 전형성을 반영하고 있다.[13] 더욱 아이러니한 것은 원수의 아들을 임신하고 쫓겨나 남의 집 헛간에서 아이를 낳는 고통을 겪으면서까지도, 봉염 어머니는 "전신을 통하여 짜르르 흐르는 모성애"로 "극도의 배고픔"을 느끼면서 생존 본능으로 파뿌리를 씹어 삼키는 태도를 보이고 있다는 사실이다.

> 봉염이는 어머니를 흔들다가 흔들다가 그만 "흑흑" 하고 울었다.
> 어머니는 봉염이를 밀치며 "응응" 하고 힘을 썼다. 한 참 후에 "으악" 하는 애기 울음소리가 들렸다. 봉염이는 어머니 곁으로 다가붙으며, "애기?" 하고 부르짖었다.
> 어머니는 얼른 애기를 더듬어 그의 목을 꼭 쥐려 하였다.
> 그 순간 두 눈이 화끈 달며 파란 불꽃이 쌍으로 내달았다.
> 그리고 전신을 통하여 짜르르 흐르는 모성애! 그는 자기의 숨이 턱 막히며 쥐려는 손 끝에 맥이 탁 풀리는 것을 느꼈다.
> 그는 땀을 낙수처럼 흘리며 비켜 누워 버렸다. 그리고 "아이구!" 하고 소리쳐 울었다. (…중략…)
> 그리고 미역국 생각이 또 일어나며 김이 어린 미역국이 눈앞에 자꾸 어른거려 보인다. 따라서 배는 점점 더 고파왔다. 이제 몇 시간만 더 이 모양으로 굶었다가는 그가 아무리 살고 싶어도 살 수가 없을 것 같았다. 그는 이러한 생각에 겁이 펄쩍 났다. '무엇을 좀 먹어야 할 터인데.' 그는 눈을 뜨고 사면을 휘돌아보았다. 아직도 헛간은 컴컴하다. 컴컴한 저편 구석으로 약간씩 보이는 파뿌리! (…중략…) 마침내 그는 파를 입 속에 넣었다. 그리고 우쩍 씹었다. 그때 이가 시끔하며 딱 맞질린다. 그래서 그는 얼굴을 찡그리며 입을 쩍 벌린

---

13) 여기에서 어머니의 '몸'은 민족문제, 가난이라는 계급문제, 어머니라는 모성의 문제가 뒤엉켜 있는 최후의 식민지적 양상을 드러낸 것이라고 할 수 있다. 이은경, 「광기/자살/능욕의 모성공간」, 『한국의 식민지근대와 여성 공간』, 여이연, 2004, 127면.

채 한참이나 벌리고 있었다.[14)]

인용문에 나타난 봉염 어머니의 모습은, 자신이 지금 겪고 있는 처참한 현실이 식민지 모순에서 비롯된 것임을 깨닫지 못한 채 모성의 질곡에 깊숙이 갇혀 있었던 당시 우리 여성들의 모습을 아주 적나라하게 보여준다. 죽이고 싶을 정도로 미운 팡둥의 아이를 보는 순간에서조차 모성본능에 사로잡혀 원수를 향한 적개심마저 지워버리는 것은 식민지 여성의 현실 깊숙이 내재되어 있는 모성의 질곡을 선명하게 부각시키고 있는 것이다. 따라서 강경애는 이러한 봉염 어머니의 모성적 삶이 지닌 한계를 비판적으로 인식하고, 당대 여성들이 식민지 모순의 교환가치에 종속됨으로써 결국에는 파탄에 이르고 마는 과정을 더욱 구체적으로 보여주고자 한다. 즉 아이의 출산 이후 생존을 위해 부잣집 유모로 들어가는 봉염 어머니가 남의 아이를 먹이느라 오히려 자신의 아이마저 죽게 만들고, 결국에는 그 집에서마저 쫓겨나 다시 거리로 내몰리는 삶을 살아갈 수밖에 없도록 구조화해 놓은 것이다. 여기에서 식민지 여성으로서의 봉염 어머니의 모성성은 여성의 몸을 물신화하려는 식민지 남성권력에 의해 또다시 희생당하는 악순환을 거듭할 수밖에 없다. 이때 여성의 육체는 생계를 위한 교환가치의 대상인 동시에 착취당하는 대상으로 전락하고 만다. 다시 말해 1930년대 식민지 모순구조는 모성성의 상실로 귀결되는데, 이는 모성의 자발적 포기가 아니라 강요된 억제요 거세이므로 당시 모성의 절대적 강조는 또 다른 억압의 계기로 심화되는 근본적 한계상황에 놓여 있었던 것이다.[15)]

---

14) 『전집』, 513~516면.

15) 당시 간도의 문학은 중국문학과도 상당히 긴밀한 관계를 유지했을 것으로 추정되는데, 1930년대 중국의 좌익여성소설 역시 이와 같은 모성의 질곡이 두드러지게 부각된다는 점을 주목할 필요가 있다. 즉 1930년대 중국 하층여성들은 어머니이지만 가장이었기에 어떤 선택의 여지가 없었다. 때문에 궁핍한 현실에서의 모성의 상실은 포기가 아니라 억제이며 거세당한 것이었다. 여성의 모성이 거세된 사회는 생명이 살아갈 수 없는 현실이다. 이런 점에서 1930년대 중국 좌익 여성작가들은 상실된 모성을 통해 제국주의의

이런 점에서 강경애는 무엇보다도 당대의 여성이 겪어야만 했던 지독한 가난과 고통이 식민지 현실의 민족모순에서 비롯된 것임을 각인시키는데 주력하였다. 작품의 제목을 「소금」으로 정한 이유도 이러한 작가의 궁극적 의도를 전경화한 것으로, 소금 밀매 경험을 통해 식민지하의 왜곡된 여성의식을 각성하는 과정을 보여주기 위함이었다. 즉 남편과 아들의 죽음이 공산당과 관계가 있다는 잘못된 의식을 강요당한 채 살아온 봉염 어머니로 하여금 소금 밀매 과정에서 항일 유격대를 만나도록 구조화하였다. 여기에서 그는 풍문으로 듣던 것과는 달리 공산당의 행동은 실생활에서 그들에게 전혀 해를 입히지 않고 오히려 신뢰감을 주는 존재임을 인식하는 계기를 주된 플롯으로 부각시키고 있는 것이다. 결국 여성으로서의 자신의 삶의 모순과 질곡이 모두 공산당에서 비롯된 것이라는 왜곡된 의식 속에 갇혀 있었던 식민지 여성의식의 한계를 항일유격대에 대한 기대와 전망으로 변모시켰다. 식민지 모순과 억압의 대상으로서의 여성의 현실을 극복하는 가장 뚜렷한 대안을 제시하고자 했던 것이다.[16)]

이처럼 하층계급 여성의 현실은 강경애의 소설 전반을 지배하는 중심적인 주제로 초점화되었다.[17)] 즉 마약장이 남편의 꾐에 빠져 중국인

수탈과 계급적 봉건적 압박으로 인해 척박해진 중국을 생생하게 담아내었다. 최은정, 「1930년대 좌익여성소설 논고」, 『중어중문학』 제34집, 한국중어중문학회, 2004, 441면.

16) 이런 점에서 이상경은, 「소금」은 간도문학이 우리 민족문학에 기여할 수 있는 바의 최대치를 구현한 작품이고, 「소금」에서 드러난 사회주의에 대한 뚜렷한 지향은 국내가 무대가 된 그의 장편소설 『인간문제』에서 풍부한 세부묘사를 바탕으로 전형적 환경 속에서 전형적 인물을 그려내는 성과를 거두었다고 평가하였다. 이상경, 『강경애－문학에서의 성과 계급』, 건국대 출판부, 1997, 81~86면.

17) 하층민 여성의 위치는 자본주의의 타자(하층민)의 입장과 남성중심적 사회의 또 다른 타자(여성)의 입장에서 현실을 보는 시야를 제공한다. 또한 식민지라는 공간이 남성중심적 제국주의 및 자본주의의 모순이 중첩된 곳이라고 할 때, 하층민 여성은 그 다중적 질곡이 겹쳐지는 위치이다. 강경애의 소설 중 하층민 여성을 그린 소설이 식민지 현실의 문제를 가장 심층적으로 드러내는 것은 그 때문이다. 나병철, 「식민지 시대의 사회주의 서사와 여성담론」, 『탈식민주의와 근대문학』, 문예출판사, 2004, 322면.

에게 팔린 '보득이 어머니'를 통해 여성의 육체가 자본주의적 교환가치의 대상으로 전락한 실상을 적나라하게 보여준 「마약」(『여성』, 1937.11), 화자인 '나'와 우물가에서 만난 '산월이'—12세에 기생으로 팔려갔다가 18세에 연애를 하고 배신을 당한 후 늘어만 가는 몸값과 학대에 시달리는 여인—를 통해 육체적 노동뿐만 아니라 매음과 착취, 매질에 시달려야만 하는 불우한 매소부(賣笑婦)의 생애를 그려낸 「동정」(『청년조선』, 1934.10), 소작인의 딸로 태어나 집안의 재산밑천으로 아들 없는 부잣집의 소실로 팔려갔다가 아들을 낳지 못해 쫓겨난 후 몸을 팔아 생을 연명하며 살아온 예쁜이, 고아로 성장하여 기생이 되는 험난한 과정에서 한 남자를 사랑해 자식까지 낳았지만 결국 배신당하고 더 이상 남자에게 자신의 삶을 의존하지 않은 채 살아가는 산호주, 그리고 이들을 바라보는 옥이를 통해 어머니 세대에서 딸 세대로 이어지는 식민지 하층계급 여성의 현실인식의 변화과정을 보여주고 있다. 장편 『어머니와 딸』(『혜성』, 1931.8~1932.12)은 바로 이러한 식민지 하층계급 여성의 현실을 다룬 대표적 작품이다. 이처럼 강경애는 그의 소설 속 여성주인공을 통해 민족모순과 계급모순, 그리고 식민지 모순이 중층적으로 얽혀 있는, 그래서 여성이 남성중심적 이데올로기의 억압의 대상으로 전경화되었던 현실을 총체적으로 형상화하고자 했던 것이다.

3. 사회주의 여성서사의 실현과 여성주체의 계급적 각성

일제강점기 사회주의 담론의 성격은 3·1운동 이후 부르주아 민족주의의 한계가 뚜렷하게 드러나면서 이에 대한 대안으로 자본주의와 민족주의의 총체적 모순을 극복하고자 하는 기획으로서의 의미를 지니고 있었다. 그러나 계급문제에 너무 치중한 사회주의는 민족주의의 완전한 대안이 될 수 없었으므로 항상 민족담론과 경쟁적인 관계에 있을 수밖에 없었다. 문학의 경우도 마찬가지어서 사회주의는 민족주의의 한계를 극복하는 방향에서 항상 민족주의와 첨예한 논쟁적 관계를 유지해야만 했다. 따라서 이러한 사회주의와 민족주의의 한계를 동시에 비판하면서 이를 절충하자는 주장이 제기되었는데, 이것이 바로 양주동・염상섭 등과 같은 중간파 문인들의 절충주의 문학론이다. 그런데 강경애는 이들의 문학적 태도가 기회주의적 속성을 지닌 '소부르주아지', '문예소아병자'적 성격에서 비롯된 것이라고 혹평하면서 식민지 모순을 극복하는 사회주의적 문학론의 반면교사로 삼고자 했다.

> 초월은 회피이기 때문에 명일의 길이 없다고 상섭 씨가 첫대 외쳐 부르짖었으나 상섭 씨 자신이 벌써 초월하려고 애쓰는 것을 깨닫지 못하는 모양이다. 상섭 씨도 '마네킹 걸' 구경 가는 '마네킹 보이'가 아닐까? 상섭 씨뿐만 아니라 요새 문단에서 뒤떠드는 사람들을 돌아보면 속계(俗界)를 멀리하고 심산유곡에 신선들이 노는 듯이, 아니 구름에까지 올라가고 싶을 터이다. (…중략…)
>
> 다시 한보 들어가 그들은 초인적 불세출(不世出)의 재사로 자호(自號)하며 대중보다 훨씬 초월한 단계에 있는 것으로 자임하는 방종심을 끝까지 채우기 위하여 문예의 민중화를 끼려하며 따라시 대중이 그 영역을 침범하여 드디어 그 정체가 나타나면 대중의 뒷발길에 채여 떨어질 것을 아는 소위 소부르조아지 문인들은 의식 무의식으로 그저 대중을 초월코자 하는 것이다. 조선의 거인(?) 양주동 씨가 이 표본이요, 향자(向者)에 본지 발표 박영희 씨 「부패의 와중에서」에 대한 양씨의 답변은 종내 『문공[文藝公論]』 발매 선전 광고문으로 되고 말았으니—손을 두드리며 웃지 않을 수 없었다—두 손을 허공에 헤매이며 영락하여 가는 그 참태(慘態)는 가긍(可矜)하나 흥미있게 안 볼 수가 없었다.[18]

18) 「염상섭 씨의 논설 「명일(明日)의 길」을 읽고」, 『조선일보』, 1929.9.7~21; 『전집』, 705~706면.

이처럼 강경애는 무엇보다도 "문예의 민중화"에 강력한 지지를 보내면서 절충주의 문학론자들 역시 소위 "대중을 초월코자 하는" 부르주아적 민족주의 문학을 맹종하는 소부르주아지에 불과하다고 비판하였다. 이 글을 발표할 무렵인 1929년 무렵 강경애는 앞서 언급한 '근우회' 활동에 상당히 고무되어 있었다. 근우회는 여성차별의 역사적 원인이 사유재산 제도에 있다고 보고 자본주의의 경제적 모순을 해결함으로써 비로소 여성문제를 해결할 수 있다고 주장했다. 또한 계급을 정치적 실천의 토대로 규정함으로써 프롤레타리아계급이야말로 낡은 질서를 폐지하고 새로운 사회를 건설하는 과업을 수행할 사회적 비중과 힘을 가진 유일한 계급이라고 규정했다. 이와 같은 근우회의 입장과 노선은 1930년대 여성문학의 성격을 결정하는 중요한 이념적 지표가 되었고, 강경애 문학의 사회주의적 성격 역시 근우회의 여성주의 노선을 구체적으로 실천하는 과정에서 형성되었다고 할 수 있다.

1929년 『근우』 창간호에 발표된 이기영의 「부인의 문학적 위치」는, "문학에 있어서도 남녀양성을 대등으로 취급한 문학이 진실한 인간(문학)이라 할 것이요, 그것은 당연히 푸로 문학이 되지 안어서는 안니 될 것이다"라고 주장하고 있는데, 이는 강경애의 문학을 비롯한 당대 사회주의 여성문학의 성격을 정립하는 중요한 토대가 되었다. 하지만 이기영이 주장한 여성문학론의 이면을 들여다보면, 여성문학은 독립적으로 존재하는 것이라기보다는 계급해방이 곧 여성해방의 실현으로 이어진다는 점을 강조하고 있음을 알 수 있다. 즉 여성문학의 성격이 계급문학 지향성에 종속된 느낌을 지울 수 없는데, 이러한 계급해방의 논리는 기존의 계급적 지배구도를 대체할 새로운 지배권력의 창출이 남성주의적 힘의 논리로부터 파생된다는 논리적 모순[19]에 직면할 수밖에 없다. 이런 점에서 여성의 계급적 각성을 무엇보다도 강조하는 강경애의 소

19) 박혜경, 「강경애의 작품에 나타난 여성인식의 문제」, 『민족문학사연구』 제23호, 민족문학사학회, 2003, 267면.

설 역시 「원고료 이백원」(『신가정』, 1935.2)의 경우에서처럼 여성주인공의 계급적 각성이 주체적 의지의 발로에 의한 것이 아니라 가부장적 주체로서의 남성에 의해 의식화된 결과로 이해되기도 하는 것이다. 즉 소설 속에 구현된 아내와 남편의 관계는 마르크스 레닌주의의 가부장제적 특성을 보여주는 것으로, 남편은 사회주의를 신봉함으로써 세속적 욕망을 배제하는 금욕주의와 권위주의를 내면화하고, 아내는 남편에게 예속됨으로써 남성중심적 사회주의를 내면 깊숙이 받아들이는 태도를 표면화하고 있다는 것이다.[20] 이런 점 때문에 그의 소설에서 계급의식을 강조하는 태도는 오히려 여성문제에 대한 주체적인 각성을 가로막는 장애요소가 된다는 비판을 받기도 한다.[21]

하지만 이러한 비판적 견해는 강경애가 여성적 계급에 대한 뚜렷한 인식과 자각을 통해 사회주의 여성문학의 결정적 한계를 극복하려고 했다는 사실을 간과하고 있다. 즉 강경애는 사회주의 문학이 도식성을 탈피하기 위해서는 여성성을 매개로 함으로써 가능하다는 점과, 남성중심적 사회주의(마르크스 레닌주의)가 식민지 구조를 전복시키는 미학적 힘

---

20) 나병철, 앞의 책, 322면.

21) 하지만 당대의 여성소설을 이와 같이 무조건 남녀의 내립이라는 이분법적 판점에서 평가해서는 안 된다. 즉 당대의 역사적 실체 속으로 들어가 식민지 여성—하층계급 여성이든 지식인 여성이든—의 현실인식과 계급적 각성의 경로를 실증적으로 이해할 필요가 있는 것이다. 실제 강경애의 경우에도 남편 장하일의 사회주의 활동에 상당히 많은 영향을 받았고, 이러한 영향관계가 그의 소설에 상당히 투영되어 있는 것으로 보여진다. 「원고료 이백원」은 이러한 자전적 성격이 더욱 두드러진 작품으로, 남편에 의해서 자신이 사회주의적 계급의식의 각성을 이루었으며—이를 남성에 의한 여성의 각성으로 도그마화 하기보다는 사회주의적 인간에 의한 식민지 여성계급의 각성으로 보는 것이 타당하다—, 이를 통해 식민지 지식인 여성의 계급의식의 각성을 촉구한 것으로 보아야 한다. 이상경에 의하면, 강경애의 남편 장하일은 해방 후 황해도에서 인민위원회 위원장을 지냈고, 1946년 8월 28일부터 열린 북조선 노동당 창립대회에 황해도 대표로 출석해서 발언하기도 했다(국토통일원 편, 「북조선노동당 창립대회 회의록」, 『조선노동당대회자료집』 제1집, 국토통일원, 1988, 41~42면). 해방 후 이 대회에 참가할 정도면 장하일은 일제 말까지 어떤 형태로든 사회주의운동에 깊이 관여하고 있었음에 틀림없다. 이상경, 「간도 체험의 정신사」, 『작가연구』 제2호, 새미, 1996, 16면.

으로 실현되기 위해서는 무엇보다도 여성성의 재발견이 중요하다는 점을 분명하게 인식했던 것이다. 여기에서 여성성은 가부장적 남성에 대한 저항뿐만 아니라 민족적·계급적 모순이 심화된 사회역사적 현실을 변혁하는 중요한 계기로 작용한다. 따라서 강경애는 「조선 여성들의 밟을 길」이라는 글을 통해 사회개혁의 주체로서의 여성의 역할을 제시하고, 이러한 의식과 태도를 그의 소설이 궁극적으로 나아가야 할 뚜렷한 방향으로 정립하고자 하였다.

> 나는 우리 조선 여성들이 이 환경을 무시치 못하는 한계 내에서 어떤 동일한 목표를 향하여 가는 이 과정 위에서, 혹은 부분적으로나 혹은 종합적으로나 어떠한 길을 밟아나가는 것이 우리 사회를 위하여 떳떳한 일이냐고, 뜻을 같이 하고 있는 우리 조선 여성들에게 물어보기 위하여 나의 의견 몇몇을 표시한다.
>
> 물론 가정 내에서 남성을 도와 일가(一家)의 평화와 단락(團樂)을 도모하며 자녀를 길러 우리 사회에 굳센 일꾼을 보내는 것이 여성의 공통적·천부적 책임이지만 우리 사회에 결함이 많으니 만큼 우리 조선 여성의 특수한 사명도 있을 것이다.
>
> 일가가 사회의 일부분이며 따라서 자기 몸은 무론 사랑하는 남편과 자녀가 사회와 이해(利害) 휴척(休戚)을 같이하는 이상 우리 여성들도 이 사회에 대해 관심치 아니할 수 없을 것이다. (…중략…)
>
> 우리 조선 여성들이여! 여성이라고 자포자기할 것이 아니다.
>
> 여성의 힘이 위대한 것은 점점 일반에게 공인되어 오지 않느냐. 잠자는 우리 조선 남성들은 우리 여성의 외침에 사자같이 뛰어나갈 것을 자신하고 있다. 우리들이 이 과정에서 밟을 길은 전술한 바이나 일반적으로 가정을 개혁할 힘이 전연히 여성들에게 있다는 것을 잊어서는 안 된다. 가정 내의 생활을 개신하여 효용 시간을 연장시켜 이상의 길을 같이 밟자.
>
> 이것이 곧 사회의 개혁이 될 것이며 우리들의 생명의 촉광도 여기서 얼마간 엿볼 수가 있을 것이다.[22]

---

22) 「조선 여성들의 밟을 길」, 『조선일보』, 1930.11.28~29; 『전집』, 710~712면.

강경애는 여성은 가정의 일원이라는 차원을 넘어서 사회의 구성원으로 인식함으로써 사회적 자아로서의 여성상을 올바르게 구현해야 한다고 강조했다. 또한 "사회적으로 완전한 개변을 보지 못하고는 완전한 여성의 해방을 볼 수 없습니다. 이대로는 해방은 고사하고 더욱 더욱 여성은 상품화하며 따라서 인간적 지위에서 점점 더 말살되고 말 것"[23]이라고 분명히 밝히기도 했다. 이런 점들로 미루어 강경애의 소설에 대한 논의는 사회주의 여성서사의 실현이라는 관점에서 일제강점기 여성들의 계급의식의 각성 경로를 초점화하여 살펴볼 필요가 있다. 그가 남긴 두 편의 장편소설 『어머니와 딸』, 『인간문제』(『동아일보』, 1934.8.1~12.22)는 이러한 문제의식을 공유하는 연속성을 지니고 있으며, 강경애의 소설에 나타난 여성의식의 변화를 가장 잘 보여주는 작품이다.

『어머니와 딸』은 남성중심적 사회제도의 불합리와 모순을 견디며 살아가는 여성들의 비극적인 삶을 전경화하였다. 즉 여성들이 남성중심적 사회제도에 어떻게 대응해 갔으며, 그 대응방식에 따라서 여성들의 삶이 어떻게 규정될 수밖에 없는지를 명확하게 보여주고자 했던 것이다. 이처럼 강경애는 이 작품을 통해 노동을 통한 여성의 사회 참여는 식민지사회의 모순적이고 불합리한 제도를 극복하는 구체적인 실천방법이라는 사실을 특별히 강조하려 했던 것이다.

주인공 옥이의 어머니인 예쁜이는 소작농의 딸로 태어나 가난 때문에 농장주인의 첩실로 팔려갔는데, 아들을 낳지 못했다는 이유로 그 집에서 쫓겨나게 되고, 이로 인해 그의 아버지와 어머니마저 죽음에 이르게 되자 깊은 절망에서 헤어 나오지 못해 결국 타락의 길로 빠져들고 만다. 예쁜이가 타락하게 된 일차적 원인은 가족의 해체에 있었지만, 가족 해체의 근본적인 원인은 식민지 수탈구조에서 비롯된 절대적 빈곤에 있다는 사실을 절대 간과해서는 안 된다. 또한 이러한 절대적 빈곤

23) 「송년사」, 『신가정』, 1933.12; 『전집』, 746면.

은 여성의 육체마저 교환가치의 대상으로 전락시킴으로써 예쁜이는 남자와 술로 세월을 보내는 정신적·육체적 피폐의 상태에 놓일 수밖에 없게 된다. 옥이의 시어머니가 되는 산호주는 사생아로 태어나 평양고아원과 기생학교를 거쳐 기생이 되었는데, 한 고학생과 사랑에 빠져 그를 위해 온갖 뒷바라지를 다 해주었으나 결국 버림받고 혼자서 남겨진 아들을 키우며 살아간다. 그러나 산호주는 예쁜이와는 달리 더 이상 남성에 의존하는 삶을 살아가는 인물이 아니라 당당한 여성주체의 모습으로 독립적인 가정을 이루며 강인한 어머니로서의 삶을 살아왔다.

옥이는 이 두 어머니로부터 여성으로서의 두 가지 삶의 방향을 경험하게 되는데, 여기에는 '예쁜이'와 같은 현실적 자아로서의 여성과 '산호주'와 같은 당위적 자아로서의 여성의 대립이 첨예하게 구조화되어 있다. 산호주를 당위적 자아로 설정하고 있는 것처럼, 옥이에게 친어머니는 부정적 여성의 전형으로, 시어머니는 긍정적 여성의 전형으로 인식된다. 이러한 여성에 대한 차별적 인식은 신여성에 대한 사랑과 구여성인 자신에 대한 의무감 사이에서 갈등하면서 신여성을 향한 상사병까지 앓는 남편의 태도에 적극적으로 대처하는 여성주체를 정립하게 한다. 즉 "남자를 믿지 말라"는 유언을 남긴 시어머니의 뜻이 남성의존적인 삶을 살아서는 안 된다는 뜻임을 자각하게 되고, 친어머니의 비극적 삶이 남성중심적 삶에서 비롯된 것임을 비로소 깨달음으로써, 옥이는 남편의 이혼 요구를 당당하게 수용하고 있는 것이다. 게다가 노동운동가로 살아가는 '영실 오빠'의 모습 또한 그가 여성적 주체로서의 의식의 각성을 이루는 데 중요한 계기로 작용하는데, 그를 통해 자신이 한 사람의 여성주체로서 어떻게 살아가야 하는가를 진지하게 고민하면서 봉건적인 결혼제도를 뛰어넘어 여성해방의 실현으로 나아가는 여성의 계급의식을 성취하고자 한다.

시름없이 바라본 옥이는 속으로 '불쌍한 인간! 차라리 울 바에는 너를 위하여 울어라. 좀더 나아가 여러 사람을 위하여 울어라! 한낱 계집애를 생각하여 운다는 것은 너무 값없는 울음이 아니냐! 이렇게 부르짖을 때 아까 본 영실의 오빠가 머리에 똑똑히 나타나는 것이었다. 하여 자기 가슴속에 깊이깊이 들어 앉았던 남편인 봉준이는 차츰차츰 희미하게 사라지기 시작하였다. 봉준을 물끄러미 바라보았다. 핏기 없는 그의 아웅한 얼굴, 신그락지 같은 그의 흰 손은 마치 죽은 송장을 보는 듯한 것이었다. 그리고 이때처럼 아무 미련없이 봉준을 불쌍하게 본 적은 없었다.[24)]

1920년대 중반 사회주의운동에 참여한 여성들은 사회주의혁명을 통한 민족해방의 성취를 가장 중요한 목표로 삼았기 때문에, 여성문제에 대한 인식보다 계급문제에 대한 의식을 더욱 본질적인 문제로 인식했다. 따라서 여성억압과 모순의 근본적 원인에 대한 해결 의지나 여성으로서의 계급적 자각이 구체적으로 드러나지 않았다. 즉 계급주의적 이념을 가장 중요한 푯대로 세워야 한다는 강박관념이 앞섰을 뿐, 식민지여성으로서의 구체적인 실천을 보여주지는 못했다. 이러한 점 때문에 강경애의 문학에서 식민지 여성의 모순구조는 남성에 종속된 여성이라는 개인적 차원의 문제로 환원되고 말았다는 비판으로부터 자유롭지 못하게 된 것이다.[25)]

이러한 여성주체의 한계를 넘어서고자 한 것이 강경애의 대표작 『인간문제』이다. 『인간문제』는 식민지사회 전반의 갈등이 첨예하게 표출되던 상황을 시대적 배경으로 농촌에서의 소작농과 지주의 대립 그리고 도시에서의 노동자와 공장감독의 대립이라는 갈등구조를 기본축으로 하고 있다. 선비를 주인공으로 하는 식민지여성의 현실을 중심축으로 삼고 있다는 점에서 여성소설의 기본적 틀을 갖추고 있지만, 그 내

24) 「어머니와 딸」, 『전집』, 123면.
25) 하지만 이와 같은 비판 역시 좀더 엄밀하게 검증될 필요가 있다. 당시 강경애는 사회해방과 여성해방을 구별하지 않고 동일선상에서 바라보고 있었으므로, 여성해방의 전제조건으로 사회해방의 문제를 인식했다는 사실을 결코 간과해서는 안 되기 때문이다.

적 구조를 들여다보면 여성문제'만'으로 귀착되지 않는다는 점에서 여성소설로'만' 읽어서는 안 된다. 이러한 중층적이고 복합적인 성격은 당대의 여성문제를 여성의 문제로만 획일화시켜 도식적으로 바라보지 않게 한다는 점에서 긍정적인 측면을 지니고 있다.

일제는 조선을 식민지화하면서 정치경제적인 예속을 구조화하는 과정으로 자본주의적 법을 부과한다. 그런데 자본주의적 법은 농민을 공동체의 모태인 '토지(어머니)'로부터 유리시키고 토지의 소유권을 지닌 지주의 권력을 강화시킴으로써 '법=지주=아버지'의 질서에 종속되도록 만든다.[26] 이는 식민지적 착취의 전형적 모습으로 경제적 침탈과 여성육체에 대한 침탈이 가부장적 권력의 통제 아래서 제도화되고 있음을 말해준다. 『인간문제』의 지주 덕호의 모습에는 이와 같은 점이 아주 분명하게 드러나는데, 표면적으로는 자식들을 인자하게 감싸고 보살피는 아버지의 모습을 하고 있지만, 결국 이러한 모습은 가면일 뿐 실제적으로는 농민들과 여성들을 경제적·성적으로 착취하고 유린하는 이중성을 보이는 것이다. 이 때문에 덕호의 첩으로 있던 신천댁은 아들을 낳지 못해 버림받았고, 간난이는 덕호의 첩으로 있다가 내쫓겨 버렸으며, 부모를 잃고 덕호의 집에 기거하게 된 선비마저 아버지라는 온화한 가면을 쓴 덕호의 성적 착취의 대상이 되고 만다. 이들 여성 모두의 현실은 덕호라는 가부장적 남성의 그늘에 종속됨에 따라 여성으로서의 자기정체성을 지니지 못한 식민지 하층계급 여성으로서의 공통된 처지에 놓여 있었던 것이다. 심지어 주인공 선비는 덕호에게 강제로 성을 유린당하고서도 "차라리 이렇게 몸을 더럽힐 바에는 아들이라도 하나 낳아서 이 집안의 세력을 모두 쥐었으면" 하는 보수적 여성의식에 사로잡히기까지 한다. 그만큼 당대의 여성들은 일제가 통제하는 자본주의적 법은 결코 무너질 수 없는 영원한 억압의 실체일지도 모른다는 짙은 패

26) 나병철, 앞의 책, 324~325면.

배의식에 사로잡혀, 식민지여성으로서의 자기정체성과 계급의식의 자각은 꿈도 꿀 수 없는 현실로 인식했던 것이다.

이러한 여성의식의 한계는 농촌을 떠나 도시 노동자로서의 생활을 시작하면서부터 점점 계급의식의 각성으로 이어진다. 실제로 1920년대 후반 여성의 도시진출이 남성에 비해 훨씬 많았다는 사실을 고려할 때, 선비와 간난이로 대표되는 도시노동자의 모습은 이른바 '출가여공'의 전형을 보여주는 것이라고 할 수 있다.[27] 하지만 당시 여성의 모순과 억압이 단순히 농촌의 문제에 국한되거나 집안에서의 가부장적 구조를 해체하는 것만으로 해소될 수 있는 것은 아니었다. 따라서 그들은 서울 시내를 내려다보며 "저 번화한 도시에도 얼마나 많은 덕호가 들어있을까"를 걱정하지 않을 수 없었고, 공장의 여성노동자로 생활하는 데 있어서도 "덕호와 같은 수 없는 인간들과 싸우지 않으면 안될 것"을 염려해야만 했다. 결국 이들은 농촌/도시, 지주/농민, 감독/근로자의 경계에 머물 것이 아니라 여성으로서의 독립된 자기정체성의 확립과 계급의식의 각성에 주력해야만 했다. 강경애가 「작자의 말」에서 밝힌 대로, "인간사회에는 늘 새로운 문제가 생기며 인간은 이 문제를 해결하기 위하여 투쟁함으로써 발전될 것"인데, "나는 이 작품에서 이 시대에 있어서의 인간의 근본문제를 포착하여 이 문제를 해결할 요소와 힘을 구비한 인간이 누구며, 또 그 인간으로서의 갈 바를 지적"[28]하는 것이야말로, 그의 문학이 지향하는 소설 속 여성주인공의 계급적 성격이요 근본

---

27) 식민지하에서 당시 여성노동자들이 주로 취업한 대표적인 업종은 방직공업·고무공업·정미공업 등 세 분야였고, 그 중에서도 방직공업에는 여성노동자의 절반 이상이 취업하고 있었다. 고무·정미공업이 중소 규모의 작업장으로 기혼 여성 노동력을 주로 고용하였던 데 비해, 방직공업에서는 대규모의 기계화된 공장을 중심으로 미혼의 어린 여공이 주된 노동력이었다. 특히 1930년대에는 일본의 방직독점자본이 식민지 노동력의 초과착취를 통한 이윤 확보를 위해 대량진출하게 되었는데, 『인간문제』에 등장하고 있는 대동방적공장도 이 같은 대규모 방적공장을 모델로 한 것으로 보인다. 강이수, 앞의 글, 340면.

28) 「작자의 말」, 『동아일보』, 1934.7.27; 『전집』 752면.

적인 '인간문제'를 해결하는 길이라고 할 수 있다.

> 선비도 자기가 넣어주는 그 삐라를 보고 똑똑한 선비가 되었으면 …… 하였다. 과거와 같이 온순하고 예쁘기만 한 선비가 되지 말고 한 보 나가서 씩씩하고도 굳센 여자가 되었으면 …… 하였다. 그때에야말로 자기가 믿을 수 있고 같이 걸어갈 수도 있는 선비일 것이라 …… 하였다.
>
> 그는 이러한 생각을 하며 걸었다. 인간이란 그가 속하여 있는 계급을 명확히 알아야 하며 인간사회의 역사적 발전을 위하여 투쟁하는 인간이야말로 참다운 인간이라는 신철의 말을 다시 한 번 생각하였다.[29]

물론 이러한 여성의 계급적 각성이 '첫째', '신철'과 같은 남성의 지도 아래 이루어진다는 설정은 여전히 남성주의적 계급담론의 한계로 비쳐진다. 하지만 이러한 한계는 오히려 진보적 지식인의 허위성을 적나라하게 대변하는 신철과 같은 인물에 의해 조직화되었던 계급운동의 실체를 가감 없이 보여줌으로써, 당시 민족 해방과 계급 해방의 담론적 모순을 비판적으로 인식하는 우회적 전략으로 작용했다고 볼 수도 있다. 다시 말해 이 소설이 당시 진보적 지식인의 전형인 신철의 변절을 명확하게 보여주었고, 그에 의해 의식화되었던 민중의 전형인 첫째가 이러한 신철의 변절에 대해 강도 높은 비판을 하도록 설정한 것은, "인간이 걸어가는 앞길에 가로질리는" "인간의 근본 문제"에 대한 뚜렷한 자각의 결과라고 할 수 있다. 게다가 "아직 이 문제는 해결되지 못하였다. 앞으로 이 문제는 첫째와 같이 험상궂은 길을 걸어왔고 또 걷고 있는 그러한 수많은 인간들이 굳게 뭉침으로써만 해결할 수 있을 것"[30]이라는 「작자의 말」에서 알 수 있듯이, 강경애는 민족모순과 계급모순이 중층적으로 얽혀 있는 식민지 여성 모순의 실상을 총체적으로 반영함으로써, 여성의 계급적 각성을 통해 사회주의 여성서사를 구체적으로

29) 『전집』, 373면.

30) 『전집』, 413면.

실천하고자 했다. 다시 말해 강경애는 1930년대를 전후한 시기 한국 여성문학의 계몽주의적 성격을 극복하기 위해서는 사회의식과 여성의식의 적극적인 결합을 모색해야 한다는 점을 강조함으로써, 『인간문제』를 통해 계급성과 여성성의 총체적 구현을 실현시키고자 했던 것이다.

앞에서 살펴봤듯이 강경애는 간도와 용정 일대에서 살면서 만주사변과 만주국 건설을 전후로 한 격동의 역사적 현실을 직접 겪었고, 간도 지방을 중심으로 한 항일무장투쟁에도 크게 관심을 기울여 자신의 작품에 이러한 역사적 현실인식을 반영하기도 하였다. 뿐만 아니라 그는 식민지 모순을 극복하기 위한 이상적 공간으로 인식했던 만주로의 이주가 오히려 식민지 모순에 더욱 종속됨에 따라 극도의 궁핍과 억압에 시달려야만 했던 조선인들의 역사적 수난을 무엇보다도 주목하였다. 특히 이러한 질곡의 역사에 맞서 싸운 식민지 여성의 현실과 그들의 계급의식의 각성에 대한 형상화는 우리 근대여성문학의 가장 중요한 문제의식을 담아냈다고 해도 과언이 아니다. 다시 말해 민족모순과 계급모순이 여성 의식과 맞물려 전개되는 강경애의 소설은 식민지 모순을 근본적으로 넘어서는 총체적 이데올로기의 성격을 지녔다고 할 수 있다. 뿐만 아니라 그의 소설은 만주지역 조선인문학과 우리 여성문학사의 객관적이고 역사적인 재구성을 위한 중심 텍스트로서 상당히 중요한 문학사적 의미를 지니고 있음에 틀림없다.

제 2 장

이육사의 사회주의사상과 비평의식

1. 머리말

지금까지 알려진 이육사의 시는 시조 1편, 한시 3편을 포함하여 총 40편이다.[1] 일제에 의해 강제로 폐기되었을 가능성을 고려한다 해도 1930년 『조선일보』에 처녀작 「말」을 발표한 이후 십여 년 동안 활발한 시작 활동을 펼쳤다고 보기는 어렵다. 물론 그가 한 곳에 오랫동안 머

1) 이육사전집은 현재까지 세 권 출간되었는데, 김학동의 『이육사전집』(새문사, 1986), 심원섭의 『원본 이육사전집』(집문당, 1986), 김용직 · 손병희의 『이육사전집』(깊은샘, 2004)이 있다. 이 가운데 김용직 · 손병희가 펴낸 전집에는 이전의 전집에서 잘못된 부분을 바로 잡고 새 발굴 작품 7편도 수록하고 있으므로 현재로서는 가장 결정본이라고 평가할 수 있다. 따라서 본고에서는 이 책을 기본텍스트로 하고 나머지 책들은 보조텍스트로 활용할 것이다.

무르면서 안정된 생활을 하기보다는 일본 · 중국 등을 오가며 활동했다는 점에서 이 정도의 작품을 남겼다는 사실만으로도 상당히 의미 있는 일이 아닐 수 없다. 문제는 그가 남긴 시의 편수에 있는 것이 아니라 그동안 그의 시를 어떤 관점에서 평가해 왔는가 하는 데 있다. 즉 지금까지 발표된 이육사 연구의 대부분이 '저항'의 맥락을 강조하는 천편일률적인 의미의 재생산에 있었다는 사실에서부터 새로운 문제제기가 필요한 것이다. 이육사의 문학적 지향이 역사적 현실에 대한 적극적 응전에 있었다는 점은 분명하므로 문학과 현실의 관련성을 통해 그의 문학세계를 해명하려는 태도 자체를 문제삼을 수는 없다. 다만 이육사의 사회활동에 너무 경도된 나머지 모든 작품을 역사적 · 사회적 문맥으로 환원시켜 해석하는 태도는 경계할 필요가 있다.[2] 특히 「절정」 · 「광야」 등 이육사의 후기시 몇 편을 제외하고는 역사의식의 좌표를 뚜렷하게 발견하기 어렵다는 점에서 앞으로 그의 시에 대한 연구는 새로운 관점에서 접근할 필요가 있는 것이다.

또한 그동안의 이육사 연구가 시문학에 집중한 나머지 그가 남긴 산문에 대해서는 상대적으로 소홀했다는 점도 문제시할 필요가 있다.[3] 그

---

2) 이러한 문제제기는 80년대 초 김흥규에 의해서 이미 제기된 바 있지만 지금까지도 크게 변화를 보이지 않고 있는 실정이다. 김흥규는 독립운동가로서의 이육사를 너무 신성화하여 그에 대한 연구마저도 신성화, 우상화의 압력을 받고 있다는 점을 지적하면서, 이육사 연구가 시 해석의 도식성과 삶과 시적 가치 평가의 혼동을 초래하고 있다고 비판했다. 김흥규, 「육사의 시와 세계인식」, 『문학의 역사적 인간』, 창작과비평사, 1980, 75~79면.

3) 지금까지 발표된 이육사의 산문에 대한 연구는 다음과 같다. 홍신선, 「육사소설의 구조」, 『동악어문논집』 제17집, 동악어문학회, 1983; 심원섭, 「이육사의 초기 문학평론 및 소설에 나타난 루쉰 문학 수용양상」, 『연세어문학』 제19집, 연세대 국어국문학과, 1986; 김영주, 「육사수필의 문학성」, 『안동문화』 제14집, 안동대 안동문화연구소, 1993; 김장동, 「이육사 소설에 대하여」, 『안동문화』 제14집, 안동대 안동문화연구소, 1993; 김삼주, 「이육사의 비평론 고찰」, 『예술원논문집』 제25집, 대한민국예술원, 1996; 유현정, 「이육사(1904~1944)의 시대인식 - 1930년대 시사평론을 중심으로」, 안동대 사학과 석사논문, 2002; 한경희, 「착종된 현실에 대한 투지의 금강심 - 이육사 수필을 중심으로」, 『한개의 별을 노래하자』(이육사문학축전 기념문집), 민족문학작가회의 안동지부,

는 생전에 번역소설을 포함하여 소설 3편, 수필 14편, 문예 · 문화비평 7편, 시사평론 9편, 방문기 · 서간문 · 기타 11편을 남겼는데, 당대의 역사와 현실에 대한 구체적 인식이 직접적으로 드러나지 않는 대부분의 시와는 달리 산문에서는 삶과 문학의 일치를 선명하게 보여주고 있어서 이육사의 문학세계를 해명하는 데 있어서 중요한 텍스트로 삼지 않을 수 없다. 그럼에도 불구하고 지금까지의 연구경향은 그의 산문을 시 연구를 위한 보조텍스트로 활용하는 데 그쳤던 것이 사실이다. 이육사 시 연구의 새로운 맥락을 찾아내는 데 있어서 그가 남긴 산문과 역사학계의 연구성과[4]는 아주 중요한 자료가 된다는 점을 결코 간과해서는 안 된다. 다시 말해 이들 자료를 바탕으로 한 실증적 검토를 통해 이육사에 대한 주관적 신비화를 걷어내고 보수적 민족주의의 압력으로 인해 편향되고 경직될 수밖에 없었던 천편일률적 해석의 오류들을 해소해 나갈 필요성이 있는 것이다.[5]

본고 역시 이러한 문제의식의 연장선상에서 이육사의 산문을 중심으로 그의 사회주의사상과 비평의식을 살펴보는 것을 주된 연구목적으로 한다. 이는 그의 문학을 시 · 소설 · 수필 등의 전체적 지형 속에서 새롭게 해명하기 위한 전제일 뿐만 아니라, 이육사를 시인으로만 한정짓는

2004; 홍기돈, 「육사의 문학관과 연출된 요양여행－산문 세계를 중심으로」, 『한국근대문학연구』 제11호, 한국근대문학회, 2005년 상반기.

4) 그동안 발표된 대표적인 연구로 다음과 같은 것이 있다. 강만길, 「조선혁명간부학교와 육사 이활」, 『민족문학사연구』 제8호, 민족문학사학회, 1995년 하반기; 김희곤, 「이육사와 의열단」, 『안동사학』 제1집, 안동대 사학회, 1994; 김희곤, 「이육사의 생애에 대한 검토」, 『한국근현대사연구』 제13집, 한국근현대사연구회, 2000; 김희곤, 「이육사가 걸은 독립운동의 길」, 『한개의 별을 노래하자』, 민족문학작가회의 안동지부, 2004; 김희곤, 「이육사의 민족문제 인식」, 『한국독립운동사연구』 제23집, 한국독립운동사연구소, 2004.12.

5) 이에 대해 김경복은, "이육사의 행적과 문학적 실천 속에는 분명한 사회주의적 의식과 실천이 나타나고 있지만 애써 그것의 중요성을 외면하려는 태도가 역력하다"는 점을 지적하고, 이육사 연구의 새로운 방향으로 "사회주의 사상에 입각한 접근"의 필요성을 제기하였다. 김경복, 「이육사 시의 사회주의 의식 연구」, 『한국시학연구』 제12호, 한국시학회, 2005.4.

연구태도에 대한 반성을 촉구하는 것이다. 한 사람의 문학세계는 그가 남긴 작품 모두를 총체적으로 살펴봄으로써 온전하게 평가될 수 있다. 이런 점에서 그동안 이육사에 대한 연구는 부분적이고 일면적인 차원에 머물렀음을 인정하지 않을 수 없다. 따라서 본고에서는 우선 이육사의 생애를 따라가면서 독립운동의 행적과 사회주의사상의 형성과정을 살펴보고, 이를 비평의식과 유기적으로 관련시킴으로써 그의 문학의 발생적 토대를 종합적으로 규명하고자 한다.

2. 이육사의 생애와 사회주의 사상의 형성

지금까지 이육사의 민족의식 형성은 그가 태어난 안동의 유학적 전통과 선비정신에서 비롯된 것으로 논의되어 왔다. 즉 퇴계의 주리론적 학맥을 계승한 이육사의 집안은 저항성이 아주 강했을 뿐만 아니라, 그의 외가 친척 가운데 상당수가 의병장으로 활약했다는 점에서, 그의 민족의식은 혈연과 지연에 의해 자연스럽게 형성되었다고 보았던 것이다. 그는 조부로부터 한학을 배우며 성장했고, 조부가 숙장으로 있었던 보문의숙에서 신식교육을 받기 시작하여 만 16세가 되던 1920년 도산공립보통학교(전 보문의숙)를 졸업했다. 그 후 장인이 학무위원으로 있던 백학학원을 다녔으며, 그곳에서 교사로 일하던 1924년 4월 무렵에 일본으로 유학을 떠났다.[6] 이육사가 성장하고 신학문을 익히며 사회활동을 하는 동안 유학적 전통과 선비정신은 그의 신념을 실천적으로 드러내주는 정신적 토양이 되기도 했지만, 반면에 이러한 정신은 오히려 그의

6) 김희곤, 『새로 쓰는 이육사평전』, 지영사, 2000 참조. 이육사의 전기적 사실은 대부분 이 책의 내용을 따랐음을 미리 밝혀둔다.

실천을 가로막는 한계로 작용하기도 했다. 즉 민족과 민중을 말하면서도 정작 그 내면에는 선각자적 엘리트의식과 보수적 양반의식이 굳게 자리 잡고 있어서 문학적 실천에 있어서는 관념적 한계를 드러내고 말았던 것이다. 그의 시세계가 사상적 측면에서는 철저하게 현실주의적 태도를 보이면서도 실제 작품에서는 이를 구체적으로 형상화하지 못한 채 이미지에 경도되어 버린 이유도 바로 여기에 있다.

그렇다면 '저항'의 정신으로서의 이육사의 민족의식은 어디에서 비롯된 것일까? 이를 제대로 이해하기 위해서는 그의 일본에서의 유학생활과 중국에서의 사회활동을 실증적으로 살펴볼 필요가 있다. 이육사는 1924년 4월부터 1925년 1월까지 9개월 정도 일본 도쿄에 머무르면서 대학 진학을 염두에 두고 중등 정규과정을 다녔다. 채 1년도 안 되는 짧은 체류기간이었지만 이때 그는 아나키즘을 접하면서 사상 형성의 중요한 전기를 마련하게 된다. 이러한 사실은 당시 일본에서 활약했던 노동운동가 김태엽의 증언을 통해 확인할 수 있다.

> 흑우회의 본거지는 죠시가야꾸(雜司谷區)에 있었다. 회원으로서는 서상한, 신영파, 홍진유, 최규종, 김철, 이육사(청포도의 시인, 북경에서 사망), 이기영, 이홍근, 김묵, 이경순(시인), 박홍곤, 박열, 장상중, 그 외에도 일본인으로 소우에이이치로(增永一郎), 쿠리하라이치부(栗原一夫) 등이 있었다. 흑우회에서는 일본인 무정부주의자 이와사쿠타로(岩佐作太郎), 가토오이치부(加藤一夫) 등을 밤에 초청해서 강의를 듣고 모자를 벗어서 돈을 걷어 다과회를 열곤 했다.[7)]

흑우회(黑友會)는 1921년 도쿄에서 한인들이 조직한 흑도회(黑濤會)가 사회주의계열과 아나키스트계열로 분리되면서 후자의 계열이었던 풍뢰회(風雷會)를 발전적으로 계승하여 조직된 단체이다. 이육사가 일본에 건너간 1924년 4월에는 도쿄를 중심으로 하는 칸토 지역에 엄청난 대지

7) 김태엽, 『항일조선인의 증언』, 동경 : 불이출판사, 1984, 90~91면; 김희곤, 앞의 책, 62~63면에서 재인용.

진이 발생한 이후였고, 이러한 혼란 속에 일본인들은 조선인들이 폭동을 일으키려 한다는 허위사실을 유포시키고 자경단(自警團)이라는 조직을 만들어 한인들을 무수히 학살하기도 했다. 이에 저항해 이육사와 같은 안동 출신 의열단원인 김지섭이 일본왕궁 입구 니쥬바시(二重橋)에 폭탄을 던졌고, 지진 발생 이틀만에 독립운동가 박열이 검거되기도 했다. 이러한 시대적 정황은 당시 이육사의 민족의식이 주자학적 테두리를 벗어나 사회의식을 더욱 심화하고 확장하는 결정적 계기가 되었던 것으로 보인다.

건강상의 이유로 일본에서 귀국한 이육사는 대구 조양회관에서 신문화 강좌를 중심으로 문화활동을 벌이던 중 1926년 봄 이정기와 함께 북경으로 건너가 비밀결사에 참여했다. 그가 북경에서 만난 인물들 가운데 남형우와 배천택은 '다물단(多勿團)'과 관계있고 김창숙은 '의열단(義烈團)'과 관계있는 인물들인데, 다물단과 의열단은 당시 아나키즘 사상에 주도되어 독립운동을 한 단체였다.[8] 이육사는 이들 단체의 지도자들과 만나면서 본격적으로 독립운동을 전개했다고 할 수 있는데, 주자학적 세계관으로는 독립운동을 하는 데 한계가 있다고 자각함으로써 더욱 실천적인 운동방법으로 아나키즘을 선택한 것이다.[9] 또한 그는 중국의 항일혁명운동에 긴밀하게 연루되어 있었는데, 1925년에 북경의 중국대학[10]을 졸업했고, 김원봉이 이끄는 '유월한국혁명동지회'에 가입하고

8) 무정부주의운동사편찬위원회 편, 『한국아나키즘운동사』, 형설출판사, 1978, 293~294면; 구승회 외, 『한국 아나키즘 100년』, 이학사, 2004, 216~219면.

9) 이육사의 시와 아나키즘사상의 관련성에 대해서는 정대호의 「육사시에 나타난 아나키즘의 수용」(『현실의 눈, 작가의 눈』, 사람, 2004)과 김경복의 앞의 논문을 참조할 것.

10) 1934년에 체포되어 작성한 〈신문조서〉를 보면 이육사는 1925년 8월 무렵 중국으로 가서 "베이징의 중국대학 사회학과에 입학하여 2년에 중퇴했고"라고 기록되어 있고, 또 다른 일본경찰 기록에도 그가 "북평 중국대학(북평은 북경)을 다니다가 1927년에 중도 퇴학하고 귀국했다"라는 기록이 있다. 이러한 사실에 대해 김희곤은 『새로 쓰는 이육사 평전』에서 베이징에 '중국대학'이라는 대학이 있었다는 자취를 찾을 길이 없고, '이활'이란 한인 학생이 1926년 후학기부터 1927년 전학기까지 광뚱의 중산대학을 다녔던 사실이 있다는 점에서 이육사가 중산대학을 다녔을 것으로 추정하여 정리하였다.

이를 흡수하여 상하이에서 결성된 '중국본부한인청년동맹'의 집행위원으로 활동하기도 했다.

그런데 이육사는 1927년 4월 장지에스(蔣介石)의 쿠데타로 한인 청년 학생 대다수가 좌익분자로 몰려 핍박받는 상황에서 더 이상 학업을 수행할 수 없어 그 해 8월 귀국했다. 이후 그는 장진홍의 조선은행 대구지점 폭파사건에 연루되어 검거되었고, 1931년 대구시내 배일격문사건(排日檄文事件)으로 다시 옥고를 치르기도 했다. 이처럼 거듭된 현실적 고통 속에서도 그는 사회주의운동에 대한 확신과 조직의 활성화를 모색하는 글을 발표했는데, 1930년 10월 이활(李活)·대구(大邱) 이육사(二六四)라는 필명으로 잡지 『별건곤』에 발표한 「대구사회단체개관」이 바로 그것이다.

> 전국적으로 폭풍우같이 밀려오는 탄압이 나날이 그 범위가 넓어지고 그 도수가 앙양됨을 따라 會前에 보지 못하든 수난기에 있는 조선의 사회운동이란 것이 일률적으로 침체라는 불치의 병에 걸려 있으니, 다같이 관심하는 바와 같이 이 艱難苦極한 국면을 대국적으로 어느 신방향에 타개하기 전에는 혹 지방을 따라 다소의 차이는 있을지언정 도저히 활기 있는 진출을 보기가 어려울 것이다. (…중략…) 대체로 이 침체라는 것은 그 원인을 두 곳에서 가려볼 수가 있는 것이니, 그 하나를 외래의 억압이라면 다른 하나는 자체의 부진이란 것도 피할 수 없는 엄연한 한 사실이다. (…중략…) 西北鮮의 일반사회운동이 南鮮의 그것보다 얼마나 더 활기 있는 진출을 하고 있다는 것을 들을 때 다같은 억압의 밑에서도 남북의 이만한 차이가 있다는 것은 남조선 지방의 전투분자가 아직도 그 보무가 용감치 못한 자체의 부진이란 책임을 안질 수가 없는 것이다. 항상 前衛에 나선 勇者가 희생을 당하면 連해 곧 진영을

이에 대해 김재용은 2005 이육사문학축전(민족문학작가회의 안동지부, 2005.7.28)의 발제를 통해 이육사가 중산대학을 다녔다는 것은 잘못된 추정이고, 실제로 1925년 북경의 중국대학을 다녔다는 기록이 맞다고 밝혔다. 그 근거로 당시 북경의 관공서·학교 등을 상세하게 표시한 지도를 보면 분명히 '중국대학'이 지도에 명시되어 있다고 하였다. 이에 필자를 포함하여 〈민족문학연구소〉는 2006년 현지답사를 통해 현재 천안문광장 옆에 위치한 북경제29중학교가 당시 중국대학이었음을 직접 확인하였다.

지키고 후임을 계승할 만한 투사가 끊어지지 않어야 할 것이니, 새로운 용자여, 어서 많이 나오라.[11)]

이육사가 이 글에서 소개한 단체는 〈대구청년동맹〉, 〈대구소년동맹〉, 〈신간회 대구지회〉, 〈근우회 대구지회〉, 〈경북 형평사 대구지사〉, 〈경북 청년연맹〉이다. 이 가운데 〈대구청년동맹〉은 고려공청 경북위원회 책임 비서였던 장적우(본명 : 장홍상)를 중심으로 대구에서 학생운동을 주도한 단체로 1927년 조선청년총동맹의 '전선적(全鮮的) 합동운동' 방침에 의해 조직되었다. 특히 장적우는 학생비밀결사조직을 결성하여 학생들에게 사회주의를 전파하고 전위활동가를 양성하기 위해 활동한 인물이었다.[12)] 이육사는 이 글을 통해 당시 대구의 사회단체들이 더욱 투철하게 사회주의사상을 고취함으로써 조직의 기틀을 굳건히 마련해야 한다는 점을 강조하고자 했다.

이육사의 사회주의 사상이 심화된 계기는 그가 1932년 10월 의열단에서 세운 '조선혁명군사정치간부학교'[13)]에 제1기생으로 입교하면서부터이다. 그는 1932년 3월 29일자 『조선일보』에 취재기사를 게재하고 4

11) 「대구사회단체개관」, 『별건곤』, 1930.10; 김용직 · 손병희 편, 앞의 책, 277~278면.

12) 김일수, 「1920년대 경북지역 청년운동」, 『한국근현대청년운동사』, 풀빛, 1995, 307~308면.

13) 조선혁명간부학교는 모집 대상 학생들을 민족해방운동 경력이 있는 사람들로 하였다. 이 학교의 주임은 의열단 단장인 김원봉이었다. 학교의 교육 내용은 의열단의 정신이 그대로 반영되었다. 이 시기의 의열단은 초기의 무정부주의 사상에서 공산주의 사상을 많이 수용하였다. 당시 약산 김원봉의 강의 내용을 보면 첫째, 사회주의자들의 용어를 사용했으며 혁명의 동력을 노동자 · 농민에서 찾으며 민족해방이 달성되면 프롤레타리아 혁명을 전개해야 한다고 강의함으로써 큰 틀에서 사회주의들과 인식을 같이 했다. 둘째, 사회주의자들이 배척하던 소시민 · 민족주의자, 적으로 규정하던 토착부르주아, 지주들의 혁명성(반일성)을 높이 사고 그들을 적극적으로 끌어들여야 함을 강조함으로써 당시 사회주의자들과의 차이점을 드러냈다. 셋째, 국내의 사회주의자들과 마찬가지로 노동대중조직 건설을 강조하면서도 한 걸음 더 나아가 전민중적 무장투쟁을 강조함으로써 의열단 창단 이래의 노선이던 국내 민중폭동노선을 계승 · 발전시켰다. 염인호, 『김원봉 연구』, 창작과비평사, 1993; 정대호, 「육사시에 나타난 아나키즘의 수용」, 앞의 책, 144면.

월 하순에 다시 펑티엔(봉천 : 지금의 심양)으로 갔고, 그곳에서 의열단[14]의 창립멤버요 핵심인물이었던 윤세주[15]를 만났는데, 그의 권유에 의해 군사간부학교에 입교하게 되었다.[16] 당시 이육사와 윤세주의 관계는 그가 남긴 수필 「연인기(戀印記)」를 통해 충분히 짐작할 수 있다.

> 나는 내 고향이 그리울 때나 부모형제를 보고저울 때는 이 인장을 들고 보고 七月章을 한 번 외워도 보면 속이 시원하였다. 아마도 그 翡翠印에는 내 향수와 혈맥이 통해 있으리라.
>
> 그 뒤 나는 상해를 떠나서 조선으로 돌아오게 되었고, 언제 다시 만날런지도 모르는 길이라 그곳의 몇몇 문우들과 특별히 친한 관계있는 몇 사람이 모여 그야말로 최후의 만향을 같이 하게 되었는데, 그중 S(석정 윤세주—필자주)에게는 나로부터 무엇이나 기념품을 주고 와야 할 처지였다. 금품을 준다 해도 받지 않으려니와 眞正을 고백하면 그때 나에겐 금품의 여유란 별로 없

---

14) 의열단은 1919년 11월 10일 길림성에서 결성되었다. 단장 김원봉을 비롯하여 윤세주·이성우·곽경·강세우·이종암·한봉근·한봉인·김상윤·신철휴·배동선·서상락 등이 가담했다. 행동강령인 '공약 10조'의 내용을 살펴보면, 정의를 실행하고, 조선의 독립과 세계의 평등을 위하여 신명(身命)을 희생하며, 충의의 기백과 희생정신이 확고한 자라야 단원이 될 수 있으며, 단의(團義)를 우선하고 단원의 의무를 급히 하며, 죽지 않으면 단의를 다하며, 한 사람이 아홉 사람을 위하여 아홉 사람이 한 사람을 위하여 헌신하고, 단의를 배반한 자는 학살을 한다는 것이다. 즉 이는 조선의 독립을 위한 비밀결사단체임을 알 수 있다. 송건호, 『의열단』, 창작과비평사, 1985; 정대호, 앞의 글, 146면.

15) 경남 밀양 출신인 그는 호를 석정(石正)이라 했는데, 밀양 3·1운동에 참여하고 망명했다가 신흥학교를 다닌 일이 있고, 1919년 11월 지린(吉林)에서 의열단 결성에 참여하였다. 1920년 국내에 잠입했다가 일경에 잡혀 옥고를 치르고 1927년 2월에 서대문형무소를 출옥하였다. 이후 신간회 밀양지회에서 활약하던 그는 이육사가 펑티엔으로 갔던 무렵인 1931년에 그곳으로 갔고, 11년 만에 의열단에 합류하였다. 그는 김원봉의 지령를 받고 펑티엔과 텐진 그리고 베이징을 중심으로 활약했는데, 1931년 의열단이 난징으로 이동하여 군사간부학교 설립에 몰두할 무렵에는 그 역시 학교 입교생 모집에 동분서주하고 있었다. 김희곤, 앞의 책, 112~113면. 윤세주에 대한 더욱 자세한 논의는 성춘복의 「석정 윤세주의 생애와 사상」(『밀양문학』 제14호, 밀양문학회, 2001.11)을 참조할 것.

16) 강만길, 「조선혁명간부학교와 육사 이활」, 『민족문학사연구』 제8호, 민족문학사학회, 1995, 169면.

었고 꼭 목숨 이외에 사랑하는 물품이래야만 예의에 어그러지지 않을 경우이라, 나는 하는 수 없이 그 귀여운 비취인 한 면에다 "贈 S·一九三三·九·一0·陸史"라고 새겨서 내 평생에 잊지 못할 하루를 기념하고 이 따를 돌아왔다.[17)]

군사간부학교에서의 교육내용은 정치·군사·실습과목으로 구성되었다. 정치과목은 세계정세와 혁명이론에 초점이 맞추어져 있었는데, 특히 지도그룹은 국공합작 기간에 황푸군관학교를 이수하면서 이미 공산주의 혁명논리를 상당히 수용하였기 때문에 자연히 교육내용이 공산주의 색채를 강하게 띨 수밖에 없었다. 이들 교과 속에는 항일투쟁에 필요한 특무공작의 지침이 포함되어 있었고, 입교생들은 주 1회의 토론모임을 통해 혁명의식의 강화와 혁명이론 연구에 초점을 두었다. 군사간부학교 졸업 무렵 이육사가 가진 사회주의의식은 상당히 강성이었는데, 김원봉이 중국 부르주아계급인 국민당과 타협을 하고 있어 사상이 애매하고 비계급적이라고 비판한 점이나, 졸업기념으로 공연한 세 편의 연극 가운데 이육사가 직접 썼다고 알려진 「지하실」의 줄거리를 통해 이러한 그의 정치적 성향을 엿볼 수 있다.[18)] 그가 이 연극을 통해 말하고자 했던 것은 바로 '조선혁명의 성공'이었던 것 같다. 이는 파업투쟁을 통해 토지를 국유화하고 평등분배를 실현함으로써 공산제도를 구현하는 데 있었다는 점에서 당시 그가 지닌 사회주의의식이 상당히 급진적이었다는 사실을 알 수 있다.

---

17) 「戀印記」, 『조광』, 조광사, 1941.1; 김용직·손병희 편, 앞의 책, 180면.

18) 경성의 모 공장 지하실의 어두운 방에서 노동자 일동이 일을 하고 있는데, 라디오 방송으로 '모월 모일 우리 조선혁명이 성공하다'라는 보도가 있고, 계속하여 지금 용산의 모 공장을 점령하였다든가, 지금 평양의 모 공장을 점령하였다든가, 지금 부산의 모 공장을 점령하였다든가 하는 방송을 해오고, 마침내 공산제도가 실현되어 토지는 국유로 되어서 농민에게 공평하게 분배되고 식당, 일터, 주거 등이 노동자 등에게 각각 지정되어 완전한 노동자, 농민이 지배하는 사회가 실현되었으므로, 농민, 노동자는 크게 기뻐하여 '조선혁명성공만세'를 고창하고 폐막하였다. 국사편찬위원회 편, 「金公信 신문조서」(제2회), 『한민족독립운동자료』 제31권, 1997, 149~150면.

졸업 후 이육사는 크게 두 가지 임무를 가지고 국내로 들어왔는데, 하나는 국내의 노동자, 농민에 대해 혁명의식을 고취하는 것[19]이고, 다른 하나는 군사간부학교 2기생을 모집하는 것이었다. 귀국 후 그는 이러한 임무를 효과적으로 수행하기 위해서는 신문기자가 될 필요성이 있다고 생각하여 1934년 3월 20일 『조선일보』 대구지국 특파원으로 채용되었는데, 이틀 후 일본경찰에 의해 체포됨으로써 그의 임무와 계획은 완전히 무산되어 버리고 말았다. 감옥에서 풀려난 후 그는 시사평론 쓰기에 집중하여 모두 9편을 발표하였는데, 1934년부터 1936년까지 2년 동안 시 4편, 수필 1편을 발표한 것을 감안하면 당시 그가 시사평론 쓰기 상당히 매진했었다는 사실을 알 수 있다. 그 내용은 중국의 정치동향이나 국민운동 및 농촌문제가 대부분으로, 그는 중국 유학과 군사간부학교를 거치며 형성된 정치의식과 사회의식을 시사평론을 통해 실천하고자 했던 것으로 보인다. 그리고 1938년부터 그는 영화·시나리오, 중국문학사 등에 관한 문예평론을 주로 발표하였고 시와 수필 등을 꾸준히 창작하였다. 이처럼 1930년대 중반부터 1940년대 초반까지는 이육사의 활동영역이 문단활동에 집중되었는데, 당시 대부분의 문인들이 일

19) 그는 조선혁명간부학교에 입교(1932.10)하기 이전부터 급진적 사회혁명론에 입각해 있었다. 1933년 4월 『대중』 창간호에 발표한 「자연과학과 유물변증법」은 이러한 사회의식을 구체적으로 밝힌 글이다. 주로 레닌의 말을 인용하여 자신의 말을 부연하여 설명하는 방법으로 글을 전개하였는데, 자본주의를 앞세운 제국주의의 침략과정에서 등장한 자본가계급을 비판하고, 자연과학적 유물론과 사적 유물론을 통일된 이론으로 발전시킨 것이 레닌의 유물변증법임을 강조했다. 따라서 계급투쟁에서 승리하기 위한 철학적 근거로 유물변증법의 확대와 발전을 주장하였다. 이는 군사간부학교를 졸업하면서 김원봉에게 밝힌 자신의 투쟁목표인 "도회지의 노동자층을 파고들어서 공산주의를 선전하여 노동자를 의식적으로 지도 교양하고, 학교에서 배운 중·한 합작의 혁명공작을 실천에 옮겨 목적을 관철"(국사편찬위원회 편, 앞의 책, 192면)하겠다는 의지와 직결된다. 한 가지 덧붙여 수정해야 할 점은, 지금까지 이육사의 평론 「자연과학과 유물변증법」이 『대중』, 1934년 4월에 발표된 글이라고 알려져 있었다는 사실이다. 이에 대해 김재용은 앞의 발제문에서 『대중』을 직접 확인하여 이 글이 1933년 4월에 발표된 것임을 실증적으로 밝혔다. 김재용, 「이육사 문학의 저항성 다시 읽기」, 『2005 이육사문학축전 문학토론회 자료집』, 2005.7.28, 39면.

제에 굴복하면서 변절자의 길로 들어선 반면, 이육사는 대구청년동맹의 재조직을 위해 노력했고 1943년 4월 본격적인 항일투쟁을 위해 북경으로 다시 갔다는 점에서 가장 의지적인 독립운동가요 문학인이었다고 평가할 수 있다.[20] 이후 그는 모친과 맏형의 소상(小祥)에 참여하기 위해 잠시 귀국했다가 일경에 체포되어 북경으로 압송 1944년 1월 16일 베이징 감옥에서 순국하였다.

이상에서 살펴봤듯이 이육사의 독립운동은 사회주의사상의 형성과정과 아주 밀접하게 관련되어 있었다. 즉 일본에서의 아나키즘 체험에서부터 잦은 중국여행[21]에 이르기까지 그는 민족의식과 사회주의의식의 결합을 모색하는 데 주력했다고 할 수 있는 것이다. 하지만 지금까지의 이육사 연구는 이러한 사회주의적 성격에 대해서는 사실상 함구하고 있었다. 반공주의의 감옥에 갇혀버린 우리 현대사의 억압으로 인해 이육사의 민족주의는 주자학적 전통주의라는 보수적 민족주의에 바탕을 둔 것으로 획일화되어 버리고 만 것이다. 물론 그가 성장과정에서 자연스럽게 체득한 주리론적 사유는 감정과 관계되는 '흥(興)'을 중시하는 주기론과 달리 이성과 도덕성과 관련된 '지(志)'를 강조한다는 점[22]에서

20) 1943년 육사의 마지막 북경행이 가지는 의미는 두 가지로 집약된다. 하나는 임시정부와 조선독립동맹을 연결시키는 일에 관련된 것이고, 다른 하나는 국내로 무기를 반입하여 무력항쟁을 도모하려는 것이다. 전자에 초점을 맞추어 본다면, 결국 육사는 좌우합작·협동전선을 추구하고 있었다고 유추해 볼 수 있다. 1930년대 중반 이후로 민족적 사회주의 성향을 가진 그로서 민족문제를 해결하는 방안으로 좌우합작이 절실하다는 판단을 가지게 되고, 이를 풀어나가는 일에 그가 나서거나 동참하려 했던 것으로 이해되는 것이다. 이러한 성향은 1930년대 중후반 민족운동계의 전반적인 지형과 동일한 것으로, 육사도 민족문제를 풀어나가는 첩경이 좌우합작·협동전선 구축에 있다고 판단하고, 이를 실천하려 나섰다고 할 수 있다. 김희곤, 「이육사의 민족문제 인식」, 『한국독립운동사연구』 제23집, 한국독립운동사연구소, 2004.12, 160면.

21) 홍기돈은 이에 대해 독립운동 자금을 운반하기 위한 '연출된 요양여행'으로 보고 있다. 즉 국내외 독립운동 단체에 자금을 지원하기 위해 설립한 백산상회가 1927년 일제에 의해 정체가 발각되어 문을 닫게 됨에 따라 독립자금을 전달하는 새로운 방법이 필요했는데, 이육사의 잦은 중국 출입의 목적이 바로 거기에 있었다는 것이다. 홍기돈, 앞의 논문, 295~303면 참조.

사회주의의식과 전혀 무관하다고 할 수는 없다.[23] 하지만 이러한 해석 역시 '민족적 저항시인 이육사'라는 동어반복에서 결코 벗어날 수 없다. 뿐만 아니라 그가 남긴 산문의 성격과도 다소 배치된다는 점에서 이육사의 문학세계를 총체적으로 해명하는 데도 걸림돌이 된다. 따라서 앞으로 이육사 연구는 시문학 중심의 논의에서 벗어나 그가 남긴 산문 역시 중요한 자료로 분석하고 판단하는 종합적 연구의 방향을 새롭게 정립할 필요가 있다.

3. 현실주의 문학관과 비평의식

이육사가 남긴 평론은 모두 16편인데, 시사평론 9편, 문예・문화비평 7편으로 분류된다. 1936년까지 그는 시사평론을 주로 썼는데, 「루쉰추도문」[24]을 발표한 이후 문예비평에 대한 관심이 더욱 두드러지기 시작한다. 「루쉰추도문」은 루쉰의 사망 소식을 듣고 곧바로 『조선일보』에 연재한 것으로, 이육사의 문학관이 루쉰의 강력한 영향 아래 형성되었음을 보여주는 실증적 사례가 될 수 있다. 이 글은 루쉰 약전(略傳), 루쉰과의 만남에 대한 회고, 그의 생애와 문학활동의 전 시기를 개략적으로

22) 이러한 관점에서 이육사의 시세계를 연구한 논문으로 박현수의 「이육사의 시학과 주리론적 미학체계」(『현대시와 전통주의의 수사학』, 서울대 출판부, 2004)가 있다.

23) 이에 대해 조두섭은, 이육사의 시가 현실의 구체성을 매개하지 않았기 때문에 사회주의적 담론구성체와 무관하다고 보는 것은 잘못이라고 하면서, 그의 시에서 사회주의적 현실인식은 최종의 순간에 주자학의 담론구성체 내에서 관념화된다고 보았다. 즉 그의 시는 주자학적 사유와 사회주의적 현실인식이 상호작용을 하면서도 최종 심급의 초담론은 주자학적 담론이 된다는 것이다. 조두섭, 「초인의 시학」, 이강언・조두섭, 『대구・경북 근대문인연구』, 태학사, 1999, 130~131면.

24) 『조선일보』, 1936.10.23~25, 10.27.

살펴본 작품론 등으로 이루어져 루쉰 평전의 성격을 지니고 있다. 뿐만 아니라 이육사의 시사평론 가운데 5편[25]이 중국정세를 비판적으로 살펴본 글이고, 루쉰의 첫 소설집 『눌함(吶喊)』에 수록된 「고향」을 번역하여 『조광』 1936년 12월호에 싣기도 했다는 점에서, 그는 루쉰을 비롯한 중국문학에 대한 소양을 자신의 문학관 형성의 중요한 토대로 삼았던 것으로 보인다.

이육사가 루쉰의 문학관을 통해 가장 우선적으로 정립하고자 한 것은 문학과 현실 혹은 예술과 정치의 관계에 있었다. 독립운동과 사회주의사상에 기반을 둔 문학활동을 전개하고자 한 실천적 문학인으로서 이러한 문제에 대한 구체적 인식은 가장 본질적인 문제제기가 되지 않을 수 없었던 것이다.

> 오늘날 우리의 조선 문단에는 누구나 할 것 없이 예술과 정치의 혼동이니 분립이니 하야 문제가 어찌 보면 결말이 난 듯도 하고 어찌 보면 미해결 그대로 있는 듯도 한 현상인데, 루쉰같이 자기 신념이 굳은 사람은 이 예술과 정치란 것을 어떻게 해결하였는가? (…중략…)
>
> 루쉰에 있어서는 예술은 정치의 노예가 아닐 뿐만 아니라 적어도 예술이 정치의 선구자인 동시에 혼동도 분립도 아닌, 즉 우수한 작품, 진보적인 작품을 산출하는 데만 문호 루쉰의 위치는 높아갔고, 아Q도 여기서 비로소 탄생하였으며, 일세의 비평가들도 감히 그에게는 함부로 머리를 들지 못하였다.[26]

루쉰의 주장의 핵심은 "예술이 정치의 선구자"라는 점과 "우수한 작품, 진보적인 작품을 산출하는" 것이 예술창작의 당면목표가 되어야 한다는 것이다. 다시 말해 문학의 효용적 가치를 강조하면서도 우수하고 진보적인 작품을 평가하는 기준이 정치에 예속되어서는 안 된다는 점

---

25) 「五中全會를 앞두고 外分內裂의 中國政情」(『신조선』, 1934.9), 「危機에 臨한 中國政局의 展望」(『개벽』, 1935.1), 「公認 "깽그"團 中國青幇秘史小考」(『개벽』, 1935.3), 「中國의 新國民運動 檢討」(『비판』, 1936.8), 「中國農村의 現狀」(『신동아』, 1936.8).

26) 김용직·손병희 편, 「루쉰추도문」, 앞의 책, 214~216면.

을 분명히 하였다. 즉 예술과 정치의 관계는 서로 뒤섞여 구별되지 않는 '혼동'의 상태가 되어서는 안 되고, 서로 별개로 취급되는 '분립'의 상태가 되어서도 안 된다는 것이다. 결국 예술은 정치를 선도하는 기능을 담당하는 선구자의 위치에서 민족정신을 개조하는 계몽적 효용성을 지녀야 한다고 보았다. 이런 점에서 루쉰이 생각하는 우수한 작품, 진보적인 작품의 판단근거는 '예술의 선구성'을 얼마나 효과적으로 구현했느냐 하는 점에 있었다. 여기에서 말하는 예술의 선구성이란 투철한 현실인식과 미적 형상화의 결합에서 비로소 성취될 수 있는 것이다.

> 푸로 문학가는 반드시 참된 현실과 생명을 같이하고 혹은 보다 깊이 현실의 맥박을 감수하지 않으면 안 된다 (…중략…)
>
> 그러나 구사회를 조그만치 공격하는 작품일지라도 만약 그 결점을 분명히 모르고 그 病根을 투철히 파악치 못하면 그것은 유해할 뿐이다. 애석한 일이나마 현대의 푸로 작가들은 비평가까지도 왕왕 그것을 못한다. 혹 사회를 正視해서 그 진상을 알려고도 않고, 그 중에는 상대자라고 생각하는 편의 실정도 알려고 하지 않는다. (…중략…)
>
> 옛것을 분명히 알고 새로운 것에 看到하고 과거를 了解하야 장래를 추단하는 데서만 우리들의 문학적 발전은 희망이 있다. 생각건대 이것만은 현재와 같은 환경에 있는 작가들은 부단히 노력할 것이고, 그래야만 참된 작품이 나오는 것이다.[27]

이육사는 루쉰의 말을 직접 인용하면서, 참된 작가는 역사의 진상을 올바르게 이해하는 현실주의적 관점을 지녀야 하고 이를 바탕으로 투철한 역사의식을 담아내는 작품을 써야 한다고 주장했다. 즉 작가는 당대의 현실에 나타난 "결점"과 "病根"을 비판적으로 성찰함으로써 사회적·역사적 모순을 바로 잡는 선구자의 역할을 담당해야 한다는 것이다. 결국 이육사가 루쉰의 문학관을 통해 얻고자 한 것은, 예술창작에

27) 위의 글, 218~219면.

있어서 현실을 진실하고 명확하게 묘사하는 태도를 가져야 한다는 '창작모랄'의 차원으로 귀결된다.[28] 이런 점에서 그의 비평의식은 무엇보다도 '리얼리즘'을 가장 중요한 문제로 쟁점화하였다.

> 19세기의 廣大한 소설문학의 가치도 결국 一言으로 말한다면 그것이 인간생활의 진실한 기록이였든 때문이 아니든가. (…중략…) 중요한 사실은 자연주의 '레알리즘'의 발생이다. 이것이 이때까지의 모든 '로－맨스'를 파괴하면서 현실에 충실한 기록으로 소설을 변모시키고 말았다. (…중략…) 문필이란 수공업적 형식에 의한 사진인 것이다. 내계와 외계를 그냥 그대로 묘사하여 내려는 표현수법은 그것이 넉넉히 존재할 수 있든 그 사회의 생산과학의 방법에 의해서만 가능하였든 것이다. 그리고 그 표현의 원리가 사진을 목표로 했을 때 그 원리를 규정한 과학은 사진을 부여하였고 사진은 자연주의의 원리의 가장 간단한 구체화이였다.[29]

"인간생활의 진실한 기록", "현실에 충실한 기록", "문필이란 수공업적 형식에 의한 사진"이란 말에서 분명히 알 수 있듯이, 이육사가 생각하는 창작의 기본적 태도는 소박한 의미에서 모방론적이고 반영론적인 성격을 명확히 드러내는 데 있었다. 즉 리얼리즘을 바탕으로 한 소설, 이를테면 자연주의 소설, 보고문학적 소설 등에 관하여 아주 깊은 관심을 표명한 것이다. 또한 그는 소설의 구조에 있어서도 현실구조의 반영을 무엇보다도 중요한 요인으로 설정하면서 소설은 당대 사회에서 폐기되어야 할 모순구조를 담아냄으로써 독자들에게 비판적 태도와 인식을 심어주어야 한다고 보았다. 이런 점에서 그는 루쉰의 작품 가운데 「광인일기(狂人日記)」를 높이 평가했다.

---

28) 심원섭, 앞의 논문, 160면.

29) 「예술형식의 변천과 영화의 집단성－'씨나리오' 문학의 특징」, 『청색지』, 1939.5; 김용직 · 손병희 편, 앞의 책, 231～233면.

이 문제의 소설 「광인일기」의 내용은 한 개 妄想狂의 일기체 소설로서 이 주인공은 실로 대담하게 또 명확하게 봉건적인 중국 구사회의 악폐를 痛罵한다. 자기의 이웃사람은 물론 말할 것도 없고 특히 자기 가정을 격렬히 공격하는 것이다. 가정-가족제도라는 것이 중국 봉건사회의 사회적 단위로서 일반에 얼마나한 해독을 끼쳐왔는가. 봉건적 가족제도는 固型化한 儒教流의 宗法 사회 관념하에 당연히 붕괴되어야 할 것이면서 붕괴되지 못하고 근대적 사회의 성장에 가장 근본적인 장애로 되어 있는 낡은 도덕과 인습을 여지없이 통매했다.[30]

이육사는 루쉰의 "대작은 모두 辛亥革命 전후의 봉건사회의 생활을 그린 것으로, 어떻게 필연적으로 붕괴하지 않으면 안 될 특징을 가졌는가를 묘사하고, 어떻게 새로운 사회를 살아갈까를 암시하고 있다"고 보았다. 또한 그의 소설은 "당시의 혁명과 혁명적인 사조가 민중의 심리와 생활의 '디테일스'에 어떻게 표현되는가를 가장 '레알'하게 묘사한 것"[31]으로 분석했다. 따라서 그는 사회의 모순상과 폐악에 대한 구조적 접근과 반영, 이상적 전망의 제시, 인물의 전형성 등을 소설이 갖추어야 할 기본적 토대로 인식했다. 이러한 점은 에밀 졸라 이후 자연주의 리얼리즘이 사회주의 리얼리즘으로 연결되는 초기 사회주의 리얼리즘의 성격에 근접한 것으로 평가되기도 한다.[32] 물론 그의 리얼리즘적 인식과 태도를 두고 명확히 사회주의적이라고 판단할 객관적 근거는 미약하다. 다만 그가 앞서 발표한 시사평론의 성격이나 독립운동 과정에서 형성된 사회주의의식과의 유기적 관련성을 염두에 둘 때, 그가 생각하는 리얼리즘의 방향은 사회주의적 성격을 강하게 드러내고 있었을 것으로 짐작할 수 있다.

그의 리얼리즘론은 영화장르의 특성을 설명하는 데서 더욱 발전적인

30) 김용직 · 손병희 편, 「루쉰추도문」, 앞의 책, 211~212면.
31) 위의 글, 213면.
32) 김삼주, 앞의 논문, 45면.

면모를 보여주는데, 영화야말로 집단의식을 고취하는 가장 효과적인 장르임을 강조했기 때문이다. 즉 "영화에 있어서는 개인의 운명보다는 집단의 운명이 주요한 테마"이므로, "수직적으로 역사를 말하는 대신 水平線的으로 지리를 말하고 개인을 묘사하는 대신에 집단을 묘사하는 것"이라고 보았다. 다시 말해 영화는 무엇보다도 "집단의 심리와 성격과 운명이 描出되어야 한다"[33]는 점을 가장 중요한 장르적 특성으로 삼고 있다는 것이다. 따라서 그는 수공업적 형식에 의한 사진으로서의 자연주의 소설은 기술공학적 형식에 의한 사진으로서의 영화에 의해 해체된다는 점에서 영화를 소설보다 우월한 장르로 인식했다.[34]

> '팔 · 박크'의 소설 『대지』는 말할 것도 없이 '阿蘭'이란 一女性이 주요한 '테－마'로 되어 있는 것이고 영화 「대지」는 그것을 각색 촬영한 것이지마는 '아란'의 운명을 그려내는 데 있어서는 소설 같은 것은 이 영화에 멀리 미치지도 못하는 것이다. 王龍의 일가가 부침하는 그 운명은 소설에 있어서는 결국 소설적인 내용인 것이었고, 영화에와같이 울어지지 않는 것이였다. (…중략…)
>
> 영화 「대지」에 있어서 가장 생생한 '레알리틔'를 느끼게 한 장면은 무엇보다도 기근의 大群이 기차를 향하여 쇄도하는 장면과 약탈 때문에 군대가 內動하는 곳과 蝗虫의 대군이 글자 그대로 운하같이 襲來하는 곳이였다. 그런

---

33) 「예술형식의 변천과 영화의 집단성－'씨나리오' 문학의 특징」, 232면.

34) 1930년대 말 이육사는 소설장르에 대해 근본적으로 회의하면서 자신도 소설창작을 포기한 것으로 보인다. 이에 대해 심원섭은, "육사가 소설창작을 시작하게 된 직접적인 동기는, 루쉰의 성공적인 문학적 투신에 있지만, 개인적인 취향이나 어릴 때부터 이미 체질화해온 문학적 기질의 차이, 또 소설을 통한 당당한 현실대응이 날로 어려워지는 여건이라고 할 수 있는 1930년대 후반이라는 시기상의 난점을 무릅쓰고 육사가 실제로 창작한 '소설적인 글'은, 루쉰의 어두운 폭로소설들이 불러일으켰던 사회적 충격이나 소설기법상의 원숙미를 뒤따라가기에는 역부족이었으며, 더구나 「고향」과 같은 작품이 지닌 주제의 역기능적인 면에 깊이 빠져드는 주제면의 파탄을 보여줌으로써, 결과적으로는 소설의 창작을 더 이상 계속해 나갈 수가 없었다"(심원섭, 앞의 논문, 28~29면)고 파악한다. 당시 이육사는 이러한 소설창작의 한계를 극복할 수 있는 장르가 바로 영화라고 보았던 것 같다.

> 장면에는 왕룽 일가의 운명보다도 중국 민중 전체의 운명이 놀랄 만한 '레알리틔'를 가지고 보는 사람들을 육박하는 것이다. 그 중에도 황충의 대군과 필사적으로 싸우고 있는 민중의 雄姿, 이러한 자연의 暴威와 싸우는 때에 개인간의 사소한 감정적 쟁투 같은 것은 전체를 위하야 소멸되고 사람들은 모다 일치단합하야 당면의 적을 퇴치하는 것이다. 여기에 인간과 자연과 투쟁하는 장대한 서사시가 있고 영화예술의 기록적 우월성이 있는 것이다.[35)]

이육사가 소설보다 영화를 우월한 장르라고 인식한 가장 중요한 기준은, 어느 것이 독자들과 청중들에게 더욱 사실적으로 다가가느냐 하는 점과 개인의 운명보다는 집단의 운명을 담아내는 데 어느 것이 더욱 적합하느냐 하는 데 있었다. 즉 현실의 모습들을 문장으로 묘사하는 것은 독자의 상상력 속으로 굴절되어 일종의 이미지로 전달되지만, 영화는 현실의 정황들을 바로 눈앞에 펼쳐진 현재적 사건으로 인식하는 직접성을 지니고 있어서 소설장르보다 더욱 사실성을 강하게 부각시킨다는 것이다. 또한 자연주의 소설이 개별적 인물들의 사실적 묘사에 국한되는데 비해 영화 속 인물들은 한 개인의 운명을 통해 전체 집단의 운명을 드러낸다는 점에서 리얼리즘의 '전형성'을 가장 두드러지게 보여준다는 것이다. 따라서 "소설에 있어서의 작중의 인물과 독자와의 친밀관계" 이상으로, 영화에서는 관객이 영화 속 인물들을 실제 인물과 같이 인식하므로 "이성과 판단을 마비시키는 감각적 표상"으로 환원된다는 것이다. 이처럼 이육사는 자연주의의 종언을 확신하고 소설의 생명력을 의심할 정도로 영화의 기록문학적 우월성을 특별히 강조하였다.

이러한 그의 리얼리즘론은 여러 가지 이질적인 요소가 혼재되어 있고 논리적 충돌이 많아서 그 성격을 명확하게 규정하기는 사실상 어렵다. 한 가지 분명한 사실은, 그가 서사시와 소설의 역사적 차이를 언급하면서 특정한 개인을 추구하고 개성을 묘사하는 데 그치는 소설과는

---

35) 「예술형식의 변천과 영화의 집단성-'씨나리오' 문학의 특징」, 238~239면.

달리 집단적인 제재를 취급하는 서사시의 우월성을 주목함으로써 영화를 서사시의 차원에서 이해하려 한다는 점이다. 즉 "집단 전체가 힘을 합하야 건설적인 목적을 향해서 투쟁하는 서사시적 '테-마'가 영화에서 발전하였다"[36]라고 함으로써, 자연과 인간의 대립과 분열에서 빚어진 총체성의 상실에 맞서는 예술장르의 효용성을 가장 중요하게 여겼던 것이다. 이러한 계몽적 성격은 문학과 예술이 역사를 선도하고 미래의 방향을 제시하는 '정치의 선구'로서의 역할을 담당해야 한다는 그의 문학관과 온전히 일치한다. 그의 수필 「계절의 오행」에는 이와 같은 행동주의적이고 현실주의적인 문학관이 분명하게 제시되어 있다.

> 내가 들개에게 길을 비켜줄 수 있는 겸양을 보는 사람이 없다고 해도 정면으로 달려드는 표범을 겁내서는 한발자욱이라도 물러서지 않으려는 내 길을 사랑할 뿐이오. 그렇소이다. 내 길을 사랑하는 마음, 그것은 내 자신에 희생을 요구하는 노력이오. 이래서 나는 내 기백을 키우고 길러서 金剛心에서 나오는 내 시를 쓸지언정 유언은 쓰지 않겠소. 그래서 쓰지 못하면 죽어 화석이 되어 내가 묻힌 척토를 향기롭게 못한다곤들 누가 말하리오. 무릇 유언이라는 것을 쓴다는 것은 팔십을 살고도 가을을 경험하지 못한 俗輩들이 하는 일이오. 그래서 나는 이 가을에도 아예 유언을 쓸려고는 하지 않소. 다만 나에게는 시를 생각는다는 것도 행동이 되는 까닭이오. 그런데 이 행동이란 것이 있기 위해서는 나에게 무한히 너른 공간이 필요로 되어야 하련마는 숫벼룩이 꿇앉을 만한 땅도 가지기 못한 내라 그런 화려한 팔자를 가지지 못한 덕에 나는 방안에서 혼자 곰처럼 뒹굴어 보는 것이오.[37]

그가 무엇보다도 강조하는 문학정신은 자신을 해치려는 들개와 같은 약자에게는 겸양을 베풀 수 있지만, 정면으로 달려드는 표범과 같은 강자 앞에서는 결코 물러서지 않겠다는 강인한 투쟁정신이다. 즉 "그가

36) 「예술형식의 변천과 영화의 집단성-'씨나리오' 문학의 특징」, 237면.
37) 김용직 · 손병희 편, 「계절의 오행」, 앞의 책, 162면.

의도하는 시란 공격자를 향한 저항행위이며 '금강심'과 같은 기백의 표출"[38]에 있는 것이다. 따라서 이육사의 문학관과 리얼리즘론은 역사적 모순이 심화된 당대의 현실에 대한 정직한 묘사와 인물의 전형성 창출을 통해 1930~40년대 우리 민족의 상처와 고통을 초극하려는 의지적이고 계몽적인 효용성을 지향하였다. 그의 말년작인 「절정」[39]에는 이러한 그의 문학적 의지가 아주 선명하게 드러난다. 이 작품은 근원적인 면에서 자기극복의 과정에서 비롯되는 갈등과 고뇌의 절정에서 현실인식과 대결정신, 그리고 예술의식의 비극적 화해를 성취함으로써 새로운 출발을 다짐하는 것이고,[40] 조국상실과 민족수난이라는 역사의 극한적 상황을 배경으로 한 사람의 투사가 자신의 삶에 더 이상 물러설 수 없는 최종적인 의의를 부여하는 결단의 자리를 형상화한 것이다.[41] 결국 "강철로 된 무지개"에서 "강철은 그냥 무지개가 황홀하고 따뜻하고 밝은 느낌을 주는 것에 비해 차갑고 단단하게 날카로운 느낌을 주는 것으로, 당대 일본 제국주의가 새로운 세기로 전환되어 가는 소멸의 존재이긴 하나 당대의 역사적 존재에게는 새로운 생명을 옥죄는 비정한 통로임이 분명하다는 인식의 표현"으로 이해할 수 있다. 따라서 이 시의 의미는 "겨울이라는 세계사적 전환의 시점을 맞아 제국주의라는 비정한 현실에 대해 그만큼 강인한 혁명정신으로 넘어가야"[42] 한다는 자각과 다짐을 선언적으로 드러낸 것임에 틀림없다.

38) 김삼주, 앞의 논문, 51면.
39) 『문장』, 1940.1.
40) 김재홍, 「육사 이원록—투사의 길, 예술의 길」, 『한국현대시인연구』(김용직 외), 일지사, 1986, 273면.
41) 김흥규, 앞의 논문, 101면.
42) 김경복, 앞의 논문, 106~107면.

4. 맺음말

지금까지 이육사의 문학을 새롭게 접근하기 위한 전제로 그의 생애와 사회주의사상의 형성과정을 살펴보고, 이를 토대로 그가 남긴 비평, 수필 등 산문을 분석함으로써 현실주의문학관과 비평의식의 방향을 논의해 보았다. 우선, 그동안 이육사 연구의 대부분이 시문학을 중심으로 전개되었다는 점과, 이에 대한 논의의 대부분이 '저항'의 맥락을 강조하는 획일적 시각에서 재단되었다는 점에서 새로운 연구방향이 필요하다는 문제제기를 하였다. 물론 그의 문학세계 전반을 해명하는 데 있어서 저항의 문맥을 제외하고 논의한다는 것은 사실상 불가능하다. 근본적으로 그의 문학관은 현실주의적 세계관에 바탕을 두었을 뿐만 아니라, 그의 비평의식 또한 현실과의 치열한 대결을 바탕으로 한 리얼리즘의 정신을 지니고 있었기 때문이다. 하지만 지금까지 이육사 연구에서 강조된 '저항'은 보수적 민족주의의 입장에서 제기된 주관적 신비화의 경향을 불식시키지 못함으로써, 그의 문학에 내재된 사회주의의식을 의도적으로 배제하는 편향된 담론의 재생산에 머물렀다는 비판에 대해서는 충분히 귀기울일 필요가 있다.

본고는 이와 같은 이육사 연구의 문제점들을 비판적으로 성찰함으로서 새로운 연구의 방향을 찾아보고자 했다. 이를 위해서는 무엇보다도 그가 남긴 산문을 시 연구를 위한 보조텍스트로 활용했던 그동안의 잘못된 연구태도부터 바로잡을 필요가 있었다. 따라서 본고에서는 그의 전기적 사실과 평론, 수필을 중심으로 이육사의 문학관과 비평의식의 전개과정을 실증적으로 살펴보았다. 그 결과 그의 문학관은 일본과 중국에서의 독립운동과 사회활동을 바탕으로 우리 민족의 암울한 현실을 초극하기 위한 구체적 방법론으로 문학을 선택하였다는 점에서 철저하게 현실주의적 성격을 지녔음을 확인할 수 있었다. 그의 비평의식 역시 이러한 현실주의적 성격을 가장 효과적으로 드러내기 위한 방법론으로 '리얼리즘'을 선택함으로써 현실의 정확한 묘사와 인물의 전형성을 예술창작의 가장 중요한 원리로 삼았다. 결국 이육사의 현실주의 문학관과 비평의식은 문학과 예술이 역사를 선도하고 미래의 방향을 제시함으로써 정치에 예속되지 않고 오히려 정치를 선도하는 올곧은 역할을 다해야 한다는 지향성을 드러냈다고 할 수 있다.

이상에서 살펴봤듯이 이육사의 문학적 태도는 사회주의 리얼리즘의 성격을 다분히 지니고 있었다. 그럼에도 불구하고 지금까지 반공주의의 논리 안에서 신비화된 그의 시세계는 저항적 민족주의의 관점으로만 평가될 뿐이었다. 따라서 앞으로의 이육사 연구는 이러한 문제에 대한 비판적 문제제기를 통해 새로운 방향을 찾아야 할 것이다. 특히 그의 시와 산문 사이에 가로놓인 괴리와 모순을 어떻게 논리적으로 분석할 것인가에 대해서는 더욱 체계적인 연구가 필요하다. 그의 문학세계 전반을 일관되게 논리화하는 종합적인 연구의 필요성이 그 어느 때보다 절실하게 요구되는 것이다.

제 3 장

해방 이후 박세영 시 연구

월북 이후 『조선문학』 발표 작품을 중심으로

1. 머리말

납·월북문인들에 대한 해금조치가 이루어진 1980년대 말부터 북한문학에 대한 연구는 아주 활발하게 전개되어 현재까지 출간된 북한문학 관련 단행본과 논문의 수만 살펴보더라도 상당히 많은 분량이 축적되었다. 따라서 현단계 북한문학 연구의 방향은 남북한통일문학사에 대한 당위성을 앞세우기에 급급했던 초기의 연구성과와는 달리 북한문학을 주도해온 개별 시인들과 작가들에 대한 구체적이고 실증적인 연구로 심화되고 있다. 특히 일제하 프로문학의 정통성을 이어받은 북한문학의 형성과정에 주목함으로써 카프 맹원들의 북한에서의 작품활동이 중요한 연구대상으로 부각되었다.[1)] 이처럼 북한문학 연구가 작가론이나 작품론으로 심화되었음에도 불구하고 해방 이후부터 1980년대 말까지 북한체제의 대표적 시인으로 활동했던 박세영에 대한 연구는 아직 본격적으로 이루어지지 않았다. 그 이유는 월북 이후 그의 문학적 행적에 가장 큰 원인이 있다고 할 수 있는데, 해방 이후부터 1980년대 말까지 주체문학의 선구자로 북한체제의 가장 대표적인 시인으로 활동했다는 점이 오히려 그에 대한 연구를 객관적으로 수행하는 데 걸림돌로 작용했기 때문이다. 또한 그의 창작활동이 시문학뿐만 아니라 아동문학, 노래가사, 수필, 정론, 평론 등 다양한 부문에 걸쳐 있었으므로, 그의 문학세계를 논의하는 뚜렷한 방향을 결정하기 어려웠던 점도 중요한 원인이 되었다.[2)]

박세영은 1902년 7월 7일 경기도 고양에서 태어나[3)] 배재고보를 졸업

---

1) 해방 이후 북한의 문단은 우익계열의 〈평양예술문화협회〉가 소련군의 지원을 받은 좌익계열의 〈평남지구 프롤레타리아예술동맹〉에 의해 해산되고, 이미 결성된 〈북조선임시인민위원회〉 위원장인 김일성의 후원 아래 1964년 3월 〈북조선문학예술동맹〉으로 새롭게 확대되어 발족한다. 이 단체는 단순히 조직체의 명칭만 바뀐 것이 아니라 명실공히 공산당의 공식기구로서 선전선동부장 김창만의 적극적인 개입에 의해 이루어졌다. 그와 동시에 서울에서 임화의 일방적인 독주에 반감을 품고 월북한 프로예맹 측의 박팔양 · 박세영 · 한효 · 윤기정 · 한설야 · 이기영 · 송영 · 안함광 · 안막 등과 중국에서 귀국한 김사량이 가담해서 〈북조선예술동맹〉의 뼈대를 이루게 된다. 이처럼 해방 이후 북한문학은 카프계열의 문인들이 주도적인 역할을 함으로써 그들의 세계관이나 창작방법이 북한문학의 형성에 상당한 영향력을 미쳤다고 할 수 있다.

2) 박세영은 월북 이후 대부분의 프로시인들이 숙청된 것과는 달리 체제의 시인으로 활발히 활동을 하다가 1989년 2월에 사망했다. 따라서 남북한문학사에 공통적으로 걸쳐 있는 그에 대한 연구는 북한문학의 실상에 접근할 수 있고, 분단문학을 극복하여 통일문학을 수립할 수 있는 계기가 될 수 있다. 또한 그가 동시로 신춘문예에 당선되고 카프의 아동문학기관지인 『별나라』의 편집자로 활동했으며, 월북 전후 상당히 많은 동시를 발표했다는 점에서 북한의 아동문학을 이해하는 데도 중요한 시인이라고 할 수 있다. 한성우, 『박세영 시 연구』, 대광문화사, 2000, 10면 참조.

3) 박세영의 출생에 대해서 『북한인명사전』(동서문제연구소, 1981)에는 평안북도 출생으로, 『세계문예대사전』(어문각, 1975)과 『북의 문학과 예술인』(이기봉, 사사연, 1986)에는 함경북도 출생으로 되어 있다. 또한 출생일자도 「북한의 '애국가' 작사가 · 시인, 박세영」(전영선, 『북한』, 2000.4)에는 1907년 7월 7일로, 「박세영론」(정영자, 『산제비』 해설, 미래사, 1991)에는 1902년 7월 5일로 잘못 알려져 있다. 박세영은 그의 수필 「仁旺山은 내 故鄕」(『신동아』, 1936.2)에서 자신에 관해 "전형적인 서울 사람"이고 고향

하고 중국 상해의 혜령영문전문학교에서 수학하였다. 이곳에서 그는 심훈 등을 만나 민족운동에 관심을 갖게 되면서 중국사회주의운동의 근거지들을 두루 돌아다녔는데, 이것이 그의 사상선택과 문예운동에 있어서 주요한 디딤돌이 되었다고 할 수 있다.[4] 그 후 귀국하여 〈염군사(焰群社)〉의 동인으로 활동하다가 1925년부터 〈카프〉의 맹원으로 소년 잡지 『별나라』의 책임편집을 맡는 등 계급주의 시각에서의 활발한 작품활동을 하였다.[5] 해방 후에는 〈조선프롤레타리아문학동맹〉과 〈조선문학가동맹〉에서 활동하다 1946년 월북하여 조선노동당과 인민정권을 노래한 가사 「애국가」를 발표하고, 「보고싶은 어머님」과 같은 동시들을 발표하여 북한 아동문학의 기틀을 마련하기도 했다. 한국전쟁 중에는 조기천 등과 함께 종군작가로 활약했고, 휴전과 더불어 본격적으로 시작활동을 다시 시작하여 『박세영시선집』(1956)을 출간했으며, 1960년대 말까지 김일성의 영도력에 대한 찬양 및 주민들의 노역에 대한 혁신과 선전선동을 위주로 한 작품들을 주로 발표했다. 특히 『밀림의 력사』(1962)는 조기천의 『백두산』과 더불어 북한의 대표적 서사시로 평가되고 있으며,[6]

은 "소미마을(廣金間)"이라고 밝혔고, 『조선신보』의 기록에도 "고양군 한지면 두모리"라고 기록되어 있으므로 경기도 고양 출생으로 보는 것이 타당하다. 최근의 연구에서는 모두 그의 출생일자와 출생지를 1902년 7월 7일 경기도 고양 출생으로 바로잡고 있다. 한성우, 앞의 책, 31면; 이명재 편, 『북한문학사전』, 국학자료원, 1995, 467면; 김경숙, 『북한현대시사』, 태학사, 2004, 648면; 김종회 편, 『북한문학의 이해』 2, 청동거울, 2002, 292면.

4) 박아지, 「黃浦江畔의 追憶—박세영론」, 『풍림』 제5호, 14~16면.

5) 박세영은 〈카프〉의 영향 아래 아동 잡지 『별나라』를 편집하면서 틈나는 대로 동시를 쓰는 한편, 천도교 계열의 아동 잡지 『어린이』와 대립하는 구도에서 계급주의 아동문학을 이끌었다. 그리고 1929년에는 동요극 「어린 소제부」의 필화사건으로 용산경찰서에 구금되기도 했다. 이처럼 박세영이 〈카프〉의 핵심에 있으면서 아동문학을 주도했다는 차원에서 보면, 그가 아동문학가로서 특히 동시인으로서 갖는 남다른 면모는 결코 소홀히 할 수 없다. 박경수, 「계급주의 동시 이해의 밑거름」, 『지역문학연구』 제8호, 2003년 가을, 222면.

6) 이 시는 '보천보 전투' 직후에 있었다는 김일성의 항일무장투쟁을 소재로 그를 우상화한 내용으로, '보천보 전투'를 줄거리로 한 『백두산』의 속편에 해당한다. "이 작품에서 시인은 일제식민지통치의 암담한 시기 민족의 태양이신 김일성장군님에 대한 전설

『룡성시초』(1967)는 노동계급의 영웅적 성격을 형상화한 강한 정론성을 지닌 작품으로 평가되고 있다.[7] 1970년대 이후 그는 김일성에 대한 우상화를 주제로 한 여러 시편들을 발표했고, 최고인민위원회 대의원, 작가동맹 중앙위원, 조국평화통일위원회 중앙위원을 지내는 등 북한문학의 가장 중심에서 활약하다가 1989년 2월 28일 사망했다.[8]

박세영의 전기적 사실에서 알 수 있듯이, 그의 문학은 일제강점기 〈카프〉와의 연속성을 지닌 해방 이후 북한문학의 초기 형성과정에서부터 조국해방전쟁, 전후복구와 사회주의건설, 천리마운동고조기, 주체문학기에 이르기까지 북한문학의 역사를 온전히 함께 한 총체적인 성격을 지녔다. 따라서 그의 문학에 대한 논의는 북한문학의 역사적 전개과정을 통시적으로 살펴보는 데 있어서 중요한 지표가 된다는 점에서 그 문학사적 의의는 아주 크다. 이 글은 이와 같은 문제의식으로 월북 이후 『조선문학』에 발표된 박세영의 시를 중심으로 북한 시문학의 전체적 흐름을 개괄적으로 살펴보는 것을 목표로 삼고자 한다. 해방 이후 『조선문학』에 발표한 박세영의 시 목록을 정리하면 〈표 1〉과 같다.

같은 이야기를 들으며 무한한 흠모와 존경심을 깊이 간직하였던 심정을 그대로 담아 시적 화폭을 폭넓게 전개하였다." 한국비평문학회, 『혁명전통의 부산물—납・월북 문인 그후』, 신원문화사, 1989, 224면; 박종원・류만, 『조선문학개관』 II, 인동, 1988, 249면.

7) 『룡성시초』는 생활적이고 구체적인 시적 계기를 통하여 혁명적 대고조의 불길을 세차게 일으키는 로동계급의 영웅적 성격을 일반화하면서 강한 호소성과 정론성을 안받침하고 있다. 박종원・류만, 위의 책, 346~347면.

8) 그는 월북 문인 가운데 가장 많은 작품을 발표한 문인으로, 주로 김일성 우상화를 위한 시를 발표했기 때문에 '김일성 우상 전문 시인'으로 꼽힌다. 북한은 그가 사망하자 작가동맹중앙위원회의 이름으로 부고를 발표하고, "특히 그는 해방후 위대한 수령 김일성 동지의 품에 안겨 문학창작의 새로운 길을 걸으면서 우수한 가사들과 수많은 시작품을 창작, 인민들의 혁명 고양에 크게 이바지하였다"고 추모했다. 박세영의 전기적 사실에 대한 자세한 사항은, 이명재 편, 앞의 책, 467~470면을 참조할 것.

〈표 1〉『조선문학』 소재 박세영 시 목록

제 목	발표년월
문공단 환송의 밤	1951.9.
숲속의 사수 임명식	1952.7.
불탄 고향을 지나며(외 1편)	1953.1.
영원한 스승 쓰딸린 대원수	1953.3.
보람찬 승리를 시위하자	1954.5.
나는 쓰딸린 거리를 건설한다	1954.8.
몽고 방문 시초	1955.11.
나의 산향	1956.7.
높이 쳐든 기'발	1957.3.
10월의 깃발	1957.11.
이 자유 이 행복을 위하여	1958.12.
승리와 영광의 축배를 듭니다	1959.1.
당신은 공산주의에로의 인도자	1959.4.
비둘기떼 하늘을 덮다 (외8편)	1959.10.
그립던 사람들 돌아오다	1960.1.
봄의 재령강반에서	1960.4.
다시 한 번 인경을 울려라	1960.8.
나도 당에 보답하러	1961.9.
장편 서사시『밀림의 력사』중에서	1962.4.
어머니 품	1963.9.
새 파종기	1964.2.
밤의 제강소	1964.4.
혁명의 기수로서	1965.1.
우리 당 일'군	1965.10.
다시『해빈의 처녀』	1966.3.
그대 천리마시대에 바친 위훈은	1966.8.
황금벌이 보이는 언덕에서	1967.1.
조국이여 세기의 거인이여	1967.7.
룡성시초	1967.9.
수령의 명령앞에	1968.3.
수령의 전사들이 가는 길	1969.10.
대홍단에 봄비 내린다	1970.11.
수령님 탄생 예순돐을 맞는 경사로운 이 아침에	1972.4.
크나큰 믿음	1973.1.
위대한 사랑의 창조물	1973.11.
당의 사랑, 당의 숨결속에	1975.10.
위대한 수령님을 모신 영광의 시대여	1976.4.
이른봄의 서정	1979.5.
영원히 주체의 태양을 우러러	1982.4.
나의 청춘	1985.8.
새집앞에서	1987.10.

현재까지 알려진 박세영의 시집은 해방 이전 출간한 『산제비』(1938)를 비롯하여 『유화(流花)』(1946), 『횃불』(해방기념공동시집, 1946), 『진리』(1946), 『승리의 나팔』(1953), 『박세영시선집』(1956), 『밀림의 역사』(1962), 『룡성시초』(1967) 등이 있다. 하지만 월북 이후 출간한 시집 가운데 현재까지 국내에 소개된 것은 『박세영시선집』 정도에 불과한 실정이므로 그의 시에 대한 전면적인 연구는 사실상 불가능하다. 이 글에서는 우선, 〈조선작가동맹〉의 기관지인 『조선문학』에 발표한 그의 시를 중심으로 월북 이후부터 1980년대 말까지의 시작 활동을 개괄적으로 정리하는 데 치중할 것이다. 이는 그의 시를 북한문학사의 흐름에 맞춰 사적으로 개관하는 것이므로 도식주의적 기술의 한계를 벗어나기 어려울 것으로 보인다. 하지만 이러한 한계는 오히려 박세영의 시를 살펴보는 데 있어서 가장 유효한 방법론이 될 수도 있다. 그의 문학적 이력이 북한문학의 통시적 흐름을 대변하는 문학사적 성격을 온전히 보여주고 있기 때문이다.

2. 민족해방과 전쟁의식 고취

해방 이후 북한문학은 1946년 3월 25일 〈북조선예술동맹〉의 발족과 더불어 사회주의적 사실주의, 당성 · 계급성 · 인민성을 전면에 내세우면서 당과 이데올로기의 통제 아래 공산주의사상의 교육과 문학의 선전선동성을 강조하였다. 따라서 문학작품의 "기본적 주인공은 혁명적 민주기지 건설을 수행하여 미제의 남반부 예속화정책을 반대하여 투쟁하는 애국적 인간, 즉 주권확립을 위한 사회적 투사, 민주개혁 및 경제건설에의 애국적 로동자, 로역농민 및 인민항쟁의 애국적 투사들"[9])로 규정하였다. 결국 해방 이후 북한문학의 방향은 창작의 자율성과 개성을 인정하지 않고 오로지 당의 정책과 노선에 입각한 문학예술의 계획 생산에만 집중하는 기계적이고 집단적인 성격을 노골적으로 드러냈다. 박세영은 〈염군사〉와 〈카프〉를 거치면서 계급주의 노선을 일관되게 견지했고, 카프 해산 이후에도 '비해소파'의 일원으로 끝까지 사상적 전향을 위장한 채 해방 이후 좌익문단의 형성과 월북 이후 북한문학의 형성에 기여했다는 사실에서 북한문학의 이데올로기와 노선에 가장 잘 부합하는 문인이었다. 따라서 그는 월북하자마자 북한문학의 성격과 방향에 적극적으로 동조하고 순응하는 체제옹호적 시인으로서의 전형적인 모습을 보여주었다.

> 설한풍 밀림을 집으로 삼고
> 때로는 불탄 재로 식찬을 삼아도,
> 동지들을 위해선 스스로 굶고 싸우던
> 영용한 애국 투사들 있었거니
> 이 날이 어찌 안 오리까.
>
> (…중략…)
>
> 누더기 속에서 나서 흙에서 늙도록
> 강냉이로도 배를 못 채우던 농민들,
> 오늘엔 제 땅을 버젓이 가꾸며
> 당신을 우러러 노래하오니
> 영명하신 우리 령도자 있기에
> 새 나라 민주 조선은 륭성하고
> 날로 새로워짐이 아니오리까.
>
> —「햇볕에서 살리라」 부분[10]

9) 사회과학원 문학연구소, 『조선문학통사－현대편』, 인동, 1988, 189면.
10) 『우리의 태양』, 북조선예술총동맹, 1946. 해방의 감격 속에서 쓰인 시들은 일찍부터

월북 이후 『조선문학』에 발표한 첫 번째 작품인 인용시는 김일성을 새조국 건설의 위대한 영도자로 묘사하는 찬양시의 성격을 분명하게 드러냈다. 일제강점기 〈카프〉를 통해 계급해방과 인간해방은 물론 조국의 자유와 해방을 부르짖던 민족주의 시인 박세영이 한 사람의 정치인과 공산주의를 찬양하고 옹호하는 체제의 시인으로 변해가는 모습을 두드러지게 엿볼 수 있는 것이다. 월북 이듬해 발표한 「애국가」(1947)[11]에서는 이러한 태도가 더욱 강하게 부각되는데, 북한문학사에서는 "가사 「애국가」는 위대한 수령님에 의하여 반만년의 유구한 력사에서 처음으로 진정한 인민의 나라를 가지게 된 우리 인민들의 조국에 대한 끓어넘치는 사랑을 노래한 의의있는 송가"이며, "끝없이 풍요하고 아름다운 조국, 유구한 력사와 찬란한 문화, 근로인민들의 슬기로 빛나는 조국에 대한 드높은 민족적 긍지와 자랑의 감정을 반영하면서 위대한 수령님께서 찾아주신 인민의 새나라에 대한 열렬한 사랑과 그를 길이 빛내여 가리라는 결의를 힘있게 노래하고 있다"[12]라고 평가했다.

해방 직후 북한 시문학의 흐름은 김일성에 대한 절대적 찬양과 더불어 그의 강력한 후원자였던 소련과의 친선을 강조하는 경향을 두드러지게 드러냈다. 이러한 주제와 관련하여 쓰인 많은 작품들을 모아 1949년 발간한 『영원한 친선』에 수록된 박세영의 「쏘련군대는 오는가」는 "조선 인민의 위대한 해방자"로서 소련을 찬양하는 대표적인 작품이다.

김일성이 새 역사의 주인공임을 말했다. '김일성장군 찬양 특집'으로 나온 『우리의 태양』에서 김일성은 역사의 암흑을 헤치고 떠오른 "위대한 우리나라의 태양"으로 칭송되었다. 신형기·오성호, 『북한문학사』, 평민사, 2000, 96면.

11) 아침은 빛나라 이 강산/은금에 자원도 가득한/삼천리 아름다운 내 조국/반만년 오랜 력사에/찬란한 문화로 자라난/슬기론 인민의 이 영광/몸과 맘 다 받쳐 이 조선/길이 받드세(1절) 백두산 기상을 다 안고/근로의 정신은 깃들어/진리로 뭉쳐진 억센 뜻/온 세계 앞서 나가리/솟는 힘 노도도 내밀어/인민의 뜻으로 선 나라/한없이 부강하는 이 조선/길이 빛내세(2절)

12) 박종원·류만, 앞의 책, 110면.

약소 민족의 참 동무
조선 인민의 위대한 해방자,
쏘련군대여 오는가?
이날 우리 30만 손들이
뜨거운 악수를 보내고
지나간 날 설움을 호소하였더니,
쏘련군대는 아니 오고
하이얀 노트 아메리칸만이
공중에서 삐라를 뿌렸다.
지전같은 종이로
시민들을 달래였다.

—「쏘련군대는 오는가」 부분[13)]

해방 직후 북한문학의 주요 임무는 일제를 대신해서 한반도를 식민지화하려는 미국의 제국주의 전략을 비판하는 데서 비롯되었다. 즉 반미의식의 고취와 선전을 통해서 미국에 대한 강한 적대의식과 투쟁의식을 전면화한 것이다. 이에 반해 소련에 대해서는 “약소민족의 참 동무”라는 친화적 인식을 바탕으로 절대적인 찬양을 보냄으로써 민족해방의 은인으로까지 평가했다. 따라서 “쏘련인민과 조선인민의 깊은 우의”는 “다만 쏘베트 군대가 조선인민을 일본제국주의 기반으로부터 해방시켜주었다는 거기에만 있는 것이 아니라 그것은 또한 해방 직후 일제가 파괴해놓고 간 민족경제를 부흥복구하는 간고한 투쟁에서 쏘련인민이 우리 인민에게 진정으로 정성어린 방조를 주었으며 강렬한 로력투쟁에서 고귀한 모범을 보여주었다는 데 있다”[14)]고 밝히기도 했다. 이처럼 해방 직후 북한문학의 성격은 반미선전과 소련찬양이라는 극단적인 이분법을 바탕으로 인민들의 사회주의사상을 고조시키고 문학의 사

13) 북조선문학동맹 시전문위원회 편, 쏘련군 환송기념시집 『영원한 친선』, 문화전선사, 1949.2, 115~120면; 한성우, 앞의 책, 153~154면에서 재인용.
14) 사회과학원 문학연구소, 앞의 책, 218~219면.

상성을 강화시키는 일관된 지향성을 드러냈다. 다시 말해 해방 직후 북한문학의 성격은 민족의 진정한 해방과 사회주의 건설의 토대를 마련하기 위한 의식개혁의 수단이었다고 할 수 있다.

북한문학사에서 조국해방전쟁기(1950~1953)는 무엇보다도 전쟁의 승리를 고무하는 '대중적 영웅주의', '애국적 헌신성', '전쟁의식 고취' 등의 주제의식을 두드러지게 표방하였다.

> 조국과 우리 인민 앞에 전개된 새 력사적 현실—영웅적인 조국해방전쟁 현실은 우리 문학 앞에도 새로운 력사적 임무를 제기하였다. 조국해방전쟁은 우리 문학이 조선 인민의 이 위대한 영웅적 투쟁 현실을 진실하게 반영하고 전선과 후방에서 발휘되는 우리 인민의 대중적 영웅주의와 애국적 헌신성을 정당히 표현하는 우수한 예술적 전형들을 창조하며, 또한 애수적인 적들의 만행을 철저히 폭로 규탄함으로써 인민과 군대를 승리에로 고무 추동하며 글들을 원쑤에 대한 열화같은 증오심과 애국주의와 영웅성으로 교양하기 위하여 자기의 모든 재능과 정열을 다 바칠 것을 요구하였다. 우리 문학은 영웅적 인민이 요구하는 영웅적인 문학이 되어 우리 인민의 빛나는 투쟁과 승리, 백전불굴의 투지와 고상한 정신, 도덕적 면모를 우수한 예술적 형상을 통하여 전세계 인민에게 보여주며 또 후손만대에 전하여야 하였다.[15)]

이 무렵부터 박세영은 본격적으로 『조선문학』에 시를 발표하기 시작하는데, 종군작가로 전쟁에 직접 참여하여 「문공단 환송의 밤」, 「숲 속의 사수 임명식」 등의 시를 쓰고, 전쟁으로 인해 처참하게 변해버린 고향상실의 비애를 노래한 「불탄 고향을 지나며」와 같은 작품을 발표했다. 「문공단 환송의 밤」은 "우리는 여기 와 몇 달이라지만, / 벌써 몇해가 지난듯 / 철의 의지로 뭉치였고, / 높은 예술로 맺어진 사이, / 이제 가면 전우들을 / 더욱 고무하리라"에서처럼, 북한군의 전쟁의식 고취를 위해 발족한 선무부대의 환송을 위해 쓰임 작품이다. 그리고 「숲 속의 사

---

15) 사회과학원 문학연구소, 앞의 책, 238면.

수 임명식」은 '대중적 영웅주의'를 시적으로 형상화한 것으로, 조국해방전쟁 당시 인민영웅이었던 '조근실'을 제재로 하여 인민군의 전투의식을 고취하려는 의도를 드러낸 작품이다.

> 전우들의 마음 끓어넘치는
> 장엄하고도 화려한 사수 임명식장,
> 우뢰같은 박수 소리와 더불어
> 부대장은 단에 성큼 올라선다.
>
> 숲 속을 쩡쩡 울리는 음성,
> 앞 산에 메아리 짓고
> 그의 무거운 말의 말 속에선
> 우리는 불뿜는 중기 소리도 듣는다.
>
> 밤이면 그 옆에 잠자는 사수와
> 담요를 함께 나눠 덮음은,
> 다음 날, 전투의 승리를 위해
> 한몸되여 위력을 벼르던 중기어늘,
>
> 방림전투를 회상하라,
> 적을 쓰러눕여 七백,
> 이여 五백五십놈을 살상한
> 창막동 전투 성과를 기억하라.
>
> 교지의 불사신 二三六호 중기,
> 하냥 진공의 앞장을 서서
> 민청 회의가 내린 영예 속에
> 조근실 사수 명중탄을 퍼부었다.
>
> 원쑤의 반돌격은 끝힐 줄 모르고,

탄우는 쏟아져 전호를 허무는데,
밀려드는 승냥이 떼를 지척에 두고,
왼팔이 떨어졌어도 불 뿜던 사수.

"조근실동무! 내가 쏘리다."
초조히 구는 부사수 말에 대답은 오직 한마디
"동무 념려 말라……"
어깨 쭉지로 눌러 쏘앗느니.

벌목장에 쓰러진 나무들처럼,
눈 앞은 적의 시체로 널렸을 때
사랑하는 중기도 뚫리고,
사수의 이마에서도 더운 피 흘렀드니라.

(…중략…)

영웅의 뜻이 피로 어린,
"민청호 조근실 중기"
다시 부대의 선두에 서서 나아가라,
무섭게 원쑤를 쓰러 눕이라.

—「숲 속의 사수 임명식」 부분

이 작품은 "고지의 불사신 236호 중기로 용맹을 떨치고 방림전투에서 700명의 적을 쓸어 눕혔으며 이어 창막동전투에서는 500놈을 섬멸하고 적의 흉탄에 왼팔을 관통당하고서도 오히려 굴하지 않고 어깨로 중기를 눌러 계속 쏘아댄 영웅 조근실"을 영웅적 인물로 찬양한 시이다. "숲속에서 엄숙하게 이 영웅정신을 잇는 사수 임명식을 거행하는 제2, 제3의 수많은 조근실들—우리의 대중적인 보통 영웅들과 함께 지내면서 시인은 바로 이 믿음직한 현실과 위대한 정신 가운데서 조국의 승리와 미래를 확고히 내다보고"[16]자 했던 것이다. 다시 말해 전쟁의 현장에서 인민군의 위용을 떨친 실존인물을 영웅적으로 형상화함으로써 전쟁에 참여한 인민군들의 사기를 진작하고 나아가 전쟁을 승리로 이끌겠다는 뚜렷한 목적의식의 결과인 것이다.

이처럼 해방 이후부터 조국해방전쟁기(1945~1953)까지 박세영은 김일성 체제의 적극적인 옹호자로 북한문학의 형성과정에 가장 실천적인 노력을 경주했다고 평가할 수 있다. 김일성에 대한 절대적 찬양과 그를 지원하는 소련에 대한 우호적 태도를 보이면서 사회주의건설을 위한 북한문학의 기본적 토대를 마련하였고, 조국해방전쟁기에는 종군체험을 바탕으로 인민군의 영웅적 투쟁의식을 고취함으로써 선전선동성을 강화하는 작품들을 발표하였다. 이러한 '대중적 영웅주의'는 북한문학에 나타난 인물형상의 전형성을 보여주는 것이기도 하는데, 영웅적 인물의 형상화를 통해 인민군의 전투의지를 강화한 것은 '고상한 리얼리즘'의 창작방법론에 충실한 결과라고 할 수 있다.

3. 전후복구와 사회주의 건설

1953년 7월 정전협정과 함께 막을 내린 한국전쟁은 남북한 모두에게 막대한 경제적 피해를 남겼다. 북한에서는 전후 복구의 방향을 논의한 당중앙위원회 제6차 전원회의(1953.8)에서 '모든 것은 전후 인민경제 복구 발전을 위하여'라는 슬로건을 앞으로 당이 나아갈 방향으로 삼고, 전쟁으로 피폐해진 경제복구와 이를 바탕으로 한 사회주의 건설을 당

16) 사회과학원 문학연구소, 앞의 책, 271면.

면한 핵심과제로 정립하였다. 특히 북한에서는 전후복구사업과 사회주의 건설의 문제가 아주 밀접하게 관련되어 있었는데, 1953년 스탈린의 죽음 이후 소련에서 개인숭배가 비판되자 북한에서도 김일성에 대한 반대파들의 공격이 시도되면서 전후복구의 방향과 방법을 둘러싼 정책 논쟁이 지속적으로 제기되었기 때문이다. 박세영의 「나는 쓰탈린 거리를 건설한다」는 전후복구와 사회주의 건설의 공통된 방향을 제시하는 작품으로 볼 수 있다.[17)]

위대한 해방의 은인을 생각하며
나는 지금 쓰탈린 거리
八월의 건설장에 섰다

져나르는 한짐 흙과 자갈에서도
나는 정녕 본다.
조국의 자유를 지켜
그 모진 포화를 이겨낸
진실하고 불굴한 사람들의
불꽃 튀는 건설의 마음을……

번듯이 늘어가는 포장 공사로……
고루어 가는 쓰탈린 대통로……
해방자의 불멸의은혜를 여기 새기고
승리한 인민의 위훈을
영원히 우리는
여기에 새기리라.

(…중략…)

17) 『조선문학』에도 이러한 경향의 작품 「영원한 스승 쓰탈린 대원수」를 발표했다. 여기에서 그는 스탈린을 "아 만민이 념원하는 세계 평화와, / 인류 행복의 기수이신 당신이, / 우리 조국 해방의 / 불멸의 은인이신 당신"이라고 아주 높이 칭송하고 있다.

이제 조선 인민의 감사의 뜻을
자욱마다 다져 넣는
쓰탈린 대롱로가 탁 트이는 날

케불선에 위력한 전루가 흐르면
끝없이 주렁질 가로등은
밤도 낮 같이 영웅 도시를 밝히리라
이제 해방의 감격을 노래하며
해방탑 붉은 별을 우러러
승리자의 물결은
깃발과 더불어 바다를 이루리니

행복이 열매처럼 맺을 가로등은
쓰탈린의
영생 불멸의 은혜와 함께
이 나라 사람들의
마음의 창들도 밝히리라

—「나는 쓰탈린 거리를 건설한다—八·一五해방九주년을 경축하며」 부분

"쓰탈린 거리의 건설"은 "해방군에 대한 불멸의 은공에 대한 기념으로서만이 아니라 조국해방전쟁에서 우리 인민이 쟁취한 승리를 로력의 위훈으로써 공고화하며 앞으로 더 발전시키기 위하여 건설한다는 사상"[18]을 담고 있다. 전후복구를 위한 건설현장에서 인민노동자들의 노동의지를 더욱 고취할 뿐만 아니라, 스탈린의 사상으로 재무장함으로써 사회주의 건설의 굳건한 토대를 마련하려는 이중적 의도를 지니고 있었던 것이다. 다시 말해 전후복구건설은 단순히 경제건설에 그치지 않고 사회주의 체제를 더욱 강화하는 정책과 긴밀히 연결되어 있다고 할 수 있다.[19] 이러한 사회주의 건설에 대한 뚜렷한 의지는 몽고를 방문하

18) 사회과학원 문학연구소, 앞의 책, 354면.

고 남긴 기행시 「몽고방문 시초」에서도 여실히 드러난다.

울란바또르여, 말하라!
위대한 10월의 혁명의 불씨가
료원의 거화처럼 이 땅에 번져
인민 혁명의 불길로 원수를 내친 이야기를.

네가 오늘은 이처럼 화려하지만
인민의 원한 대지에 찼던 그 시절에
쓰라린 시련을 헤쳐 나오며
피로 싸워 자유론 새 나라를 창건했음을.

혁명의 기수인 몽고 인민 혁명당,
웅장한 청사가 영광스런 투쟁사를 말하고,
찬란한 미래에로 인민의 앞장을 서 달리는
광장에 솟은 마상의 스헤・바또르 동상이 말한다.

내 또한 승리한 나의 조국
영웅 도시 평양의 숨결을 안고,
미제를 다우쳐 三년의 불길을 이겨낸
승리의 함성을 안고 여기 왔나니.

그립던 우방 붉은 영웅의 수도여!
우리도 바라는 너의 오늘에 대하여,
너 또한 념원하는 우리의 래일에 대하여,
나는 조선 인민의 뜨거운 인사를 드린다.

---

19) '쓰탈린'이라는 고유명사는 공산주의사상을 상징하는 시어이다. 스탈린은 당시 소련의 최고 권력자로 맑스-레닌주의를 신봉한 공산주의자로서 냉전체제하의 세계적 지도자 중의 한 사람이었다. 박세영은 작품 속에서 이러한 쓰탈린에 대한 경외감과 함께 공산주의사상의 위대성을 노래하였다. 결국 스탈린거리의 건설은 공산주의국가건설을 상징한다고 할 수 있다. 한성우, 앞의 책, 172면.

(…중략…)

사랑이 햇볕보다 다스한 거리,
로동을 즐겨 자욱마다 빛나는 거리,
열어 놓은 겹창들에서 울려 나오는
행복의 노래 대지에 터지누나.
또르강 건너 산허리에 새긴 영광의 구호는
전진하는 몽고 인민의 승리의 깃발인듯,
오늘도 건설로 찬란하니 몽고의 수도,
평화의 빛발 속에 륭성하는 울란 바또르!

—「몽고방문 시초—울란바또르」 부분

「울란바또르」, 「사랑의 학원」, 「초원의 아침」 등 세 편의 시가 한 편의 작품으로 구성된 「몽고 방문 시초」는 북한의 사회주의 건설이 지향해야 할 목표와 방향을 공산주의 친선국가인 몽고를 통해 보여주고자 한 것이다. 즉 화려한 몽고의 수도 울란바또르는 "혁명의 기수인 몽고 인민 혁명당"의 "영광스런 투쟁"의 결과이므로 북한의 인민들 역시 전후복구와 사회주의 건설에 더욱 힘써 "륭성하는 울란 바또르"와 같은 사회주의 국가를 건설해야 한다는 것이다. 이처럼 전후 북한문학의 성격은 전쟁으로 모든 것이 폐허가 되어 버린 북한경제를 복구하는 국가적 대과업을 성공적으로 수행하기 위한 선전선동의 무기로써의 역할을 전면화했다. 뿐만 아니라 이와 같은 경제적 과업은 사회주의국가 건설을 위한 견고한 토대를 마련하는 것이었으므로, 당시 북한문학의 방향은 공산주의 사상을 더욱 확고히 정립하고 이를 문학적으로 형상화하려는 뚜렷한 지향성을 드러냈다. 따라서 무엇보다도 당의 정책과 노선을 충실히 이행하는 것이 공산주의 사상을 문학적으로 올바르게 구현하는 근본적 태도가 되지 않을 수 없었다.

나의 한 고향을 생각하는 것만도
얼마나 아름다운 뜻이랴만
오늘은 우리 모두의 고향을 생각는
새날의 창조자 우리의 당이 있다.

"가난은 나라도 못 구한다."는 옛말을
담배 연기로 뿜어버린 의로운 선조도 있어,
거머리 같던 지주들을 미워했나니
"땅은 밭 가는 농부들에게 돌아가야 한다"고.

가난의 진디물을 없애려는 것만도
이 얼마나 훌륭한 생각이랴만,
오늘은 우리 온 강토와 새 살림을 생각는
백전백승의 우리 영광스런 당이 있다.

(…중략…)

당의 가르침 받들고 나선 우리는 이미
들판의 협동 조합과 증산 경쟁을 맺었나니,
한때는 여기 고지에 공화국기 휘날린듯
나의 산향 불굴의 기세를 세상에 보이리라.

선조들의 념원처럼 어서 자라라, 나의 산향,
그때면 붉었던 산도 밤나무로 숲을 이루리.
유치원에서 아이들의 노래소리 들리면
산새들도 모여와 나의 산향을 노래하리.

—「나의 산향」 부분

당성은 사회주의적 문학예술의 혁명적 본질과 계급적 성격을 규정하는 본질적 속성이며 당성의 철저한 구현은 사회주의적 문학예술이 혁명투쟁과 건설사업의 힘있는 무기로 복무하게 되는 근본요인이다.[20] 따라서 사회주의 사상에 충실하기 위해서는 당의 지도와 요구를 절대적으로 신봉하는 태도를 지녀야 했다. "우리 모두의 고향"이고 "새날의 창조자"며 "백전백승의 우리 영광스런 당"에 대한 충성과 공산주의 이념의 구현과 사회주의 건설의 사상적 토대인 당의 노선을 받드는 것은 북한시인들에게 가장 근본적인 태도임에 틀림없다. 박세영에게 있어서도 당성의 확고한 정립은 그 구체적 실현방향으로 노동계급성과 인민성을 확립하는 창작활동의 가장 중요한 원칙이었다. 인용시에서 "당의 가르침 받들고 나선 우리는 이미 / 들판의 협동조합과 증산 경쟁을 맺었다"고 말하는 데서 알 수 있듯이, 당성의 올바른 구현은 노동의식의 고취와 증산의 계획을 선도함으로써 전후의 낙후된 경제를 일으켜 세우는 아주 구체적인 결과로 실현된다고 믿었던 것이다.

동트는 새벽 붉은 노을은 비껴와
훤히 밝아오는 제강소 구내,
이따금 번개불처럼 화광은 번쩍이고
석회 공장 굴뚝에선 연기를 뿜는다.

(…중략…)

나는 여기서 우리 공장 로동자들의
줄기찬 증산 투쟁을 본다.

(…중략…)

불패의 당 대렬에서 우리 자라나고
민주 제도를 강철로 다지던 마음이,

20) 사회과학원 문학연구소, 『북한의 문예이론』, 인동, 1989, 92면.

불길 속에 다시 三년을 자랐거니
철골만 남은 공장이라 어찌 놀랐으랴

분노가 활활 타오르는 속에서
강철을 도리고 잇게한 우리 박동무
그가 만든 수많은 새 도구로해
승리한 제강의 기록도 여기 적혀있다.

(…중략…)

五·一절을 증산으로 싸운 우리 노래
우렁차게 부르며 동무들아 어서 달리자
수령이 부르시는 승리한 영웅 도시로
자랑이 아니라 더 큰 우리 맹세 다지려.

그것은 당과 수령께 드리는
우리 증산으로 뭉친 맹세이거니,
끝없이 잇닿아나가는 찬란한 도표들 속에
한량없는 인민들의 행복이 물결친다.

소리 높이 五 · 一절의 노래 부르며
하늘 땅이 울리게 우리 결의를 높이자.
불굴의 의지로 뭉친 우리 기세로
온 세계 로동 계급과 발맞추어 나가자.

—「보람찬 승리를 시위하자—국제 五·一절에 드리는 노래」 부분

전후복구와 사회주의 건설기(1953~1958)의 북한문학은 앞선 시기의 전쟁영웅을 대신하여 노동현장의 인민노동자를 영웅화하는 노력을 기울였다. 인용시는 철강산업에 종사하는 북한 노동자들의 노고를 치하하고 앞으로 증산을 위해 더욱 노력해줄 것을 고무하는 작품이다. 당시 북한

은 사회주의 건설의 과제이자 전후복구의 방향으로 농촌의 협동화와 중공업의 발전을 제기하였다. "공장 로동자들의 / 줄기찬 증산투쟁"에서 알 수 있듯이 당시 북한문학의 대중적 영웅주의는 노동과 건설의 현장에서 증산을 위해 헌신적으로 일하는 노동자들의 모습에 있었다. 따라서 북한문학의 방향은 "근로인민의 생활과 사업 속에 들어가서 그들로부터 배우며 그들의 사고와 감정, 사업과 생활을 연구할 것"을 요구하였다. 즉 "전후문학의 기본주제는 로력과 로력하는 인간에 대한 주체인바, 바로 전후 우리 인민의 생활이 사회주의건설의 창조적 로력에 기초"[21]한다고 보았던 것이다.

4. 천리마운동과 항일무장투쟁의 시적 형상화

1956년 4월 조선노동당 제3차대회에서 북한은 1957년부터 1961년까지를 '전반적 공업화를 위한 5개년 계획' 기간으로 설정하고 사회주의 체제를 확립하여 공업화하기 위한 계획을 수립하였다. 그리고 그 계획을 2년간 앞당겨 완수하고자 소위 '천리마운동'을 벌이게 되는데, 천리마운동은 1956년 12월 당중앙위원회 전원회의에서 김일성이 행한 '사회주의건설에서의 혁명적 대고조를 위하여'라는 연설을 사회주의 건설현장에서 직접적으로 실현시킨 것으로 볼 수 있다. 천리마운동의 의의와 성격은 무엇보다 1956년의 반종파투쟁으로 인한 여파를 일소하고 사회적 분위기를 생산적으로 일신하려 한 데서 찾을 수 있다. 따라서 공산주의 건설을 목표로 인민대중을 공산주의 인간학으로 교양시킴으로써

21) 사회과학원 문학연구소, 『조선문학통사』, 앞의 책, 300면.

모든 인민들은 공산주의 사상으로 무장해야만 했다. 이런 점에서 당시 북한문학은 공산주의자의 전형성을 어디에서 찾을 것인가 하는 문제가 가장 중요한 쟁점이 되었는데, 그 결과 항일혁명문학이 강조되면서 당과 김일성에 대한 찬양과 숭배가 전면적으로 대두되었다.[22)]

> 우리는 기쁨 속에 일을 합니다.
> 사회주의 건설자의 영예를 지니고,
> 천리마 청년 작업반의 긍지를 안고,
> 더없이 황홀한 래일을 바라보며.
>
> (…중략…)
>
> 당신께선 사람들이 더 잘들 살며
> 어느 합숙과 가정의 식탁에서나
> 어서 고기와 우유가 듬뿍 오르도록
> 우리로 하여 천리마 타고 달리게 했습니다.
>
> 허기에 당신을 뵈온 백발의 할머니
> 눈시울 뜨겁게 하시는 말씀,
> "장군님 덕에 이제야 잘 살게 됐습네"
> 이는 그대로 인민의 목소리입니다.
>
> 혁명의 기수, 당을 령도하시는 당신은
> 위대한 공산주의에로의 인도자,

---

22) 김일성의 정치적 반대파들이 제거된 후, 1956년 12월에는 천리마운동이 발기되었다. 바로 이 시점에서 김일성은 작가들에게 사대주의를 배격하고 '주체적' 입장을 가질 것을 요구한다. 여기서 사대주의란 사회주의 선진국 소련의 동향에 귀기울이는 태도를 포함했다. 소련을 따르는 것은 더 이상 옳은 일이 아니었다. 김일성이 유일한 영도자임이 확인되면서 김일성이 이끈 항일무장투쟁사는 '위대한 과거'의 진정한 출발점이자 유일한 전통이었다. 작가들이 써야 할 역사는 하나였다. 그것은 김일성이 이끌어온 투쟁과 건국의 역사였다. 신형기 · 오성호, 앞의 책, 165면.

가는 곳마다 꽃동산을 열어 주시니
김일성 시대에 사는 이 영광이여!
당신의 만수 무강을 비옵니다.

—「당신은 공산주의에로의 인도자」 부분

1958년부터 본격화된 천리마운동은 공산주의 낙원을 향해 천리마를 탄 기세로 달리는 속도전의 양상을 드러냈다. 그런데 여기에서 '속도'는 결국 '사상성'의 문제였으므로 인민을 공산주의로 이끄는 김일성의 영도력이야말로 가장 필수적인 요건이 되지 않을 수 없었다. 당시 북한문학의 성격은 첫째 사회주의 건설에 대한 의지, 둘째 공산주의자의 전형 창조와 항일무장투쟁의 역사 등으로 정리할 수 있는데, 이러한 과제를 구체적으로 실천하는 중심에는 언제나 김일성의 뛰어난 영도력이 놓여 있었기 때문이다.

이러한 북한문학의 전반적 성격과 마찬가지로 천리마운동기 북한시의 방향도 크게 두 가지 관점에서 이루어졌다. 우선 사회주의 건설에 대한 의지를 더욱 굳건히 다지는 일련의 작품들이 발표되었다. 박세영 역시 "우리의 시가는 사회주의 낙원으로 꽃피어 가는 우리의 영웅적 현실에 대한 송가로 되어야 하는 바 그러기 위하여서는 바로 오늘의 위대한 기적과 행복을 창조하는 우리 인민의 노동을 동원시켜야 한다"고 하였다. 이는 "영예롭고 위대한 노동을 통하여 전면적으로 꽃피고 있는 우리의 노동계급과 사회주의적 농민들의 성격을 창조하여야 하며 이를 통하여 우리 인민에 대한 공산주의 교양에 영예롭게 복무하여야 한다"[23]는 것이다.

성냥개비 하나도 남이 만든 것 써야 하던
오늘은 그런 억울하던 세상이 아니다.

---

23) 박세영, 「시 문학의 전투적 기치를 높이자」, 『문학신문』, 1959.2.1. 이 글에서는 이선영・김병민・김재용 편, 『현대문학 비평자료집—이북편 : 1959~1962)』, 태학사, 1993, 82면.

우리 운명이 남의 손아귀에 잡히여
몸부림치며 저주하던 그런 때가 아니다.

자유란 말마저 앗아 간 제놈들
침략자 교형리들의 포악한 호령이,
소란한 짐승들의 울부짖음처럼
자본가, 지주들의 치부에 반주하던 때.

어느 놈이 원쑤의 주구되었더냐,
어떤 자들이 말세의 장단에 춤추었더냐.
오로지 우리들의 피땀으로 치부하며
영생토록 향락 꿈꾸던 놈들이였다.

헐벗고 굶주리는 무리 거리에 넘쳐도
고루거각에서 후뿌리며 질탕대던 자들이
오늘도 흉악한 미제의 앞잡이되였구나
혁명의 원쑤로 찬란한 새 세상 질시하며

우리 로동자들 손으로 만든 용광로를
죽어가는 자본가의 흑심으로 해치려느냐
우리들의 지혜 고루어 만든 뜨락또르를
지주들의 탐욕스런 심보로 노리느냐

(…중략…)

이 자유 이 행복을 위하여
우리들은 탐조등처럼 눈을 밝힌다
뻔뻔스레 탈 쓴 간악한 보균자들을
깡그리 태워 없앨 증오의 불길로.

—「이 자유 이 행복을 위하여」 전문

전후의 피폐한 현실을 복구하려는 사회주의 경제재건의 노력은 천리마운동으로 인해 더욱 속도를 낼 수 있었다. 그 결과 "자본가, 지주들의 치부"를 위해 자유를 억압당하고 행복을 저당잡힌 시절은 지나가고 진정으로 바라던 사회주의 낙원을 건설하게 되었다고 자부했다. 따라서 이제는 "미제의 앞잡이"와 "혁명의 원쑤"들로부터 이 사회주의 낙원을 온전히 지켜내는 노력이 있어야 한다는 점을 무엇보다도 강조했다. 이를 위해서는 "뻔뻔스레 탈 쓴 간악한 보균자들"을 "증오의 불길"로 완전히 없애버리고 천리마 기수들 속에서 공산주의적 전형성을 갖춘 인물을 형상화해야 했는데, 김일성의 항일무장투쟁은 이와 같은 공산주의적 인물형상을 창조하는 가장 대표적인 역사적 소재였다.

내 철부지 어린 시절
아름다운 나의 조국 강산에서
자유의 태양이 떨어져
산천도 피눈물에 젖었거니
한 세기도 천년처럼 길었더라

(…중략…)

그 누가 나로 하여
불굴의 투지 용솟게 하고
굳은 절개 눈동자처럼 지키게 했던가
그 분은 우리 민족의 영웅 김일성 장군
그 분이 밝혀 주신 붉은 서광
한 가슴에 안아서였다

(…중략…)

나는 다만 북쪽 하늘을 우러러

그 분을 흠모하였고
미래의 승리를 똑똑히 보았다.

아, 기나긴 십 오 성상
눈보라 휘몰아치는
밀림과 준령을 헤치며
원쑤들에게 서릿발을 내리시면서도
당의 기틀을 마련하시고
조국 광복회를 펼쳐
그 분께서 높이 드신 혁명의 기치
오늘은 이 강산에 태양으로 솟았다

(…중략…)

사람들의 가슴마다
새 태양의 눈부신 햇빛 비쳐주고
슬픔과 가난의 흔적
말끔히 가셔 주신 그 분
백발이 성성한 나에게도
청춘의 붉은 정열을 부어
노래의 샘물이 솟게 해 준 그 분

(…중략…)

수령께 드리는
만사람의 아름다운
축하의 노래 속에
륙십 청춘인
나의 목소리도 합치련다.

—『밀림의 역사』 중에서 「서시」 부분

천리마운동기(1958~1967) 북한 시문학의 대표적인 특징 가운데 한 가지는 항일혁명문학의 시적 형상화에 있었다. 이때부터 북한문학은 김일성의 항일무장투쟁을 문학적으로 형상화하는 데 본격적으로 뛰어들게 된다. 『밀림의 역사』는 항일혁명투쟁에서 뛰어난 지략과 전술을 보여준 김일성의 영웅적 투쟁을 절대적으로 찬양한 것으로, 조기천의 『백두산』과 더불어 북한의 대표적인 서사시로 평가되는 작품이다. 전체 줄거리를 대략 요약하면, 김일성이 이끄는 조선인민혁명군이 보천보전투에서 승리를 한 후 남은 일제의 토벌대를 간삼봉에서 완전히 소탕하는 이야기를 담고 있다. 이를 통해 박세영은 김일성의 "탁월한 전략 전술가로서의 풍모"와 "인민들과의 깊은 련계", 그리고 "당원들에 대한 지극한 사랑"을 지닌 "장군의 고매한 정신"을 재현함으로써 공산주의적 인간으로서의 전형성을 창조하고자 했다. 또한 "우리 나라 반제 반봉건 혁명의 최고조 시기를 이룬 당시의 시대적 성격"을 명확하게 보여주고 항일무장투쟁을 민족적 긍지라는 시각에서 형상화함으로써 김일성의 혁명사상을 유일사상으로 확립시켰다. 이때부터 북한의 시문학은 김일성을 향한 뜨거운 찬양의 노래를 더욱 확산시켜 나갔고, 이를 더욱 효과적으로 전달하기 위해 당과 김일성을 칭송하는 혁명적인 송가를 지속적으로 창작하면서 북한의 시문학은 비로소 주체문학의 시대로 접어들기 시작했다.

5. 김일성 우상화와 서정적 송가

1967년 5월에 열렸던 당중앙위원회에서 북한은 유일사상체계의 확립을 결정한다. 이로부터 김일성에 대한 우상화는 더욱 제도화되고 본격화될 필요성이 제기되었다. 따라서 문학 역시 사회주의적 문학예술에서의 당의 유일사상 체계를 확립해야만 했는데, 공산주의적 인간학의 창조, 당성, 노동계급성, 인민성의 구현을 바탕으로 사회주의적 내용과 민족적 형식에 대한 고찰, 고상한 사상성과 높은 예술성의 결합 등 주체사상에 기초한 문예이론과 창작의 새로운 정립에 주력하였다. 이때부터 박세영은 '김일성 전문시인'으로서 더욱 두드러진 창작활동을 펼치는데, 「수령의 명령앞에」, 「수령의 전사들이 가는 길」, 「대홍단에 봄비 내린다」, 「수령님 탄생 예순돐을 맞는 경사로운 이 아침에」, 「위대한 수령님을 모신 영광의 시대여」, 「영원히 주체의 태양을 우러러」 등 『조선문학』에 발표한 그의 대부분의 시가 김일성에 대한 찬양을 주제로 하였다.

오늘도 가렬했던 그날의 승리를 노래하는가
남홍색 공화국기발은,
자국마다 고지에 스민 용사들의 불멸의 위훈이
어느 잠복초소에 엎디여있건
젊은 초병들의 들끓는 심장에서 살아 숨쉬거니.

미제침략군을 노려 번개이는 그 눈들,
사격에서도 "우"는 례사로운 일,
일당백으로 준비된 당의 붉은 전사들은
흉악한 미제를 겨누고있어라.

영명하신 우리 수령님이 밝혀주신 눈이기에
오늘도 고지의 초병들은
천리 먼 앞을 내다본다,
동해바다 먼 수평선 너머도
항쟁의 웨침소리 가슴을 허비는
어둔 남녘땅 저 끝까지도

온 나라가 불락의 요새로

사람들은 기름묻은 억센 손마다
날 세운 총창 비껴들었다,
산발에서도 눈속에서도

아 4천만조선인민의 경애하는 수령
그이의 두리에 하나로 뭉친 영광에 찬 나라,
찬란한 혁명의 전취물들을 눈동자처럼 지키는
륭성하는 사회주의 어머니조국은 철옹성이여라.

이젤가 수령의 명령이 내리기를 기다리는
초병들이 품은 충천하는 사기는
산을 밀며 물불도 삽시에 헤쳐내리니,
오늘도 눈덮인 령마루 영웅의 고지는
초병들과 더불어 위대한 새 승리를 불려
하늘높이 솟아있어라.

—「수령의 명령앞에」 부분

북한문학이 카프의 정통성을 부정하고 항일혁명문학을 유일한 혁명 전통으로 인정하면서부터 그 문학적 양상은 더욱 심하게 도식화된다. "나는 사회주의 건설에 관한 문예자품과 혁명투쟁에 관한 문예작품의 창작 비율은 5 대 5로 할 것을 제기합니다"[24]라는 김일성의 교시에 맞춰 주체문학기 북한문학의 근본적 지향성은 수령에 대한 찬양과 충성, 사회주의 혁명 건설의 고취에 집약되어 있었기 때문이다. 특히 주체문예이론에서 문학예술은 당성, 노동계급성, 인민성의 유기적 연관 속에서 구현되었는데, 이를 문학적으로 형상화하는 데 있어서 '수령에 대한 형상화'는 가장 핵심적인 지도이념으로 부각된다. 이런 점에서 인용시는 혁명적 수령관을 바탕으로 주체의 인간학의 정립을 목표로 하고 있

24) 김윤식, 「주체사상에 기초한 사회주의적 문예이론」, 『북한의 문학』, 을유문화사, 1990, 99면에서 재인용.

음을 알 수 있다. 주체의 인간학은 수령의 가르침대로 주체사상을 실천하는 공산주의적 인간학에 다름 아니다. “수령의 명령이 내리기를 기다리는 초병”처럼 무조건 수령을 따르는 일편단심의 태도가 절대적으로 요구되었던 것이다.[25)]

이처럼 북한문학의 성격은 유일사상체제의 확립과 더불어 모든 문학적 양상이 김일성 중심주의로 수렴되는 도식주의의 한계를 더욱 분명하게 드러냈다. 이러한 관념성과 추상성을 극복하기 위한 방편으로 북한의 시문학은 일상적 서정성의 문제를 수용함으로써 조금씩 변화를 모색하기 시작한다. 다시 말해 추상적이고 당위적인 차원에서 절대적으로 존재했던 수령과 당의 면모가 일상의 차원에서 새롭게 형상화됨으로써 서정성을 통해 도식성의 극복을 이끌어내고자 했던 것이다.

대홍단에 봄비 내린다.
조국의 봄비가 내린다.
나무잎새들은 머리를 감은 듯 푸르름도 새로운데
불비속을 헤쳐오신 그 발걸음으로
젊으신 장군님께서는 비내리는 조국땅을 밟으신다.

내리는 봄비는
싹터난 잎들에
신록의 빛을 물들여준 듯 싱싱도 하거니

---

25) 주체의 인간학은 혁명적 수령관을 전제로 한다. 혁명적 수령관이란 수령이 모든 인민의 최고 뇌수(腦髓)이자 통일 단결의 중심으로서 역사발전과 혁명투쟁에서 결정적 역할을 해 왔고, 또 한다고 보는 견해와 관점이다. 혁명적 수령관은 하루아침에 만들어진 것이 아니다. 그것은 영웅서사시에서 출발하여 인민을 근원으로 보는 인민주의적 상상력의 도움을 받아, 최고의 덕성을 갖는 영도자 수령과 근원으로서의 인민을 일체화한 결과였다. 인민주체는 계급주체를, 계급주체는 당주체를, 당주체는 수령주체를 핵심으로 하는 것이었다. 이것이 혁명적 수령관의 구조적 배경이었다. 수령이 인민의 뇌수라면 인민은 수령의 몸이 된다. 뇌수의 명령을 따르지 않는 몸이 있을 수 있겠는가? 혁명적 수령관은 이런 기능적 구분을 전제하고 있었다. 신형기 · 오성호, 앞의 책, 268면.

장군님을 못내 그리워하던 조국의 마음인가
대홍단벌엔 진달래마저 온통 붉어라

(…중략…) 장군님을 기다려, 이날을 기다려
못잊던 조국땅 인민들의 마음처럼
온 강산이 반겨맞는 길우에
봄비가 내린다, 봄비가 내린다.
가렬한 불비속에서 내려앉았던 전진을
정히 씻어내리는듯
장군님 군모에, 넓으신 그 어깨에
조국의 봄비 내린다.

아, 3천만이 우러르는 위대한 태양 김일성장군님
대홍단벌에 높이 울린 그이의 열화같은 말씀
로동자 농민의 가슴에 투쟁의 불씨 뿌리여
재생의 기쁨으로 설레는 땅,

장군님께선 생각에 잠기시어 걸으신다
아름다운 조국강산을
만경대의 고향집처럼 품에 안으시며
해방된 조국땅우에 펼치실 위대한 구상 무르익히신다.

다시 떠나야 할 집합나팔소리 울려퍼질 때
대렬앞으로 나오시는 장군님께
대원은 가벼이 우장을 받쳐드리건만
슬며시 어깨에서 내리시는 장군님,
"오랜만에 맞아보는 조국의 봄비요
얼마나 맞아보고싶던 조국의 봄비요!"

대원들은 록음방초 우거진 조국의 새아침에 휩싸인듯
내리는 봄비에 온몸을 내맡기며

저마다 우장을 벗어내린다.
대홍단에 봄비가 내린다.
조국의 봄비가 내린다.

—「대홍단에 봄비 내린다」 부분

대홍단에 내리는 "봄비"는 "김일성 장군님"의 은덕을 상징화한 것으로 볼 수 있다. 봄비가 내리는 것은 장군님을 기다리는 마음의 결실이고, 봄비를 맞는 것은 김일성 장군님의 축복을 맞는 것이며, 그로 인해 조국강산은 "신록의 빛을 물들여준 듯" "재생의 기쁨으로 설레는 땅"의 기운을 되찾는다는 것이다. 결국 수령, 조국, 인민, 그리고 자연이 혼연일체가 되어 봄비에 흠뻑 젖는 시적 풍경은 김일성 유일사상체제가 이루어낸 사회주의 낙원의 일상적 풍경을 재현한 결과라고 할 수 있다. "록음방초 우거진 조국의 새아침에 휩싸인듯 / 내리는 봄비에 온몸을 내맡기며 / 저마다 우장을 벗어내"리는 모습에는 유기적 생명체의 푯대로서 김일성의 영도력에 대한 절대적인 신뢰와 찬양이 깊숙이 내재되어 있는 것이다.

> 온세계가 위대한 태양으로, 혁명의 수령으로 다함없는 존경과 흠모의 정을 드리는 경애하는 수령 김일성동지를 영광스럽게도 어버이수령으로 모신 우리 조선작가들이 위대하신 수령님의 풍모와 령도의 현명성, 높은 덕성을 심오하게 형상화는 것처럼 크나큰 기쁨은 없다.
>
> 이런 생각을 하면 나는 어버이수령님의 붉은 문예전사로 된 영예와 긍지로 하여 심장이 끓는다.
>
> 일찌기 해방 직후부터 어버이수령님의 뜨거운 사랑과 두터운 배려를 받아온 저는 창작을 통하여 경애하는 수령 김일성동지께 나의 불타는 충성심을 다 바치려고 한다.[26]

---

26) 박세영, 「위대한 강령을 높이 받들고」, 『조선문학』, 1971.1, 24면.

이처럼 박세영을 비롯한 북한의 시인들은 김일성의 교시를 바탕으로 문예전사로서의 의식과 태도를 일관되게 관철시키고자 한다. 여기에서 김일성에 대한 찬양은 북한의 시가 나아가야 할 가장 현실적인 방법인 동시에 궁극적인 지향점임에 틀림없다. 또한 이러한 시가 지닌 도식주의의 한계를 극복하는 방편으로 서정성이 가미된 송가 형식의 찬양이 두드러진 것도 김일성 찬양의 도식주의와 경직성을 해소함으로써 김일성 유일사상체제를 더욱 강화시키기 위한 시적 전략의 결과라고 할 수 있다.

> 처녀는 포전으로 나왔구나
> 앞당긴 봄을 안고,
> 어버이 수령님 다녀가신 땅에
> 봄날의 환희를 한껏 펼치려
> 푸른 모를 안고 걷고있구나
>
> 남먼저 봄을 숨쉬는 애기모들이
> 찬바람에 놀랄세라
> 내 슬며시 박막을 여며주니,
> 처녀는 수집어 웃고
> 나는 유쾌한 웃음으로 따라가고…
>
> 바람은 차도
> 내 마음은 하냥 뜨거워라
> 처녀의 맑은 웃음은
> 어느새 남새바다를 펼치여가는 봄빛
> 종다리를 부르는 이른봄의 서정!
>
> 처녀의 가슴은
> 수령님 안겨주신 새 씨앗을

파릇파릇 움틔우는
이른봄의 대지

수령님께 어서 기쁨드릴
그 마음과 함께 있어
나도 봄을 따라
이 들길을 가는구나.

벌에 넘칠 남새바다
기쁨의 바다,
눈속에서도 뿌리내린
이른봄의 서정을 안고가누나.

—「이른봄의 서정」 부분

북한시에서 '봄'은 즐겨 사용되는 제재이다. 봄의 생명력은 새세상을 여는 상징성을 지니고 있을 뿐만 아니라 어버이 수령님이 안겨주신 "새씨앗"이 비로소 "파릇파릇 움틔우는" 자연의 조화로운 풍경을 보여준다. 그래서 "이른봄의 서정을 안고가"는 화자의 정서에는 "봄날의 환희"가 가득하다. 하지만 자연을 순수한 대상으로 바라보고 이를 시인의 마음과 일치시키려는 서정의 세계는 표면적인 양상일 뿐 그 본질 속에는 김일성이 건설한 지상낙원의 세계를 찬양하는 데 치중할 따름이다. 결국 일상적 자연의 아름다움을 즐기면서도 수령에 대한 찬양과 당에 대한 충성을 더욱 새롭게 다져야 한다는 계도적이고 선동적인 성격을 내재하고 있는 것이 북한 서정시의 근본적 성격이라고 할 수 있다.

이상에서 살펴봤듯이 주체문학기(1967~1989) 북한문학의 전반적 성격은 김일성 찬양을 바탕으로 한 수령형상의 창조에 있었다. 1930년대 김일성의 항일무장투쟁을 북한역사의 원류로 보고 그것만을 유일한 과거로 해석함으로써 전일성을 드러냈던 것이다. 뿐만 아니라 80년대로 접어들면서부터는 생활현실의 재발견과 서정성의 강화 속에서 도식주의의 한계로부터 벗어나려는 창작방법론의 변화가 두드러졌다. 이 시기 북한문학에서 박세영의 위치는 북한시의 변화를 책임있게 이끌어가는 원로로서 중추적 역할을 담당했다고 할 수 있다. 따라서 그는 주체문학의 정립 이후 김일성 전문시인으로 아주 활발한 창작활동을 펼치면서 북한시의 변화를 선도하는 중심에 있었다고 평가할 수 있는 것이다.

6. 맺음말

이상에서 월북 이후 『조선문학』에 발표된 박세영의 시를 중심으로 북한 시문학의 전개과정을 개괄적으로 살펴보았다. 박세영은 〈카프〉의 정통성을 이어받아 북한문학의 형성과정에 중요한 역할을 담당했으며, 월북한 문인들 대부분이 김일성 체제에 저항하여 숙청된 것과는 달리 체제의 시인으로 1980년대 말까지 북한시단의 핵심적 위치에 있었다. 따라서 그의 시는 북한 시문학의 전체를 통시적으로 읽어내는 중요한 지표가 된다는 점에서 그 문학사적 의의가 아주 크다. 하지만 지금까지 월북 이후 출간한 그의 시집의 전모가 국내에 소개되지 않았을 뿐만 아니라, 그가 1980년대 말까지 북한문단의 중심에서 활동했기 때문에, 아직까지 그에 대한 연구를 객관적으로 수행할 만한 기본적 토대가 마련되지 않았다고 보고 있다. 또한 그의 문학적 이력이 시문학, 아동문학, 수필, 정론, 평론 등 다양한 방면에 걸쳐 있었다는 점에서 총체적인 접근이 이루어져야 하지만, 여러 가지 자료의 불충분으로 본격적인 연구가 유보되고 있는 실정이다.

이 글은 이러한 연구의 한계를 인정하면서도 그의 시에 구현된 북한 시문학의 총체적 흐름을 개괄적으로 정리하는 데 목표를 두었다. 우선, 그동안 논의된 북한문학의 시대구분에 따라 그의 시세계를 크게 네 시기로 나누어 살펴보았다. 매 시기 박세영의 시를 통해 본 북한시의 양상은 당의 정책과 김일성의 교시에 의해 조금씩 변화의 모습을 보여주었는데, 큰 틀에서 살펴보면 당성, 인민성, 노동계급성이라는 북한의 주체문예이론에서 크게 벗어나지는 않았다. 특히 박세영의 시는 이러한 북한시의 전반적 성격에 가장 충실할 뿐만 아니라 북한시의 전개과정을 온전히 보여주고 있다는 점에서 북한 시문학의 전형적 특성을 지니고 있다고 평가할 만하다. 이 글이 문학사 전개의 도식적 기술방식이 지닌 한계를 무릅쓰고 그의 문학을 통시적으로 살펴본 것도 바로 이러한 이유에서이다.

앞에서 언급했듯이, 박세영의 문학활동은 시뿐만 아니라 북한 아동문학의 형성에도 결정적 기여를 했다. 실제 『조선문학』에 남겨진 기록에 따르면, 그는 〈조선작가동맹〉 아동문학 분과에서 주로 활동했으며, 기관지 『아동문학』의 편집위원을 역임한 것으로 되어 있다.[27] 따라서 앞으로 그에 대한 연구는 북한 아동문학의 주춧돌로서의 그의 문학활동에 더욱 주목해야 한다. 또한 북한의 「애국가」를 작사한 것을 비롯하여 노래가사도 상당히 많이 창작했으므로 이에 대한 연구도 문제적으로 제기될 필요가 있다. 마지막으로 그는 '김일성 전문시인'으로 불릴 만큼 수령형상 창조에 가장 심혈을 기울였던 것으로 알려져 있다. 따라서 그의 시를 통시적으로 따라가면서 북한 시문학에서 김일성의 문학적 형상화가 어떻게 변화되고 지속되어 왔는지를 실증적으로 살펴보는 것도 상당히 의미가 있을 것이다. 이러한 연구과제는 북한 시문학을 총체적으로 살펴보는 데 있어서도 중요한 문제제기가 될 것임에 틀림없다.

---

27) 『조선문학』, 1956년 11월, 204면.

제2부

제1장
재일 한인 잡지 소재 시문학과비평문학의 현황과 의미
『조선문예』, 『한양』, 『삼천리』, 『청구』를 중심으로

제2장
해방 이후 재일 조선인 시문학의 양상과 의미
허남기의 시를 중심으로

제3장
1960년대 『한양』 소재 재일 한인 시문학의 성격과 의미

제
1
장

재일 한인 잡지 소재 시문학과비평문학의 현황과 의미

『조선문예』, 『한양』, 『삼천리』, 『청구』를 중심으로

1. 머리말

최근 우리 문학 연구의 방향은 '한국문학'이라는 지역적 · 언어적 한계를 넘어서 '한민족문학'이라는 보다 넓은 범주에서 아주 활발한 논의가 이루어지고 있다. 식민지의 억압과 모순으로부터 해방되기 위해 만주로 연해주로 망명 혹은 이주를 하거나, 극심한 궁핍과 일제의 감시를 피해 일본으로 밀항을 했던 상당수의 민족구성원들이, 해방 이후에도 고국으로 돌아오지 못하고 낯선 이역의 땅에서 너무도 힘겨운 삶을 이어갔던 역사적 사실을 주목하기 시작한 것이다. 특히 이들 재외 한인 1세대들은 온갖 핍박과 설움을 겪으면서도 한민족으로서의 자부심과 자긍심을 결코 잃지 않았으며, 오히려 민족의 정체성을 다음 세대로 물려

주기 위한 정신적 고투를 보여주었다는 점에서 상당히 중요한 의미가 있다. 이런 점에서 재외한인문학은 민족의 정체성을 구현하는 중요한 수단이었고, 민족구성원으로서의 동질성을 확인하고 다짐하는 굳은 의지의 결정체였다고 할 수 있다.

주지하다시피 한국의 역사는 특정한 시대와 권력에 의해 선택과 배제를 경험하면서 그 순수성을 잃어버리고 왜곡된 기술로 남아 있는 경우가 허다하다. 한국문학사의 경우도 예외는 아니어서 당대 정치권력에 종속된 문인권력에 의해 조작된 이데올로기적 허구성은 문학사의 단절과 왜곡을 심화시켜 지금까지도 진정한 문학사로서의 기능과 역할을 다하지 못하고 있는 것이 사실이다. 따라서 분단이데올로기에 의해 획일화된 남한문학사의 불구성은 북한문학사, 재외한인문학사를 아우르는 한민족문학사의 차원에서 거시적 통합을 이룰 때 비로소 문학사로서의 온전한 체계를 갖출 수 있을 것이다.[1] 이런 점에서 앞으로 우리 문학 연구는 북한문학과 재외한인문학을 아우르는 한민족문학의 차원에서 객관적이고 실증적인 연구에 더욱 박차를 가해야 한다.

본 연구는 이와 같은 문제의식으로 해방 이후 재일 한인문학에 대한 본격적인 연구에 앞서 실증적인 자료조사와 분석의 결과를 제시하고, 이를 토대로 해방 이후 재일 한인문학의 전반적 성격과 의미를 개관하는 데 목표를 두고자 한다. 연구대상으로는 개별 작가나 시인 중심으로 논의되어 왔던 지금까지의 재일 한인문학연구의 방향과는 달리, 재일 한인들이 주축이 되어 일본 현지에서 직접 발간한 잡지에 수록된 문학 작품을 대상으로 살펴볼 것이다. 이는 재일 한인사회 지식인들의 민족

1) 이러한 관점에서 이루어진 대표적인 연구성과로, 김종회 편, 『한민족문화권의 문학』(국학자료원, 2003), 이명재 외, 『억압과 망각 그리고 디아스포라』(한국문화사, 2004), 한국문학회 편, 『해외문화 접촉과 한국문학』(세종출판사, 2003), 한국문학회 편, 『일본문화 접촉과 한국문학』(세종출판사, 2004) 등이 있다. 하지만 이 책은 모두 문학사의 체계를 갖추지는 못한 채 단편적인 연구논문을 수록한 편저라는 점에서 한계는 뚜렷하다.

적 정체성이 투영된 잡지의 전반적 성격과 그 속에 수록된 문학작품의 유기적 관련성에 주목함으로써 재일 한인문학을 담론적 지형 속에서 논의하기 위해서이다.

해방 이후 재일 한인 관련 잡지를 대략적으로 열거하면 다음과 같다.

> 『민주조선』, 『조선문예』, 『한양』, 『삼천리』, 『청구』, 『아리랑』, 『우리』, 『우리생활』, 『해협』, 『한국문예』, 『사이』, 『현대코리아』, 『마당』, 『민도』, 『진달래』, 『문학예술』, 『친화』, 『코리아평론』, 『코리아 마이너리티 연구』, 『국민총력』, 『국민문학』, 『호르몬문화』, 『종소리』, 『겨레문학』, 『제주도』, 『봉선화』, 『자유조선』, 『나그네』, 『도라지』.

이처럼 해방 이후 재일 한인사회에서는 한민족의 역사와 문화, 정치와 사회를 전반적으로 다룬 상당히 많은 잡지와 동인지들이 출간되었다. 이 가운데 본 연구는 『조선문예』, 『한양』, 『삼천리』, 『청구』를 연구 대상으로 삼고자 한다. 이들 잡지는 각각 해방 이후~1940년대 후반, 1960년대 초반~1980년대 중반, 1970년대 중반~1980년대 후반, 1980년대 후반~1990년대 중반에 걸쳐 발간된 것으로, 재일 한인잡지의 통시적 성격과 재일 한인문학의 역사적 변화과정을 총체적으로 이해하는 데 아주 유효한 기준점이 될 수 있다.

물론 『조선문예』, 『삼천리』, 『청구』의 경우는 일본어로 간행된 잡지였고, 『한양』은 한국어로 간행된 잡지였다는 점에서 언어적 측면에서의 차이가 드러나고, 편집진들의 면면을 살펴봐도 동일한 관심을 드러내지 않고 일정한 차이를 지니고 있었다. 또한 『조선문예』, 『한양』이 재일 한인을 주요 필자로 한 잡지였던 데 반해 『조선문예』, 『삼천리』, 『청구』는 일본 필자를 상당수 포함하고 있었다는 점에서도 분명한 차이가 드러난다. 따라서 이들 잡지를 무조건 통시적 연속성의 관점에서 이해하는 것은 다소 무리가 있다. 하지만 한국사회의 정치적·역사적 상황 변화에 민감하게 반응하고 이에 대한 문학적 실천을 지속적으로 전개했다는 점에서, 이들 잡지는 재일 한인으로서의 민족정체성의 실현이라는 공통된 지향성을 지녔다고 평가할 수도 있다.

이런 점에서 본 연구는 이들 잡지에 수록된 문학작품 가운데 시문학과 비평문학을 중심으로 그 현황을 개관하고 그 문학사적 의미를 찾는 데 주력함으로써 해방 이후 재일 한인 시문학과 비평문학에 대한 총괄적 이해를 모색하고자 한다.

2. 재일 한인 잡지 소재 시문학의 현황과 의미

지금까지 한국에서의 재일 한인문학 연구는 대체로 소설문학을 중심으로 논의되어 왔다.[2] 식민지사회의 구조적 억압과 모순 속에 놓여 있었던 민중의 현실과 해방 이후의 혼란과 재일 한인으로서의 자기정체성의 고민 등을 쟁점화한 재일 한인문학의 중심 주제는 개인의 정서나 감각적 비유로 표현되는 시문학보다는 인물과 플롯에 의해 구성되는 서사적 구성물로서의 성격에 더욱 가깝게 다가설 수 있는 측면이 있었기 때문이다. 게다가 제주 4·3항쟁을 비롯한 한국의 역사적 현실을 제재로 한 문학창작이 두드러졌다는 점도 재일 한인문학이 소설문학 중

2) 지금까지 논의된 재일 한인문학 연구의 대상을 살펴보면, 소설가의 경우 김사량·장혁주·김달수·김석범·이회성·김학영·이양지·유미리·현월 등 그 범위가 비교적 넓은 반면, 시인으로는 김시종, 종추월 등과 재일본조선문학예술가동맹(문예동) 소속 시인들에 대한 개괄적인 연구만이 있을 뿐이다. 그리고 비평문학의 경우 안우식·윤학준·임전혜·김학현 등의 활동이 있었지만, 이들에 대한 연구는 사실상 전무하고, 『한양』의 비평을 중심으로 장일우·김순남 등의 비평에 대한 연구가 부분적으로 있을 뿐이다.

심의 논의가 되는 중요한 요인이 되었을 것으로 보인다. 이런 점에서 일제강점기 장혁주・김사량[3]의 소설에 이어 해방 이후 김달수[4]・이은직 등의 소설은 재일 한인문학의 중심으로서의 역할을 담당했다고 할 수 있다. 뿐만 아니라 이들 작가들은 해방 이후 재일 한인들의 문학활동 기반을 마련하기 위한 적극적인 노력을 기울이기도 했는데, 그 성과는 『민주조선』,[5] 『조선문예』 등의 잡지를 통해 구체화되었다.

본 연구의 대상인 『조선문예』는 1947년 10월 창간된 종합문예지로, 박삼문이 발행・편집을 맡고 김달수・이은직・허남기・강순 등의 재일 한인 1세대 문인들이 필자로 참여한 잡지이다. 창간호에는 허남기, 강진철의 시, 윤자원, 이은직의 소설, 이석주의 평론, 김달수의 산문 등이 실려 있다. 그런데 『조선문예』에 발표된 시문학의 전모는 현재까지 파악하기 어려운 상태이다. 『조선문예』는 1948년 11월까지 발간된 것으로 알려져

---

3) 김사량은 식민지현실에 대한 비판적 인식을 우회적 글쓰기를 통해 표현함으로써 저항의 길을 지속적으로 걸어갔던 데 반해, 장혁주는 일본어 글쓰기를 통해 적극적인 친일협력의 길을 선택함으로써 친일문학인으로 변절하였다. 이 때문에 재일 한인들에게 김사량은 저항문인의 상징으로, 장혁주는 친일문인의 전형으로 평가된다. 이런 점에서 재일 비평가 임전혜는, "장혁주와 김사량의 모습은 식민지 문학자의 두 가지 길, 즉 굴욕과 반항을 뚜렷하게 부각했다. 김사량을 생각할 때 자국의 억압자에게 무릎을 꿇은 장혁주의 전락의 행적은 더욱 선명해진다"(「장혁주론」, 『문학』, 1965.11, 92면)고 밝히기도 했다.

4) 김달수는 1919년 경남 창원에서 몰락한 농민의 가정에서 태어나 1925년 가족들이 먼저 일본으로 건너간 뒤 할머니의 손에 의해서 자라다 1930년 10세 때 형과 함께 일본으로 건너갔다. 그의 문학은 일제강점기부터 해방 이후에 이르는 시기에 이르기까지 일본 내에서 온갖 차별로 인한 고통을 받고 있는 재일 한인들의 삶을 문학적으로 형상화는 데 주력했다. 재일 한인 1세대에 속하는 그는 김사량에 이어 재일 한인작가로서는 두 번째로 1953년 제30회 아쿠타가와상(芥川賞)의 후보에 「현해탄」으로 오르는 등 재일 한인문학을 일본문단에 알리는 견인차 역할을 했다.

5) 1946년 4월 창간되어 1950년 7월까지 통권 33호 간행되었다. 발행인은 조진용, 한석철, 윤병옥 등으로 이어졌고, 10호의 경우 『문화조선』이란 잡지명으로 발간되었다. 출판사 역시 여러 번 바뀌었는데, 민주조선사(1~3호), 조선문화사(4~9호), 문화조선사(10호), 조선문화사(11~22호)로 잦은 교체를 거듭하다 23호부터 민주조선사로 종간호까지 발간했다. 잡지의 편집책임은 김원기(1호), 김달수(2~24호)가 맡았고, 25호부터는 발행인 윤병옥이 편집을 겸하였다.

있지만, 필자가 일본 동경 소재 〈근대문학관〉에서 입수한 자료는 모두 4권에 불과하고 1권의 목차만 추가로 확인한 실정이다.[6] 이 4권에 발표된 시문학 현황만을 살펴보면, 창간호에 허남기의 「잡초원(雜草原)」, 강진철의 「하(河)」 두 편이 수록되어 있고, 1947년 11월호와 1948년 2월호에는 시작품이 발표되지 않았고, 1948년 4월호에 강현철의 「등(灯)」이 발표되었을 뿐이다. 따라서 이 몇 편의 작품만으로 『조선문예』에 나타난 시문학의 성격과 의미를 파악하기는 사실상 어렵다. 그럼에도 불구하고 이 잡지는 재일 한인 시문학 연구에 있어서 중요한 의미를 지니고 있음을 간과해서는 안 되는데, 그것은 바로 허남기·강순 등의 시인이 이 잡지의 편집에 직간접적으로 참여하면서 해방 이후 재일 한인 시문학 활동의 초석을 닦았다는 사실이다. 김석범의 증언[7]에도 드러나듯이 해방 이후 재일 한인 시문학의 흐름은 허남기·남시우·강순·김시종·오림준 등으로부터 출발하여 김윤·정영훈·박일동·정화수 등에 이르는데, 『조선문예』는 그 초기 활동의 양상으로 허남기[8]와 강순[9]의 시가 수록되었

---

6) 입수한 자료와 목차의 발행연도를 밝히면 다음과 같다. 1947년 10월(창간호), 1947년 11월, 1948년 2월, 1948년 4월, 1948년 7월.

7) "전후(戰後)부터 지금까지의 작가는 재일 조선인의 존재와 함께 일본어로 문학행위를 계속해 왔고, 지금은 하나의 사회적 성격을 부여받게 되었다. 예전에는 장혁주나 김사량으로 대표될 정도였다고 한다면, 지금은 김달수·이회성·고사명·김학영·정승박·김태생·김석범 등의 소설가, 허남기·김시종·강순 그리고 최근 사망한 오림준 등의 시인이 있다. 또 창작은 아니지만 문예평론가로 안우식·윤학준·임전혜·김학현 등이 활동, 그 폭이 상당히 넓어졌다." 김석범, 「在日朝鮮人文學」, 『在日の思想』(筑摩書房, 1981), 119면; 이재봉, 「재일 한인문학의 존재방식」, 한국문학회 엮음, 『일본문화접촉과 한국문학』, 앞의 책, 157면.

8) 1992년 평양출판사에 발간된 허남기의 시선집 『조국에 바치어』의 시인 소개를 옮기면 다음과 같다. "영예로운 '김일성훈장' 수훈자이며 '김일성상' 계관인인 시인 허남기는 1918년 6월 24일 경남 구포에서 출생하여 부산제2상업학교를 거쳐 일본땅으로 건너가 태평양미술학교, 일본대학 예술학원 등에 일시 적을 두었다가 중앙대학 법과를 졸업했다. 8·15 이후 재일 교포조직인 '총련'의 문화부장, 부의장, 문예총위원장 직을 역임하면서 『허남기시선』을 비롯한 10여 권의 저서를 남겼다. 일본땅에서 한생을 오직 조국의 자유와 통일을 위해 불타던 그의 심장은 1988년 11월 17일에 멎었다. 그가 열렬히 사랑하고 옹호한 어머니조국은 사랑하는 아들의 유골을 거두어 국가장지인 신미리애국열사릉에 안치하고 후손들이 그의 이름을 길이 잊지 않도록 하고 있다." 최근

다는 점에서 중요한 의미를 지니고 있는 것이다.

재일 한인 시문학 활동이 그 양과 질의 측면에서 동시에 두드러진 면모를 보인 것은 1962년 창간된 『한양』에서 비롯된다. 『한양』은 1962년 3월 일본 동경에서 창간되어 1984년 3·4월호(통권 177호)로 종간된 재일 한인 한글 잡지로, 1960년대 4월혁명 이후 변화된 한국문학의 지형과 아주 밀접한 관련 속에서 간행된 잡지이다.[10] 『한양』의 편집인 겸 발행인은 김인재였고, 잡지의 구성을 대략적으로 살펴보면 시·소설·수필·평론 등의 문학작품과 당대의 정치사회적 쟁점에 대한 논문 및 시론(時論) 등 재일 한인들의 의식과 정서를 총체적으로 반영하는 종합지적 성격을 지니고 있었다. 뿐만 아니라 『한양』은 당시 변혁기에 있었던 1960년대 한국사회와도 밀접한 관련성을 지님으로써 한국문학의 변화와 성찰을 모색하는 데 있어서 상당히 중요한 역할을 담당하였다. 이러

발간된 서경식의 『소년의 눈물』(돌베개, 2004)에도 그의 시집 『조선의 겨울이야기』 가운데 「영산강」이 소개되어 있다.

9) 필자가 확인한 4권의 잡지에서는 강순의 시가 수록되어 있지 않았으나 1948년 4월호 안쪽 표지에 있는 조선어판 『조선문예』 3월호 광고에 의하면 김달수·강순·김원기 등이 집필했음을 소개하고 있다. 이 광고문구로 미루어 당시 『조선문예』는 일본어판과 한글판이 동시에 출간되었던 것으로 추정되는데, 지금으로서는 한글판의 존재 여부를 확인할 길이 없다. 『조선문예』 전질과 한글판이 확인된다면 해방 이후 재일 한인문학의 성격을 너욱 사세히 실퍼볼 수 있을 것이다. 필자가 확인한 바로 강순은 1918년 강화 출생이고, 생전에 국문시집 4권(『조선부락』(1953), 『불씨』(1956), 『강순시집』(1964), 『강바람』(1984))을 출간했고, 일문시집 1권 『なるなり』(1970), 번역시집으로 『김지하전집』(1974), 신경림의 『농무』(1977), 김수영의 『거대한 뿌리』(1979), 조태일의 『국토』(1980), 이성부의 『우리들의 양식』(1981), 양성우의 『겨울공화국』(1978) 등이 있다. 이처럼 그는 해방 이후 재일 한인 시문학과 한국의 시문학을 이어주는 가교 역할을 한 가장 대표적인 재일 한인 시인으로 평가할 수 있다.

10) 지금까지 발표된 『한양』에 대한 연구성과는 다음과 같다. 허윤회, 「1960년대 참여문학론의 도정」, 상허학회 편, 『희귀 잡지로 본 문학사』(깊은샘, 2002); 박수연, 「1960년대의 시적 리얼리티 논의-장일우의 『한양』지 시평과 한국문단의 반응」, 『한국언어문학』 제50집(한국언어문학회, 2003); 하상일, 「1960년대 문학비평과 『한양』」, 『어문논집』 제50호(민족어문학회, 2004); 하상일, 「1960년대 현실주의 문학비평 연구」(부산대 박사논문, 2005); 김유중, 「장일우 문학비평 연구」, 『한국현대문학연구』 제17집(한국현대문학회, 2005); 이헌홍, 「『한양』 소재 재일 한인문학의 연구 방향과 과제」, 『한국민족문화』 제25집(부산대 한국민족문화연구소, 2005).

한 비판적 성격 때문에 『한양』은 1974년 2월 '문인간첩단사건'에 연루되어 국내로의 유입이 금지되었고, 국내에 소장된 상당량의 잡지도 불온서적이란 이유로 소실되어 지금까지도 국내에서는 1974년 이후 『한양』의 실상을 거의 확인하기가 어렵다.11)

또한 현재 『한양』에 대한 국내 연구자들의 관심은 1960년대 이후 한국문학에 대한 총체적 해명으로서의 의미가 더욱 강하게 부각되므로 재일 한인 잡지로서의 『한양』의 성격과 재일 한인문학으로서의 『한양』 소재 문학작품에 대한 연구는 전혀 없는 실정이라고 해도 과언이 아니다. 이런 점에서 본 연구는 『한양』을 연구대상으로 하되 국내 거주 필자들의 활동상황은 일단 제외하고, 우선 재일 한인문학이라는 특정한 관점에서만 살펴보는 데 초점을 두고자 한다.

〈표 1〉 『한양』 소재 재일 한인 시인 및 작품 현황

시 인	주요 작품	총 편수
강상구	애정, 존재의 시, 심야, 성묘	5
경 련	고국시초, 길목, 어머니 조국이여, 조국, 현해탄, 고국의 얼굴, 고향집 문턱, 광주, 그리움, 낙동강, 무등산에서, 봄비 오는 날, 우리 겨레는 하나, 오너라 4월이여, 조국통일행진에 부쳐, 통일로	146
김리박	오는 해 다짐, 한 길, 장편서사시 「얼」, 정월	12
김성호	그러나 다시 일어서야 할 광주여, 김대중, 문패, 상실의 팔월, 새날의 아침에, 울분, 이방에서, 재회, 편지, 헤매는 이리	25
김승신	광주는 고발한다, 넋이여, 당위에 내 나라가, 우리의 대오, 충고	13
김 윤	가을, 고목, 광장의 결의, 그리움, 길, 나의 날은, 또 새해를 맞으며, 바람과 구름과 태양, 새로운 날을 위하여, 어머니, 외로운 묘비	53

11) 필자는 2006년 1월 일본 동경 소재 화광대학 도서관 서고에서 『한양』 전모를 확인하여 모든 자료를 수집했으며, 당시 발행과 편집을 주도했던 김인재 선생과 주요 필자 가운데 한 사람이었던 김윤 시인을 만나기도 했다. 이들과의 인터뷰를 통해 『한양』의 실체를 더욱 정확하게 확인하고 싶었으나, 모든 상황을 알고 있는 김인재 선생이 당시 상황과 필자들의 면면에 대해 끝끝내 침묵함으로써 여전히 『한양』은 미궁 속에 있는 상태다. 다만 김인재 선생의 말을 통해 조심스럽게 추정해보면, 당시 시·소설·비평 등을 썼던 상당수의 고정 필자들은 필명으로 활동한 국내 문인일 가능성이 많은 것으로 생각된다.

김인숙	별아, 민주의 어머니, 시혼, 아아! 오월이여, 피의 소리 함께 모아	16
김 잔	김재규의 유령, 대한민국, 미국에 시집간 사내들, 편두통	7
김해정	가장 굳센 것, 사월, 이국의 밤거리에 비는 내리고, 휴전선	6
박기원	꽃의 사투리, 몸부림치는 태극기, 조국이 없던 청춘, 팔월의 태양	7
박일동	장시 「귀환자」, 기도, 기원, 내 삶은, 다도해의 점경, 동물시초, 맹서의 노래, 민중, 벗에게, 봄의 역사, 분노의 시, 4·19의 증언, 4월은, 서사시 「어머니 나라」, 선언, 시골역, 재판정에서, 저주의 시	109
박찬문	가을, 봄, 설야, 세월, 여름	5
신재헌	그대에게, 4·19의 용사들에게, 사냥, 삼월이면, 푸른 하늘 아래서	9
윤동호	느티나무, 다시 사월은 오는가, 멀미가 나는 집, 씨앗의 노래, 염원, 우레, 종, 철쭉꽃, 청개구리, 팔월, 풍자, 한 치의 뜨락	42
이세방	복엽채송화, 서시, 조국, 초상, 한국의 모든 지식인들에게	8
이승윤	古陶賦, 월인전강지곡, 미륵보살반가사유상운	6
이유진	저 미치게 푸른, 광주 이후, 새장 옆에서, 역사 앞에서, 옛노래	15
정영훈	36년, 3월에, 4월의 광장, 고독의 종말, 고향에의 서정, 광복 25주년, 광주의 증언, 달밤에, 무궁화, 바다, 불타버린 5월, 사랑하라 동포여, 사월시초, 소녀의 역사, 아메리카 윤리, 안개낀 한국의 정치가도	144
조종현	넋이 우는 낙동강, 얼어붙은 강물, 태극기 복판에 꽂고	6
한 성	경고, 광주의 5월, 그날의 사진 앞에서, 금남로, 노래, 레이건, 불타는 성조기, 살아있는 광주, 지옥행, 팔월의 태양, 한국의 예절	26
황명동	그 얄궂한 생물, 그날만은 믿으면서, 해협, 아! 그래도 당신은	5

『한양』 소재 재일 한인 시인들의 작품 현황을 정리하면 〈표 1〉과 같다. 다만 이십여 년 동안 『한양』에 발표된 시작품의 수가 약 2천여 편에 달하므로, 여기에서는 『한양』 발행 전 기간에 걸쳐 최소한 5편 이상 발표한 시인을 대상으로 한정하였고, 국내 시인이거나 국내 시인으로 추정되는 대상은 일단 제외하였다.[12] 이 외에도 국내에서 확인할 수 없는 상당

12) 이들 중 몇몇은 지금까지도 사실상 실체를 전혀 알 수 없다. 앞서 언급한 대로 당시 발행인이었던 김인재 선생의 말을 유추해보면 국내 시인일 가능성도 다분하다. 하지만 이것은 지금으로서는 어디까지나 추정일 뿐 정확한 정보가 아니고, 만약 국내 시인일 경우 누구인지 전혀 파악할 수 없으므로 일단 재일 한인 시인 목록에 포함하기로 한다. 이들 가운데 지금까지 재일 한인사회에서 민단을 중심으로 가장 활발하게 활동하고 있는 시인이 김윤이다. 김윤은 1932년 경남 남해 출신으로(『한양』의 발행 겸 편집이었던 김인재 선생 역시 고향이 남해라는 점에서 당시 동향으로서의 유대가 남달랐을 것으로 보여지고, 이러한 인연으로 『한양』에 50여 편의 시를 발표했던 것으로 생각된다) 진주

수의 시인들이 5편 이내의 작품을 발표하였고, 국내 시인의 경우에는 고원 · 김남석 · 김소영 · 김어수 · 김용호 · 김정숙 · 김지하 · 김지향 · 박두진 · 박보운 · 박봉우 · 박일송 · 박정온 · 신동집 · 신석정 · 안도섭 · 안장현 · 양상경 · 양성우 · 유경환 · 이복숙 · 이상화 · 이설주 · 이종석 · 이준범 · 이태극 · 장수철 · 조태일 · 최승범 · 홍윤숙 · 황갑주 등이 적게는 5편 내외, 많게는 20여 편의 작품을 발표하였다. 이처럼 『한양』 소재 시문학은 국내 시인의 작품이든 재일 한인 시인의 작품이든 한민족문학이라는 차원에서 볼 때 엄청난 양의 작품이므로, 앞으로 한민족문학을 연구하는 데 있어서 중요한 잡지가 되지 않을 수 없다.

발표된 시작품의 내용을 분석해 보면 크게 세 가지 점에서 정리될 수 있는데, 첫째, 재외 거주 한국인으로서 고향과 조국에 대한 그리움을 노래한 것, 둘째, 한국의 역사적 상황에 대한 비판적 참여의 성격을 노골적으로 드러낸 것, 셋째, 서정시의 본질에 충실하여 일상과 자연의 풍경을 내면화한 것이 바로 그것이다. 이 가운데 특별히 주목할 만한 것은 첫째와 둘째의 경우인데, 1960년대에서 1970년대 초반까지는 첫째의 경향이 비교적 두드러지는 데 비해, 1970년대 중후반으로 넘어가면서 둘째의 경향이 점점 우세해진다는 사실이다. 이러한 변화는 1974년 문인간첩단 사건 이후 국내와의 인적 교류가 단절되고 국내로의 유입마저 막혀버리는 상황에서 한국의 정치체제에 대한 강도 높은 비판으로 반정

농림고등학교를 졸업하고 동국대학을 중퇴했다. 1950년대 부산지역에 모여 있던 대학생들이 중심이 되어 발간된 『신작품』의 동인(고석규 · 천상병 · 송영택 · 김재섭 · 김소파 · 이동준 등)으로 활동했는데, 1952년 3월부터 1954년 12월까지 총 8권 가운데 그가 시를 발표한 것은 2집에 「호수」, 3집에 「나무」, 4집에 「가을」을 발표했고, 5집부터는 동인 명단에서 그 이름을 찾을 수가 없다. 당시에는 그의 본명인 김동일(金棟日)로 시를 발표하였다. 필자는 이러한 사실을 2006년 1월 일본 동경에서 김윤 시인을 직접 만나 인터뷰를 하는 가운데 들을 수 있었다. 그는 그동안 『신작품』 동인 가운데 확인이 되지 않은 시인 가운데 한 사람이었고, 일본으로 건너간 이후부터 지금까지 김윤(金潤)이라는 필명으로만 활동하여 이를 확인할 길이 없었다. 그는 『현대문학』을 통해 시작활동을 시작했고, 시집 역시 모두 현대문학사에 출간되었는데, 『멍든 계절』(1968), 『바람과 구름과 태양』(1971)이 있다.

부적이고 반미적인 노선을 더욱 노골화한 때문으로 보인다. 그 결과 1960년대에는 4월혁명을 제재로 한 시의 모습이 두드러졌는데, 70~80년대에 이르면서 박정희 정권에 대한 비판이나 5월 광주의 참상과 전두환 정권의 군사적 도발, 레이건 미대통령의 방한에 대한 비판 등 한국의 정치현실에 대한 더욱 직접적인 비판과 현실참여의 성격을 드러냈다.

『삼천리』는 1975년 2월 1일 발행인 이철, 편집인 이진희, 편집위원 김달수・윤학준・강재언・박경식・김석범 등에 의해 창간되어 1987년 5월 1일 제50호를 끝으로 종간한 계간종합문예지이다. 역사학자와 문학인들로 구성된 편집진들의 면면에서 알 수 있듯이, 『삼천리』는 한국의 역사적 현실을 예의주시하면서 한일관계, 조선의 역사, 조선의 문화, 재일 조선인들의 실상 등에 대한 실증적이고 객관적인 글들을 지속적으로 발표하였다. 특히 문학의 경우에는 당시 「오적」 필화사건으로 감옥에 있었던 김지하의 문학을 창간호 특집으로 삼은 것을 비롯해서 그의 재판기록과 증언내용, 김지하 구명을 위한 주변인물들의 호소문 등 그에 대해 상당히 많은 지면을 할애하였다. 이는 7・4남북공동성명의 정신에 입각하여 남북의 평화적 통일에 대한 염원과 한국의 민주화에 대한 열망을 김지하의 문학세계를 통해 우회적으로 제시하고자 한 것이라고 할 수 있다.

『삼천리』에 시를 발표한 재일 한인 시인은 모두 세 사람이다. 김시종이 1975년 봄 창간호부터 1977년 여름호까지 총10회에 걸쳐 연재한 「이카이노시집[猪飼野詩集]」과 이철의 시 32편, 황정삼의 시 1편이 바로 그것이다. 그 외에 발표된 시는 앞서 언급한 김지하의 시를 번역한 것과 일본의 대표적인 한국문학 연구자인 오무라 마쓰오(大村益夫)가 정리한 「대역 조선근대시선」이 1983년 여름호부터 1986년 겨울호까지 총 14회에 걸쳐 연재되어 김소월・한용운・박용철・박팔양・이은상・이병기・조지훈・박두진・윤동주・이육사 등 우리 근대시인들을 두루 번역 소개한 것이 있다. 『삼천리』에 발표된 재일 한인 시인 세 사람의 작품목록을 정리하면 〈표 2〉와 같다.

〈표 2〉『삼천리』 소재 재일 한인 시인 및 작품 현황

시인	작품명	발표연도
김시종	猪飼野詩集(1)~(10)	1975년 봄호 ~1977년 여름호
이 철	해후, 백아의 팔월, 초망의 어머니, 울타리, 나란히 있는 두 배, 남가일몽, 마음의 비석을 새기는 것, 다시 어느 3월은 돌아오고, 돌사람, 보표의 행방, 귀심, 구름, 그 길, 철쭉, 9월을 생각한다, 기원, 노심한 암호, 대춘부, 제야, 항적, 광주는 고발한다, 갈앙의 노래, 유대, 모색, 세단, 조사, 래의, 되살아나는 날, 찬가, 피리소리, 귀성, 불망	1975년 여름호 ~1987년 여름호
황정삼	눈빛	1975년 가을호

이 세 사람 가운데 이철은 『삼천리』 발행 전 기간에 걸쳐 꾸준히 시를 발표했는데, 『삼천리』의 발행인이었다는 점 외에는 특별히 알려진 바가 없다. 그리고 단 1편을 발표한 황정삼에 대해서는 더더욱 소개된 바가 없어 지금으로서는 일단 논외로 할 수밖에 없다. 하지만 재일 한인 시문학의 대표적 시인인 김시종이 발표한 「이카이노[猪飼野] 시집」은 주목해서 살펴볼 필요가 있다. 김시종은 1929년 생으로 해방 직후 오사카로 건너가 지금까지 '재일한다'[13]는 것의 실존적 의미 탐구와 미래에 대한 모색을 앞장서 주창해 온 시인이다.[14] 「이카이노 시집」은 오사카

13) '在日'을 "일본에 산다(日本ですむ)", "일본에 있다(日本にいる)"라고 하지 않고 '재일한다(在日する)'고 하는 경우 '재일'이라는 것은 단순하고 수동적인 의미가 아니라 복잡하고 적극적인 의미가 된다. 즉 '재일한다'라는 말 속에는 적극적 행위의 개념이 포함되어 있어 그들 스스로자 주변부의 존재이거나, 정체성의 혼란을 겪는 존재가 아니라 능동적인 하나의 주체로서 존재하고 있음을 내세우는 것이다. 이재봉, 앞의 논문, 162~163면.

14) 그는 허남기와 더불어 재일 한인 1세대 시인으로 1951년 10월에 결성된 오사카 '재일조선문화인협회'에서 발간된 종합지 『조선평론』에 참가했고, 1952년 2월 젊은 시인들을 주축으로 만든 시 동인지 『진달래』 창간을 주도하기도 했다. 1955년 첫시집 『지평선』을 출간한 것을 시작으로 1957년 11월 두 번째 시집 『일본풍토기』를 발간했고, 세 번째 시집으로 기획되었던 『일본풍토기』 II는 조총련과의 갈등, 『진달래』의 해산 등을 겪는 와중에 중단되었고 그 원고마저 분실되었다고 한다. 그래서 세 번째 시집은 1970년에 와서야 장편시집 『니가타(新潟)』를 출간할 수 있었고, 『삼천리』에 연재되었

의 재일 한인 밀집지역인 이카이노의 조선인 민중들의 활기찬 생활의 모습을 유머와 풍자를 통해 표현한 작품이다. 즉 이카이노의 현실을 통해 재일 한인들의 실상을 구체적으로 들여다보고, 이를 통해 '재일한다'는 것의 의미를 두드러지게 쟁점화하고자 했던 것이다. 결국 그의 시는 아름다운 산하의 조선을 지칭하는 『삼천리』라는 제목에서 유추할 수 있듯이, 지금은 일본 지도에서 사라진 지명이 되고 말았지만, 이카이노에 거주하는 조선인들의 구체적 삶을 통해 이국 속의 조선, 혹은 또 다른 고향으로서의 모습을 생생하게 전달하고자 했던 것으로 보인다.

『청구』는 1989년 8월에 창간되어 1996년 2월까지 통권 25호가 발간된 잡지이다. 앞서 발간된 『삼천리』의 문학정신을 이어받은 잡지로, 『삼천리』의 편집위원이었던 이진희·강재언·김달수를 비롯하여 강상중·안우식·문경수·위양복 등이 편집위원으로 참여하였다. '삼천리'가 '조선반도의 남북을 합한 하나의 조선'이라는 의미를 표상했던 것처럼, '청구' 역시 '예로부터 조선을 가리키는 이름 가운데 하나'를 뜻하는 것이었다. 이런 점에서 두 잡지 모두 한민족의 평화적 통일을 염원하는 재일 한인들의 사회·문화적 실천 의지를 담아냈다고 할 수 있다. 다만 『삼천리』가 재일 한인 1세대를 주축으로 발간된 잡지인데 반해, 『청구』는 제2~3세대를 위한 언로(言路)로서의 역할을 담당했다는 점에서 재일 한인사회의 세대적 연속성을 확보하기 위한 가교(架橋)로서의 의미를 지니고 있었던 것으로 보여진다.

그런데 『청구』의 경우 재일 한인 시인들의 시는 전혀 찾아볼 수가 없

던 『이카이노시집(猪飼野詩集)』은 1978년에 출간되었다. 이후 그는 『고아주시편』(1983), 『들판(原野)의 시』(1991), 『화석의 여름』(1998) 등의 시집을 지속적으로 출간하며 재일 한인 문단에서 가장 활발한 시작활동을 펼쳤다. 김시종에 대한 연구 및 논의는, 유숙자, 「민족, 在日 그리고 문학—在日 시인 김시종의 시세계」(『한림일본학연구』 제7집, 2002), 유숙자, 「재일 시인 김시종의 시세계」(『실천문학』, 2002년 겨울), 호소미 카즈유키, 「세계문학의 가능성—첼란, 김시종, 이시하라 요시로의 언어체험」(『실천문학』, 1998년 가을), 마츠바라 신이치, 「김시종론」(홍기삼 편, 『재일한국인문학』, 솔, 2001)이 있다.

다. 『삼천리』의 연재를 이어받아 오무라 마쓰오(大村益夫)가 「근대조선 시선」을 1989년 가을호부터 1992년 봄호까지 총10회에 걸쳐 번역하여 연재한 것이 전부이다. 그나마 재일 한인 시문학을 언급한 경우는 비평에서 기패치랑(磯貝治良)의 「재일세대와 시」(1991년 가을호)와 이미자의 「재일 1세 시인과 나」(1994년 봄호)가 전부이다. 이런 점에서 『청구』는 재일 한인 시문학에 국한된 논의보다는 김달수·김영희·김종명·남운지·심광자·안우식·양영후·원수일·정윤희·천촌주 등의 재일 한인문학 전반에 대한 소개와 재일 한인 소설가들에 대한 평가에 치중한 점이 두드러진다.

이상에서 살펴봤듯이 해방 이후 재일 한인 시문학은 허남기·남시우·강순·김시종 등으로부터 김윤·정영훈·박일동·김학렬·정화수 등에 이르는 과정을 거치면서 지금까지 이어져 오고 있다. 물론 여기에는 이미 모국어를 잃어버린 재일 한인들이 일본어로 발표한 시도 있고, 여전히 우리말을 사용해 시를 쓰는 '재일본조선인문학예술가동맹(문예동)' 그룹의 작품[15]도 있다. 이러한 언어적 차이를 두고 우리 문학으로의 귀속 여부를 왈가왈부하는 것은 사실상 소모적인 논쟁에 불과하다. 그것이 일본어로 쓰였든 한국어로 쓰였든 한민족의 실생활과 정체성에 특별한 관심을 기울였고, 이러한 민족정체성의 문제를 시를 통해 형상화했다는 점에서 모두 '한민족문학'의 차원에서 동일하게 접근할 필요가 있는 것이다.

특히 그동안 이데올로기적인 문제에 갇혀 거의 관심을 기울이지 못한 조총련 계열의 시문학 활동에 대해서는 더욱 실증적이고 구체적인 연구가 이루어져야 할 것이다. 지금까지 일본 내에서 조총련 계열 시 작품은 무조건 북한 시문학의 아류로 평가하는 편향된 시각을 지니고 있었다.

---

15) 이에 대한 연구는, 심원섭, 「재일 조선인 시문학에 나타난 자기 정체성의 양상」(한국문학회 편, 『일본문화 접촉과 한국문학』, 앞의 책)과 홍용희, 「재일 조선시와 조국의 노래」(『시작』, 2005년 가을)가 있다.

그러나 최근 발표되는 시문학 작품을 실증적으로 살펴본다면 이러한 편향된 인식은 재구성될 수 있을 것이다. 그 대표적인 예로 '문예동' 내의 시인들의 모임인 '종소리 시인회'에서 발간하는 시동인지 『종소리』를 주목할 필요가 있다. 문예동 전 대표인 정화수가 중심이 되어 발간되는 이 시동인지는 2000년 1월 창간되어 2007년 겨울호까지 통권 32호를 발간한 시전문 잡지이다. 여기에 수록된 '문예동' 시인들의 시는 과거 북한문학의 창작지도 이념에 경도된 도식주의적이고 천편일률적인 경향으로부터 상당히 탈피하였다는 점에서 주목된다. 이는 조총련을 중심으로 한 문학활동 역시 남북화해와 상생의 정신에 바탕을 둔 시대의 흐름에 따라 유연하게 변화하고 있음을 말해주는 것이다. 이런 점에서 앞으로 재일 한인 시문학 연구는 민단 계열과 조총련 계열을 통합하는 지점에서 새롭고 진취적인 논의를 더욱 확산시켜 나가야 할 것이다.

3. 재일 한인 잡지 소재 비평문학의 현황과 의미

재일 한인문학연구에 있어서 비평문학을 대상으로 한 연구는 거의 전무한 실정이다.[16] 그럴 수밖에 없는 것이 아직 재일 한인문학작품에 대한 전반적인 고찰조차 제대로 수행되지 못한 상황에서 이를 담론화한 비평을 본격적인 연구의 대상으로 삼는 것은 시기상조가 아닐 수 없

16) 재일 한인문학비평에 대한 연구라는 뚜렷한 관점을 제시하지는 않았지만, 최근 『한양』의 비평을 중심으로 한 비평사 연구가 상당한 관심으로 부각되기는 했다. 다만 이들 연구의 방향은 한국 현대비평사의 연속성이란 관점에서 1960년대 문학비평의 빈틈을 메우고자 하는 시도로서의 성격을 무엇보다도 강조하는 데 치중한다는 점에서 엄밀히 말해 재일 한인문학비평 연구의 차원에 있다고 보기는 어렵다. 허윤회 · 박수연 · 하상일 · 김유중 등의 앞의 논문이 바로 이러한 관점에서의 연구성과이다.

기 때문이다. 앞으로 재일 한인문학 연구가 더욱 본격적인 궤도에 오르게 되면 그에 따라 재일 한인 비평가들의 문학담론도 더욱 체계적인 연구가 진행될 수 있을 것이다. 그렇다고 해서 지금 이러한 연구의 시기가 자연스럽게 찾아오기를 무조건 기다리고만 있어서도 안 된다. 비록 자료정리의 수준을 넘어서지 못한다 할지라도 해방 이후 재일 한인 비평가들의 활동 상황을 일목요연하게 정리함으로써 앞으로의 연구방향과 목표를 정립하는 토대를 구축해 놓을 필요성이 있다. 본 연구는 이러한 기본적인 관점에서 『조선문예』·『한양』·『삼천리』·『청구』에 수록된 비평을 목록화하고 그 대략적인 맥락을 짚어내고자 하는 것이다.

〈표 3〉 『조선문예』 소재 재일 한인 비평문학 현황

발표일자	비평가	비평제목
1947년 10월호(창간호)	이석주 김달수 아오노 스에케치[青野季吉]	조선민족문학의 전개 혼미 속에서 조선작가의 일본어 문제
1947년 11월호	이석주 은무경	일본문학의 환경
1948년 2월호	송차영 야스다카 도쿠조[保高德藏]	춘향전과 이조 말기의 서민정신(1) 민족적 비가
1948년 4월호	송차영 이은직 어당(魚塘) 도쿠나가 스나오[德永直] 김달수	춘향전과 이조 말기의 서민정신(2) 조선인인 나는 왜 일본어로 쓰는가 일본어로 이루어진 조선문학에 대해 일본어의 적극적 이용 하나의 가능성

『조선문예』에 발표된 비평문학 혹은 비평적 성격의 산문을 모두 정리하면 〈표 3〉과 같다. 『조선문예』의 비평에 나타난 두드러진 특성은 재일 한인 비평가들이 재일 한인 작가의 언어의식에 대해 아주 특별한 관심을 표명하고 있고, 이에 대한 논리적이고 체계적인 문제의식을 담아내고 있다는 점이다. 특히 1948년 4월호는 「용어문제에 대하여」라는 특집을 마련하여 조선인의 일본어 글쓰기와 일본어로 쓰인 조선문학의

특성과 의미에 대해 구체적인 논의를 하였다. 또한 『조선문예』는 조선의 민족문학의 성격에 대한 관심과 실용주의 정신에 바탕을 둔 조선 후기 문학의 현실주의적 정통성을 높이 평가하였다. 이석주의 「조선민족문학의 전개」와 송차영의 「춘향전과 이조말기의 서민정신(1), (2)」는 이러한 문제의식에서 비롯된 결과물이다. 그런데 『조선문예』에서 특별히 고민해야 할 점이 있는데, 그것은 아오노 스에케치[青野季吉], 야스다카 도쿠조[保高德藏], 어당(魚塘), 도쿠나가 스나오[德永直] 등 일본어 이름을 쓴 비평가들을 어떻게 볼 것인가 하는 문제이다. 필자의 판단으로 이들을 무조건 일본인으로 보기는 어려울 듯한데, 비평의 내용적 측면에서 재일 조선인 비평가들의 관심과 상당히 일치하는 면이 있고, 당시 상당수의 문인들이 필명과 가명으로 활동한 점이 많은 것으로 미루어 일단 이들 모두를 포함하여 정리하였음을 밝힌다.[17]

앞서 언급한 대로 『한양』은 국내의 비평사 연구자들에게 1960년대 한국문학의 전체적 지형을 이해하는 중요한 잡지로 평가되고 있다.[18] 실제로 『한양』에는 김우종 · 장백일 · 임중빈 · 구중서 · 홍사중 · 김병걸 · 신

---

17) 2006년 1월 동경에서의 자료수집 및 인터뷰 기간 동안 직접 이은직 선생을 만난 부산대 이재봉 교수의 전언에 따르면, 『조선문예』의 필자 가운데 한사람인 송차영은 이은직 자신이라고 밝혔다고 한다. 이런 점으로 미루어 내부 필자 가운데 누군가가 다른 이름으로 발표한 것으로 볼 수도 있을 듯하다. 또 한 가지 짚고 넘어가야 할 것은, 1947년 11월호에 발표된 「일본문학의 환경」 역시 목차에는 이석주의 글로 되어 있으나 본문에는 송차영의 글로 되어 있는 편집상의 오류가 나타나는데, 이를 통해 유추해 볼 때 당시 동일 필자들이 여러 이름으로 글을 썼을 가능성을 전혀 도외시할 수 없을 듯하다.

18) 1960년대 문학비평은 『한양』, 『산문시대』, 『비평작업』, 『청맥』, 『사계』, 『창작과비평』, 『상황』, 『68문학』 등 4월 혁명 이후 새롭게 창간된 매체를 중심으로 활발하게 전개되는 양상을 보였다. 그럼에도 불구하고 1966년 백낙청에 의해 창간된 『창작과비평』과 『68문학』을 계승하여 1970년 김현 등의 주도로 창간된 『문학과지성』은, 전후비평가들과의 세대론적 인정투쟁을 통해 이들 1960년대 매체들을 소외시키거나 배제시켜 버림으로써 이후 한국비평사를 이 두 에콜의 매체로 이원화하는 비평사의 단절을 조장하였다. 이런 점에서 1960년대 한국의 현실주의 비평사는 『한양』(1962)－『청맥』(1964)－『창작과비평』(1966)－『상황』(1969)으로 이어지는 비평사의 연속성을 새롭게 정립할 필요가 있다. 이에 대한 자세한 논의는, 하상일의 앞의 박사논문을 참조할 것.

동한·임헌영·정태용 등 당시 국내 평단에서 아주 왕성한 활동을 펼쳤던 상당수의 젊은 비평가들이 비판적인 관점의 현실주의 비평을 지속적으로 발표했었다. 이런 점에서 『한양』의 비평은 재일 한인 비평문학의 성격을 이해하는 차원에서보다 오히려 1960년대 이후 국내 비평가들의 자유로운 비평적 글쓰기의 한 단면을 확인하는 데 더욱 중요한 의미를 지닌다고 평가할 수 있다. 하지만 본 연구에서는 이러한 측면을 일단 유보하고 재일 한인 비평문학의 실상을 점검하고 정리하는 차원에서만 논의를 펼칠 것이다.

『한양』 소재 재일 한인 비평문학의 목록을 정리하면 〈표 4〉와 같다. 〈표 4〉에서 알 수 있듯이, 『한양』에 나타난 재일 한인문학비평은 김순남·장일우·윤동호 등이 주축이 되어 활동했고, 나머지 비평가들의 경우 한국문학에 대한 단편적인 언급이나 고전문학 작품이나 연극을 대상으로 한 몇몇 평론이 있을 따름이다. 그런데 비평의 내용적 측면에서 간과할 수 없는 한 가지 사실은, 사실상 재일 한인문학작품을 대상으로 한 비평은 전혀 없고, 오로지 한국문학 작품을 대상으로 한 비평만이 있을 뿐이라는 사실이다. 따라서 이들을 재일 한인 비평가로 볼 수 있느냐 하는 문제가 중요한 의문으로 남지 않을 수 없다. 특히 김순남·장일우의 경우 『현대문학』·『자유문학』 등 국내 잡지에도 비평을 발표했다는 점, 발표된 비평의 내용이 한국문학에 대한 깊은 이해를 바탕으로 하고 있다는 점, 이들이 정작 재일 한인문학작품을 대상으로 한 비평은 전혀 쓰지 않았다는 점 등을 주목하지 않을 수 없는 것이다. 이런 점에서 대부분의 연구자들은 김순남·장일우의 비평은 국내 필자가 가명이나 필명으로 발표한 것으로 추측하는데, 이 또한 정확한 사실에 근거하지 않은 것이므로 지금으로서는 섣불리 판단하기 어려운 점이 많다.

〈표 4〉『한양』 소재 재일 한인 비평가 및 작품 현황

비평가	주요 비평 제목	총 편수
경 련	하이네에 관한 각서	1
김명진	시를 통해 본 4·19	1
김병삼	애국시가의 음미, 창가에 반영된 애국사상	2
김병옥	金笠시의 웃음과 슬픔, 민요와 전통의식, 민족의 존엄을 지킨 시가들	8
김성호	노예수첩(해설), 대설 「남」에 부쳐, 죽창을 다듬는 민중의 시인들	6
김순남	70년대를 사는 한국저항문학, 고발과 증언의 자세, 누가 한국문학을 오도하는가, 리얼리즘 소고, 문학건설과 휴머니즘, 문학의 주체적 반성, 4·19와 한국문학, 생활의 미학, 사이비평론의 독성, 사실과 리얼리티, 순수와 참여의 대결, 시대와 시인의 사명, 시정신의 빈곤, 역사문학의 현대성, 주체의식과 한국문학, 한국문학과 농촌, 한국평단의 반성	99
김시형	문학의 고행과 새시대의 갈망	1
김학현	'님'과 중생, '풀이' 사상과 김지하, 한과 민족적 저항	3
박문상	민족문학소묘	1
박병근	현대시의 인간상	1
박일동	늙어 더욱 왕성해진 시정신	1
박태정	민중의 지향과 한국연극의 현황	1
신상인	문화와 전통, 언어와 사회, 한말 애국시가의 음미	5
신재헌	시문학과 현대성	1
유라	메아리치는 애족의 절규	1
유영묵	「수련」과 「속초행」에 대하여	1
윤동호	'참여' 재론, 시인과 패배정신, 조국통일과 한국문학, 현실투시의 각도	12
이순석	테마와 탐구의 논리	
장일우	농촌과 문학, 문학의 허상과 진실, 반성과 전망, 소월의 시와 자주정신, 순수의 종언, 시대와 신인작가, 참여문학의 특성, 한국 현대시의 반성, 현실과 작가, 현실과 작품의 논리, 시인 박두진을 논함	21
전석춘	'차안의 가'를 읽고, 서평 『김지하시집』·『민중의 소리』	2
정영훈	사월의 시, 시인의 얼굴, 지상의 시와 지하의 시	3
최용진	정절음미	1
최익환	「금강」의 시간	1
하상두	민족연극 소고	1

장일우는 주로 시문학을 중심으로 한국문학의 문제점과 바람직한 반향을 제시하는 데 주력했다. 당시 장일우가 비판한 우리 시문학의 가장

큰 문제점은, 대부분의 시가 우리의 생활현실과 너무 동떨어진 관념적인 세계에 머물러 있고, 이를 표현하는 방식에 있어서도 관념적이고 현실도피적인 취향에 너무 젖어 있다는 점이었다. 따라서 그는 4월혁명을 노래한 시처럼 현대시는 알기 쉽고 명확하고 진실한 시가 되어야 한다는 점을 무엇보다도 강조했다. 이처럼 난해한 모더니즘 시에 대한 비판과 리얼리즘에 입각한 시정신의 중요성은 당시 김수영이 제기한 문제의식과 거의 일치한다.[19] 이러한 관점에서 장일우는 민족의 생활공동체적인 감정, 즉 민족주체성을 형상화하고 있는 김소월과 현실의 리얼리티를 로맨티시즘의 역사적 상상력으로 형상화하고 있는 박두진을 우리 시문학에서 가장 높이 평가해야 할 시인으로 보았다.

김순남 역시 현실도피적이고 폐쇄적인, 영원성과 순수성을 문학의 본질로 삼는 1960년대 한국의 보수적 문학관을 신랄하게 비판하였다. 또한 고고한 상아탑에 머물면서 시대적 사명과 민족의 역사적 현실을 외면한 채 환상과 관념의 유폐에 빠져 있는 전후작가들의 태도를 부정적으로 바라보았다. 이는 시대의 지성인으로서 문학인의 역할은 역사와 시대를 선도하는 엘리트로서의 책무와 참된 윤리를 망각해서는 안 된다는 자신의 문학관을 분명하게 제시한 것으로 보인다. 다시 말해 한국적 현실을 떠나서 한국의 참여문학은 있을 수 없다는 점을 직시함으로써 문학과 현실의 단절된 관계를 회복하는 것이 무엇보다도 급선무라는 비판적 현실인식을 일관되게 견지하였던 것이다. 결국 그의 비평적 논리는 순수문학 비판과 참여문학의 성격을 더욱 정교화하는 데 있었다고 할 수 있다.

---

19) "최근 2, 3년 동안에 『한양』지를 통해 들어온 젊은 평론가들의 한국문학에 대한 공격을 나는 퍽 재미있게 읽었다. 그 중에서도 장일우 씨의 시에 대한 비평은 나로 하여금 시에 대한 많은 반성을 하게 했다. 일본과 문학적 교류를 할 수 있다는 거리에서 오는 매력 이상으로 국내의 평론가들이 지연상으로 할 수 없는 솔직한 말을 많이 해준 매력에 대해서, 나는 그의 숨은 공적을 높이 평가한다." 김수영, 「생활현실과 시」, 『김수영전집 2—산문』(민음사, 1981), 190면.

〈표 5〉『삼천리』 소재 재일 한인 비평가 및 작품 현황

비평가	비평제목	발표연도
강재언	김지하의 사상을 생각한다 조국, 역사, 재일동포	1977년 여름호 1977년 겨울호
고사명	밀과 인간	1976년 겨울호
김석범	김지하 「양심선언」을 읽고 민족주의의 소산에 대해	1975년 겨울호 1979년 겨울호
김달수	조선인의 발상법 잡지 「민주조선」 즈음	1978년 겨울호 1986년 겨울호
김대호	식민지 지배하 조선의 영화운동	1986년 여름호
김학현	시와 중생과 조국-한용운 한과 저항으로 살다 하늘 바람 별의 시인-한과 저항에 살다 빼앗긴 들의 한 편의 시 님의 침묵 시대 30년대의 브나로드 운동 슬픈 시인 김소월 김수영의 시세계 4월의 시인 신동엽 빛은 옥중에서-김지하의 사상 분단시대 극복으로의 지향 민족문학에 대한 비망록	1976년 봄호 1977년 봄호 1977년 여름호 1977년 가을호 1977년 겨울호 1978년 봄호 1978년 여름호 1979년 봄호 1979년 여름호 1979년 가을호 1980년 여름호 1981년 봄호
안우식	김사량 「멸망하는 것으로의 애수」	1979년 겨울호
윤학준	여류시인 황진이-시조의 세계 두 님을 모시지 않는다는 사상-시조의 세계 당쟁과 청학동-시조의 세계 임진병자의 시대-시조의 세계 왕족과 기녀의 노래-시조의 세계 정철의 행동과 문학-시조의 세계 윤선도 투쟁과 시-시조의 세계 잔조의 시인들-시조의 세계 장두식의 죽음	1975년 창간호 1975년 겨울호 1976년 여름호 1976년 가을호 1976년 겨울호 1977년 봄호 1977년 가을호 1977년 겨울호 1978년 봄호
임전혜	식민자 2세의 문학	1976년 봄호
임호치	장혁주론-15년 전쟁 하의 조선인 작가의 궤적	1983년 겨울호
장장길	(속) 최인훈의 소설-한국문학을 보고 어느 기록 이상의 아호-한국문학을 보고 어느 기록 행진하는 바보들-한국문학을 보고 어느 기록 육체에 속박된 인간-한국문학을 보고 어느 기록	1975년 가을호 1977년 봄호 1977년 여름호 1977년 가을호

『삼천리』에 발표된 재일 한인문학비평은 강재언 · 고사명 · 김달수 · 김대호 · 김석범 · 김학현 · 안우식 · 윤학준 · 임전혜 · 임호치 · 장장길 등에 의해 발표되었는데, 특히 김학현이 13편, 윤학준이 9편 등을 발표함

으로써 중추적인 역할을 했던 것으로 보이고, 김달수 · 김석범과 같은 작가들이 발표한 비평적 성격의 산문도 주목해서 볼 필요가 있다. 이를 정리하여 목록화하면 〈표 5〉와 같다. 그 외에 한국의 비평가들 가운데 『삼천리』에 비평을 발표한 비평가는 백낙청 · 김윤식 · 김윤수 · 성민엽 · 임헌영 · 천이두 등이고, 일본의 비평가로는 고기융치(高崎隆治)의 김사량에 대한 평가, 기패치량(磯貝治良)의 김태생의 작품에 대한 분석, 오무라 마쓰오(大村益夫)의 조선프롤레타리아문학에 대한 연구를 주목할 수 있을 것 같다.

대체로 『삼천리』에 나타난 문학비평의 성격은 '김지하'를 가장 쟁점화하였는데, 이는 1960년대 한국의 정치사회에 대한 비판적 입장과 조국의 민주주의와 평화통일에 대한 열망을 김지하를 매개로 초점화하고려는 의도에서 비롯된 것이다. 재일 한인문학비평가들은 이와 같은 『삼천리』의 기본적 입장을 충실히 이행하는 차원에서 김학현의 「민족문학에 대한 비망록」이나 강재언의 「김지하의 사상을 생각한다」, 김석범의 「김지하 '양심선언'을 읽고」 등의 비평을 발표했고, 그의 시와 시집을 적극적으로 소개하고 이를 서평하는 기획에도 지속적으로 문학비평을 발표하였다. 특히 김지하 담론은 오에 겐자부로(大江健三), 와타 하루키(和田春樹) 등 일본 문학인들의 지대한 관심까지 이끌어냄으로써 통권 50호를 발간하는 동안 약 30편 정도의 김지하 관련 글들이 『삼천리』에 게재되는 절대적인 관심을 불러일으켰다.

물론 김지하에 관한 담론은 『삼천리』만의 특화된 문제의식의 결과는 아니었다. 『한양』에서도 김지하 문제는 중요한 시대적 명제가 되어 『김지하전집』[20]을 일본어로 번역하여 발간하고, 그의 시집에 대한 해설과

20) 당시 〈한양사〉에서는 『김지하전집』을 비롯하여 양성우의 『노예수첩』을 발간했고, 『한양』 창간 10주년을 기념하여 그동안 『한양』에 발표되었던 글들을 모아 논설집 『민족의 존엄』, 평론집 『시대정신과 한국문학』, 수필집 『초연곡(招燕曲)』, 한국현대시집 『메아리』 등을 발간하기도 했다.

그의 문학세계를 재평가하는 등 활발한 논의가 있었다. 특히 김순남은 「민중의 함성, 민족의 절규」라는 4회에 걸친 연속기획으로 '4월의 아들 김지하 문학 재론'을 발표했고, 김학현의 「'풀이' 사상과 김지하」, 유라의 「메아리치는 애족의 절규—한양사간 김지하전집」 등 김지하의 사상과 문학에 대한 특별한 관심을 표명했다. 이런 점에서 당시 김지하는 재일 한인 비평가들이 한국문학의 현실을 이해하고 비판적으로 성찰하는 가장 중요한 통로 역할을 한 것으로 보인다. 이 외에 『삼천리』에 발표된 주요 평론으로는 김학현의 한용운 · 윤동주 · 김소월 등 한국 근대 시인들에 대한 분석과 윤학준의 고시조의 세계에 대한 정리, 장장길의 한국문학에 대한 비판을 담은 연재비평이 있었다.

『청구』에 발표된 재일 한인문학비평은 김달수 · 안우식 등이 주축으로 앞서 살펴본 어떤 잡지보다도 재일 한인문학에 대한 집중적인 논의를 펼쳤다. 특히 1994년 봄호(통권 제18호)의 경우 「재일조선인문학이란 무엇인가」라는 기획특집을 마련하여 재일 한인 1세대에서부터 3세대에 이르는 재일 한인문학의 흐름을 통시적으로 점검하는 문학사적 차원의 정리를 하였고, 김학영 · 이회성 · 양석일 · 이양지 등 당대 재일 한인문학을 이끌고 있는 대표적 작가들의 문학세계를 집중적으로 조명하였다. 김달수는 1993년 가을호부터 1995년 겨울호까지 총7회에 걸쳐 「나의 문학과 생활」이라는 글을 통해 재일 한인문학가로서의 자전적 삶을 고백했고, 안우식은 1991년 겨울호부터 1993년 겨울호까지 총6회에 걸쳐 「조선문단의 속과 겉」을 연재한 것을 비롯하여 「비극의 북쪽 시인」, 「빨치산 소설과 실록」 등 분단이념에 가로막힌 한국문학에 대한 특별한 관심으로 통일문학을 지향하는 비평의식을 드러냈다. 『삼천리』의 경우와 마찬가지로 『청구』 역시 일본 이름으로 발표된 비평들이 상당수 포함되어 있는데, 이들이 다룬 주제나 논점들을 살펴보면 귀화한 재일 한인일 가능성도 배제할 수 없을 것으로 보인다. 특히 5편의 비평을 발표한 천촌주(川村湊)의 경우 「소설 속의 '종군위안부'」, 「식민지문학에서 재일문학으로」 등의 글을 발표했는데, 이러한 글의 내용과 성격으로 볼 때 순수한 일본인으로 보기 어려운 측면이 많다. 따라서 일단 그의 글도 재일 한인 비평문학으로 포함시켰음을 밝힌다. 『청구』에 발표된 재일 한인문학비평 및 비평가 현황은 〈표 6〉과 같다.

〈표 6〉 『청구』 소재 재일 한인 비평가 및 작품 현황

비평가	비평제목	발표연도
김달수	나의 문학과 생활	1993년 가을호 ~1995년 겨울호
김영희	이양지	1994년 봄호
김중명	재일문학을 읽다	1994년 봄호
남운지	호풍과 장혁주(상) 호풍과 장혁주(하) 마츠무라 쇼후와 '조선유기'(상)	1995년 여름호 1995년 가을호 1995년 겨울호
문진궁	김학영과 재일2세인 나	1994년 봄호
심광자	양석일의 '광조곡'을 읽다	1994년 봄호
안우식	문학자의 복권 비극의 북쪽 시인 빨치산 소설과 실록(상) 빨치산 소설과 실록(하) 식민지시대의 재일조선인문학 조선문단의 속과 겉 환상의 이태준 구출작전	1989년 겨울호 1990년 가을호 1990년 여름호 1990년 겨울호 1992년 가을호 1991년 겨울호 ~1993년 겨울호 1995년 여름호
양영후	시인 윤동주의 동반자 송몽규	1992년 여름
원수일	이양지를 위해	1994년 봄호
이미자	재일 1세 시인과 나	1994년 봄호
정상진	소련조선인문단의 변천	1991년 여름호
정윤희	이회성문학의 노늘	1994년 봄호
정율	해방 후의 김사량	1990년 봄호
천춘주	소설 속의 '종군위안부' 이양지 소론 식민지문학에서 재일문학으로 재일조선인문학론 서설2-고려인에서 코리안으로 제1세대문학의 약도	1992년 가을호 1992년 가을호 1995년 여름호 1995년 가을호 1994년 봄호
최석의	방랑시인 김삿갓의 시와 생애	1995년 봄호

4. 맺음말

지금까지 『조선문예』·『한양』·『삼천리』·『청구』를 대상으로 해방 이후 재일 한인 잡지 소재 시문학과 비평문학의 현황과 발표된 작품들의 문학사적 의미에 대해 대략적으로 살펴보았다. 이 잡지들은 재일 한인사회에서 1940년대, 1960년대, 1970년대, 1980년대에 각각 창간되었다는 점에서 재일 한인문학을 통시적으로 이해하고 바라보는 중요한 가늠자 역할을 했다고 할 수 있다. 다만 잡지 편집진들 각각의 면면이나 중심 주제를 볼 때 동일한 지향성이 두드러지게 드러나지는 않는다는 점에서 이를 무조건 연속성의 차원에서 접근하는 것은 문제가 있을 듯하다. 특히 『한양』의 경우 1960년대에서 1980년대에 이르는 이십여 년의 기간 동안 발간되었음에도 불구하고 『조선문예』·『삼천리』·『청구』가 재일 한인문학과 역사에 대한 지속적인 관심을 펼친 것과는 달리 한국 내의 역사적 상황이나 문학적 현실에 직접적으로 대응하는 양상을 보였다는 점에서 상당한 차이를 드러낸다. 게다가 언어의식에 있어서도 다른 세 잡지에는 재일 한인 작가들이 일본어로 글을 발표하고 일본의 지식인들에게도 개방적이었던 데 반해, 『한양』은 창간호에서부터 종간호에 이르기까지 모두 한글로 발표되었고 일본인들의 글도 거의 게재하지 않았다는 점에서 분명한 차이를 지니고 있었다. 이런 점에서 일본 동경에서 발행되었다는 이유만으로 『한양』을 재일 한인 잡지라고 명명할 수 있을 지에 대해서는 의문이 남는 게 사실이다. 발행 및 편집이 일본 내에서 이루어졌다는 점을 제외한다면, 오히려 『한양』은 한국의 대표적인 문예지이자 정론지로서의 성격을 지닌 것으로 평가할 수 있을 듯하다. 실제로 1960년대 이후 한국의 문단지형이 자유롭게 정론을 펼치기 어려운 실정이었고, 『한양』에 글을 발표한 상당수의 문인들이 진보적이고 참여적인 성향의 젊은 시인들과 평론가들이었다는 점을 고려할 때 이러한 의문은 더욱 설득력을 확보하지 않을 수 없다.

하지만 이러한 생각은 현재로서는 가정일 뿐 명확한 근거를 제시할 수 없다. 즉 당시 발행인과 편집인을 겸했던 김인재와 〈한양사〉의 사장이면서 실제적인 발행인 역할을 했던 김기심 등이 실제로 일본에 거주하는 재일 한인들이었으며, 김윤을 비롯한 주요 필자들의 상당수가 재일 민단 소속 비판적 지식인들이었다는 점에서, 『한양』을 국내 잡지로 판단할 만한 현실적 근거가 빈약한 것이다. 따라서 본 연구에서는 이러한 의문을 일단 유보하고 네 잡지 모두가 재일 한인들의 정체성 확립에 누구보다도 앞장섰고 한국 내의 정치사회적 현실에 대한 재외교포로서의 입장을 분명하게 표명했다는 점에서 재일 한인 잡지로 규정하였다. 결국 이 네 잡지는 여러 가지 면에서 차이성을 지니고 있지만, 한편으로는 해방 이후 재일 한인사회의 문화적 실상을 가감 없이 보여주는 실증성을 지니고 있다는 점에서, 통시적인 차원에서 재일 한인사회를 이해하는 중요한 자료적 가치를 지니고 있음에 틀림없다.

하지만 이 네 잡지를 통해서도 전혀 확인하기 어려운 재일 한인문학의 결핍된 지점이 있는데, 이는 해방 이후 조총련 계열 문학활동에 대한 구체적인 평가 부분이다. 이러한 결핍은 우리의 역사적 불구성에서 비롯된 재일 한인사회의 분열과 대립의 결과라는 점에서, 앞으로의 재일 한인문학연구에서 가장 중점적으로 살펴야 할 문제이다. 특히 조총련 계열의 문학활동은 이념적 경직성과 도식적 서술방식 등 북한문학의 이념적·미학적 노선을 그대로 추종한 명백한 한계를 드러낸 점이 있었다고 하더라도, 민단 계열의 문학이 모국어를 잃어버린 문학이었던 것과는 달리 지금까지도 우리말과 우리글을 지켜내고 있다는 점에서 높이 평가하지 않을 수 없다. 따라서 『민주조선』, 『문학예술』 등으로부터 최근에 발간된 『겨레문학』·『종소리』 등에 이르기까지 조총련의 하부조직인 '재일본조선문학가예술동맹(문예동)'의 작가들이 중심이 된 문학활동에 대한 연구도 함께 논의될 필요가 있다. 이러한 양 측면에서 재일 한인문학연구가 종합적으로 이루어진다면, 비로소 '한민족문학'으로서의 재일 한인문학의 모습은 그 전모를 드러내게 될 것이다. 본 연구는 이를 목표로 한 기초적이고 예비적인 단계로서의 의미를 지닌다고 할 수 있다.

제 2 장

해방 이후 재일 조선인 시문학의 양상과 의미

허남기의 시를 중심으로

1. 머리말

최근 들어 우리 문학 연구는 '한국문학'의 범주를 뛰어넘어 '한민족 문학'이라는 차원에서 새로운 논의를 전개하고 있다. 일본 · 중국 · 러시아 · 미국 지역을 중심 대상으로 재외동포들의 역사와 문학 활동 전반에 대한 개괄적 연구와 주요 시인, 작가들에 대한 개별적 논의가 활성화되고 있는 것이다. 특히 식민지의 억압과 모순을 짊어진 채 소수 민족으로서의 가난과 설움을 견디며 살아온 중국 조선족의 문학활동과 재일 조선인들의 문학활동에 대한 연구는, 일제강점기의 왜곡된 문학사를 바로잡고 민족문학의 토대를 새롭게 정립하는 중요한 문학사적 가치를 지닌다는 점에서 주목된다. 이런 관점에서 지금까지 중국 조선족문학활동과 재일 조선인 문학활동에 대해서는 비교적 많은 연구결과들이 발표되었다.[1] 하지만 이러한 연구의 대부분이 특정 작가에 한정된 개괄적 소개의 성격을 크게 벗어나지 못함으로써, 문학사적 차원의 실증적인 연구로까지는 심화되지 못하였다. 그 결과 최근 이루어지고 있는 재외동포문학 연구의 상당 부분이 개론적 수준에서 제자리를 맴도는 한계를 극복하지 못하고 있는 실정이다.

본고는 이와 같은 그동안의 연구 성과에 대한 반성을 통해 재일 조선인 문학의 역사적 전개 양상과 그 의미를 실증적인 차원에서 복원하는 것을 궁극적 목표로 삼고자 한다. 특히 지금까지의 연구가 김달수·김석범·김학영·이회성 등 특정 작가에 한정된 소설문학 중심의 편향된 연구였다는 점을 비판적으로 인식하고, 동시대를 함께 했던 시인들의 문학활동 양상과 그 의미를 중점적으로 밝혀내는 데 초점을 둘 것이다. 이를 통해 재일 조선인 문학을 시와 소설을 아우르는 종합적 지형 속에서 연구하는 토대를 마련함으로써 재일 조선인 문학사의 총체적 정립을 이루는 밑거름으로 삼고자 한다.

본고에서 우선적으로 주목한 연구대상은 허남기 시인이다. 그는 1918년 6월 24일 경남 구포에서 출생하여 부산제2상업학교를 거쳐 일본으로 건너가 재일교포 조직인 '총련'의 문화부장, 부의장, 문예총위원장을 역임했고, 『허남기시선』을 비롯한 10여 권의 저서를 남기고 1988년 11월 17일 사망했다. 북한으로부터 김일성훈장을 받았으며, 그의 유해는 북한의 국가장지인 신미리 애국열사릉에 안치되었다. 그는 강순,[2] 김시종[3] 등과 더불어

---

1) 이러한 관점에서 이루어진 대표적인 연구성과로, 설성경 외, 『세계 속의 한국문학』(새미, 2002), 『한민족문화권의 문학』(김종회 편, 국학자료원, 2003); 한국문학회 편, 『해외문화 접촉과 한국문학』(세종출판사, 2003); 한국문학회 편, 『일본문화 접촉과 한국문학』(세종출판사, 2004) 등이 있다.

2) 강순은 1918년 강화 출생이고, 생전에 국문시집 4권(『조선부락』(1953), 『불씨』(1956), 『강순시집』(1964), 『강바람』(1984))을 출간했고, 일문시집 1권 『なるなり』(1970), 번역시집으로 『김지하전집』(1974), 신경림의 『농무』(1977), 김수영의 『거대한 뿌리』(1979), 조태일의 『국토』(1980), 이성부의 『우리들의 양식』(1981), 양성우의 『겨울공화국』(1978)

해방 이후 재일 조선인 시문학의 토대를 마련한 대표적 시인으로, 『민주조선』, 『조선문예』 등의 잡지를 통해 아주 활발한 시작 활동을 펼쳤다. 해방 이후 재일 조선인 시문학의 흐름은 바로 이들에 의해 정립되어 김윤[4]·김학렬[5]·정화수[6] 등 다음 세대로 이어져 왔다고 할 수 있다.

등이 있다. 이처럼 그는 해방 이후 재일 한인 시문학과 한국의 시문학을 이어주는 가교 역할을 한 가장 대표적인 재일 한인 시인으로 평가할 수 있다.

3) 김시종은 1951년 10월에 결성된 오사카 〈재일조선문화인협회〉에서 발간한 종합지 『조선평론』에 참가했고, 1952년 2월 젊은 시인들을 주축으로 만든 시전문 동인지 『진달래』 창간을 주도했다. 1955년 첫 시집 『지평선』을 출간한 것을 시작으로 1957년 11월 두 번째 시집 『일본풍토기』를 발간했고, 세 번째 시집으로 기획되었던 『일본풍토기』 II는 조총련과의 갈등, 『진달래』의 해산 등을 겪는 와중에 중단되었고 그 원고마저 분실되었다고 한다. 그래서 세 번째 시집은 1970년에 와서야 장편시집 『니가타(新潟)』를 출간할 수 있었고, 삼천리에 연재되었던 『이카이노시집(猪飼野詩集)』은 1978년에 출간되었다. 이후 그는 『고아주시편』(1983), 『들판(原野)의 시』(1991), 『화석의 여름』(1998) 등의 시집을 지속적으로 출간하며 재일 한인 문단에서 가장 활발한 시작활동을 펼쳤다. 김시종에 대한 연구 및 논의는, 유숙자, 「민족, 在日 그리고 문학-在日 시인 김시종의 시세계」(한림일본학연구 제7집, 2002), 유숙자, 「재일 시인 김시종의 시세계」(『실천문학』, 2002년 겨울), 호소미 카즈유키, 「세계문학의 가능성-첼란, 김시종, 이시하라 요시로의 언어체험」(『실천문학』, 1998년 가을), 마츠바라 신이치, 「김시종론」(홍기삼 편, 재일한국인문학, 솔, 2001) 등이 있다.

4) 김윤은 1932년 경남 남해 출신으로 진주농림고등학교를 졸업하고 동국대학을 중퇴했다. 1950년대 부산지역에 모여 있던 대학생들이 중심이 되어 발간된 『신작품』의 동인(고석규·천상병·송영택·김재섭·김소파·이동준 등)으로 활동했는데, 1952년 3월부터 1954년 12월까지 총 8권 가운데 그가 시를 발표한 것은 2집에 「호수」, 3집에 「나무」, 4집에 「가을」을 발표했고, 5집부터는 동인 명단에서 그 이름을 찾을 수가 없다. 당시에는 그의 본명인 김동일(金棟日)로 시를 발표하였다. 필자는 이러한 사실을 2006년 1월 일본 동경에서 김윤 시인을 직접 만나 인터뷰를 하는 가운데 들을 수 있었다. 그는 그동안 『신작품』 동인 가운데 확인이 되지 않은 시인 가운데 한 사람이었고, 일본으로 건너간 이후부터 지금까지 김윤(金潤)이라는 필명으로만 활동하여 이를 확인할 길이 없었다. 그는 『현대문학』을 통해 시작 활동을 시작했고, 시집 역시 모두 현대문학사에 출간되었는데, 『멍든 계절』(1968), 『바람과 구름과 태양』(1971)이 있다.

5) 김학렬은 1935년 교토에서 태어나 조선대학교 문학부를 졸업하고, 1962년 조선신보사에 「일어서라, 한강 사나운 물결아!」가 당선되면서 시작활동을 시작했다. 시집으로 『삼지연』(1979), 『아, 조국은』(1990)을 상재했으며, 『조선프롤레타리아 문학운동 연구』(1996)로 조선민주주의인민공화국 교수 칭호와 문학박사 학위를 받았다. 현재 조선대학교 교수와 재일본조선문학예술가동맹 부위원장을 맡고 있다. 홍용희, 「재일조선시와 조국의 노래-김학렬의 시세계를 중심으로」, 『시작』, 2005년 가을, 220~221면.

6) 정화수는 부산 동래 출생으로 조선대학교를 졸업하였고, 재일본조선문학예술가동맹

2. 해방 이후 재일 조선인 문학 활동 양상

해방 이후 재일 조선인 문학의 성격을 이해하기 위해서는 무엇보다도 당시 발간된 신문·잡지와 같은 매체의 특성을 규명하는 데서부터 출발해야 한다. 해방이 되었음에도 불구하고 상당수의 재일 조선인들은 좌우의 극심한 분열과 대립으로 정치사회적 혼란과 경제적 불투명에 휩싸인 해방 조국의 불확실성을 이유로 귀국을 결심하지 않고 일본에 그대로 머물렀다. 따라서 그들에게는 분단된 조국의 통일과 재일 조선인들에 대한 일본의 차별에 대응하는 공동전선을 확보하는 것이 무엇보다도 시급한 과제였는데, 이를 해결하기 위해 신문과 잡지를 간행하여 재일 조선인들의 언로를 확산하는 데 상당한 노력을 기울였던 것이다. 그 현황을 살펴보면, 1945년 10월 결성된 〈재일조선인연맹(朝聯)〉에서 발간한 『민중신문』(→『우리신문』(1946.8)→『해방신문』(1946.9)→『조선민보』(1957.1)→『조선신보』(1961.1~현재)), 1945년 11월 결성된 〈조선건국촉진청년동맹(建青)〉에서 발간한 『조선신문』(1946.3) 등의 신문,[7] 『고려문예』(1946.11),[8] 『조선시』(1946.

위원장을 역임하면서 조총련 계열 문학활동을 선도하였다. 현재 문예동 소속 재일 조선인 시인들의 모임인 〈종소리 시인회〉를 이끌면서 시전문 동인지 『종소리』의 발행과 편집을 맡고 있다. 2006년 1월 필자가 일본 동경에 있는 그의 집을 방문했을 때 앞으로 〈종소리〉를 통해 재일 조선인 시문학의 이념적 경직성을 극복하는 새로운 변화를 모색할 것이라고 밝히기도 했다. 가장 최근에 출간된 〈종소리〉 제6호(2006년 봄)를 살펴보면, 그가 말한 대로 북한의 이념에 경도된 지난 시절의 시적 경향을 상당히 탈피하여 서정의 본령에 가까운 많은 작품들이 발표되고 있음을 확인할 수 있다. 그가 남긴 시집으로는 『영원한 사랑 조국의 품이여』(문예출판사, 1980)가 있다.

7) 1946년 당시 전국지와 지방지를 합해 재일 조선인들이 주축이 되어 발행한 신문은 무려 170종에 달했다고 한다. 「해방 5년, 동포3신문 사정—⑤170종의 재일동포신문」, 『조선신보』, 2006.4.11.

8) 지금까지 조사된 바로 해방 이후 일본에서 가장 먼저 출간된 문예지는 『고려문예』이다. 1945년 11월 27일 창간호를 냈고 4호(1946.1.15)까지 한 달에 두 번 간행되었다. 창간호에는 박용철의 시 「떠나가는 배」, 이찬의 시 「白山嶺上俯瞰圖」, 백철의 평론 「풍류인간의 문학」 등이 실렸다. 호테이 토시히로, 「해방 후 재일 한국인 문학의 형성과 전개—1945년~60년대 초를 중심으로」, 『인문논총』 제47호, 서울대 인문학연구소, 2002.8,

3),[9] 『조련문화』(1946.4),[10] 『우리문학』(1948.8)[11] 등의 한글 잡지, 〈조선신보사〉에서 발간한 종합지 『민주조선』(1946.10)과 문예지 『조선문예』(1947.10), 『자유조선』(1946)[12] 등의 일본어 잡지가 있다.[13] 이들 잡지 가운데 본고에서 우선적으로 주목한 것은 『민주조선』과 『조선문예』이다.

『민주조선』은 1946년 4월부터 1950년 7월까지 통권 33호에 걸쳐 간행된 일본어 종합지이다. 이 잡지는 해방 후 8개월이 지난 시점에 창간되었지만, 실제로는 해방 전부터 간행을 계획하고 있었다고 한다. 원래 계획은 문예지를 먼저 창간하고 종합지를 창간하겠다는 의도를 갖고 있었기 때문에, 『민주조선』은 종합지임에도 불구하고 문학에 관한 글이 전체의 반 이상을 차지할 정도로 문학 지면의 비중이 아주 높았다. 집필자의 면면을 살펴보면, 김달수・허남기・이은직 등과 같은 재일 조선인과 김태준, 임화, 이태준 등 국내의 학자와 문인들이 대부분이었는데, 대체로 그들은 조선문학가동맹에 속하는 사람들이었다.[14] 발행인은 조진용・한석철・윤병옥 등으로 이어졌고, 10호의 경우 『문화조선』이란

85～86면 참조.

9) 1946년 3월 1일, 발행인 이화석, 편집인 길원성을 중심으로 창간된 시 전문 잡지이다.

10) 조련의 기관지로 1946년 4월 5일 창간되었다. 허남기의 시 「내피를」과 정백운의 시 「하늘」, 이은직의 예술론 「춘향전과 조선인민정신」 등이 수록되었다.

11) 1948년 8월 1일, 이은직을 발행인으로 재일본조선문학회에서 창간한 잡지이다. 강순의 시 「그날」을 비롯하여 허남기・김진규・이은직・이경국 등의 글이 게재되어 있다.

12) 1946년 창간되어 얼마 되지 않아 휴간했다가 1947년 9월 복간된 잡지로 이경인의 시, 홍전표의 단가, 성인규의 소설 등이 시려 있다. 『민주조선』・『조선문예』가 대체로 좌파적 성향의 잡지라면, 『자유조선』은 이와 대척점에 있는 우파적 성향의 잡지라고 할 수 있다.

13) 이 시기에 간행된 것으로 잡지는 아니지만 주목할 만한 단행본으로 1946년 10월 25일 발행된 『해방시선집』이 있다. 편자는 이진규이고, 발행자는 재일본조선인연맹중앙총본부이며, 등사판 인쇄로 총 155쪽의 시선집이다. 이 책에 수록된 작품은 재일 조선인의 작품이 아니라 당시 남한에서 활약했던 시인들의 작품이므로, 당시 재일 조선인 문학가들이 어떠한 작품 경향에 관심을 기울이고 있었는가 하는 점을 엿볼 수 있다. 수록된 시인은 18명이고, 발표작품은 30편인데, 임화・김기림・권환・박석정・이찬・박세영・박아지・윤곤강・조영출・김상훈, 상민 등 카프 계열의 월북 문인들이 대부분이었다.

14) 박종명, 「『민주조선』 개관」, 복각 『민주조선』 해설 1, 9～10면.

잡지명으로 발간되었다. 출판사 역시 여러 번 바뀌었는데, 〈민주조선사〉(1~3호), 〈조선문화사〉(4~9호), 〈문화조선사〉(10호), 〈조선문화사〉(11~22호)로 잦은 교체를 거듭하다 23호부터 〈민주조선사〉에서 종간호까지 발간하였다. 잡지의 편집책임은 김원기(1호), 김달수(2~24호)가 맡았고, 25호부터는 발행인 윤병옥이 편집을 겸하여 종간호까지 책임을 맡았다. 창간호에는 모두 11명의 필진이 참여한 것으로 되어 있는데, 박영태·김문수·손인장은 김달수의 필명이고, 김철·임훈은 원용덕의 필명이므로,[15] 실제로는 조진용·장두식·김원기·원용덕·김달수 등 다섯 사람에 의해 만들어진 잡지였다고 할 수 있다.

> 여기서 우리들은 우리들이 나아가야 할 길을 세계에 표명함과 동시에 과거 36년이라는 긴 시간으로 왜곡된 조선의 역사, 문화, 전통 등에 대한 일본인들의 인식을 바로잡고, 앞으로 정치, 경제, 사회의 건설에 대한 우리들의 구상을, 이 소책자를 통해 조선인을 이해하려고 하는 강호의 모든 현자들에게 그 자료로 제공하고자 하는 것이다.[16]

「창간사」에서 분명하게 밝히고 있듯이, 『민주조선』은 조선의 문화를 일본인에게 올바르게 제시함으로써 조선과 조선인에 대한 일본인들의 잘못된 인식을 바로잡고자 하는 뚜렷한 문제의식을 지니고 있었다. 이를 구체적으로 실현하기 위해 그들은 잡지 필진을 일본인과 러시아인 등 외부로까지 개방하여 일본 지식인들의 반성을 촉구하였고, 재일 조선인들의 차별적 지위에 대한 여러 국가들의 비판적 관심을 불러일으키는 노력을 기울였다.

『민주조선』이 발간되었던 시기인 1940년대 중후반에서 1950년대 초까지 일본 내에서 재일 조선인들의 지위와 활동은 상당히 열악하였다. 연합국최고사령부(GHQ)에 의한 일본 통치는 독일의 경우와는 달리 직

15) 김달수, 「잡지 『민주조선』 즈음」, 『삼천리』 제48호, 1986년 11월호, 100면.
16) 「창간사」, 『민주조선』 창간호, 1946.4, 2면.

접통치가 아니라 간접통치였기 때문에, 일본은 패망했으나 일본정부는 그대로 유지되어 최고사령부의 지령에 따라 일본정부가 정책을 실시하는 방식으로 이루어졌다. 따라서 재일 조선인들은 여전히 일본정부의 관리 하에 놓일 수밖에 없었고, 일본정부는 재일 조선인들의 지위를 일본국적 보유자로 규정함으로써 1946년 11월 이후 재일 조선인의 지위는 해방인민이 아니라 일본국민이 되는 결과를 초래하고 말았다. 이에 대해 재일 조선인들은 자신들의 법적 지위가 식민지 시기와는 다른 해방인민이므로 연합국 국민들과 같은 권리와 특권을 줄 것을 강력하게 요구하면서 해방민족으로서의 권리를 주장하였다. 하지만 일본정부는 이를 묵살하였고, 연합국최고사령부 역시 이와 같은 일본정부의 태도를 승인하였다. 이러한 재일 조선인들에 대한 차별적 정책은 급기야 1948년 "조선인은 일본의 법령에 복종하지 않으면 안된다. 따라서 조선이 자제는 일본인과 마찬가지로 일본의 소중학교(小中學校)에 취학시키지 않으면 안 된다"는 일본정부의 정책 발표로 이어졌고, 조선어 등의 교육은 과외로만 해야 하고 이를 위반할 때는 학교를 폐쇄한다는 일본정부의 강압적 태도로 귀결되었다. 결국 오사카 등지에 있었던 상당수의 민족학교는 일본정부에 의해 강제로 폐교되는 등 일본의 조선인 말살 정책은 더욱 노골적으로 드러났다.

『민주조선』은 이러한 문제에 직접적으로 대응하여 1948년 6월호에서 「재일조선인교육문제」를 특집으로 준비하였으나 사전검열에 걸려 발행이 금지되고 7월호가 휴간되기도 했다. 이후 조련계 간행물에 대한 일본정부의 검열은 더욱 강화되었고, 1949년 9월 8일 조련의 강제해산 처분이 내려진 후 결국 1년을 넘기지 못한 채 종간되고 말았다. 이처럼 『민주조선』은 해방 이후 재일 조선인들에게 강요되었던 차별적 지위와 재일 조선인 운동에 가해진 부당한 탄압을 정확하게 직시함으로써, 재일 조선인들에 대한 일본 내의 차별과 편견, 법적 지위의 불안정 등에 맞서 정론을 펼쳤던 가장 대표적인 잡지였다고 평가할 수 있다.

『조선문예』는 『민주조선』이 14호를 간행하고 15호를 준비하던 무렵인 1947년 10월 창간된 종합문예지로, 박삼문이 발행·편집을 맡고, 김달수·이은직·허남기·강순 등의 재일 조선인 1세대 문인들이 중심이 되어 창간되었다. 창간호에는 허남기, 강진철의 시, 윤자원·이은직의 소설, 이석주의 평론, 김달수의 산문 등이 실려 있다. 주요 필자들은 대부분 〈재일조선문학자회〉에 소속되어 있었고, 김달수, 허남기 등은 나카노 시게하루(中野重治) 등이 주축이 된 일본 프롤레타리아문학 계열의 『신일본문학』과도 깊은 유대관계를 맺고 있었던 것으로 보이는데, 특히 김달수는 상임중앙위원이기도 했다. 또한 〈재일조선문학자회〉는 〈재일조선인연맹〉의 하위조직이라고 할 수 있기 때문에, 『조선문예』가 표방한 문학이념은 프롤레타리아 문학의 성격을 일관되게 견지하였다. 『조선문예』의 필자 구성에서 우선 눈에 띄는 것은 야스다카 도쿠조(保高德藏)·도쿠나가 스나오(德永直)·아오노 스에케치(青野季吉)·아라 마사히토(荒正人) 등의 일본인이다. 아오노 스에케치는 창간호에서 조선인 작가의 일본어 사용 문제를 쟁점화함으로써 재일 조선인 작가의 일본어 문제를 일본인 작가의 시각에서 언급하였으며, 야스다카 도쿠조는 조선 민족의 비극적이고 특수한 역사가 재일 조선인 작가의 독특한 문체를 낳았다고 언급하였다. 이들 일본인들이 『조선문예』에 글을 싣게 된 것은, 해방 직후 재일 조선인 문단의 주축이었던 〈재일조선문학자회〉와의 특수한 관계 때문인 것으로 추정된다.17)

이상에서 살펴본 것처럼, 『민주조선』과 『조선문예』는 해방 이후 재일 조선인 문학활동의 구체적 양상과 이념적 지향성을 살펴볼 수 있는 중요한 매체이다. 필자는 이들 잡지에 발표된 문학작품 가운데 허남기의 시를 주목하고자 하는데, 그의 시는 사실상 해방 이후 재일 조선인 시문학의 첫 출발점이라고 해도 과언이 아니기 때문이다. 허남기는 『조

17) 이재봉, 「해방 직후 재일 한인문단과 '일본어' 창작문제」, 『재일 한인의 사회·문화 활동양상과 의미』, 부산대 한국민족문화연구소 주최 학술발표회 발표문, 2006.4.21, 57면.

선문예』 창간호에 「잡초원(雜草原)」을 발표한 것을 비롯하여 『민주조선』에도 17호(1948.1)부터 28호(1949.6)까지 '조선 풍물시(風物詩)' 연작 장시와 「수림(樹林)」(7호), 「풍(風)」(10호), 「계(階)」(17호), 「재판시초(裁判詩秒)」(32호) 등의 시를 지속적으로 발표하였다.[18)]

3. 허남기의 시에 나타난 재일 조선인 시문학의 의미

앞에서 살펴봤듯이, 해방 이후 재일 조선인 문학 활동의 중심에는 『민주조선』, 『조선문예』 등의 잡지, 김달수, 이은직 등의 소설가, 그리고 허남기, 강순 등과 같은 시인들이 있었다. 특히 본고의 초점인 재일 조선인 시문학에 주목할 때 허남기는 그 중심에서 재일 조선인들의 문단 활동과 시작 활동의 초석을 닦는 역할을 했다고 할 수 있다. 그는 생전에 『선물』, 『조선해협』, 『조선 겨울이야기』, 『화승총의 노래』, 『해바라기의 노래』, 『비수』, 『한 번 흐른 강물은 다시 막지 못한다』, 『길』 등 상당히 많은 일본어 시집을 남겼다. 하지만 그의 시는 해방 이후 반공이데올로기를 지속적으로 유지해 온 남한의 정치적 상황으로 인해 전혀 국내에 소개되지 않았고, 재일 조선인 문학 연구에 있어서도 김달수·김석범·이회성 등의 소설문학에 가려져 제대로 빛을 보지 못하였다. 이에 반해 북한에서는 그의 시세계를 높이 평가했고, 그가 죽은 지 4년이 흐른 즈음에 시선집 『조국에 바치여』(평양출판사, 1992)를 발간하기도 했다.[19)]

---

18) 이 외에도 허남기는 『해방신문』에 1948년 9월 9일 조선민주주의인민공화국 창건에 감격한 재일동포들의 심정을 노래한 많은 시작품을 발표하였다. 손지원, 「조국을 노래한 재일조선시문학 연구(1)」, 『겨레문학』 창간호(2000년 여름), 75~76면.

19) 본고에서 인용한 허남기의 시는 북한에서 발간한 이 시선집에 수록된 작품을 주된 텍스트로 삼고, 『민주조선』, 『조선문예』에 수록된 일본어 시를 보조적 자료로 활용했

해내외에 널리 알려진 시인 허남기는 20세의 청춘시절부터 70세를 일기로 일본땅에서 생을 마칠 때까지 조국의 통일과 인민의 행복을 위해 살며 싸운 애국적이며 혁명적인 시인이였고 저명한 사회활동가이기도 하였다.

그는 오랜 세월 애수와 비탄의 주제로 되고 있는 이국살이를 낙천과 투쟁의 주제로 전환시킨 첫 시인 대렬에 속하며 지난 조국해장전쟁을 전후한 시기에는 남반부에서 활동하던 진보적인 시인, 작가들이 대거 월북 등의 사정으로 비우게 되었던 사실주의문학의 공간을 메꾼 시인이기도 했다.

이 시집에는 이러한 시인의 뛰어난 면모를 전할 수 있는 그의 서사시들과 서정시들이 수록되어 있다.

편자들의 말에서 알 수 있듯이, 북한문학에서 허남기는 애국적이고 혁명적인 시인, 해방 이후 월북 문인들의 빈자리를 메운 사실주의 시문학의 선봉 역할을 한 시인으로 높이 평가되었다. 이러한 북한문학의 평가는 그가 생전에 〈재일조선인총연합〉(조총련)의 하부조직인 〈재일본조선문학예술가동맹〉(문예동)을 중심으로 활발하게 활동했다는 점에서 당연한 결과라고 할 수 있다. 이와는 너무나 대조적으로 남한문학의 경우 그의 시는 전혀 알려진 바가 없었는데, 1988년 민영 시인에 의해 1950년에 발표된 그의 서사시 『화승총의 노래』(동광출판사)가 번역 소개된 것이 사실상 전부였다.[20] "허남기 시인의 이름을 들은 지는 꽤 오래되었지만, 그의 시를 읽은 것은 이번이 처음"이라고 밝힌 역자 민영 시인의 말에서도 드러나듯이, 그의 시는 "동포시인 가운데 제일 문학적 성과가 뛰어난 분"[21]이라는 세간의 평가가 무색할 정도로 국내에는 거의 알려지지 않았던 것이다.

이러한 결과는 분단이데올로기의 높은 장막이 가장 큰 원인이었지만,

음을 밝힌다.

20) 이 외에 최근 재일교포 서경식의 『소년의 눈물—서경식의 독서 편력과 영혼의 성장기』(돌베개, 2004)에 그의 시 「영산강」이 간략하게 소개되어 있는 정도이다.

21) 민영, 「허남기 선생에게—역자로부터 저자에게」, 『화승총의 노래』, 동광출판사, 1988, 107면.

그의 시 대부분이 일본어로 창작되었다는 언어적 한계 또한 크게 작용한 것이 사실이다. 시인 역시 이와 같은 언어적 한계를 평생토록 의식하고 있었는지, 말년에 이르러 일본어로 썼던 자신의 시작품들을 모국어로 되돌리는 작업에 혼신의 힘을 다했고, 그 결과 『조선 겨울이야기』, 『선물』, 『화승총의 노래』, 『조선해협』 등을 한글로 고쳐 쓴 후 생을 마감했다고 한다.[22] 본고에서는 이들 작품 가운데 『민주조선』에 연재하기도 했던 '조선풍물시' 『조선 겨울이야기』를 중심으로 그의 시에 나타난 의미와 지향성을 밝혀보고자 한다.

『조선 겨울이야기』는 1946년에 착수하여 1949년 봄에 끝낸 작품으로, 당시 남조선 사회의 '백과전서'를 엮겠다는 야심찬 기획으로 남조선 각지를 편력하며 쓴 기행체 형식의 장시[23]이다. 『민주조선』 제17호(1948.1)에 「경주」를 발표한 것을 시작으로 「부산」·「대구」·「부여」·「광주」·「목포항」·「태백산맥」·「서울」 등을 지속적으로 발표했는데, 이러한 초고를 바탕으로 여러 편을 깁고 더하여 전작으로 새롭게 완성시킨 것이 바로 장시 『조선 겨울이야기』이다. 시집 전체의 구성과 목차를 정리하면 〈표 1〉과 같다.

---

22) 채숙일, 「머리말」, 『조국에 바치여』, 평양출판사, 1992, 5면.

23) 장시는 크게 시간적 질서에 의존하는 서술적 형식과 공간적 질서에 의존하는 공간적 형식으로 구분된다. 서술적 형식은 시에 주인공을 등장시켜 하나의 이야기를 만드는 서사시적 성격을 구현하는 것이고, 공간적 형식은 주인공이나 이야기의 설정 없이 이질적인 이미지들과 정서들을 하나의 일관된 주제의식 아래 공간적으로 배열시키는 것으로 일반적인 서사시의 형식과는 구분된다. 오세영, 「장시의 다양성과 가능성」, 『현대시학』, 1988.8, 52~53면 참조. 북한문학에서는 「조선 겨울이야기」를 서술적 형식의 '서사시'로 규정하고 있는데, 필자는 북한문학의 입장과는 달리 이 작품을 공간적 형식이 두드러진 '장시'로 규정하고자 한다.

〈표 1〉『조선 겨울이야기』 세부 목차

큰 제목	작은 제목
1. 상처투성이인 시에게 주는 노래	
2. 망향시집	야반의 노래소리 / 조망(眺望) / 지금 나는 / 영화
3. 부산시집	경부선 / 부산제2상업학교 / 동래온천장 / 범일동
4. 경주시집	경주역 / 경주시 / 계림 / 박물관 / 첨성대 / 불국사 / 석굴암
5. 대구시집	약령시 / 대구사과 / 대구역전 / 대구경찰서 / 달성공원에서
6. 목포시집	목포항 / 배 / 또 목포항 / 또 배 / 선술집 / 순천 / 화산도
7. 광주시집	영산강 / 광주역 / 또 광주역 / 광주 / 남원원망(遠望) / 춘향전
8. 부여시집	고적안내 / 부소산 / 낙화암 / 또 낙화암 / 다시 낙화암 / 백마강 / 은진미륵
9. 서울시집	서울찬가 / 남대문 / 명동 / 독립문 / 국립대학
10. 춘궁시집	보리밭이 누렇게 되면 / 죽 / 소 / 지붕 / 맥주병의 노래
11. 동물시집	동물원 / 또 동물원 / 상품론
12. 10월시집	10월(1) / 10월(2) / 10월(3) / 10월(4) / 10월(5) / 10월(6) / 잡초원
13. 산맥시집	총의 노래 / 태백산맥 / 다시 태백산맥 / 봉화 / 산맥

1) 민족의식의 고취와 조국을 향한 근원적 그리움

「상처투성이인 시에게 주는 노래」는 오랫동안 일제 식민지를 겪으며 "찢기우고 에이고 / 짓밟힌" "상처투성이" 조국의 암울한 현실을 극복하기 위한 의지를 새롭게 다지는 '서시(序詩)'의 성격을 지니고 있다. 길고 긴 압제의 그늘 아래 "발족쇄 손족쇄 / 철꺽 철꺽 / 무시무시 사슬소리 쩔럭이는 나의 시들"을 과감히 끊어버리고, 이제는 상처입고 학대받은 자들의 울분과 원한을 송두리째 전복시키는 강인한 민족의식을 지녀야 한다고 분명하게 선언하고 있는 것이다.

> 너희들
> 상처투성이인 나의 시들
> 노닥노닥 기운 날개와

사슬에 묶이운 손발을 가진
앙상하게 마른 나의 시들
너희들
가난한 나의 동무들
지금이야말로 어깨를 겯고
동터오는 거리에 떨쳐나가자
우리들 상처입은 자
우리들 학대받은 자의
때가 온다
오늘이야말로 철쇄를 울리며
그것을 고하라
지금이야말로
오늘이야말로 그것을 노래하라

—「상처투성이인 시에게 주는 노래」 중에서

이러한 민족의식의 고취는 흰옷을 입은 우리 민중들의 수난과 항쟁의 역사를 떠올리면서 더욱 강인한 의지로 부각된다. 우리 민중들의 상징적 등가물인 "무명의 흰색"은 "때가 묻어 더러워지고", "눈물로 어지러워지고", "분노로 더러워지고", "오랜 세월 / 기나긴 굴욕의 역사와 / 1946년 10월 이후의 / 그 격렬한 투쟁으로 어지러워"(「조망(眺望)」)졌다는 인식은, 당대의 현실이야말로 지난 역사 속의 민중들의 봉기와 같은 투쟁정신으로 담금질해야 하는 시대임을 더욱 분명하게 각인시키고자 하는 것이다.

이러한 정신의 밑바탕에는 조국에 대한 근원적 그리움이 짙게 투영되어 있다. "옛날 / 고향을 버렸을 때도 / 고향이 좁아서 도망간 것이 아니었"고, "옛날 이국에 건너갈 때도 / 이국이 좋아서 간 것은 아니"(「맥주병의 노래」)었던 것처럼, 재일 조선인들에게 조국은 영원히 가슴속에 간직하고 살아갈 수밖에 없는 근원적 그리움의 대상이었던 것이다.

내 고향의 산이 노래한다

내 고향의 강이 노래한다
그리고 저 많은 슬픔에 잠긴 마을사람이 노래한다
그리고 저 많은 비애에 찌든 역사가 노래한다
기나긴 세월을
어둡고 차디찬 밤을 살고
오늘 다시금 어둠속으로 쫓겨난
조선의 흙이 부르는 노래소리가 분명하다

그러기에 그것은
한밤중 구름에 메아리치고
먼 이역에 살고 있는
내 심장을 두드리고 있는게다

아아
한밤중에 일어나는 노래소리여
나는 너때문에
또 얼마나 많은 눈물을 마련해야 하는가
노래소리가 내 가슴을 쥐여짠다
노래소리가 내 눈물을 쥐여짠다

—「야반의 노래소리」 중에서

대체로 재일 조선인 시문학의 성격을 전체적으로 분석해보면 크게 세 가지 경향으로 정리될 수 있는데, 첫째, 조국을 떠나 일본 내에 거주하는 재외동포로서 조국에 대한 그리움을 노래한 것, 둘째, 한국의 역사적 상황에 대한 비판적 참여를 표방한 것, 셋째, 서정시의 본질에 충실하여 자연과 일상의 풍경을 내면화한 것 등이 바로 그것이다.[24] 이 가운데 해방 이후 재일 조선인 시문학의 성격은 첫째와 둘째의 경향을 집

24) 하상일, 「재일 한인 잡지 소재 시문학과 비평문학의 현황과 의미—『조선문예』, 『한양』, 『삼천리』, 『청구』를 중심으로」, 『재일 한인의 사회·문화 활동양상과 의미』, 앞의 발표문, 40면.

중적으로 드러내고 있다. 이는 해방 이후에도 여전히 조국으로 돌아가지 못한 채 낯선 이역의 땅에 머물러야만 했던 재일 조선인의 역사적 현실을 반영하는 것이다. 비록 정치적・경제적 이유로 조국으로 돌아가지 않은 채 여전히 일제의 탄압과 차별을 견디며 살아왔지만, 그들의 마음 깊숙한 곳에는 작은 노랫소리 하나에도 고향을 향해 고개를 돌릴 수밖에 없는 근원적 상처가 내면화되어 있었던 것이다.

2) 식민지 잔재의 청산과 남한의 역사적 현실 비판

해방 이후 재일 조선인 문단은 좌파계열의 〈재일본조선인연맹〉 소속 〈재일본조선인문학회〉의 인물들이 주도하고 있었다. 이들은 일본제국주의 잔재의 소탕, 봉건주의 잔재의 소탕, 국수주의의 배격, 조선문학의 국제문학과의 제휴, 문학의 대중화 등 다섯 가지 강령을 표방하였다.[25] 이는 〈조선문학가동맹〉의 강령 가운데 '진보적 민족문학의 건설'이 '문학의 대중화'로 바뀌었을 뿐 핵심적인 내용은 전혀 다르지 않다. 이석주가 「조선민족문학의 전개」(『조선문예』 창간호, 7~8면)라는 글에서 〈조선문학가동맹〉의 결성과 제1회 전국문학자대회(1946.2.9), 그리고 〈조선문학가동맹〉의 강령을 소개하고 있는 점도 당시 재일 조선인 문학의 이념적 지향성을 충분히 짐작하게 하는 부분이다. 이런 점에서 허남기는 해방 이후 재일 조선인 시문학이 나아가야 할 방향으로 식민지 잔재의 청산을 통한 진정한 민족해방을 이루는 것을 가장 중요한 과제로 내세웠다.

오늘 이 교정에
잡초 무성하고

---

25) 서용철, 「재일조선인문학의 시동(始動)-김달수, 허남기를 중심으로」, 『복각 민주조선 별권』, 민주조선사, 1993, 50면.

교사의 기와장들 흩어지고
유리창들 깨어졌나니
학생들 창백하고 힘이 없어
1945년 8월 회복되었어야 할 그 자유
어디를 헤매고 있는지도 모르고
또 본 적도 없고
그 옛날
경들이 이 교정에서 마음을 썩인 그때와 다름없이
경들 오로지 진정한 해방이
진정한 자유가 오는 날을 기다리고 있구나

—「부산제2상업학교」 중에서

국일관
명월관
대한관
봉래관
그밖에 온갖 애국적 풍류적 명칭을 단
가지각색 온천여관들이 줄지어 늘어섰고
요리집들이 늘어서고
천원짜리 지폐로 다듬은 새 유행의 청년신사와
금강석과 여우목도리초 치장한
현대판 미녀들과
기생과 사환과 반또오(고용원들의 우두머리)들과
신변호위역들
모두가 의좋게
노래를 부르는 것이 들린다

자
천민 제군은 썩 비켜라
나으리들의 취흥을 돋구기 위해
꺼꾸로 물구나무를 서서

개짖는 소리라도 하는 놈은 좋으나
시인 나부랭이는 아예 필요치 않는다누나

—「동래 온천장」 중에서

당시 '부산'은 일본에서 돌아오는 귀국동포들과 또다시 일본으로 밀항을 할 수밖에 없었던 가난한 민중들의 현실이 교차되는 혼란과 혼동의 장소였다. 식민지의 흔적이 여기저기 그대로 잔존하고 있었고, 망국민으로서의 지난 역사의 설움도 모두 잊은 채 일본문화에 빠져든 친일세력들은 여전히 봉건의식에 사로잡혀 있었다. 이러한 식민지 의식과 문화가 고스란히 남아 있었던 곳이 바로 '동래 온천장'이었다. 또한 민족의 미래를 짊어지고 가야 할 학생들의 의식은 "1945년 8월 회복되었어야 할 그 자유"를 아직도 찾지 못한 채 흩어지고 깨어진 기왓장들과 유리창들을 바라보며 "진정한 해방이 / 진정한 자유가 오는 날을 기다리고 있"는 형편이었다. 결국 시인에게 비친 조국의 현실은 외적 해방은 이루었으나 내적으로는 여전히 식민지 잔재의 그늘 속에 신음하고 있는 상처와 고통의 땅일 뿐이었다. 식민지를 겪으며 민족의식은 사라지고 고유한 전통마저 잃어버린 '경주'의 실상 역시 이러한 비판적 인식으로부터 결코 자유로울 수 없었다.

함석과 빼끼와
다다미와 게다짝으로
이 거리는 말쑥이 문명개화한 것이다
어디를 둘러봐도
신라의 토산물
어느 지붕에도
신라 상회
그리고 거리를 다니는 것은
신라의 어른, 신라의 마님들
경주는 아무데도 볼 수 없습니다

여보시오
신라의 나으리님들
여기는 대체 어느 나라입니까

—「경주시」 중에서

이와 같은 역사에 대한 비판적 인식은 조국의 실정(失政)에 대한 비판으로 이어져, 1946년 10월 대구 인민항쟁, 1948년 제주 4·3항쟁, 10월 여순봉기 등 남한 내의 역사적 사건을 비판하는 시로 구체화되었다. 『조선 겨울이야기』 가운데 「대구시집」, 「목포시집」, 「10월시집」 등은 이러한 비판의식을 중심 제재로 삼은 대표적 작품이다.

10월
그것은 얼마나 지지누르는 말인가
대구역전광장에 서있는 나무들은
어느덧 봄기운이 서리고
몇개의 나무순 움트고
그 10월의 그림자 더욱 찾을 길 없고
이미 모든 것은
그때로부터 몇해를 거듭하고 있는데
그러나 여기 대구역
차표를 주고 개찰구를 나서면
그 10월의 아침처럼
사람들 밀려오고
사람들 줄지어
그리고 그 사람들이 노래 부르고
그 사람들이 외치고
수만군중들
우리에게 먹을 것을 달라고
너무나 응당한
그리고 그것은

너무나 절박한 외침이다
요구조건을 걸고
그리고 모두가 그것에 호응했다는
그 이유만으로
포악하기 그지없는 경찰대의 소총과
권총에 쓰러져
피를 뿜으며 외치는
그 최후의 외침소리가
똑똑히 들려오는 것만 같다
누구 하나
그러한 고함을 지르는 사람 없건만
그러나 똑독히
이 원한을
이 원한을 반드시 갚아달라는
저 많은 사람들의 맺히고 맺힌 외침이
아 이 광장의
구석구석에서
들려온다

―「대구역전」 전문

해방 이후 미군정은 친일파가 그대로 친미파가 되어 여전히 우리 사회의 기득권을 쥐고 있던 때였으므로, 토지개혁과 사회간접시설, 공장시설의 분배와 증여에 있어서 매우 심각한 부패가 만연하던 시기였다. 1946년 9월에는 운수부 철도국 경성조합원들이 임금 인상과 처우 개선을 기치로 파업을 했는데, 부산 철도 공장의 파업 선언을 시작으로 남한의 철도 전 사업장으로 확대되자 미군정은 이를 폭력적으로 탄압했다. 당시 미군정은 민주적이고 합리적으로 우리 사회의 안정과 질서를 유지한다고 했지만, 그 실상을 들여다보면 반민특위의 해산에서 알 수 있듯이, 친일파들을 눈감아주고 그들의 부패와 비리를 용인하는 것이었기 때문에 우리 사회는 점점 불안해질 수밖에 없었다. 결국 노동자들은 이에 맞서 투쟁을 벌였고, 미군정은 이를 폭력적으로 탄압하면서 대구를 중심으로 경북 일대로 확산된 민중들의 봉기가 전국적으로 발발했는데, 이것이 바로 10월 인민항쟁이다. 무려 3개월 동안 이어진 이 사건은 여순 봉기와 더불어 제주도 4·3항쟁의 불씨가 되는 사건이기도 했다.

허남기의 「대구시집」은 이와 같은 역사적 현장으로서의 '대구'를 형상화함으로써 당시 남한 정부의 친미 제국주의 노선을 신랄하게 비판하였다. 그리고 여순 봉기를 제재로 한 「지금 나는」, 「10월 시집」, 「순천」, 제주 4·3항쟁을 떠올리게 하는 「화산도」 등의 시를 통해, 식민주의 정책과 제국주의 노선으로 민족의 정체성과 자존심을 송두리째 내팽개치고, 민중들의 가난과 고통은 외면한 채 친일자본가와 위정자들의 배만 불리는 남한정부의 실정(失政)에 대해 준엄한 비판을 하고 있다. 따라서 허남기는 남한 사회의 갱신과 변화를 이루기 위해서는 무엇보다도 민중의식의 새로운 각성이 필요하다는 점을 강력하게 촉구하였다. "지난 10월의 / 총검의 억압 밑에서도 / 싹은 움터 나왔"고, "그 싹은 / 비록 지금은 연약하고 / 작은 것이나 / 언제가는 정정히 지상에 넘쳐" "또 하나의 / 새로운 희망을 심어줄 것"(「잡초원」)이라고 굳게 믿었던 민중들의 강인한 생명력이말로 남한 사회를 근본적으로 변화시키는 기폭제가 될 수 있다고 보았던 것이다.

3) 민중의식의 각성과 식민지 지식인의 허위성 풍자

허남기의 시에 내재된 일관된 주제의식은 일제의 조선침략에 의한 고통과 분노, 희생과 눈물과 투쟁이었고, 이러한 의식은 민족반역자들에 대한 민중들의 비판의식과 투쟁의식을 고취시키는 방향으로 심화되었다. 민중의식의 뚜렷한 각성이야말로 또다시 제국주의의 그늘에 종속되어 가는 민족의 운명을 막아내는 가장 강력한 의지의 결정체라고 보았던 것이다. "보리밭이 누렇게 되면" "철길침목에 / 일가식솔이 모두 죽었다는" 이야기, "양재물을 살 수 없어 / 뒤산 소나무에 목을 맸다는 이야기며 / 외동딸을 판 돈으로 / 화술을 마시고 죽었다는 이야기"가 끊이질 하는 민중들의 처참한 현실을 더 이상 외면하고 있을 수만은 없었다. "남조선의 하늘은 / 구름 한점 없이 맑고 상쾌한데 / 보리밭이 누렇게 되면 / 또 한숨섞인"(「보리밭이 누렇게 되면」) 노랫소리가 여기저기에서 들려오는 현실의 모순과 불평등에 맞서 당당하게 투쟁하는 민중들의 의지가 그 어느 때보다 절실했던 것이다. 「소」는 이와 같은 민중들의 모습을 알레고리적으로 형상화한 작품이라고 할 수 있다.

소는 송곳이가 없다
소는 예리한 발톱을 가지고 있지 않다
소는 다만 묵묵히 잡초를 먹고
아주 온순하여 부리기가 쉽다
어떤 무리한 짓도 받아준다
눌리우면 눌리운 채로
천대를 당하면 천대를 당한 채로 있는 동물이다
그러나 그렇다고 해서
소를 다루기가 쉽다고 생각해서는 안 된다
소에게도 뿔이 남아 있다
소에게도 인내의 한도가 있다
소가 한 번 일어섰을 때
소에는 네 개의 튼튼한 다리가 있고
거대한 몸체가 있고
그리고 지면이 있다
넓게 이어진 지면이 있다

—「소」 전문

온갖 천대를 당하면서도 묵묵히 자신의 소임을 다하는 "소"의 우직함이야말로 우리 민중들의 전형적인 모습이었다. 하지만 시인은 이러한 "소"에게도 "뿔"이 있고, "인내의 한도"가 있으며, "네 개의 튼튼한 다리"와 "거대한 몸체"가 있다는 사실을 의도적으로 부각시킨다. 이는 우직함으로 억압된 "소"의 육체적 특징이야말로 오히려 가장 무서운 투쟁의 무기가 될 수 있다는 점을 강조함으로써 민중들의 투쟁의식을 고취하고자 한 것이다. 이러한 민중의식의 각성은 당시 지식인들의 식민주의적 태도와 미국에 종속된 외세의존적인 태도에 대한 비판과 맞물려 남한 사회에 대한 강력한 풍자의식을 드러낸다.

지금 이 땅에는
어느 나라에서도 보지 못하는
대규모의 동물원이 곳곳에 있어
조선 각지와 해외에서 온
각종 동물로 성황을 이루고 있지 않는가
다만 이러한 동물원에는
비비와 성성이와 고릴라와 손이 긴 원숭이 대신에
한가지로 얼굴색이 약간 검은
조선산 원숭이종자가 차지하고 있어
그 원숭이들이
하나같이 실크헨을 쓰고
『뉴욕타임스』나
『런던타임스』
『파리쟝 리베레』나
『대공보』따위의
세계일류급신문을 손에 쥐고
하나같이
철학박사나 마스터 오브 아쯔의(석사)
큼직한 칭호를 깃에 달고

(…중략…)
영어나 프랑스어나 중국어만을 씨부리며
모두 다같이
외국항공회사의
딱지를 가슴에 붙이고 다니는 것이
다른 나라의 그것과는 다르긴 하지만

—「동물원」 중에서

식민지 지식인들을 동물원의 원숭이에 빗댄 인용시는, 민족의 미래를 올바르게 선도해야 할 사명조차 잊어버린 채 개인의 안위와 출세를 위해 민족을 팔기 급급하고, 탁상공론에만 빠져 있었던 식민지 지식인들의 허위성을 신랄하게 풍자한 것이다. "일본제국주의와 같이 / 번창한 거리", "상점간판은 조선말로 바뀌어지고 / 점주도 점원도 / 모두 토배기 조선산인데도 / 다비(일본버선)를 신고 하오리(일본옷) 입고 / 일본말을 자주 입에 올리면서 / 상품을 팔고 있"는, "일본제국주의와 사제간인 / 또하나의 제국주의"(「명동」)로서의 서울의 거리가 상징적으로 말해주듯이, 당시 민족의 정체성을 확립하고 민족의 새로운 미래를 이끌고 갈 사명을 지닌 지식인들의 의식 속에는 '민족'에 대한 고민도 가난한 '민중'들에 대한 염려도 찾아보기 어려웠다. 결국 시인은 조선의 현실은 "원숭이나 앵무새들이 / 실크헬(신사모자)이나 모닝그(예복)를 입고 / 려송연이나 마차를 타고다니며 / 제법 틀을 차리며 성명을 발표하고 / 그리고 국회놀음을 하고 있는"(「또 동물원」) 식민지 지식인들의 허위성으로 신음하는 '병든 도시'에 다름 아니라고 보았던 것이다.

이런 점에서 허남기는 해방 이후 남한의 암울한 현실에 맞서는 민중들의 투쟁과 그 지향성을 올바르게 제시하고자 하였다. 그의 시가 민족의 현실을 걱정하는 재일 조선인으로서의 정론(政論)적 성격과 풍자적 성격을 강하게 표방한 것도 바로 이러한 역사의식에서 비롯된 것이다.

아이들아
이것이 우리 학교다
교사는 아직 초라하고
교실은 단 하나뿐이고
책상은
너희들이 마음놓고 기대노라면
삑하고 곧이라도 찌그러질 것같은 소리를 내고

(…중략…)

너희들 놀 곳도 없는
구차한 학교지마는
아이들아
이것이 단 하나
조국 떠난 수 만리 이역에서
나서자란 너희들에게
다시 조국을 배우게 하는
단 하나의 우리 학교다
아아
우리 어린 동지들아

―「아이들아 이것이 우리 학교다」 중에서

그는 1948년 조선인 학교 폐쇄령에 맞서 「바람」, 「양버들처럼」, 「아이들아 이것이 우리 학교다」 등의 시를 발표하였다. 그가 이러한 시들을 통해 진정으로 말하고자 했던 것은, 재일 조선인으로 살아가는 어린 학생들에게 민족의 정신마저 빼앗아 버림으로써 조선인이 아닌 일본인으로 성장하도록 방치해서는 결코 안 된다는 강한 신념이었다. 이러한 그의 신념이야말로 해방 이후부터 그의 시가 일관되게 지향해온 재일 조선인 시문학의 정신적 근간이라고 할 수 있다.

4. 맺음말

지금까지 해방 이후 재일 조선인 문학의 성격과 양상을 『민주조선』, 『조선문예』 등의 잡지를 통해 개괄적으로 살펴보고, 허남기의 장시 『조선 겨울이야기』를 중심으로 재일 조선인 시문학의 의미와 방향을 논의해 보았다. 대체로 해방 이후 재일 조선인 시문학의 양상은 남한 정부의 실정(失政)에 대한 비판적 개입과 위정자들과 지식인들의 허위성에 대한 풍자, 그리고 재일 조선인들의 열악한 현실에 대한 적극적인 대응으로서의 성격을 두드러지게 드러냈다. 이러한 시정신을 선도한 허남기의 시작 활동은 남한정부의 정책에 반하는 친북적 태도로 평가되었고, 그의 주된 활동기반 역시 조총련 계열 문예동이었다는 점에서 현재까지도 국내에서 그에 대한 평가는 사실상 전무한 실정이다. 최근 남북간의 문학교류가 활성화되고 재일 조선인 문학에서 문예동 측 문인들의 문학에 대한 평가도 점차 이루어지고 있는 상황에서 그의 시는 가장 우선적으로 평가되어야 할 필요성이 있다. 이러한 문제제기는 그동안 재일 조선인 문학 연구가 김달수 · 김석범 · 이회성 등 소설문학으로 지나치게 편향되었다는 반성을 포함하고 있기도 하다.

앞서 살펴봤듯이, 해방 이후 재일 조선인 시문학의 흐름은 허남기 · 남시우 · 김시종 · 강순 등의 1세대 시인들로부터 김윤, 김학렬, 정화수 등으로 이어져 현재까지 그 명맥을 유지해 오고 있다. 그들의 시는 대부분 일본어로 창작된 재일교포 시문학의 언어적 한계뿐만 아니라 북한의 이념에 동조했다는 이념적 한계를 모두 넘어서는 한민족 시문학으로서 정당하게 평가되어야 한다. 이를 위해서는 일본어로 된 그들 시의 번역에서부터 국내에서의 시집 출판, 재일 조선인 시문학사의 체계화와 더불어 우리 시문학사의 재구성에 이르기까지 해결해야 할 과제들이 상당히 많다. 그런데 이러한 작업이 원활이 이루어질 수 있는 시기는 사실상 얼마 남지 않았다. 왜냐하면 재일 조선인들의 문학활동을 증언해줄 수 있고 관련 자료들을 소장하고 있는 문인들 대부분이 사망했고 현재 몇몇 문인들만이 생존해 있는 실정이기 때문이다. 그분들의 안타까운 증언에 따르면, 재일 조선인들의 문학적 유산을 넘겨줄 만한 후속세대들이 거의 없다고 한다. 그래서 상당수의 자료들이 일본의 대학 도서관 곳곳에 흩어지거나 버려지고 있다는 것이다. 재일 조선인 문학 역시 우리 민족의 중요한 역사적 사료임에 틀림없다. 따라서 이를 보존하고 정리하고 체계화하는 일은 결코 늦추어서는 안 되는 역사적 과제이다. 필자 역시 이러한 생각에서 재일 조선인 시문학사를 체계적으로 정리하는 것을 앞으로의 연구의 한 부분으로 삼고 있다. 본고는 이와 같은 연구계획의 밑그림을 그리는 작업이었음을 밝혀둔다.

제 3 장

1960년대 『한양』 소재 재일 한인 시문학의 성격과 의미

1. 머리말

지금까지 해방 이후 재일 한인문학작품을 대상으로 한 연구는 대체로 소설문학을 중심으로 전개되어 왔다. 즉 김달수 · 김석범 · 이회성 · 김학영 등 특정 소설가에 집중된 작가론이 재일 한인문학연구의 일반적인 경향이었던 것이다.[1] 물론 이들 주요 재일 한인 작가에 대한 연구는 해방 이후 재일 한인문학의 형성과정과 이데올로기적 기반 그리고

1) 이한창, 「재일교포문학의 작품 성향 연구－정치의식의 변화를 중심으로」, 중앙대 박사논문, 1996; 유숙자, 『재일 한국인 문학연구』, 월인, 2000; 홍기삼 편, 『재일 한국인 문학』, 솔, 2001; 김환기 편, 『재일 디아스포라 문학』, 새미, 2006; 김학동, 「민족문학으로서의 재일조선인 문학－김사량 · 김달수 · 김석범을 중심으로」, 충남대 박사논문, 2007.

재일 한인으로서의 자기정체성과 언어의식의 괴리 등을 이해하는 중요한 토대가 된다는 점에서 그동안의 연구 성과 자체를 비판적으로 평가해서는 안 된다. 다만 앞으로 재일 한인문학 연구의 방향이 소설작품에 한정된 논의를 넘어서 시·평론·수필 등의 장르를 포괄하는 연구범위의 확대가 필요하고, 이를 바탕으로 재일 한인문학의 총체적이고 종합적인 체계를 재정립할 필요가 있다는 연구사적 성찰이 요구된다. 즉 해방 이후 재일 한인문학의 양상에서 소설적 성취 못지 않게 허남기·강순·김시종 등의 시문학이 상당히 중요한 문학사적 의의를 지니고 있다는 사실을 결코 간과해서는 안 된다.

본 연구는 이와 같은 문제의식으로부터 재일 한인 시문학의 양상과 의미를 실증적으로 살펴보는 데 주된 목적이 있다. 특히 1960년대 재일 한인들에 의해서 발간된 한글 종합지 『한양』에 수록된 시작품을 대상으로, 당시 재일 한인 시인들의 이데올로기적 특성과 조국의 역사적 현실을 바라보는 인식과 태도 그리고 재일 한인으로서의 민족적 정체성의 내면화 양상 등을 구체적으로 살펴보고자 한다.

『한양』의 창간은 크게 두 가지 점에서 이유를 찾을 수 있다. 첫째는 일본에서 대학을 졸업한 지식인들이 그들의 생각을 자유롭게 발표할 만한 배체가 없었기 때문이고, 둘째는 재일교포로서 남한과의 문화적 교류와 연대가 절실하게 필요하다는 문제의식 때문이다. 『한양』은 일본 동경에서 발간되었으므로 1960년대 한국 사회의 이데올로기적 억압으로부터 조금은 비껴선 자리에 있었다고 할 수 있다. 따라서 『한양』은 당시 한국에서 발간된 여타의 매체들에 비해 한국 내부의 문학적 쟁점과 정치사회적 억압과 모순의 실상을 비교적 객관적으로 비판할 수 있는 위치에 있었다. 즉 조국의 역사적 변화에 민감하게 반응하면서 이에 적극적으로 대응하는 재일 한인으로서의 현실적 조건이 한국의 정치적 상황이나 경제적 모순, 남북문제 등에 상당히 많은 관심을 보이는 동인(動因)으로 작용한 것이다. 이러한 맥락에서 『한양』에 수록된 문학작품의 성격은 참여문학론·민족문학론·리얼리즘문학론 등 1960년대 이후 한국문학의 주요 쟁점들을 초점화하는 현실주의적 특성을 두드러지게 표방하였다.2)

『한양』의 창간은 해방 이후 재일 한인 시문학 활동이 그 양과 질의 측면에서 동시에 두드러진 면모를 보이는 중요한 계기로 작용했다. 『한양』에 발표된 시작품의 수는 창간호(1962년 3월호)부터 종간호(1984년 3·4월호, 통권 177호)까지 2천여 편에 이를 정도로 방대하다. 여기에는 당시 한국 내에서 활동했던 시인들과 재일 한인으로 추정되는 시인들 그리고 일본 외에 거주하는 재외 한인들의 시작품이 총 망라되어 있다. 이런 점에서 당시 『한양』의 시문학은 한민족 시문학의 총체적 모습을 반영하는 중요한 문학사적 성과물이었다고 평가할 수 있다. 그럼에도 불구하고 1960년대 한국 시문학 연구에 있어서 『한양』의 자리는 철저하게 은폐되거나 왜곡되어 있었다. 이는 반공이데올로기에 억압당한 우리 문학사의 이념적 폐쇄성이 가장 큰 원인이었음에 틀림없다.3) 따라서 앞

2) 지금까지 발표된 『한양』 관련 연구목록을 제시하면 다음과 같다. 하상일, 「재일 한인 잡지 소재 시문학과 비평문학의 현황과 의미」, 『한국문학논총』 42집, 한국문학회, 2006; 이헌홍, 「『한양』 소재 재일 한인문학의 연구 방향과 과제」, 『한국민족문화』 25집, 부산대 한국민족문화연구소, 2005; 하상일, 「1960년대 현실주의 문학비평 연구–『한양』, 『청맥』, 『창작과비평』, 『상황』을 중심으로」, 부산대 박사논문, 2005; 하상일, 「1960년대 문학비평과 『한양』」, 『어문논집』 50호, 민족어문학회, 2004; 박수연, 「1960년대의 시적 리얼리티 논의–장일우의 『한양』지 시평과 한국 문단의 반응」, 『한국언어문학』 50집, 한국언어문학회, 2003; 허윤회, 「1960년대 참여문학론의 도정–『비평작업』, 『청맥』, 『한양』을 중심으로」, 『희귀잡지로 본 문학사』, 상허문학회 편, 깊은샘, 2002; 고명철, 「민족의 주체적 근대화를 향한 『한양』의 진보적 비평정신–1960년대 비평 담론을 중심으로」, 『한민족문화연구』 제19집, 한민족문화학회, 2006; 한승우, 「『한양』지에 드러난 재일지식인들의 문제의식 고찰」, 『어문론집』 제36집, 중앙어문학회, 2007.

3) 『한양』은 유신정권이 조작한 문인간첩단사건(1974년)으로 인해 1970년대 중반부터 국내로의 유입이 사실상 금지되었고, 이호철·김우종·임헌영 등 국내 문인들이 북의 자금을 받았다는 명목으로 국가보안법과 반공법의 희생양이 되어 크게 고초를 겪기도 했다. 그러나 당시 『한양』은 조총련계가 아닌 민단계로부터 자금을 지원 받은 잡지였고, 일본에 있는 한국공보관 전시대에도 꽂혀 있을 정도였으므로 반국가적인 잡지라고 규정할 근거는 전혀 없었다. 그럼에도 불구하고 이러한 사건이 날조 조작되었던 결정적 이유는, 당시 유신정권에 반대한 몇몇 문인들을 억압하기 위한 박정희 정권의 정

으로 전개될 1960년대 시문학 연구는 역사적 왜곡과 소외를 뛰어넘는 연구대상의 확대가 필요하고, 이념적 폐쇄성을 극복하는 새로운 방향에 대한 뚜렷한 문제의식을 지녀야 할 것이다.

2. 『한양』 소재 재일 한인 시문학의 현황

본 연구는 『한양』에 발표된 2천여 편의 시작품 가운데 재일 한인으로 추정되는 시인들이 1960년대에 발표한 시작품4)을 주된 연구대상으로 삼았다. 그런데 『한양』에 시를 발표한 시인들의 실체를 명확히 확인하기 어려운 경우가 많아서, 재일 한인 시인이라는 한정된 범주 안에서 텍스트를 선정하고 확정하는 작업은 시작부터 커다란 난관에 부딪힐 수밖에 없었다. 또한 당시 상당수의 시인들이 필명으로 시를 발표했거나 동일인이 두 개 이상의 이름으로 시를 발표한 경우도 있었으므로, 이들을 한 사람의 재일 한인 시인으로 규정할 수 있는 근거 역시 아주 빈약하였다. 텍스트 확정 과정에서 비롯된 이러한 한계를 근본적으로 해결할 방안을 찾는 것은 지금으로서는 사실상 불가능하다. 당시 『한양』에 시를 발표한 시인들의 전기적 사실을 구체적으로 증언해 줄 사람이 현재로서는 전무한 실정이기 때문이다. 따라서 본고에서는 『한양』에 최소 5편 이상의 시를 발표한 시인들 가운데 명확하게 국내 시인임을 알 수 있는 경우나 일본 외에 거주하는 재외 교포 시인인 경우를 제외하고는 일단 재일 한인 시인으로 추정하고 연구대상에 포함시켰다. 특히 이들의 시작품 가운데 재일 한인으로서의 자기정체성(identity)을 주요

치적 조작에 『한양』이 철저하게 이용당했기 때문이다.

4) 1962년 3월호~1969년 10・11월호까지 『한양』에 발표된 시작품이 본 연구의 대상이다.

소재나 정서로 삼고 있는 것을 우선적인 연구대상으로 삼았다. 그 결과 경련·김성호·김윤·박기원·박일동·신재헌·윤동호·정영훈·황명동의 시작품을 특별히 주목할 수 있었다.

1960년대 『한양』에 발표된 시문학의 주제적 특성을 분석해보면 크게 네 가지로 정리할 수 있다. 첫째, 고향 상실의 비애와 조국을 향한 근원적 그리움을 노래한 것, 둘째, 조국의 역사적 현실에 대한 비판적 성찰을 통해 참여시의 성격을 표방한 것, 셋째, 재일 한인으로서의 민족적 정체성에 대한 고민을 담아낸 것, 넷째, 이국의 땅에서 자연을 통해 내면화한 자기성찰과 내적 의지를 구현한 것이 바로 그것이다. 이 가운데 특별히 주목할 부분은 첫째와 둘째의 경향으로, 재일 한인들의 근원적인 의식의 토대와 4월혁명을 비롯한 한국의 정치사회적 상황에 대한 비판적 참여의식을 아주 두드러지게 쟁점화하고 있다. 이러한 특성은 재일 한인 시문학의 특수성을 이해하는 핵심적 주제일 뿐만 아니라, 1960년대 한국 시문학과 재일 한인 시문학의 유기적 관계를 이해하는 데 있어서도 중요한 문제의식을 담고 있다.

『한양』에 시를 발표한 국내 시인의 수는 아주 많다. 고원·김남석·김소영·김어수·김용호·김정숙·김지하·김지향·박두진·박보운·박봉우·박일송·박정온·신동집·신석정·안도섭·안장현·양상경·양성우·유경환·이복숙·이상화·이설주·이종석·이준범·이태극·장수철·조태일·최승범·홍윤숙·황갑주 등이 적게는 5편 내외, 많게는 20편 이상의 작품을 발표하였다. 이들 국내 시인들과 재일 한인 시인들 간의 관계가 명확히 밝혀진다면 『한양』의 시문학은 더욱 실증적이고 구체적인 연구로 이어질 수 있을 것이다. 하지만 당시 『한양』과 관련된 대부분의 사항을 알고 있는 발행인 겸 편집인이었던 김인재 선생이 관련 사실과 필자들의 면면에 대해 전혀 언급조차 하지 않고 있어서, 『한양』 소재 재일 한인문학 연구는 수 년에 걸쳐 답보 상태에 머물러 있는 실정이다.[5] 그나마 지금까지 국내와 일본의 재일 한인문학 연구자들에 의해 조금이라도 언급된 『한양』 소재 재일 한인 시인은 김윤[6] 뿐이고, 김성호・윤동호・정영훈 정도가 『한양』을 통해 시와 평론 활동을 병행했다는 사실 정도를 확인할 수 있는 것이 전부이다.

김윤은 조총련 계열이 아니라 민단 계열임에도 불구하고 지금까지 한글로 시를 써온 특이한 이력의 시인이다. 그는 1932년 경남 남해 출신으로 진주농림고등학교를 졸업하고 동국대학을 중퇴했다. 1950년대 전시연합대학 시절 부산에 모인 대학생들이 중심이 되어 발간한 『신작품』의 동인(고석규・천상병・송영택・김재섭・김소파・이동준)으로 활동했는데, 2집에 「호수」, 3집에 「나무」, 4집에 「가을」을 발표했고, 5집부터는 동인 명단에서 이름을 찾을 수 없다. 당시에는 그의 본명인 김동일(金棟日)로 시를 발표하였고, 이후 일본으로 건너가 김윤이라는 필명으로 『한양』을 중심으로 시창작 활동을 펼쳤다. 『현대문학』 동경 지사장을 맡은

5) 필자는 2006년 1월과 2007년 1월 두 번에 걸쳐 일본 동경에서 『한양』과 관련된 실증적 부분을 확인해 보았으나, 당시 이 잡지에 관여했던 몇몇 분들의 경우 원고청탁에 응해 원고를 발표한 정도에 그칠 뿐 『한양』의 필자들에 대한 구체적인 상황은 전혀 알지 못했다. 『한양』과 관련된 모든 상황을 알고 있는 유일한 사람이 발행인 겸 편집인이었던 김인재 선생인데, 당시 상황과 필자들의 면면에 대해서 끝끝내 침묵으로 일관하여 지금으로선 그 실체를 전혀 확인할 길이 없다. 다만 김인재 선생의 말들을 근거로 조심스럽게 유추해보면, 당시 『한양』에 시・소설・비평・수필 등을 발표한 상당수의 고정 필자들은 필명으로 활동한 국내 문인일 가능성을 배제할 수 없을 것 같다. 그렇다면 왜 대부분의 국내 문인들이 지금에 와서조차 『한양』에 발표한 작품들을 자신의 작품이라고 밝히지 못하는 것일까라는 의문이 남지 않을 수 없다. 이런 점에서 필자는 이런저런 정황으로 미루어 당시 『한양』의 많은 필자들이 조총련 계열의 문인이 아니었을까 조심스럽게 추정해본다. 왜냐하면 당시 조총련 계열의 문인들이 민단 계열의 『한양』에 작품을 발표하는 것은 결코 쉬운 일이 아니었기 때문에 자신들의 이름을 필명으로 대체했을 가능성이 많기 때문이다. 또한 현재까지 일본에서 정리된 재일 한인문학사에서 『한양』에 작품을 발표한 사람들에 대한 언급을 거의 찾아볼 수 없는 점도 바로 이러한 이유 때문일 것으로 추정된다.

6) 김환기, 「재일 코리언 문학의 계보」, 『재일 디아스포라 문학』(김환기 편), 새미, 2006, 25면; 이소가이 지로, 『'在日'文學論』, 新幹社, 2004, 7~112면(본고에서는 「식민 제국과 재일 조선인 문학의 조망」, 같은 책(김환기 편), 123면); 하야시 고지, 『戰後非日文學論』, 新幹社, 1997, 7~103면(본고에서는 「해방 이후 재일 조선인 문학과 민족분단 비극의 인식」, 같은 책(김환기 편), 128면).

인연으로 두 권의 시집을 〈현대문학사〉에서 발간했는데, 『멍든 계절』(1968), 『바람과 구름과 태양』(1971)이 있다.

김성호는 70년대 후반 한국의 시인들인 양성우, 조태일, 황명걸, 고은, 김준태 등의 시에 대해 「죽창을 다듬는 민중의 시인들」(1978년 3·4월호~1978년 7·8월호, 3회 연재)이란 제목으로 연재평론을 썼고, 양성우의 일본어 시집 『노예수첩』의 해설을 썼으며(1977년 7·8월호), 김지하의 대설 『南』이 『한양』에 연재되는 것에 대한 논평(1983년 3·4월호)과 고원의 시집 『미루나무』에 대한 서평(1977년 4·5월호)을 썼다는 정도 외에는 그 면모를 확인할 길이 없다.

윤동호는 장일우, 김순남과 더불어 『한양』을 중심으로 활동한 대표적인 평론가 가운데 한 사람인데, 「현실투시의 각도」(1964년 1월호), 「현실과 문학의 얼굴」(1975년 2·3월호), 「'참여' 재론—건전한 비평자세를 위하여」(1977년 2·3월호), 「분노의 시, 항거의 노래」(1978년 5·6월호~1978년 7·8월호, 2회 연재), 「조국통일과 문학」(1973년 2·3월호) 등의 평론을 발표하였다. 평론제목에서 충분히 알 수 있듯이, 윤동호의 비평세계는 문학과 현실의 관계를 중심에 두고 비판적 참여의식을 표방한 『한양』의 현실주의 문학관을 실천적으로 보여주었다.

재일 한인 시문학사에서 1960년대 『한양』에 가장 많은 시를 발표한 정영훈에 대한 논의가 전혀 없다는 사실은 상당히 의외가 아닐 수 없다. 그는 1960년대 말에서 1970년대 초까지 「사월의 시」(1974년 4·5월호), 「시인의 얼굴」(1969년 8·9월호), 「지상의 시 지하의 시」(1969년 4월호) 등 세 편의 평론을 발표하기도 했는데, 여느 시인들에 비해 아주 뚜렷하게 재일 한인으로서의 자기정체성을 시적으로 형상화한 시인으로 평가할 수 있다.

이 외에 『한양』 전 기간에 걸쳐 가장 많은 시를 발표한 시인이 바로 경련인데, 필명일 가능성에 무게를 둘 뿐 구체적인 행적이나 활동 상황을 확인할 수 있는 방법이 현재로선 전혀 없는 상태이다.

이처럼 지금까지 『한양』 소재 재일 한인 시문학의 양상은 기본적인 서지 사항은 물론 시인들의 연보나 구체적인 작품 활동에 대해서 전혀 규명된 적이 없는 사실상의 백지상태이다. 게다가 『한양』은 당시 재일 한인문학의 중심에 있었던 김석범 · 김시종 등의 문인들과도 특별한 교류가 없었던 독자적인 매체였던 것으로 보여지므로, 『한양』의 시문학이 재일 한인 시문학의 특수성을 선명하게 반영하는 잡지였다고 규정하기도 어려운 것이 사실이다. 김환기에 의해서 정리된 〈재일 디아스포라 작가 소개〉[7]를 살펴봐도, 강순 · 김시종 · 오림준 · 종추월 · 허남기 등만이 재일 한인 시문학사에서 언급되고 있을 뿐이다. 따라서 재일 한인 시문학사에서 『한양』의 시문학이 지닌 문학사적 의미는 앞으로 더욱 실증적인 연구 과정을 거쳐 신중하게 논의될 필요가 있다.

3. 『한양』 소재 재일 한인 시문학의 주제의식

재일 한인문학을 특징짓는 가상 중요한 요소로 재일 한인들의 자기 정체성, 즉 '아이덴티티의 추구'를 중심에 놓지 않을 수 없다. 일제강점기부터 해방 이후에 이르기까지 재일 한인문학의 성격은 크게 네 가지 아이덴티티로 구분할 수 있는데, 저항적 아이덴티티, 민족적 아이덴티티, 재일적 아이덴티티, 실존적 아이덴티티가 바로 그것이다.[8] 이는 재

7) 이 목록은 「재일작가의 전모」, 『신일본문학』(신일본문학회, 2003년 5 · 6 합병호 특집), 김훈하, 『재일조선인여성문학론』(작품사, 2004), 모리타 스스무 · 사카와 아키 편, 『재일코리언시선집』(토요미술사출판판매, 2005) 등에서 재일 작가를 소개한 자료를 토대로 정리되었다. 김환기 편, 앞의 책, 581~598면.

8) 저항적 아이덴티티는 식민지 지배의 역사를 주제로 하고 그것을 고발하는 데서 구현되는 것이고, 민족적 아이덴티티는 조국(조국의 상황)으로의 귀일 감정과 통일 지향

일 한인들의 문학적 지향을 총체적으로 인식하는 중요한 방향성을 제시한 것으로, 재일 한인문학의 주제의식을 파악하는 데 있어서 상당히 의미 있는 기준이 된다. 물론 이 네 가지 아이덴티티는 명확히 구분되거나 완전히 독립적인 성격을 확보하고 있다고 보기는 어렵다. 왜냐하면 재일 한인문학의 성격에서 '저항적'·'민족적'·'재일적'·'실존적'이라는 특성은 혼재되거나 미분화된 상태에서 복합적이고 중층적인 양상을 드러내고 있기 때문이다. 따라서 이러한 네 가지 양상으로의 구분은 다소 도식적인 접근이 되어 재일 한인문학의 특성을 지나치게 단순화하는 결과가 될 수도 있을 것이다. 그럼에도 불구하고 재일 한인문학의 내적 특성을 규명하는 데 있어서 이와 같은 네 가지 정신적 지향은 상당히 설득력 있는 논리가 되지 않을 수 없다. 재일 한인문학 작품의 실제적 양상과 네 가지 아이덴티티의 방향이 대체로 일치한다는 점에서, 이러한 구분은 재일 한인문학의 특성을 이해하는 실증적이고 귀납적인 유효성을 지니고 있는 것이다.

1) 고향 상실의 비애와 조국을 향한 근원적 그리움

해방 당시 200만 명 이상에 달했던 재일 한인들 가운데 1945년 8월에서 1948년 8월까지 조국으로 귀환한 동포의 수는 약 150만 명 정도였고, 나머지 50~60만 명 정도는 조국으로 돌아가지 못한 채 일본에 남게 되어 지금의 재일 한인사회를 형성하였다. 이후 일본에 남았던 재일 한인들 가운데 80% 이상이 고국으로 돌아가기를 희망했지만, 조국의 정치적 상황이 더욱 악화된 데다 생계에 대한 전망마저 불투명한 조국의 경

에 따라 규정되는 것이며, 재일적 아이덴티티는 일본 국가와 사회가 초래하는 부조리에 대항함으로써 방향지어지는 것이고, 실존적 아이덴티티는 인간 존재를 내면적으로 추구함으로써 찾게 되는 것이라고 할 수 있다. 이소가이 지로, 앞의 글, 65~66면.

제적 상황은 그들의 귀국을 가로막는 결정적 요인이 되었다. 따라서 당시 재일 한인들 대부분은 조국으로의 귀환을 사실상 포기하고 일본 땅에서 영원한 이방인으로 살아갈 수밖에 없는 운명을 담담하게 받아들여야만 했다. 식민지 망국민으로서의 설움을 벗어나 해방의 기쁨을 만끽할 겨를도 없이 오히려 일본인으로 살아가기를 강요당했던 재일 한인들의 정신적 상처는 상당히 컸음에 틀림없다. 이 때문에 해방 이후 재일 한인들에게 조국은 근원적 그리움의 대상이 되지 않을 수 없었고, 고향 상실의 비애와 상처는 재일 한인들의 내면을 형성하는 가장 근원적인 토대로 자리 잡게 되었다.

어릴적 업혀서 온 길은
어머니의 피 눈물로 만리
내 늙어서 갈 길은
고향도 병들고
나도 병들어 못 가는 구만리

(…중략…)

故國땅 向한
불타는 鄕愁에
울 듯 울 듯 눈물도 말라버린
내 가슴속에 숨어서 타는
불을 보는가
불을 보는가

—경련, 「못가는 九萬里에!」(1963년 6월호) 중에서

'고향이란 참 그리운 것'
그렇게 쓰다가는 찢어 버린다.

(…중략…)

'고향이란 가고픈 곳'
이렇게 생각다가도
살이 쑤시게 추우면 봄이 정 그리워
멈추고 마는 편지

이런 편지는
언제나
쓰다가는 찢어버리고 만다.

—김윤, 「편지」(1965년 4월호) 중에서

고향이 그리워서
눈을 감으면
삼삼히 떠오르는 정든 마을이
때 아닌 살구꽃으로
꽃으로 온통 덮이었구나

(…중략…)

기약도 없이 넘는 황토 언덕 위에서
마지막 돌아 본 마을 어귀에
앞이 그만 흐리도록 환하게 피어 있은
그 날의 그 꽃을 평생 못잊어

칼바람 울부짖는 이러한 밤에조차
고향은 살구꽃이 한창이란다.

—정영훈, 「고향에의 敍情(1)」(1966년 3월호) 중에서

재일 한인들에게 '고향'은 자신의 정체성을 내면화하고 실천하는 가

장 근원적인 토대였음에 틀림없다. 그러나 지금은 "고향도 병들고/나도 병들어 못 가는", 그래서 고향을 향해 편지를 쓰고 또 쓰지만 "언제나/쓰다가는 찢어버리고 만다"는 점에서 고향 상실의 비애는 더욱 극에 달한다. "눈을 감으면/삼삼히 떠오르는 정든 마을"인 고향은 이제 영원히 상실의 대상이 되고 말았다는 절망적 현실인식이 재일 한인 시인들의 내면에 깊숙이 각인되는 것이다. 지금 그들이 마주한 이국의 현실이 "칼바람 울부짖는" 밤이란 점에서 내면의 상처와 고통은 더욱 크게 다가올 수밖에 없다. 이러한 현실과는 너무나 대조적으로 지금도 "고향은 살구꽃이 한창"이므로, 화자는 "기약도 없이 넘는 황토 언덕 위에서" 바라본 "그 날의 그 꽃을 평생 못잊어" 하는 것이다.

해외에서 우리 동포들이 느끼는 조국에 대한 정서는, 첫째, "조국과 떨어져 살아온 생활의 체험을 통하여 사무치게 느끼는 조국의 귀중함에 대한 뜨거운 감정정서"이고, 둘째, "어머니 조국에 대한 한없는 그리움과 그 품에 안기고 싶은 열화 같은 지향으로부터 흘러나오는 감정정서"[9]이다. 서정시의 본질을 근원으로 돌아가고자 하는 욕망이라고 정의한다면, 잃어버린 자기정체성을 회복하려는 서정적 주체의 내면의식이 근원적 그리움의 대상인 고향을 지향하는 것은 너무도 당연하다. 더군다나 지금 고향을 향하는 마음이 상실의 비애와 고통으로 가득 차 있다면 고향을 향한 시적 자아의 열망이 더욱 고조될 수밖에 없는 것이다.

분단의 상처와 이데올로기적 갈등이 극에 달했던 1960년대 조국의 현실은 이러한 근원적 상실감을 내면화하는 결정적 계기로 작용했을 것이다. 1960년대 『한양』의 시문학에서 고향 상실의 비애와 조국을 향한 근원적 그리움이 가장 두터운 자리를 차지할 수밖에 없었던 이유도 바로 여기에 있다. 이러한 주제의식을 형상화한 시작품들을 정리하면, 경련의 「동경」, 「다리」(1962년 3월호), 「현해탄」(1962년 6월호), 「기적소리」

9) 손지원, 「조국을 노래한 재일조선시문학 연구(1)」, 『겨레문학』 창간호, 2000년 여름, 64~65면.

(1963년 2월호), 「조국」, 「어머니」(1965년 7월호), 「조약돌」(1965년 1월호), 「어머니 나라」(1966년 7월호), 「낙동강」(1968년 4월호), 정영훈의 「유랑시초」(1962년 11월호), 「제삿날」, 「언제면 언제면」(1963년 4월호), 「思鄕譜」(1969년 7월), 박일동의 「기원」, 「편지」(1965년 8월호), 「메아리」, 「소곡」(1967년 5월호), 박기원의 「꽃의 사투리」(1963년 4월호), 「山房過冬抄」(1966년 2월호), 김윤의 「새해를 맞아」(1966년 1월호), 「소품」(1967년 9월호), 「가을」(1967년 11월호), 「동삼제」(1967년 12월호), 「그리움」(1968년 4월호), 「봄바람」(1968년 5월호), 「어머니」(1968년 9월호), 윤동호의 「淚如雨」(1965년 10월호) 등이 있다.

2) 조국의 역사적 현실에 대한 비판적 참여

해방 이후 재일 한인문단은 좌파계열의 〈재일본조선인연맹〉의 하위 조직이라고 할 수 있는 〈재일본조선문학자회〉의 구성원들이 주축을 이루고 있었다. 이들은 일본제국주의 잔재의 소탕, 봉건주의 잔재의 소탕, 국수주의의 배격, 조선문학의 국제문학과의 제휴, 문학의 대중화 등 다섯 가지 강령을 표방하였다.[10] 또한 당시 김달수·허남기를 비롯한 재일 한인 문인들의 상당수는 나카노 시게하루(中野重治)를 핵심으로 한 『신일본문학』과도 깊은 유대관계를 형성하고 있기도 했다. 결국 이들의 문학은 프롤레타리아 문학의 이념을 일관되게 견지함으로써 조국의 역사적 현실에 대한 비판적 참여의 성격을 강하게 표방하였다. 즉 재일 한인문학은 당대의 정치사회적 현실을 직접적으로 담아내는 반영론적 특성을 두드러지게 부각시키는 리얼리즘적 인식과 태도를 문학의 본질로 수용했던 것이다.

이러한 재일 한인문학의 리얼리즘적 전통은 1960년대까지 온전히 이

10) 서용철, 「재일조선인문학의 시동(始動)－김달수, 허남기를 중심으로」, 『복각 민주조선 별권』, 민주조선사, 1993, 50면.

어져 『한양』의 시문학은 당시 우리 조국의 역사적 현실과 구조적 모순에 대한 준엄한 비판의 목소리를 강도 높게 드러냈다. 해방 이후 식민지 잔재의 청산을 통해 진정한 민족해방을 실현하고자 했던 재일 한인으로서의 민족적 의지와 실천이 4월혁명 이후 격변하는 조국의 역사적 현실에 대한 냉정한 비판과 성찰로 이어졌던 것이다.

> 四月아!
> 내가 왜 창자를 주리고 살아야 하는지
> 내가 왜 꿈도 없이 걸어가야 하는지
> 너는 진정 나의 스승이 되어준 달
>
> 너는 나에게
> 자유란 무엇인가를 배워주었고
> 너는 나에게
> 곧바른 이정표를 가르쳐 주었더라
>
> (…중략…)
>
> 아! 이땅에 청춘을 불러오는 달아
> 지옥과도 같은 이 무서운 세상에서
> 나의 마음은 횃불을 태우며
> 네가 정녕 네가 몹시도 기다려지는구나
>
> —경련, 「四月아!」(1963년 4월호) 중에서

> 四월은 내 나라 아버지들의 자랑이었다
> 四월은 내 나라 어머니들의 눈물이었다
> 그 아버지들의
> 그 어머니들의
> 그 兄과 전우들의
> 가슴과 가슴에 살아

四월이 돌아오고
四월이 울부짖고 있다
四월이 깃발을 추켜들고 있다
피 흘린 아들들의
별같은 눈동자가
어제도 오늘도 내려 보고 있는
廣場에
봄을 찾아 四월이 걸어 오고 있다……

—박일동, 「四月은」(1964년 4월호) 중에서

해마다 가 버렸네 그대 가신 그 계절
해마다 돌아오네 그대 가신 이 계절

(…중략…)

전설이 아니었다 살아 뜨거운 것
다시 다시 눈부실 광장과 산과 들에
넋이어 오시라
넋은 달려 오시라

四月은 꽃피는 달 꽃으로 피어
수수억만 떨기떨기 붉은 피를 뿜어라

—정영훈, 「四月의 招魂」(1968년 4월호) 중에서

1960년대 조국의 현실은 이승만 독재정권으로 표면화된 낡은 세대의 구조적 모순을 개혁함으로써 참다운 민주주의의 토대를 마련하고자 했던 4월혁명의 역사적 상징성으로부터 시작되었다. 『한양』은 이러한 4월혁명의 시대정신을 바탕으로 창간되어 한국의 정치적 상황에 민감하게 반응하면서 논설이나 논문·비평 등을 통해 현실비판적 성격을 강하게 드러냈다.[11] 『한양』은 창간사에서, "미군정과 이승만정권, 장면정권, 그리고 오늘의 혁명정부—이렇게 한국은 아우성치며 달려가고 있다. 그 많은 역사의 장마다 갈피갈피 숨은 이야기는 끝이 없고 그 많은 이야기 속에 조국은 고동치고 있다"라고 당대를 규정하면서, "잡지 『한양』은 이에 무심할 수 없는 우리 겨레의 양식이 될 것이며, 고동치는 조국의 넋을 담은 국민들의 公器로 될 것이다"[12]라고 선언하였다. 따라서 『한양』은 한국전쟁 이후 미국의 경제원조에 의지하면서 민족의 자립경제를 구축하지 못한 채 반민주적 파행으로 치달은 이승만 독재정권과 4월혁명의 민족적 · 민주적 역량을 결집해내지 못한 장면정권의 무능력을 아주 신랄하게 비판하였다. 이를 통해 4월혁명의 시대정신을 실천하는 문제와 박정희 정권이 주도한 개발독재식 근대화 정책을 비판적으로 성찰함으로써 1960년대 한국의 근대화에 대한 새로운 청사진을 제시하고자 했던 것이다.[13]

1960년대 『한양』의 시문학은 이와 같은 잡지의 창간정신을 충실히 반영함으로써 조국의 역사적 현실에 적극적으로 대응하는 비판적 참여시로서의 성격을 두드러지게 지향하였다. 1960년대 『한양』이 표방한 참여문학의 논리는 한국의 역사적 현실을 구체적으로 문제삼는 데서부터 비롯된다. 즉 한국적 현실을 떠나서 한국의 참여문학은 있을 수 없다는 점을 분명히 함으로써 문학과 현실의 단절된 관계를 회복시키는 비판적 현실인식을 보여주었던 것이다. 이런 점에서 4월혁명은 당시 상당수의 문인들에게 진정한 사회참여의 당위성을 호소력 있게 인식시켜준 역사적 사건으로, 순수문학에 대한 전면적 비판을 통해 현실참여의 정신적 바탕을 확립하게 함으로써 한국문학의 변화와 혁신을 가져오는 중요한 역사적 계기로 발전하였다. 당시 『한양』은 비록 일본에서 발행

11) 1960년대 『한양』의 비평이 표방한 현실주의적 성격에 대해서는, 하상일, 「1960년대 문학비평과 『한양』」, 앞의 책을 참조할 것.

12) 「창간사」, 『한양』, 1962.3.

13) 이러한 점에 대한 자세한 논의는, 고명철, 「민족의 주체적 근대화를 향한 『한양』의 진보적 비평정신-1960년대 비평담론을 중심으로」, 앞의 책을 참조할 것.

되는 잡지였지만, 한국의 역사적 현실을 방관자가 아닌 주체자의 입장에서 비판적으로 인식하고 성찰하는 가장 실천적인 정론지의 성격을 표방하였다. 4월혁명의 시대정신을 창간정신으로 민족의 주체적 역량을 결집하는 가장 진보적이고 실천적인 운동성을 보여주었던 것이다. 이를 통해 『한양』의 시문학은 1960년대 한국문학의 주체성을 확립하는 뚜렷한 방향성을 확보함으로써, 조국의 역사적 현실에 대한 비판적 참여의 성격을 더욱 굳건히 할 수 있었음에 틀림없다.

1960년대 『한양』의 시문학에서 이와 같은 주제적 특성을 지닌 작품에는, 경련의 「침묵의 시」(1964년 2월호), 「팔없는 소녀」(1967년 5월호), 박일동의 「광장」(1964년 4월호), 「기도」(1965년 3월호), 박기원의 「몸부림치는 태극기」(1965년 8월호), 김윤의 「사월이 오면」(1966년 4월호), 신재헌의 「4·19의 용사들에게」(1966년 4월호), 「해방을 맞던 날」(1966년 8월호), 황명동의 「해협」(1968년 1월호) 등이 있다.

3) 재일 한인으로서의 민족적 정체성 구현

재일 한인 1세대에서 2세대로 넘어가는 시점부터 민족주체성의 확립과 일본사회의 차별에 대한 저항과 갈등은 재일 한인문학의 중요한 주제가 되었다. 조선에서 태어나 식민지 조선에서 성장하였고 모국어인 조선어의 사용을 통해 자연스럽게 민족의식을 형성했던 1세대들과는 달리 2세대들은 일본에서 태어나 일본어로 교육을 받은 사람들이 대부분이다. 따라서 그들은 1세대처럼 식민지 체험을 통해 민족의식을 형성하지는 못했고, 일본에서 성장하면서 '조센징' 혹은 '경계인'으로서의 극심한 차별을 겪으며 민족의식을 형성했던 세대이다.[14] 이런 점에서

---

14) 장사선, 「재일 한민족 문학에 나타난 내셔널리즘」, 『현대문학연구』 제21집, 한국현대문학회, 2007, 419면.

재일 2세대 작가인 김학영이 말한 “나는 내가 조선인이면서 거의 일본인과 다름없는 심정으로 주위를 보고 듣고 경험하며 살아가고 있다. 내 안의 조선인 의식은 항상 관념으로서의 민족의식이었지 실제 느낌으로서의 의식은 아니었다”[15]라는 고백은, 재일 한인으로서의 민족적 정체성의 혼란을 보여주는 것이란 점에서 상당히 주목된다. 1960년대 『한양』의 시문학은 이러한 민족적 정체성의 혼란과 갈등을 초점화함으로써 재일 한인들이 이국의 땅에서 겪을 수밖에 없었던 차별과 억압의 고통을 형상화하는데 주력하였던 것이다.

> 이야기를 그만 둡시다
> 그 사람은 우리말을 듣지 못하오
> 귀에 대고 꽥꽥 소리를 질러도
> 한국말이라서 말을 듣지 못하오
>
> (…중략…)
>
> 洋語로는 洋商人과
> 팔아먹는 흥정을 곧잘 하는데
>
> 천둥처럼 땅 흔드는 한국말은
> 韓人의 말이라서 귀가 먹은 사람
>
> 이야기를 그만 둡시다
> 그 사람관 이야기를 그만 둡시다.
>
> —박일동, 「말」(1964년 2월호) 중에서

> 胡地엔 묻힐 수 없어

---

15) 김학영, 「얼어붙은 입」, 『金鶴泳作品集成』, 作品社, 1986, 30면.

異域의 가시마(借間)의 반침 구석에
풀지 못한 보따리에 주머니 속에
숨어 사는 한줌 벼 씨는
씨 채로 二十年

(…중략…)

北九州 탄광으로, 오오사까로
요꼬하마 부두로 시나가와로
主人이 흘러가면
나도 흘러가고
主人이 머무르면
나도 머무르고

兄弟 아니면 서럽더라
제 고장 아니면 서럽더라

— 윤동호, 「씨앗의 노래」(1964년 3월호) 중에서

저 흰구름이 거기로 흘러갈 때
나는 그쪽을 바라보며 눈을 감는다.
(…중략…)

가난과 망향이 얄궂게 엉클어져
말마저 고스란히 까먹어 버린
숨가쁜 나날이 愁情을 베풀고
李서방 金서방 河서방이
야마다상 가나이상 가와모도상으로 딩굴어져 버린
기맥힌 울안에서
내가 나일 수 있고
너가 너일수 있고
우리가 우리일 수 있는

그런 이치를 풀이해 본다.

허나
그 많은 얼굴들이 거기를 잃고
그 많은 얼굴들이 어머니를 잃고
쓰림한 배가죽을 웅켜 안고
아슬아슬한 세월을 적적히 살아 온
역사를 우리가 까먹을 수는 없다.

—김윤, 「내가 나일 수 있는……」(1966년 2월호) 중에서

박일동의 「말」은 재일 한인들의 언어적 정체성의 혼란을 두드러지게 쟁점화하였다. 재일 한인들에게 언어는 민족의 등가물이므로 우리말의 사용은 민족의식의 형성과 밀접한 관련을 맺지 않을 수 없었다. 1960년대 『한양』은 민족의식의 재정립이라는 차원에서 일본의 식민지정책으로 인해 민족의 언어와 문화를 약탈당했던 현실에 대한 저항으로서의 언어의식을 강력하게 표방하였다. 즉 일본어에 빼앗겼던 우리말과 글을 되찾아야 한다는 점에서 최소한 재일 한인들 사이에는 우리말과 글을 쓸 것을 주장하는 일련의 글을 게재하였다.[16] 이런 점에서 박일동의 시는 "우리말을 듣지 못하"고 "한국말이라서 말을 듣지 못하"는, "韓人의 말이라서 귀가 먹은 사람"들을 향해 "그 사람관 이야기를 그만둡시다"라고 단호한 태도와 입장을 표명하고 있는 것이다.

윤동호의 시는 "胡地"라는 말에 이미 나타나 있듯이 조국을 등지고 살아갈 수밖에 없는 재일 한인들의 모습을 "풀지 못한 보따리에 주머니 속에 / 숨어 사는 한줌 벼 씨"로 형상화하고 있다. "胡地엔 묻힐 수 없"다는 재일 한인들의 절박한 삶의 조건은 "北九州 탄광으로, 오오사까로 / 요꼬하마 부두로 시나가와로" 끊임없이 이주를 거듭해 온 유이민으로

16) 장효, 「언어와 민족—재일교포의 언어생활에 대한 단상」, 『한양』, 1964.11; 남상철, 「국어사용을 일상화하자」, 『한양』, 1968.10; 「민족의식과 언어생활」, 『한양』, 1968.12.

서의 생활에 고스란히 담겨져 있다. "兄弟 아니면 서럽더라/제 고장 아니면 서럽더라"고 말하는 그들의 고백은 재일 한인으로서의 민족적 정체성을 내면화한 슬픈 자화상이 아닐 수 없다. 따라서 재일 한인들은 "가난과 망향이 얄궂게 엉클어져/말마저 고스란히 까먹어 버린/숨가쁜 나날"을 살아오면서, "아슬아슬한 세월을 적적히 살아 온/역사를 우리가 까먹을 수는 없다"라는 역사적 현실인식을 결코 놓치지 않으려 하는 것이다.

재일 한인으로서의 존재와 운명은 근원적으로 조국과 민족을 떠나서는 정의할 수 없는 특수한 위치에 놓여 있다. 일본 내에서 그들이 겪은 삶의 애환과 망향의 노래는 조국의 역사적 현실과 맞물려 민족적 정체성에 대해 끊임없이 고민해야 하는 근원적 상처로 자리 잡았다. 즉 이국땅에서 생존을 위해 일본어를 선택함으로써 조국의 언어를 의도적으로 외면하며 살아야 했던 언어의식의 혼란, 탄광으로 부두로 하급노동자로서의 삶을 전전하면서 형제와 조국을 잃어버리지 않으려 애썼던 이방인으로서의 경계의 고통이 아주 깊숙이 각인되어 있었던 것이다. 이 때문에 그들은 재일 한인으로서의 자기정체성을 묻고 또 물으면서, 자신들에게 주어진 무거운 시대적 책임, 즉 지난 역사의 상처와 고통을 절대로 잊어서는 안 된다는 재일 한인으로서의 민족적 정체성에 대한 굳은 신념을 내면화하였다. 이처럼 1960년대 『한양』의 시문학은 재일 한인으로서의 특수한 상황을 직시하고 민족적 정체성과 재일 한인으로서의 고통스런 현실 사이에 가로놓인 부조화를 비판적으로 성찰하는데 주력했다. "너는 언제나 나와 함께 있"고 "나는 언제나 너와 함께 있"다는 인식이나, "내가 나일 수 있고/너가 너일수 있고/우리가 우리일 수 있"다는 태도는, 민족적 정체성의 확립을 통해 재일 한인으로서의 공동체성을 확보하려는 내적 의도를 드러낸 것으로 이해할 수 있다.

1960년대 『한양』의 시문학에서 이와 같이 재일 한인으로서의 민족적 정체성을 구현한 작품으로는, 경련의 「다듬이 소리」(1963년 5월호), 「일석

(一石)의 변(弁)」(1963년 7월호), 「거울 앞에서」(1964년 11월호), 정영훈의 「자유」(1964년 2월호), 윤동호의 「한치의 뜨락」(1964년 5월호), 황명동의 「그 얄궂한 생물」(1968년 5월호), 김성호의 「삼세(三世)의 우울」(1968년 5월호), 김윤의 「거기에로의 합창」(1969년 2월호) 등이 있다.

4) 자연을 통한 자기성찰과 내적 의지

재일 한인들에게 조국·역사·민족의 문제는 자신들의 아이덴티티를 구축하는 가장 중요한 정신사적 토대였다고 할 수 있다. 따라서 이를 문학적으로 형상화하는 것은 재일 한인문학의 특수성을 구현하는 가장 유효한 방법적 통로가 되었던 것이 사실이다. 물론 이러한 문제의식은 재일 한인문학을 총체적으로 이해하는 데 있어서 핵심적인 사항임에는 틀림없지만, 이와 같은 거대담론의 틀 안에서만 재일 한인문학을 규정하는 것은 자칫 획일화된 결과를 양산할 우려가 있음을 반드시 경계해야 한다. 특히 시문학의 경우에는 소설문학과 달리 역사적 주체보다는 개인적 주체가 더욱 두드러지게 표면화되기 마련이라는 점에서, 자연을 통한 자기성찰과 주체의 정서 표출이라는 서정시의 본질을 외면해서는 안 된다. 이러한 태도는 재일 한인으로 살아가는 화자의 내적 의지와 시적 세계관의 상관성을 이해하는 중요한 문제의식을 내포하고 있다고 할 수 있다.

지금까지 재일 한인문학 연구에 있어서 '자아 추구'의 방향은 대체로 재일 3세대 문학에서부터 시작되는 것으로 논의되었다. 즉 재일 1세대와 2세대의 문학이 타자에 대한 저항과 거부를 바탕으로 한 갈등을 쟁점화함으로써 공동체를 지향하며 민족의식을 보다 공고히 만드는 작업이었다면, 재일 3세대 문학은 개개인의 내면적 자아에 호소하는 방식으로 주체적인 제3의 위치를 생성한다고 보았던 것이다. 여기에서 말하는

'제3의 위치'란 특수한 '재일'의 상황과 민족의식을 모두 인정함으로써 주체적이고 독립적인 재일 한민족의 의식을 찾는 것을 말한다.[17] 하지만 필자가 보기에 재일 문학을 세대론적으로 이해하려는 이러한 시각은 다소 경직된 구분으로 받아들여지지 않을 수 없다. 왜냐하면 재일 한인문학의 전체적 흐름을 볼 때 제3세대에게서 '자아 추구'의 양상이 두드러진다는 점은 충분히 인정할 수 있지만, 그렇다고 해서 이전 세대의 문학을 조국과 민족 그리고 역사의 방향으로 무조건 환원시키는 것은 상당히 무리가 따르기 때문이다. 이런 점에서 1960년대 『한양』의 시 문학에서 자연을 통한 자기성찰과 내적 의지의 형상화를 주목해서 바라볼 필요가 있는 것이다.

> 엇걸어 놓은 板子쪼박
> 防水布누더기 축 늘어진 지붕 위에
> 눈이 내린다
> 벌거벗은 山위에
> 얼어붙은 캄캄한 내 마음 속에
> 눈이 내린다.
>
> 훈훈한 溫氣서린 유리窓에
> 동그라미를 그리며
> 창밖을 내다보고 싶구나!
>
> 여윈 팔다리 싸늘하게 식어든
> 볏짚같은 아이의 무릎을 만지며
> 내다보는 하늘빛, 하늘빛－
>
> 뜻뜻한 이마와 손바닥을 窓유리에 대이며
> 펑펑 쏟아지는 흰눈을 내다볼

17) 장사선, 앞의 논문, 424~425면.

아이의 입김이 그립다.

—정영훈, 「눈이 내린다」(1963년 3월호) 중에서

잎 다 핀 후에
진달래꽃 다 진 뒤에
우거진 숲 그늘에 다소곳이
홀로 핀 철쭉꽃

그 어딜
가신 임을 기다리는 넋인가요
진정 와야 할 봄이 오지 않아
지지 못하는 꽃인가요

(…중략…)

진정 봄은 다 갔어도
짓밟힌 봄이었기에
늦은 봄 숲 속에
오래 오래 피는 꽃인가요.

—윤동호, 「철쭉꽃」(1967년 5월호) 중에서

불퉁하게
春芽 부풀어 터지는 아침은
평화스러운 풍경이었다.

새로운 것들이
낡은 皮殼을 뚫고
자라나는 모습은 위대하기도 했다.

지난날들의 冬眠 속에서 얻은 교훈을
따스한 봄날에 뽐내는 모습은

정말 정답기도 했다.
봄은
만상이 하늘을 향하여
부풀어 터지는 떳떳한 季節이기도 하고

참아온 것들을
마음껏 소리쳐 외치는
季節이기도 한 것 같다.

—김윤, 「春芽(II)」(1969년 4월호) 중에서

인용시에서 자연은 모두 순수한 상태로서의 자연이라기보다는 역사화된 자연으로서의 의미를 더욱 강하게 부각시키고 있다. 식민지 이후부터 줄곧 견뎌야만 했던 이방인으로서의 삶의 고통은 재일 한인들에게 언제나 절망적 현실을 안겨주기 일쑤였지만, 역사화된 자연에 내재된 생명력은 새로운 미래를 향한 희망의 메시지를 들려준다는 점에서 사뭇 대조적으로 인식된다. 다시 말해 자연은 재일 한인으로서의 역사적 상처를 근원적으로 치유하는 자기성찰의 매개체가 될 뿐만 아니라, 차별과 소외로 점철된 재일 한인사회의 역사적 현실을 뛰어 넘으려는 화자의 내적 의지를 실천하는 상징물로 표상되고 있는 것이다. 이런 점에서 "펑펑 쏟아지는 흰눈을 내다볼/아이의 입김", "늦은 봄 숲 속에/오래 오래 피는 꽃", "참아온 것들을/마음껏 소리쳐 외치는/季節"은, 자연을 통한 자기성찰과 내적 의지를 다지는 객관적 상관물로서의 성격을 지니고 있다. 재일 한인들 모두의 마음은 "불퉁하게/春芽 부풀어 터지는 아침"과 같이 "평화스러운 풍경"이 내면화되기를 간절히 바라고 있는 것이다.

1960년대 『한양』의 시문학에서 이러한 서정시의 본질적 성격은 상당히 두드러진다. 즉 해방 이후 허남기·강순·김시종으로 이어져 내려온 시사적 전통이 역사와 민족에 대한 저항성과 실천성을 두드러지게 표방하였다면, 『한양』에는 이러한 역사적 부채의식으로부터 비교적 자유로운 위치에서 서정시의 본질에 충실한 내면지향의 시들이 많이 발표되었던 것이다. 이러한 사실은 재일 한인의 시문학을 역사와 민족이라는 거대담론의 체계 안에서만 파악하고 있는 기존의 연구방법에 대한 분명한 성찰을 요구한다. 즉 해방 이후 재일 한인 시문학에 대한 논의는 역사적 주체와 개인적 주체가 만나는 지점과 서정시의 장르적 특성에 바탕을 둔 시적 정서와 이미지를 함께 분석하는 다양한 연구방법론을 심화시킬 필요가 있는 것이다.

1960년대 『한양』의 시문학에서 이러한 서정의 본질을 충실히 내면화하고 이를 토대로 재일 한인으로서의 주체적 의지를 다지는 시로는, 정영훈의 「바위」(1962년 7월호), 「추일단상」(1963년 11월호), 경련의 「동풍(冬風)」(1962년 12월호), 「고백」, 「산」(1963년 8월호), 「고원시초(故園詩抄)」(1964년 6월호) 등이 있다.

4. 맺음말

1960년대 재일 한인 시문학은 해방 이후 허남기 · 강순 · 김시종 등을 중심으로 전개된 시문학의 전통을 계속해서 이어왔다고 할 수 있다. 당시 이들의 시적 지향은 해방 이후의 정치사회적 현실에 대한 문제의식과 조국을 향한 혁명의식을 내면화함으로써, 식민지 청년 지식인으로서의 내적 고뇌와 재일 한인으로서의 자기정체성에 대한 존재론적 성찰을 두드러지게 표방하였다. 또한 이들은 재일 한인 시문학과 한국의 시문학을 상호 교섭시키는 데도 상당히 많은 열정과 노력을 쏟음으로써, 『김지하전집』(1974), 신경림의 『농무』(1977), 김수영의 『거대한 뿌리』(1979),

조태일의 『국토』(1980) 등의 시집을 일어로 번역하여 일본 시단에 소개하는 중요한 역할을 담당하기도 했다.

이처럼 허남기 · 강순 · 김시종 등에 의해 주도된 해방 이후 재일 한인 시문학의 흐름은 소설문학의 흐름 못지않게 아주 활발한 양상을 보여왔던 것이 사실이다. 그럼에도 불구하고 지금까지 재일 한인문학 연구에 있어서 시문학에 대한 논의는 거의 이루어지지 않았고, 이러한 요인과 무관하지 않게 그동안 『한양』의 시문학에 대한 연구 역시 전혀 이루어지지 않았다는 사실을 문제삼지 않을 수 없다. 특히 『한양』에 시를 발표한 시인들의 경우 몇몇을 제외하고는 국내의 연구자들은 물론이거니와 일본 내의 재일 한인문학 연구자들에게서조차 전혀 논의의 대상이 되지 못했다는 사실은 끝까지 의문으로 남는 게 사실이다. 『한양』이 간행된 이십여 년 동안 경련 · 박일동 · 정영훈의 경우 100편 이상의 많은 시를 발표했음에도 불구하고 재일 한인 시문학에서 이들의 위상은 전혀 정립되지 않고 있는 것이다.

이러한 점은 1960년대 재일 한인 시문학에서 『한양』의 시문학이 차지하는 위치를 이해하는 데 있어서도 상당히 큰 걸림돌이 되지 않을 수 없다. 『한양』은 1960~1980년대에 이르는 이십여 년 동안 재일 한인사회의 이데올로기 형성과 담론적 실천에 지대한 공헌을 한 중요한 매체였음에 틀림없다. 그럼에도 불구하고 여기에 수록된 시들은 재일 한인 시문학사를 구성하는 데 있어서 거의 대부분 제외되었다는 사실을 도대체 어떻게 이해해야 하는 것일까. 이러한 문제에 대한 실증적 해명은 당시 잡지를 만들었던 관련자의 구체적인 증언만이 유일한 단서가 될 수 있을 것이다. 하지만 『한양』의 발행인이자 편집인이었던 김인재 선생이 『한양』과 관련한 모든 사실을 함구하고 있는 지금으로서는 이러한 많은 의문들을 밝혀낸다는 것은 사실상 불가능하다. 이는 지금까지 논의된 『한양』에 대한 연구가 재일 한인문학 연구의 범주 안에서 구체적이고 실증적인 자리를 만들어내지 못하는 결정적 한계로 작용하기도 했다.

앞서 살펴봤듯이 『한양』의 시문학은 재일 한인 시문학의 보편성과 특수성을 담아내는 중요한 텍스트로서의 의의를 지니고 있다. 또한 『한양』은 1960년대 한국 현실주의 문학의 형성과정과도 아주 밀접한 관련이 있다는 점에서, 한민족문학의 재구성이라는 차원에서 1960년대 한국 시문학과 재일 한인 시문학의 교섭 양상을 해명하는 비교문학적 자료로서의 의미도 아울러 지니고 있다. 최근에 이르러 『한양』은 한국현대문학사의 소외된 지점을 복원해내는 중요한 자료적 가치를 지녔다는 점에서 국문학계로부터 상당히 주목받고 있다. 하지만 『한양』 관련 연구의 대체적 방향은 여전히 재일 한인문학과 『한양』의 관계에 대해서는 크게 의미를 부여하지 못하고 있는 것이 사실이다. 앞으로 『한양』의 외적 실체와 필자들의 면면에 대한 실증적 확인이 이루어진다면, 재일 한인문학 연구에 있어서 『한양』이 지닌 위상도 중점적으로 부각될 수 있을 것이다. 본 연구는 이와 같은 앞으로의 연구방향을 열어 가는 데 있어서 그 출발점으로서 의의를 지닌다고 할 수 있다.

제3부

제1장
전쟁체험의 형상화와 유폐된 자아의 실존성
1950년대 고석규의 시세계

제2장
초정 김상옥의 시의식과 생명사상

제3장
아시아 신식민지인으로서의 공동체의식

제
1
장

전쟁체험의 형상화와 유폐된 자아의 실존성

1950년대 고석규의 시세계

1. 머리말

1950년대는 한국전쟁으로 시작된 사회의 총체적 혼란기였다. 전쟁에 의한 참혹한 피해와 정신적 상처는 막대하였고, 이를 복구하는 것이야말로 당면한 최우선의 시대적 과제였다. 문학이 한 시대의 사상적 흐름과 현실적 문제로부터 결코 자유로울 수 없고, 오히려 현실의 문제를 직시하고 적극적으로 치유하는 하나의 방향성을 갖고 있다면, 전쟁으로 인한 총체적 혼란의 현실과 참혹한 체험은 직접적이든 간접적이든 50년대 문학의 본질적인 토대가 되지 않을 수 없다.

고석규[1]는 1950년대라는 무참한 폐허의 공간과 삶의 한계성에서 비롯된 실존의 의미를 역설적으로 형상화한 비평가이자 시인이다. 그의 문학에 대한 연구는 유고 평론집 『여백의 존재성』(지평, 1990)이 출간되면서부터 본격적인 논의가 시작되었고, 1993년 〈오늘의 문예비평〉 동인들에 의해서 『고석규 유고전집』[2])이 간행됨으로써 그의 문학에 대한 온전한 평가와 문학사적 자리매김이 모색되었다. 1950년대 한국문학사, 특히 비평문학을 정리하는 가운데 결코 지나쳐 버리거나 폄하되어서는 안 될 그의 문학적 면모는, 그가 걸어 온 '미완의 문학적 행로'만큼이나 구석진 곳에 묻혀 있었다. 그런데 〈오늘의 문예비평〉 동인들의 집중적인 노력과 그를 아끼던 은사, 주변 친우 등의 애정어린 관심[3]) 속에 그가 남긴 문학적 성과는 비로소 전모를 드러내면서 문단 안팎의 적지 않은 주목을 받기에 이르렀던 것이다. 이제는 1950년대 문학연구에서 그를 제외시켜 버리면 미완의 문학사가 되는 것은 너무나 자명한 사실이 되었다. 따라서 그의 문학 세계는 1950년대 한국문학사를 새롭게 쓰는데 중요한 밑바탕이요 근원이 되는 의미심장한 문학사적 의의를 지니고 있다.[4])

---

1) 고석규는 1932년 9월 7일 함경남도에서 태어났다. 1956년 3월 부산대 국어국문학과를 졸업했고, 1958년 3월 대학원을 졸업하자마자 국어국문학과 강사로 발령을 받았는데, 4월 19일 심장마비로 인해 26세의 젊은 나이로 세상을 떠나고 말았다. 대학 재학시 손경하 · 하연승 · 김일곤 · 홍기종 · 장관진 씨 등과 함께 동인활동을 활발히 하여 『新作品』, 『詩潮』, 『詩硏究』, 『釜山文學』 등의 동인지를 펴냈고, 1954년에는 김재섭 씨와 함께 2인 공저 『超劇』을 간행하였으며, 1957년 『文學藝術』에 평론 「시인의 역설」이, 1958년 『현대문학』에 그가 남긴 유고 「시적 상상력」이 연재되기도 했다.

2) 총 5권으로 간행되었는데, 『여백의 존재성』(평론), 『청동의 관』(시집), 『청동일기』(일기), 『실존주의』(뽈 뽈끼에 저, 고석규 역), 『고석규의 면모』(평가)로 이루어졌다(책읽는 사람, 1993).

3) 이는 김정한 · 김일곤 · 장관진 · 손경하 · 하연승 등의 글이 실려 있는 『고석규의 면모』와, 그의 타계 직후 발표된 아래의 글에서 충분히 엿볼 수 있는데, 당시 고석규가 우리 문단에 끼친 영향과 그의 인간적 면모를 짐작할 만한 중요한 자료가 된다. 박봉우, 「고독한 평론가—고석규 형의 무덤에」, 『조선일보』, 1958.5.28; 김정한, 「요절한 혜성 석규군을 생각한다」, 『부산대학보』, 1958.6.20; 송영택, 「고독과 야심 속에서 간 고석규」, 『현대문학』, 1961.2; 김소파, 「젊은 날의 성좌」, 『부산대학보』, 1958.6.20; 김춘수, 「뉴크리티시즘의 기수」, 『부산대신문』, 1961.4.17. (남송우 · 하상일 편, 『고석규 문학의 재조명』, 세종출판사, 2000에 재수록)

4) 김윤식이 한국의 근대적 비평의 두 계보라 할 수 있는 이어령의 초기비평(저항의 문

이처럼 자칫 우리 문학사에서 영원히 잊혀져 버릴 수도 있었던 고석규를 50년대 문학의 중요한 자리에 새롭게 위치시켰다는 점만으로도 그에 대한 연구는 상당히 의미 있는 결과를 도출한 것임에 틀림없다. 하지만 그동안 전개되어 온 고석규 연구가 한 명민한 비평가로서의 면모만을 특별히 강조하다 보니 그의 시에 대한 논의는 상대적으로 취약할 수밖에 없었다. 그가 생전에 시창작보다는 비평에 더욱 관심을 기울임으로써 뚜렷한 문학사적 성과를 거두었음을 부인할 수는 없지만, 그의 시 또한 50년대 시문학의 흐름을 정신사적으로 탐색하는 중요한 성과라는 점에서 결코 폄하되거나 배제되어서는 안 된다. 오히려 고석규가 한국전쟁이라는 역사적 충격을 겪으면서 얻은 경험적 사실이나 인식은 비평을 통해서는 직접적으로 드러나지 않는다는 사실에 주목한다면, 그에 대한 연구가 지나치게 비평 쪽으로만 치우쳤다는 반성을 하지 않을 수 없다.[5)]

학)과 유종호의 비평(토착민 의식)에 변별되는 실존적 비평의 원류로서 고석규를 논하고 있는 점, 신동욱이 의식비평의 지평을 확대한 젊은 기수로서 비평사에서 잊혀질 수 없는 존재라고 평가하고 있는 것, 그리고 한계전이 고석규를 50년대 모더니즘을 가장 투철하게 전개한 평론가라고 평가한 점 등은 바로 이러한 문학사적 위치를 강조하고 있는 것이다. 김윤식, 「1950년대 한국문예비평의 세 가지 양상」(『고석규의 면모』(오늘의 문예비평 편), 책읽는사람, 1993), 『현대문학사』(신동욱 외, 한국방송대 출판부, 1992), 한계전, 「전후시의 모더니즘적 특성과 그 가능성」, 『시와시학』, 1991년 여름 참조.

5) 이런 점에서 필자는 "고석규의 시집인 『청동의 관』의 바탕 위에서 〈청동의 계절〉인 자외선의 글쓰기가 가능했다"(「전후문학의 원점」)고 파악하면서도, "겉으로 드러난 고석규 텍스트와 미발표 상태로 방치된 시집 『청동의 관』, 일기 『청동일기』는 스스로 구별되어 있는 만큼 이를 동일선상에서 논의함엔 한계가 있다"(「고석규와 더불어 범어사에 가다」)고 모순되게 말한 김윤식의 견해에 의문을 품지 않을 수 없다. 물론 고석규의 시와 비평 사이에 단절이 있음을 부인할 수는 없지만, 그의 시와 비평이 유기적 연속성 또한 지니고 있다는 사실을 결코 간과해서는 안 된다.

2. 전쟁체험과 폐허의식

1950년대 우리 시의 전개과정을 역사적인 맥락에서 바라볼 때 무엇보다도 중요한 측면은 한국전쟁의 의미가 당대의 시인들과 시문학 전반에 어떻게 인식되고 수용되었는가 하는 점이다. 당대의 시인들을 지배했던 정신적 상황은 전쟁의 참혹성과 그 피해로 인한 상실감이었고, 이런 의미에서 1950년대는 '아아 50년대'라는 감탄사로 말할 수밖에 없는 고통과 암흑의 비극적 시대였음에 틀림없다. 이러한 격정적인 감정의 토로는 전쟁을 겪은 입장에서 느끼는 논리 이전의 감수성, 즉 체험적 인식의 절박함과 진실성을 상징적으로 말하는 것이지만, 한편으로는 이러한 상징주의적 표출방식이 1950년대 시의 한 주류 내지는 전형으로서 일종의 허무주의를 초래한 것이 사실이다.

고석규의 시는 한국전쟁의 현장에서 파괴와 살육이 자행되는 역사적 충격으로부터 시작되었다. 피로 얼룩진 주검이 여기저기 흩어져 있는 비인간적인 상황, 그것을 두 눈으로 바라보아야만 했던 정신적 상처 그리고 이러한 초토의 공간을 현실적으로 수용할 수밖에 없는 '폐허의식'의 형상화가 그의 시의 극단적 풍경을 이루고 있는 것이다. 따라서 그의 시는 전장의 현실을 떠올리게 하는 핏빛 이미지와 죽음을 연상케 하는 검은색의 두 색채 이미지로 가득 차 있다. 전쟁에 참전하여 생명이 순식간에 죽음으로 이어지는 광경을 생생하게 경험한 고석규의 의식은 죽음으로 꽉 차 있어 이로부터 결코 자유로울 수 없었던 것이다. 그의 유고 시집 『청동의 관』 제1부는 거의 전편에 걸쳐서 핏빛으로 물들어 있어서 전쟁이 남긴 한 인간의 섬뜩한 내면 공간을 절감하게 한다.

① 엘리노와 宮殿의 마지막 나팔과 함께
우리는 피붉은 잔을 든다

아름다운 죽음과 만나는 것이다
…… 비너스도 어둠 속이었다.

—「餙花」 중에서

② 피에 열리는 새벽 ……
머어언 벌끝에
한오리 煙氣로 피렴

—「時間」 중에서

③ 칼금에 피가 흐르는
나의 가슴

열리는 입술에
싸늘한 숨결이 꺼지오

—「破鏡」 중에서

④ 靈魂이어! 풀려간 팔이어! 가장 요긴한 것을 許諾하던 뜨거운 눈물의 얼굴을 나는 보지 않겠노라. 내 손에는 검은 피가 자꾸 맺혀 흐르는 것이니 ……

—「房」 중에서

1950년대 시인에게 있어서 '전쟁체험'의 문제는 '공포체험'의 시적 형상화에 다름 아니다. 한국전쟁이 가져다 준 이러한 공포체험은 우리 문학사에서도 전무후무한 대사건이었는데, 이는 많은 시인들에게 있어서 그들의 미적 실존을 가늠하는 한 가지 방식으로 인식되었다.[6] 공포체험은 역사와 인간에 대한 인식의 문제, 즉 동일자로서냐 타자로서냐의 세계 인식 문제와 매우 밀접하게 관련되어 있다. 다시 말해 살육과 기아, 삶과 죽음의 경계를 넘나드는 파산된 현실을 두고 이를 이성과 지배권력의 어떤 공모관계로 인식하거나 역사는 진보·발전한다는 근대적 시간의식을 뒤엎는 결과로 바라보는 것이다.[7] 이는 역사에 대한

6) 조영복, 「공포체험의 시적 변용과 그로테스크의 시」, 『한국문학과 모더니즘』, 한양출판, 1994, 201면.
7) 근대적 시간의식의 역사철학적 의미는 자연적인 리듬의식의 소멸과 미래지향적인

공포주의적 인식을 통해 이성의 비합리적 근원을 파악하려는 통찰력의 결과라고 할 수 있다.

①보이지 않는 높이에서
내몸의 가엾은 部分들이
발-간 粉처럼 떨어져 갈 때에는

—「浸潤」 중에서

②먼 구비로
숱한 얼룩旗들이 사라져 갈 때
기슭 높이 靈柩를 지키며 목을 떠는
털없는 내 강아지가 섧다

죽은 피를 마시다 검게 외로운 나의 강아지여!
黃金에 燦爛하던 너는 어떻게 쓰러지는 것이냐

햇빛 속으로
지금 누가 울며 가는데
나의 마지막 靈柩에서도 불길이 탄다

—「絶交」 중에서

③곱게 열린 하늘 가운데
눈없는 얼골이
재를 밟고 흐느껴 웁디다.

—「꿈」 중에서

시간의식으로 요약된다. 미래지향적 시간의식은 산업사회의 등장, 그리고 제반 근대과학의 성장과 더불어 형성되었다. 산업사회는 시간의 이용 정도에 따라 수많은 자본과 부를 축적함으로써, 시간을 절대적 가치의 어떤 것으로 변질시켜 놓았다. 그러나 이것은 오히려 오늘날 수많은 부정적 현상들을 지구촌에 남김으로써 많은 모순을 드러내게 되었는데, 과학의 도구화, 수단화의 극단적 양상인 전쟁 또한 이러한 결과에 해당한다. 결국 근대의 시간성은 죽음을 잉태하는 시간성이 되어버렸으며, 오히려 근대라는 것 자체가 죽음의식과 밀접히 결부된 시간성이라고 해도 과언이 아닐 정도로 시간은 공포의 대상으로 변질되게 된다. 今村仁司, 『近代性の 構造』, 講談社, 1994, 63면. 여기에서는 송기한, 『한국 전후시와 시간의식』, 태학사, 1996, 37~38면에서 재인용.

고석규는 전쟁으로 인한 공포체험과 폐허화된 현실의 모습을 '그로테스크' 이미지를 통해 드러낸다. 발-간 분처럼 떨어져 나가는 육체, 죽은 피를 마시며 쓰러지는 털 없는 강아지, 눈없는 얼골이 흐느껴 우는 것 등 육체의 일그러짐은 말할 것도 없고, 건조한 햇빛 속을 타들어 가는 영구(靈柩)의 불길은 그로테스크한 상황의 극점이다. 이와 같은 그로테스크 이미지의 제시는 그가 빈번하게 사용하는 '붉은'과 '검은'이라는 부조화된 색채 이미지를 통해 더욱 강렬하게 드러난다. 즉 "불붙는 울음", "눈물 어린 피솜"(「夜原 2」), "파아란 울음"(「눈」) 등에서처럼 비정상적인 단어의 결합이 시 전체의 분위기와 연결됨으로써 기괴함과 섬뜩함을 더욱 가중시키고 있는 것이다. 이러한 그로테스크성은 파산된 현실의 극단적 상황을 체험한 시인의 의식에서 비롯된 필연적 결과로, 합리적 이성이 지닌 미래지향적 비전이 도구적 이성에 의해서 철저히 변질되고 파괴되어 버리는 근대의 모순과 이중성을 여실히 드러내고 있다.

고석규 시의 배경이 되는 시간과 공간은 어둠이 깔린 밤과 그늘진 곳, 특히 밀폐됨으로써 자신을 감출 수 있는 방이나 동굴 같은 곳이 대부분이다. 그리고 이러한 어둡고 밀폐된 공간에서 그가 떠올리는 것은 시뻘건 '피'의 이미지이다. 삶이 죽음과 결코 멀지 않다는 전쟁의 체험은 고석규 자신을 늘 죽음 의식에 시달리게 했다. 생명의 표상처럼 여겨졌던 '피빛'마저 그에게는 죽음의 색조인 '검은 빛'으로 인식되었던 것이다. 이러한 죽음의식은 그가 목격한 죽음의 현장을 형상화한 시에 더욱 잘 나타나 있다.

> 어느날 나는 江으로 갔다. 江에는 爆彈에 맞아 물 속에 뛰어든 아주 낭자한 아이들의 주검이 이리저리 떠가고 있었다.
>
> 물살이 어울리면 그들도 한데 어울리고 물살이 갈라지면 그들도 다른 물살을 타고 저만침 갈라져 갔다. 나는 그때가 八月이라고 생각한다.

어떤 나무에선 樹脂가 흐르고 火藥에 쓰러진 雜草들이 소리를 치며 옆으로 자랐다. 불붙는 地帶가 하늘로 부우옇게 맞서는 西쪽 江畔에는 구리빛처럼 氣盡한 女人들이 수없이 달려오는 것이었다. 그리고는 가리울 길 없는 衣裳들을 날리며 한결같이 피묻은 손을 들어

〈야오―〉
〈야오―〉

높은 餘韻 속에 합하여 사라져가는 저들의 이름을 내가 듣는 것이었다. 神이 차지할 마지막 自由에 스쳐나가는 軟粉紅 길을 눈감고 내가 그리는 것이었다.

―「江」 중에서

이 시는 전쟁의 소용돌이 중심에 서 있었던 그의 실제 체험을 사실적으로 그려낸 것으로 비정한 현실의 아픔을 탁월하게 형상화하고 있다. 폭탄에 맞아 죽은 어린아이들의 주검이 강물을 따라 이리저리 휩쓸려 가고, 말없이 생명을 지키고 있는 자연조차 공포에 짓눌려 버리는, 피묻은 손을 들어 죽은 아이들의 이름을 부르는 여인들의 슬픈 절규는, 한국전쟁을 겪은 우리 민족 모두의 고통스러운 상처와 기억임에 틀림없다. 또한 "樹脂가 흐르는 나무", "소리를 치며 옆으로 자라는 잡초", "하늘로 부우옇게 맞서는 강변", "구리빛처럼 氣盡한 여인들의 질주", "피묻은 낭자한 아이들의 주검"은, 일그러지고 뒤틀린 육체의 모습을 상황과 시어의 부적절한 조화를 통해 드러내는 그로테스크 이미지의 핵을 이루고 있다.

50년대 전반에는 종군작가단이라는 이름으로 전쟁의 현장에 참여한 시인들의 활동이 주목되는데, 그들은 종군 체험을 통해 전쟁의 현장을 고발하고 몰이성적으로 전개되는 역사에 대한 분노와 비통함을 노래했다. 고석규는 종군작가단처럼 뚜렷한 목적의식을 가지고 전쟁의 참상을

고발한 것은 아니지만, 실제 전쟁에 참여한 군인[8]으로서 누구보다도 체험적인 전장의 비정함과 인간의 내면적 황폐함을 생생하게 그려내고 있다.

數萬里 地域에서 너를 업고 달려온 내 허벅살에 보이지 않는 피가 질척하여, 넝마의 깃을 꾸며보는 내 瘦瘠한 動作이 사실은 어둠 속에서 우는 것이었다.

온 하늘이 紫朱色 피를 널릴 무렵! 獰惡한 모기울음에 눈을 뜨면 投彈目標가 아직도 먼 잠잠한 窟 속에서 나는 한대의 촛불을 푸른 地下水를 훔쳐선 너의 입가에 몇번이나 흘리는 것이었다.

한 서너알! 그 藥도 우리에겐 바랄 수 없었다. 너의 숨소리! 부슬거리는 모래소리! 그리고 물방울소리! 暗夜의 地層에서 나는 피흘리는 당신의 侍從이었다.

또다시 눈을 뜨다. 새벽이 밀려오는 하늘소리, 가까워 오는 소리가 아닌가. 아아 그러나 우리들 머리 위에 떼바람처럼 스쳐간 것은 機銃掃射와 時限爆彈의 振動이었을 뿐 내결에 熱식은 너의 머리채가 유난히 부드러운 것이었다.

마지막 남은 질병의 벌꿀을 드릴 때 빛누런 液體를 가쁘게 가슴으로 흘리고선 그 가늘은 醉한 눈을 내게로 열던 너의 선한 눈빛! 그리고 밤바람처럼 굴러가는 수없는 地震을 눈으로 듣다말며 시들어 웃었다.

꿀물에 번질거리는 당신의 입가는 꽃처럼 피어녹아, 젊은 목숨의 불을 바라

---

8) 그는 함경남도에서 태어났는데, 해방이 되어 공산주의가 들어오자 의사였던 그의 아버지가 먼저 단신 월남했고, 그 역시 공산주의를 피해 어머니와 누이동생을 고향에 남겨두고 아버지를 찾아 월남했다. 그러나 월남한 아버지를 찾지 못하고 있던 중 한국전쟁이 발발하여 국군에 자원입대 전쟁에 참전하게 되었는데, 아주 뜻밖에도 전쟁터에서 군의관으로 종군하고 있었던 그의 아버지와 극적으로 상봉하게 되었다. 이러한 전기적 사실은 그의 문학세계를 이해하는 데 있어서 중요한 참고사항이 된다.

보는 새벽 어둠 속에 내가 당신의 〈現在〉를 그리고 당신이 나의 〈現在〉에 기대어 昏困히 잠든 것이었다.

—「1950年」 중에서

인용시는 부상당한 전우를 이끌고 어느 동굴 속에 피신했을 때의 상황을 묘사한 것인데, 머리 위로는 기총소사와 폭탄의 진동이 들리고, 피를 흘리며 점점 열이 식어 가는 전우를 부둥켜안고서 푸른 지하수를 입가에 흘리는 전장의 사실적인 상황을 형상화하고 있다. 허벅지를 타고 내리는 '질척거리는 피'와 극도의 공포에 짓눌린 '신음소리' 등의 시각적·청각적 이미지들이 "빛누런 액체를 가쁘게 가슴으로 흘리"는 전우의 죽음과 함께 무질서하게 흩어져 있다. 그런데 이러한 절망적인 "暗夜의 地層"을 그는 오히려 '시든 웃음'으로 들여다보고 있을 뿐이다. 이는 시각적이고 청각적인 요소가 이질적이고 대립적인 자질들에 의해 한데 어우러진, 전장의 비참한 상황에 직면한 실존적 인간의 고통을 악마적 현실의 그로테스크 이미지를 통해 더욱 충격적으로 제시한 것에 다름 아니다.

이와 같은 웃음은 오히려 '짐승처럼 우는 울음'에 가까운 것으로, 여기에서 웃음과 울음의 양가적 기호는, "짐승의 피가 어지러운 / 나의 얼골에 / ……까실한 웃음이 / 거품짓는 바다 ……"(「하늘」), "불같은 印篆에 바래 우는 환한 얼골을 醉氣에 아득거리는 피가 돈다"(「對話」) 등과 같이 이질적이고 불안정한 여러 이미지들을 낳는다. 즉 웃음이 희극적인 의미보다는 그 이면에 공포감을 수반한 '섬뜩한 유모어'의 느낌으로 작용한다는 점에서, 그의 시에 나타난 이미지화 방식과 그로테스크의 상관성을 충분히 엿볼 수 있는 것이다. 또한 인간의 존엄성이 무시되고 말살되어 버린, 내가 살기 위해서는 너를 죽여야 하는 비정한 전장의 현실과 끝까지 전우를 지키는 서정적 주인공의 짙은 휴머니즘을 선명하게 대조시킴으로써 당시의 비극적 상황을 더욱 극적으로 환기하고 있다. 이는 같은 전쟁터에서 동료는 죽고 자신만 살아남았다는 욕된 부끄러움과 아픔을 인식하는 것이란 점에서 더더욱 비정함을 느끼게 한다. 그래서 고석규의 시에는 그와 함께 전쟁을 치르다 죽어 간 뭇 사람들이 선명한 상처자국으로 자리 잡게 되는 것이다.

밤마다 찾아간 어둠 속에
싸늘한 피에 흐르는 가슴과 만난다.

보라빛 눈이 쏟아지는
꽃처럼 환한 琉璃 앞에
나의 다짐한 슬픔은 참고 어리어

부풀은 눈에 아롱진
오히려 고운 追憶이 익는 것은
속으로만 자라난 秘密이
날아오지 못하는 까닭이다.

살풋한 가슴의 입김을 지워
그 하얀 이름을 녹여보아도
너는 나비처럼 얼어서 죽어가던 것을 ……

연한 바람에 흔들리는 소리
귀고리 쟁쟁하듯 아득한 余韻에
마지막 불타는 하직을 모우며

마음에 여윈 이 눈瞳子를
나는 버리고 돌아서야 한다.

—「影像」 전문

밤마다 나비처럼 얼어서 죽어가던 자들에 대한 영상(影像)에 시달리면서, 그는 전장의 현실을 정면에서 뚫지 못한 자신의 현재에 대한 자괴감에 빠지게 되고, 결국 외부 현실과의 단절을 통해서 부끄러운 자아를 스스로 감금시켜 버린다. 이 때문에 그의 시에 나타난 자아는 유폐된 공간을 맴돌면서 끊임없이 자기 모멸과 회한의 흔적들을 지우려고 발버둥친다. 이러한 역사적 구속으로 인해 그의 정신 심리는 자폐증 환자처럼 자꾸만 내면으로 움츠려 드는 소극적 형태를 취하게 되는 것이다.

3. 유폐된 자아와 상실의식

한국전쟁이 가져온 가장 잔인한 슬픔은 남북 분단의 장막으로 인해 형성된 이산 가족의 아픔이다. 그것은 전쟁의 포연과 죽음의 공포를 견디며 힘겹게 살아온 피난민들에게 사형선고와 같은 절망감을 안겨주었다. 고석규 역시 먼저 월남한 아버지를 찾아 어머니와 동생들, 그리고 사랑하는 연인을 두고 남쪽으로 피난 온, 여느 피난민과 다를 바 없는 내면의 고통을 짊어져야만 했다. 그래서 그는 가족에 대한 그리움과 안타까움을 시나 산문을 통해 끊임없이 토로하였던 것이다.

> 지금은 따뜻한 집을 떠나 어느 산간 고가에서 탄식 체류함에 옷고름을 썩이고 계실 참다운 어머님의 쓰라린 모습이 어쩌면 앞을 가리우고 있습니까? 한성상 지나가도 돌아오지 않을 이 목숨이 남단우지(南端隅地)에 이처럼도 부질없이 애타고 있음을 아르시나이까.주를 떠난 양떼와 같이 세상에서 제일 어질고 죄없는 錫琇와 李淑아! 눈을 뜨고 하늘을 바라보렴. 피 뛰는 아버지와 오빠의 목소리가 왜 들리지 않는단 말이냐? 백화처럼 자라던 文淑아! 철없고 총명하던 내 아우 錫瑨아! 지금은 꽃나무 따스한 봄빛을 찾을 수 없단 말이냐. 먼 그곳이 한없이 저주스럽구나. 그러나 우리만이 당하는 고통이 아닌 것이오

형제들아 너희만이 맛보는 슬픔이 아니다. 우리가 살아 있으면 분명히도 씩씩하게 살아 있을 너희로 믿고 아버지와 어머님은 안심하실 것이다. 오늘밤 마음만이 피워가는 香煙이 멀리 조부님 계시는 곳까지 미치어 가며 눈물만이 쏟치는 이 자리가 영원토록 복되기를 바랍니다. 남들이 다 자는 밤이나 먼 그곳에 계시는 어머님을 생각하여 어찌 잠잘 수 있겠습니까?[9]

이처럼 고향과 가족에 대한 죄의식은 그의 시에서 뚜렷한 '상실의식'을 형성함으로써 그를 '유폐'의 세계로 감금시켜 버린다. 유폐는 형벌적 삶의 한 형식인데, 이는 상실의식과 고통스런 경험에 대해 반응하는 일종의 병리현상으로 시대에 대한 불안의식에서 비롯된 것이다. 다른 사람들로부터 멀리 떨어져 있다는 외로움, 그리고 끔찍한 고립감과 더불어 그들과의 감정적인 접촉이 모두 사라져 버렸다는 느낌이 우울한 자아의 내면을 형성하게 되는 것이다. 그것은 전장에서 죽어간 동료들의 삶처럼 얼어붙은 삶의 형태를 띠고 있는데, 이러한 얼어붙음은 단순히 하나의 현상이 아니라 자기 처단이라는 내적 의지의 응축물이라고 볼 수 있다. 결국 자기의 삶 자체가 더욱 고통스러울수록 가슴을 짓누르는 자책감을 조금이나마 씻어낼 수 있고, 자기 유폐의 명징성 또한 확보할 수 있다는 사실을 역설적으로 전달해 주고 있는 것이다.

눈꽃이 지는 밤
窓을 향하여 어떤 날개가
몇번이고 부딪쳤는데

琉璃에는 꽃보다 붉은 날개의 피가 있고
날개의 울음보다 애처로운
유리의 傷處가
얼음 안에 보-얀 무지개로 짙는다

9) 고석규 일기, 『오늘의 문예비평』, 1994년 가을, 266면.

바람을 막은 나의 窓이여!

이렇게 곱게 얼수록 아픈
기쁨을 위하여

이 겨울 밤에는
먼 달빛이 없고나.

—「幽閉」 전문

앞에서 논의한 것처럼 그가 세계에 대해 취하는 '유폐'의 형식은 전쟁이라는 역사적 상황에서 발생하는 자괴감이 하나의 큰 요인이지만, 가족을 버리고 자기만 살겠다고 죽음의 땅을 빠져 나온, 고향과 가족에 대한 개인적 내면의식의 부끄러움이 더욱 크다고 할 수 있다. 특히 전쟁이 끝나고 분단의 고착화가 무거운 현실로 다가왔을 때, 이산의 아픔은 일시적인 죄책감에 머무르지 않고 자신의 능력과 의지로는 도저히 감당할 수 없는 암담한 현실로 굳어져 버렸다. 이러한 현실 앞에서 자아는 더욱 무기력해질 수밖에 없고, 결국은 스스로 고립의 길을 택하는 의식의 전환을 모색하게 되었던 것이다.

우리네 鄕愁는
마른 땅에 바람처럼 날리어

우리네 鄕愁는
불사른 집터에 날아가느니

예진 날 밝은 빛이 서로 반가워
부여안고 울어볼

어머님 사랑을 알고 모른

孤兒처럼 가난한 우리네 鄕愁
冷冷한 달빛이 바다로 오는
슬픔의 港口에서 부르는 노래

아—
孤兒처럼 가난한 우리네 鄕愁

—「우리네 鄕愁」 전문

상실의식과 고립의식에 깊숙이 빠져 있는 유폐된 자아가 희미한 틈으로 내보이는 그리움과 향수는 오히려 절망과 좌절을 심화시키는 부정적 결과를 초래할 뿐 어떠한 해답이나 출구도 마련해 주지 못한다. 한국전쟁으로 인한 분단의 현실은 단순히 남과 북의 경계선만 없애면 저절로 극복되는 외형적 상처가 아니라 내면적인 균열 속에서 더욱 깊은 상처로 자리 잡고 있기 때문이다. 그래서 고향은 잠시 떠나온 상실의 공간을 넘어서 더 이상 갈 수도 볼 수도 없는 부재의 공간으로 자리 잡는다. 이는 고석규의 체험적 공간인 동시에 우리 민족의 가슴 속에 깊은 상처로 자리 잡은 '고아의식'을 시적으로 변용한 것이기도 하다. 이러한 고아의식은 근대의 좌절과 그 산물인 전쟁의 참화에서 비롯된 것으로 자아의 정체성 상실과 전후의 황무지라는 파편화된 근대의 표정들을 여실히 보여주는 것이다. 따라서 고석규는 이와 같은 50년대의 상처와 고통을 치유하기 위해 자아의 확립에 매달리게 되는데, 이것은 전쟁이 가져다준 지속의 분열성, 시간의 단절에 따른 절망의식, 전후의 허무감이나 막연한 반항의식에 대한 극복의 과제로 새로운 주체가 형성되어야 한다는 당위적 태도로 드러난다. 고석규에게 있어서 이러한 자아의 확립은 가족주의[10)]라는 휴머니즘의 바탕 위에서 성립되는데, 이

10) 전후시에서 빈번하게 나타나는 '가족'은 전쟁의 살육과 생활기반의 파괴로부터 자신의 존재론적 기반을 지켜내고자 하는 시인의 의지를 상징적으로 암시하는 것으로, 시인의 자아정체성을 확인하는 주요한 시적 기반이다. 가족은 세계에 대한 신뢰와 자

는 상실된 고향과 어머니에 대한 그리움으로 형상화된다.

바람에 식은 하늘가
무너져간 노을 뒤
고향산 등성이에 걸음 놓으면

뉘엿거리는 城川江물
비단얼굴 부비며
저녁이 서러워 그늘 아래 떠갔고
初사월 눈에 녹는
黃草嶺 바라보는
눈자위가 옛말처럼 잠겼었다

門안에서 잔뼈 굵은
나의 어느 젊은 날
흰눈이 퍼붓는 漆黑한 밤에

어머님 방의 마지막 문을 닫고
낮은 발걸음에 쫓겨온 것을

한줄기 피에 사는 아우들 얼려두고
입술을 깨물며 쫓겨온 것을

아정체성의 형성에 있어서 가장 결정적인 영향을 미치는 요인이다. 특히 후기 현대사회와 달리 전통 사회나 혹은 전통 지향적 의식이 강한 사회에서는 개인의 의식에서 '가족'이 차지하는 비중이 훨씬 높아진다. 왜냐하면 가족은 '혈연'으로 맺어진 공동체로서, 여타의 사회체계에 비해 '친밀성'과 유대의 밀도가 높기 때문이다. 이런 점에서 볼 때 전후 시인들이 세계에 대한 기초적 신뢰의 상실을 극복하는 원천으로 가족을 발견하는 것은 당연한 일이다. 전후시에서 가족의식은 사랑(유대의식)과 세대 계승 의지로 표출된다. 전후 시인들은 가족의 온전함을 유지함으로써 조화로운 세계상을 확인할 수 있었으며, 다른 한편으로 자신의 존재론적 안전감과 온전한 자아—서사를 회복함으로써 자아정체성을 형성하였다. 남기혁, 「1950년대 시의 전통지향성 연구」, 서울대 박사논문, 1998, 76면.

아! 꿈엔들 내가 잊지 않어이
목숨을 갈아도 잊지 않어이

바람에 자는 九天客 기슭에
울력스런 傳說을 엿듣고

텅비인 하늘 아래
모두 살아버린 터전에서
마른 눈을 뜨지 못할
모두 끝맺힌 길들을 찾아가며

내가 걸음에 놓아보는 날
내가 타는 노을에 다시 서는 널
거치른 歲月에 목놓아 울어
눈먼 희망처럼 불러볼꺼나

—「고향산」 전문

이처럼 고석규는 전쟁체험으로 인한 폐허의식과 고향상실에서 비롯된 그리움과 향수에 시달리면서 자기자신을 철저하게 유폐의 극단으로 내몰고 있다. 무겁고 어두운 전후 현실을 벗어나려 하면 할수록 점점 더 절망과 좌절의 늪에 빠져 버리는 상실의식은 한국전쟁이 가져온 '근대성의 파산'에 다름 아니다. 결국 그의 시는 1950년대 전후 현실의 분위기를 이겨내지 못하고 거기에 함몰되어 버리는 음산하고 고립된 양상을 드러내고 만다. 다시 말해 그의 시는 한국 사회가 개항 이후부터 추구해온 역사적 근대성은 물론, 1930년대 모더니즘 시 운동에서 촉발된 미학적 근대성조차도 송두리째 잃어버림으로써, 불안과 위기의식으로 점철된 1950년대의 정신사적 허무를 그대로 형상화하는 것이다.

4. 역설적 죽음과 실존의식

앞에서 살펴봤듯이 고석규의 문학은 원점 의식, 즉 시원(始原)에 대한 형이상학적 그리움이 있다. 전쟁 체험으로 얼룩진 공간 속에서 혼자만의 자유를 찾다가 죄의식에 못 이겨 자신마저 감금시켜 버린 유폐의 시절, 모든 현실과의 차단에서 비롯된 공백의 상태, 즉 여백으로만 인식되었던 대상이 가장 본질적인 것이었음을 깨달음으로써 지난날의 공포의 기록 대신 무한의 아름다움으로 실존적 전환을 꾀하는 것이다. '나란 무엇인가'라고 스스로에게 묻는 행위는 결국 시원을 묻는 일이며, 이것이 바로 '여백의 존재성'이다. 전쟁은 그에게 내면의 깊은 상처와 상실감을 안겨 주었고 그 상실은 근원적인 부재[11]로까지 이어졌는데, 이제는 근원적인 부재의 표현이었던 '여백'이 오히려 새로운 존재의 가능성을 획득하게 하는 역설적 힘을 지녔다는 사실을 발견하게 된 것이다. '여백'은 실재에 대한 대립 개념인 동시에 정적 또는 무한이라는 개념과 동일한 것으로, 전후의 상황을 초극할 수 있는 유일한 지향성으로 생각했기 때문이다.

그의 시는 자신의 의식을 강하게 억누르는 죽음 자체에 대해 더욱 적극적으로 대응하는 자세를 보인다.[12] 전쟁의 참혹한 기억 속에서 죽음

11) 부재의식은 인간이 세계의 타락된 상태로부터 스스로를 구출해내는 과정 또는 세계에 대한 일상적 해석에 대한 회의를 말한다. 따라서 인간의 '부재'에 대한 자각은 "인간이 자기 고유의 본질 속으로 들어가는 길"이라고 규정할 수 있다. M. 하이데거, 전양범 역, 『존재와 시간』, 시간과공간사, 1992 참조.

12) 고석규는 그의 비평 「지평선의 전달」에서 죽음에 대한 자신의 입장을 분명하게 밝히고 있다. "저항은 지금의 나를 바로 잡고 지금의 나를 다시 넘으려는 지향 끝에서만 죽음이란 것을 앞으로 세운다. 지금의 나는 곧 죽음의 나로 전주(前走)하는 것이다. 던져진 내가 던져 가는 나로 새로이 나타나는 전기(傳記)의 질서가 곧 지금인 이상 죽음도 워낙 나의 결의적 관계 위에 나의 선택인 나의 실존과 동일한 것이며 세계의 허다한 부분들이 세계 전면에의 접촉을 개시하는 지금, 지금에 있는 나는 곧 지금이란 시간과도 일치하는 것일 것이다."(『여백의 존재성』, 책읽는사람, 1993, 52면)

이라는 공포를 뛰어 넘어야 했던 절박한 현실을 돌아보면서, 죽음을 공포의 대상이 아닌 유한성을 극복하는 방편으로 인식하는 것이다. 죽음은 인간 유한성의 극한으로, 죽음의 간접체험은 가장 중요한 실존적 체험이며, 현존재로 하여금 실존의 상황을 돌아보는 계기를 마련해 준다. 유한한 존재인 인간이 죽음을 극복하는 방법은 그것을 인간 존재의 가장 고유한 존재가능성으로 받아들이고 그것에 먼저 달려가 보는 것뿐이다. 죽음을 가능성으로 받아들일 때 현존재는 비로소 자신의 실존에 관심을 기울이게 되는 것이다. 인간은 세상에 내던져져 있는 존재인 동시에 죽음 속에 내던져져 있는 존재이므로 본질적으로 '불안'의 정서 속에 빠져 버릴 수밖에 없는데, 이 '불안' 속에서 인간은 자신이 '무(無)' 속에 내던져져 있음을 깨닫게 된다. 따라서 실존적인 경험은 죽음을 인식하는 데서부터 비롯되어 자신의 유한성을 깨닫고 스스로의 본래성으로 돌아가는 바탕을 마련하는 것이다.

죽음에 대응하는 양식은 '고유한 죽음'과 '낯설은 죽음'으로 나누어지는데, 전자는 죽을 자로서 자신을 받아들이는 것이고, 후자는 거부하는 것이다. 우리의 밖에서 우리의 삶을 향해 다가오는 생물학적 죽음이 '낯설은 죽음'이라면 '고유한 죽음'은 삶의 내재적인 필연성으로부터 오는 죽음이다.[13] '고유한 죽음'을 받아들일 때 죽음은 가장 고유한 그 자신의 일이 된다. 본래적인 실존 양상은 언제나 죽을 자로 유한하게 실존하는 나 자신을 끊임없이 새롭게 받아들이는 것이며, 그것은 결단을 갖고 죽음을 신중하게 받아들이는 것으로 이해된다.[14] 이것은 결국 존재에 대한 자의식으로 나타나는데, 고석규는 자신의 의식 속에 탁목조 한 마리를 키움으로써 늘 살아있음을 확인할 수 있었다. 끊임없이 자신의 목을 쪼아대고 갉아먹는 존재인 탁목조를 가슴속에 간직하면서 죽음에 적극적으로 대응하는 실존의식, 즉 살아있음을 의식하면 할수록

13) O. F. 볼노브, 최동희 역, 『실존철학이란 무엇인가』, 서문당, 1972, 148~151면 참조.
14) F. 짐머만, 이기상 역, 『실존철학』, 서광사, 1977, 45면.

죽음의식도 동시에 존재함을 알아차리게 되는 것이다.

내 마음의 깊은 산골
아침도 해 비치지 않는 파—란 어둠 속에는

뼈마다 아슬한 무엇을 쪼아대는
은밀한 소리가 있다

숨이 흘러간 사이……
그 사이로 간간이 울리는 소리에 젖어
마음은 눈감고 머리를 풀어 드린다

보이지 않는 높이에서
내몸의 가엾은 部分들이
발—간 粉처럼 떨어져 갈 때에는

아— 깊은 산골의 어디메서
强한 연기가 가득차 밀리고
年年 아픔없이 찍힌 내가
혼자 醉하여 잠이 든다

새는 날아가고 밤은 더욱 맑아오는데
달빛이 어리는 내 가슴 위에는
파—란 傷花가 꿈처럼 피어 있다

—「浸潤」 전문

탁목조는 날아가고 밤이 더욱 맑아 온다 해도 그의 가슴속에 남겨진 파—란 상화(傷花)는 꿈처럼 피어 있다. 살아있음의 의식이 결국은 죽음의식으로 이어지고 죽음은 살아있음의 의미를 다시금 깨닫게 함으로써, 죽음과 삶은 단절된 두 극단이 아니라 하나로 이어져 있는 유기체적 존재라는 사실을 말하고자 한다.[15] 다시 말해 살아있음이 죽음이고 죽음이 곧 삶을 의미하는 것이라는, 죽음을 완성하는 것이 오히려 삶을 완성하는 것이라는 역설적 의지가 바로 그의 궁극적 시정신이요 내면의 지향점임을 분명하게 보여주고자 하는 것이다.

불꽃을 흘리며 온다

나의 걸음은 피빛이 되어
어디로 가는가

끝내 凍結된 나의 짐은
어찌하여 나의 어디메에도
보이지 않는가

가느다란 音聲과
그 소리하는 自由를 許諾할 것인가

아로새긴 눈과 눈의 이슬만을
나는 믿어도 좋은가

바람비 속에서도
아름다운 繡繪의 그림자 속에서도

우리는 어찌하여
가는 約束을 어기지 못할까

불꽃을 흘리며……
별없는 地平線 가으로

15) 남송우, 「고석규, 그 미완의 문학적 행로」, 『고석규의 면모』(오늘의 문예비평 편), 책읽는사람, 1993, 144면.

또 다시 너의 모두가 사라지는 동안

내 凍結에도 달빛이 왔으면
파아란 파아란 달빛이 왔으면

—「前夜」 전문

새로운 아침, 빛나는 아침을 맞기 위해 고석규는 피빛 걸음으로 가야 하는 "전야(前夜)"를 넘겨야만 했다. 그러나 고석규가 안식해야 할 그의 집은 이미 "동결(凍結)"되어 있었고 어디에도 보이지 않았다. 그의 시는 논리적 이성으로 접근하기에 앞서 이미 삶의 끝을 경험해 버린 이가 남김없이 뱉어 놓은 실존의 고백으로 바라보아야 한다. "나는 무엇을 備忘하는 / 나는 아무래도 賢明한 背景에서 / 죽기를 바라는 일 뿐"(「虛無」) 이라는 단호한 말을 남기고 그는 떠나갔으며, "우리들 봄에는 鐵의 藝花가 필 것"이라고 믿었지만 끝내 봄을 보지 못하고 동결되고 말았다. 그는 남겨진 우리들에게 "더 먼 빛내에 묻혀 우리와 같이 다시 피워지려고 울지언정 눈물일랑 한 방울도 떨어뜨리지 말라"고 말했다. 그는 결코 죽은 것이 아니라 절망과 공포의 폐허 속을 헤매던 자신을 스스로 죽임으로써 다시 온전히 피어나려는 의지를 강렬하게 남겨 놓은 것이다. 그가 그토록 강렬하게 갈망했던 "파아란 파아란 달빛"은 전쟁으로 얼룩진 폐허의 현실과 자기 유폐의 형벌을 뛰어넘는 실존의 '빛'이었던 것이다.[16)]

16) 고석규의 현대시에 대한 태도는 시의 기교에 있는 것이 아니라 자신의 현재적 존재의 심정을 표현하는 방식에 있다고 할 수 있는데, 그것은 고통이며 자의식의 점검이다. 그의 죽음은 그 고통을 감당하지 못한 상태에 이르렀을 때 왔다. 전쟁에 대한 상처를 시라는 매개를 통해 초월하려고 했지만 그가 시창작보다는 비평에 더욱 몰두하면서 그 매개를 찾지 못하는 불안이 그를 더욱 더 고통 속으로 몰고 갔으리라 여겨진다. 그렇기 때문에 그는 우리 시사에서 그와 같은 자의식적 고통 속에서 문학을 한 김소월, 윤동주, 이상(李箱)에 관심을 기울였는지 모른다. 따라서 그들을 매개로 해서 자신의 존재방식을 찾으려 했으리라 생각된다. 고석규, 「문학과 문학하는 일」, 『여백의 존재성』, 앞의 책, 135~136면 참조.

5. 맺음말

고석규의 시는 1950년대 우리 시를 논의하는 일반적 기준인 전통파(서정파), 언어파(실험파), 현실파의 시적 경향과는 다소 거리가 있는 독특한 관점에서 이루어져 왔다. 그의 시는 당대의 여느 시인들이 전란이 할퀴고 지나간 초토화된 현실의 충격으로부터 도피하거나, 언어의 왜곡을 통한 풍자와 직접적인 현실 대응 등의 외면 지향성을 드러낸 것과는 달리, 전후 현실의 참담함과 절망적 상황을 내면 의식을 통해 형상화하고 있다는 점에서 독특한 시적 면모를 보인다. 전후세대 시들은 불행한 역사와 전쟁의 폐허 위에서 출발했다. 그들은 폐허를 헤집고 다니면서 그래도 무언가 남아 있을 지도 모른다는 기대를 갖고 찾는 노력은 애초부터 하지 않았다. 그 대신 그들은 화전민 의식을 갖고 자신들의 새로운 경작지를 개척하고자 하였지만, 이러한 개척 의지는 막연한 지향점에 불과하였으므로 대부분의 시인들은 부정·소외·단절·퇴폐·절망 등의 자기 방기적(放棄的) 성격을 드러내기에 급급했던 것이 사실이다.

고석규의 시는 이와 같은 50년대의 정신사적 흐름 속에서, 폐허와 상실의 정서를 관념적·추상적으로 바라본 것이 아니라 체험적 육화를 통한 리얼리티로 승화시키고 있다는 점에서 더욱 중요한 의미를 지닌다. 다시 말해 지성과 감성을 하나로 종합하는 체험의 가능성, 즉 종합적 체험의 추구를 현대시의 방향으로 설정하고 있는 것이다. 결국 그의 시는 1950년대 비평을 존재론적 차원에서 새롭게 이해하는 데 중요한 정신사적 궤적이 된다는 점에서 하나의 커다란 문학사적 의미를 지닌다. 특히 관념의 영역 속에서 모더니티의 탈을 쓰고 실험적 기법을 동원해 보거나, 전통적 서정시의 영역 속으로 함몰해 버린 일군의 시인들과는 달리, 기법적·소재적 차원이 아닌 인간의 실존적 차원에 관심을 기울여 존재탐구의 시를 썼다는 점을 주목해야 한다. 그리고 그의 비평들이 어느 정도 외래 지식의 원론적인 수용 및 그 적용에 관계될 수밖에 없는 다소 인위적인 글쓰기 방식이라면, 그가 쓴 시들은 오히려 시 장르 자체의 본질적인 성격을 지니고 있다는 점에서 1950년대의 현실적 체험과 아주 밀접한 연관을 갖고 있는 것이다. 또한 에세이적 글쓰기로 명명되는 그의 비지시적 언어관은 상징과 비유 등의 수사법을 기교의 차원에서 이해하지 않고 존재론적 차원에서 해명하고자 한 것으로, 그의 비평가적 위상은 바로 시정신에서 발현되었음에 틀림없다. 이러한 점을 볼 때 50년대 시사에서 거론조차 되지 않았던 그의 시에 대한 논의는, 50년대 비평사를 새롭게 쓰는 데는 물론 50년대 문학사의 방향성을 수정하는 데에도 중요한 전기(轉機)가 될 수 있을 것이다.

물론 고석규의 시와 비평은 함께 병행된 것이 아니라 시창작과의 단절이 곧 비평으로 이어지는 양상을 보이고 있다. 즉 1950년대의 현실 속에서 시장르가 가진 한계를 인식하고 그것을 극복하는 가능성으로 새롭게 비평을 모색한 것이다.[17] 하지만 한 인간의 내면 의식 속에서 비롯된 문학작품이 장르의 차이 때문에 전혀 이질적인 양상을 드러낸다는 판단은 지나친 비약일 수 있다. 고석규의 시와 비평은 분명히 동시에 쓰인 것은 아니지만, 그에게 있어서 50년대 초반을 함께 했던 시정신은 이미 비평 속에 충분히 용해되어 그 어떤 비평가들보다 감성적이고 시적인 비평 세계를 보여 주었다는 사실을 결코 간과해서는 안 된다.

고석규는 1950년대, 그 황폐하고 절망적인 시절을 이겨내지 못하고 26세의 젊은 나이로 요절하고 말았다. 10년도 채 안 되는 짧은 시기를 통해 5권 분량의 책을 묶어낼 만큼 그의 활동은 왕성했고 문학적 역량

17) 고석규는 "시가 홍성할 때 비평이 위축되고 비평이 홍성할 때 시가 위축된다"는 엘리어트의 관점에 비추어, "시가 위축된다는 사실은 오히려 비평이 시를 도와서 사회 및 세계와의 새로운 조정을 가능케 하는 결과를 낳으므로 시의 영역이 넓어지며 시의 효용 가치가 문제화되지 않을 수 없다"고 말한다. 이는 시에서 비평으로의 장르적 변모를 적극적으로 수행하는 고석규 문학의 지향점을 분명하게 보여주는 것이다. 고석규, 「비평가의 교양」, 『여백의 존재성』, 앞의 책, 106~107면.

또한 우리에게 시사하는 바가 크다. 그가 요절하지 않았다면 우리 현대 문학사의 지형도가 크게 달라졌을 것이라는 항간의 말들은 결코 과장된 평가가 아니다. 그의 문학은 저 신산했던 50년대가 저물면서 끝이 났지만, 그가 남긴 문학적 유산과 정신은 그대로 이어져 지금에 이르고 있다. 아직은 그의 시세계가 '여백'으로 남아 있지만 그 속에 '존재'의 의미가 더욱 구체적으로 채워진다면, 앞으로 1950년대 우리 시문학사를 새롭게 기술하는 데 있어서 중요한 의미를 지니게 될 것이다. 이것이 바로 그가 생전에 꿈꾸었던 '여백의 존재성'임에 틀림없다.

제 2 장

초정 김상옥의 시의식과 생명사상

1. 머리말

초정 김상옥은 1920년 통영 항남동에서 태어나 『참새』[1] 동인인 이찬근, 『토성』[2] 동인인 장춘식의 지도와 총애를 받으며 자랐고, 1930년 조

1) 1926년 9월 통영에서 출간된 최초의 근대 시조동인지로 4호에 이르기까지 384편이나 되는 작품을 실었다. 시조가 중심이었으나 자유시, 희곡, 한시 등도 몇 편 수록되어 있다. 탁상수·김기택·김준호·고두동·김낙제와 같은 이가 대표 동인이었고, 동인으로서 뚜렷한 이념을 내세우기보다는 시조에 대한 창작열을 채우는 자리였던 것 같다. 『참새』에 대한 연구는 임선묵, 『참새지 연구』(단국대 출판부, 1993), 송창우, 「경남지역 문예지연구」(경남대 석사논문, 1995)에서 자세히 살핀 바 있다. 박태일, 「근대 통영지역 시문학의 전통」, 『경남·부산 지역문학 연구』 1, 청동거울, 2004, 61~62면.

2) 동경유학생 문학동호인들로 이루어진 '백조'라는 친목 모임이 주축이 되어 만들어진 동인지로 시와 시조를 아울러 실었다. 주요 동인으로는 최상규, 최한기와 최삼한기

연현과 함께 시동인지 『아(牙)』 동인으로 활동했으며, 1938년 김대봉의 권유로 김용호・함윤수 등과 같이 『맥(貘)』 동인으로도 활동하면서 「모래알」,[3] 「다방」 등을 발표했다. 1939년 가람 이병기에 의해 『문장』에 시조 「봉선화」가 추천되고 1941년 『동아일보』 신춘문예에 시조 「낙엽」이 당선되어 본격적인 작품활동을 시작했다. 그는 시조 창작을 중심으로 활동했지만, 시・동시・수필 등 여러 장르에 걸쳐 작품을 썼고, 서화(書畵)・전각(篆刻)・도자(陶磁) 등 다양한 예술분야에서 두루 역량을 발휘했다.[4]

지금까지 논의된 그에 대한 평가를 살펴보면, 김동리는 『초적』에 대해서 "형식은 비록 시조에서 빌렸으되 시조의 낡은 틀에 구애됨이 없고, 이름은 비록 '풀피리'라 붙였으되 풀피리처럼 가냘프지는 않으면서 순박하고 청아하고 神妙한 운율로 율격미에 초점을 두고 있다"[5]고 했고, 조연현은 그의 시세계가 "동심에 가깝도록 소박하고 섬세한 감성"[6]을 지녔다고 보았다. 그리고 이근배는 "초정 김상옥은 시조사에 한 획을 그어

형제, 그리고 박명국, 장춘식이 있었다. 1922년 유치환, 유치진 형제가 가세하면서 이름을 '토성회'로 고쳤다. 그들이 낸 『土聲』은 유인본으로 시와 수필, 소설, 평론 따위를 20~30쪽 분량으로 매번 100권 정도 묶어냈다고 한다. 박태일, 위의 책, 64면.

3) 만 18세에 발표한, 현재까지 전해오는 김상옥의 최초 작품이다. 그의 시세계가 생명의식에 깊이 뿌리를 내리고 있음을 3연에서 확인할 수 있다. 그 전문을 옮기면 다음과 같다. "본디 너 어느 海中의 크나큰 바위로 / 波濤의 毒牙에 깨물린 千劫의 가진 風霜을 / 이제 여기서 다시금 回想하누나. // 저 밀려오는 潮水의 咆哮! / 反抗도 없으나 屈從 또한 없었거니, // 몸은 닳고 쓸리어 적어만 가도 / 너 마음 限 없이 限 없이 넓어 만져, / 쓸모없이 肉重한 體軀는 모조리 내 던지고 / 오직 참된 靈魂만 가지려는 / 오오 너의 意圖여.(『맥』 3집, 1938.10; 김보한, 「초정 김상옥선생과 나의 인연」, 『작가와사회』, 2004년 겨울, 231면에서 재인용)

4) 생전에 그가 남긴 작품집을 열거하면, 시집・시조집・동시집으로 『초적』(수향서헌, 1947), 『이단의 시』(성문사, 1949), 『고원의 곡』(성문사, 1949), 『석류꽃』(현대사, 1952), 『의상』(현대사, 1953), 『목석의 노래』(청우출판사, 1956), 『꽃 속에 묻힌 집』(청우출판사, 1958), 『삼행시』(아자방, 1973), 『묵을 갈다가』(창작과비평사, 1980), 『향기 남은 가을에』(상서각, 1988), 『느티나무의 말』(상서각, 1999)이 있고, 산문집으로 『시와 도자』(아자방, 1976)가 있다.

5) 김동리, 「『草笛』의 樂之譜」, 『민중일보』, 1947.8.20.

6) 조연현, 「안정과 반항」, 『현대한국작가론』, 문예사, 1953, 113면.

놓은 시인이며, 그는 가람, 노산, 조운의 시조에서 한 걸음 뛰어 내딛고 있다"[7]고 했고, 유성규는 "노산 이은상의 관념적 특성과 가람 이병기의 사실적인 청신한 감각을 취합하여 새로운 현대시조의 지표를 마련했다"[8]고 평가했으며, 박태일은 탁상수, 고두동에서 비롯되어 김상옥, 장응두를 거쳐 박재두로 거듭된 시조 우위의 전통을 드러냈던 통영지역 시문학의 전통에 주목하여 김상옥의 문학사적 위치를 자리매김하였다.[9]

이처럼 김상옥에 대한 기존 논의는 대체로 언어감각, 시적 감수성, 전통에 대한 인식, 그리고 시조문학사적 위치 등에 초점을 두고 전개되었지만, 아직까지 그에 대한 연구가 본격적으로 이루어졌다고 보기는 어렵다.[10] 하지만 그의 시조가 우리 근대 시조문학에 있어서 아주 중요한 위치를 차지한다는 데 대해서는 별다른 이견이 없다. 그렇다면 앞으로 그에 대한 연구는 무엇보다도 작품 해설 위주의 일반적 경향을 뛰어넘는 새로운 관점의 정립이 필요한데, 본고는 이러한 관점을 마련하기 위한 전제로서의 성격을 지닌다.

첫째, 그의 시작 활동이 시조와 자유시에 걸쳐 이루어졌다는 점과 그의 시조가 엄격한 정형에 구속되지 않는 파격을 두드러지게 드러냈다는 점을 주목할 필요가 있다. 이를 통해 그의 시에 나타난 장르의식과 세계관의 토대를 이해할 수 있을 것이다. 둘째, 그의 시에 나타난 전통성과 서정성을 이해하기 위해서는 의인화된 사물을 주요 제재로 하는 동일화 전략과 서정의 본질에 대해 살펴볼 필요가 있다. 특히 우리의

---

7) 이근배, 「초정 김상옥의 작품」, 『시조생활』, 1989년 여름, 61면.

8) 유성규, 「초정 김상옥의 시세계」, 『시조생활』, 1989년 여름, 52~53면.

9) 박태일, 앞의 책, 84면.

10) 오승희는 『시조문학의 공간과 구조』(시와비평, 1993)에서 이병기・이은상・조운・이영도・이태극과 함께 김상옥의 시조를 공간구조의 양상을 중심으로 살폈고, 김민정은 「현대시조의 고향성 연구」(성균관대 박사논문, 2002)에서 이태극・정완영과 함께 김상옥의 시조를 고향의식과 전통의식을 중심으로 논의했지만, 이전의 논의를 답습하는 작품 해설의 수준에 머물렀다는 점에서 아직까지 그에 대한 연구가 본격적으로 전개되었다고 보기는 어렵다.

문화유산들을 주요 제재로 선택한 그의 시적 태도는 자아와 세계의 동일성에 바탕을 둔 생명사상을 구현하는 가장 효과적인 전략이 된다는 점을 주목해야 할 것이다.

2. 유기론적 장르의식과 서정의 본질 탐구

주지하다시피 시조는 3장 6구 4음보의 엄격한 형식적 통제를 미학적 토대로 삼는 장르다. 따라서 시조문학에서 형식은 단순히 내용을 담는 그릇 이상의 절대적 의미를 갖는다. 이는 전통적으로 음악과의 밀접한 관련 속에서 성장해온 시조 장르의 역사적 성격에서 비롯되는 것이지만, 음악성을 잃어버린 근대시조에 와서도 율격구조로서의 시조 형식은 여전히 엄격한 형식적 구속을 지니고 있었다. 결국 시조는 내용과 형식의 결합으로서의 정형성을 가장 근본적인 장르의 성격으로 규정하고 있다.

하지만 현대에 와서 이러한 시조의 장르적 성격은 음수통제나 율격구조와 같은 음악성에 너무 얽매인 나머지 시적 감수성을 통제하고 억압하는 폐쇄적 구조로 작용한다. 고시조처럼 가창되지 않는 현대시조마저 음악성에 기초한 형식적 통제를 지나치게 강조하는 것은 문제가 있다. 변화와 창조의 가능성을 열어놓지 않은 장르는 이미 죽은 장르나 다름없기 때문이다. 이런 점에서 김상옥은 현대시조의 구조적 한계에 대한 비판적 문제의식으로, “시조의 정형하면, 고정(固定), 정형(定形)의 뜻이 아니라 정형(整形)의 표현이다. 명확하게 규정된 틀이 아니라 다듬어지면서 표현되는 정형(整形)이라는 뜻”이라고 하면서, “우리 시조를 연구하는 사람 중에서 음보, 악보, 악곡 등 음악성에 대해 고민하는 연구자를 많이 볼 수 있는데, 시조는 문학성이 중심되어 연구되어야 한다”[11]고 주장했다. 그가 ‘시조’라는 명칭 대신에 ‘삼행시’[12]라는 용어를 썼던 이유도 이와 같은 시조 장르의 형식적 한계에 대한 비판적 성찰에서 비롯된 것이다. 따라서 그는 내용에 따른 형식 혹은 형식에 맞는 내용을 올바르게 구현하기 위해 시조의 형식에 얽매이지 않고 시와 동시를 넘나드는 다양한 시작 활동을 펼쳤다.

이처럼 김상옥의 시의식은 “구속을 받아들이면서 동시에 그 구속에서 벗어나는 경지”를 추구했다. 즉 “새로운 양상의 시조 형식, 시조 형식을 벗어난 시조 형식, 시조 형식이라는 것을 인지하지 못하게 하는 시조 형식이라고 하더라도 그것은 여전히 시조 형식일 수 있다”[13]고 생각했기 때문이다. 다시 말해 시조 형식은 시창작의 목적과 시적 의도에 따라 변화하는 유기체적 속성을 지니고 있으므로, 시조 형식의 변화는 장르 자체의 해체나 파괴를 초래하는 근본적인 문제를 발생시킨다고 보지는 않았던 것이다. 결국 그의 장르의식은 형식적 구속을 수용하면서도 이를 변형시켜 시적 자유를 실현하는 역설적 인식으로 내용과 형식의 긴밀한 결합을 강조하는 유기론적 장르의식을 드러냈다.

> 삼라만상은 어느것 없이 다 우주에 담겨 있다. 우주가 만물의 그릇이라면 묘(妙)한지고. 그 만물의 영장인 사람도 곧 그의 사유(思惟)를 담는 그릇이다. 그릇도 그릇 나름, 사람도 사람 나름, 독과 같이 큼직하여 운두가 높은 것도

---

11) 김상옥, 「시조 창작의 변」, 『시조학 논총』 제11집, 1995, 127면.

12) 초정은 처음부터 시조라는 명칭이 지닌 가창적인 요소에 만족치 못했던 것으로 보인다. 그는 첫 작품집 『초적』을 시조시집이라 부르고 『현대문학』에 발표한 시조작품을 「속(續) 초적집초(草笛集抄)」(1958.2), 「근조수제(近調數題)」(1963.3) 등으로 부르다가 「삼행시(三行詩)」(『시조문학』, 1969.9), 「근작삼행시초(近作三行詩抄)」(『현대문학』, 1968.2), 「근작삼행시장단형삼편(近作三行詩長短形三篇)」(『현대문학』, 1971.1), 「삼연시이수(三聯詩二首)」(『묵을 갈다가』, 1981) 등으로 묶어 시조라는 명칭 대신에 ‘삼행시’라는 새로운 명칭을 제시하였다. 그가 시조의 3장 형태를 3행시란 용어로써 대체시키고 있는 것은 장 구분에 포함된 창곡적인 요소를 제거하고 시 일반에 통용되는 시행으로 파악하고자 함으로 보인다. 정혜원, 「김상옥 시조의 전통성」, 김제현·이지엽 편, 『한국현대시조작가론』 I, 태학사, 2002, 90~91면.

13) 장경렬, 「끌어안음과 뛰어넘음의 미학」, 『촉촉한 눈길』(김상옥), 태학사, 2001, 125면.

있고, 조금만 대질러도 담긴 것이 엎질러지는 얄팍한 접시류도 있고, 또 게다가 오목한 항아리와 홀쭉한 병들도 있어, 그것이 다시 형형색색이니 묘하다. 그나 그뿐인가, 외모로 보아 서로 비슷한 그릇일지라도, 그 속에 맑고 시원한 샘물을 담은 그릇이 있는가 하면, 또 꼬롬하고 텁텁한 젓갈을 담은 그릇도 있을 법하다. 그리고 또 감미(甘味)한 봉밀(蜂蜜)을 담은 그릇이 있는가 하면, 방순(芳醇)한 독주(毒酒)를 담은 그릇도 있을 법하니 묘하다.[14]

"삼라만상이 어느 것 없이 다 우주에 담겨 있어 우주가 만물의 그릇"이라는 인식은 그릇이라는 형식과 그 안에 담기는 내용의 유기론적 결합을 강조하는 것이다. "그릇도 그릇 나름, 사람도 사람 나름"이란 데서 알 수 있듯이, 형식과 내용의 결합은 이미 규정된 통념에 따르는 무조건적 절대성을 지니는 것이 아니라 그 "나름"의 상대성을 지니고 있기 때문이다. 따라서 형식과 내용의 관계는 서로를 규정하는 변증법적 통합을 통해 하나의 유기체적 질서를 지향한다. 이러한 유기론적 장르의식은 그가 사물을 바라보는 태도에서도 분명하게 드러난다. 사람도 사유를 담는 그릇이란 생각에서 짐작할 수 있듯이, 그에게 사람과 사물 혹은 자연은 전혀 구별되지 않는 만물의 일체로서의 성격을 지니고 있는 것이다.[15] 따라서 그는 사물을 사물 그대로 인식하지 않고 의인화하여 바라봄으로써 자신과의 일체감을 형성하도록 한다.

서정시는 자아와 세계의 동일성을 추구하는 장르다. 여기에서 동일성은 동화와 투사의 두 가지 전략을 통해 실현된다. 동화는 시인이 세계를 자신의 내부로 끌어들여서 그것을 내적 인격화하는 세계의 자아

14) 김상옥, 「妙한 일, 妙한 일」, 『시와 도자』, 아자방, 1975, 38면.
15) 자연과 인간은 둘이면서 하나가 되어(二而爲一), 생명 전체가 서로 융화하고 교섭하는 것으로 받아들여지는 것이 유기론이다. 유기론에서 우주는 생명을 지닌 동적 유기체이므로 만상을 포괄하는 생명의 약동이며 만상에 충만한 대생기(大生氣)가 있다고 인식한다. 우주는 보편생명이 유행하는 장대한 경계이고 모든 현상 속에는 생명의 원동력이 잠재해 있다고 보는 것이다. 이처럼 유기론은 자연적인 것과 인간적인 것의 직접적 통일양식으로서의 일원론적인 전체론이라고 할 수 있다. 구모룡, 『한국문학과 열린체계의 비평담론』, 열음사, 1992, 18~19면.

화이고, 투사는 자신을 상상적으로 세계에 투사하는 것, 곧 감정이입에 의해서 자아와 세계가 일체감을 이루도록 하는 것이다.[16] 이러한 동일화 전략은 사물의 의인화를 기본적인 속성으로 한다. 이는 사물과 인간을 수평적 관계로 인식하는 것으로 인간 우위의 수직적 질서에 의해 지배된 문명의 황폐화를 근본적으로 성찰하는 문제의식을 담고 있다. 김상옥에게 이러한 생명의 일체감은 시작 활동 초기부터 일관되게 추구한 뿌리깊은 시정신이었다. 따라서 생명의 현상에 대한 외경과 생명 본연의 모습에 대한 갈망으로 신성의 세계를 구현하는 물활론적 세계관과 신화적 세계에 대한 동경을 드러내는 서정의 본질[17]은 그의 시가 궁극적으로 지향하는 생명사상의 토대라고 할 수 있다.

> 孔雀이 華麗한 날개를 가지게 되자 그 몸의 動作까지 拘碍되는 안타까운 悲哀를 본다. 이것은 生物學에서만 發見되는 現狀(現實)이 아니다. 歷史의 焦點을 構築한 現代人에 이르러서 더욱 燦爛한 文明의 進化를 보였다. 그러나 어느새 生命(靈魂)의 純粹性은 여지없이 退化되고 만 것이다.
>
> 오늘 우리에게 아무리 反省과 豫感을 可能ㅎ게 하는 意識의 世界가 있다손치드래도 그 散漫性은 드디어 純粹한 機微 ― 生命의 原形을 고스란히 喪失하였을 뿐이다.
>
> 생각ㅎ건대 果敢한 人間의 生命은 다만 그 原形만을 維持하고 있을 수 없었을 것이다. 차라리 進化가 아니면 退化라도 敢行하여야 하는 것이 生命의 生命다운 面貌일 것이다. 뿐만 아니라 이것이 또한 보다 無缺한 저 高次元의 生命을 創造하려는 宿命的 求道의 歷程일 것이다.
>
> 그러나 여기서 우리의 救援(光明)은 오직 悲慘한 自覺이 있을 뿐이다. 아직 우리 日常의 적은 몸짓에서도 暗暗히 흐르는 샤마니즘에의 向日性을 도로 發見한다. 우리의 自覺은 먼저 이런 것을 발판으로 차츰 스스로의 向方을 찾어 昇華하여 갈 것이다.[18]

---

16) 김준오, 『시론』, 삼지원, 1997, 39~40면.
17) 김경복, 「서정과 유토피아」, 『서정의 귀환』, 좋은날, 2000, 17~18면.
18) 김상옥, 『목석의 노래』 후기, 청우출판사, 1956, 130~132면.

인용문에서 김상옥은 '공작의 날개'를 비유로 "문명의 진화"로 인해 "생명의 순수성은 여지없이 퇴화되고 만" 현실을 비판적으로 성찰하고 있다. "차라리 진화가 아니면 퇴화라도 감행하여야 하는 것이 생명의 생명다운 면모일 것"이라는 데서 알 수 있듯이, 그에게 문명의 발전은 오히려 "생명의 원형을 고스란히 상실"하는 퇴행적 결과로 인식될 뿐이다. 따라서 그는 시창작을 통해 "진화"보다는 "퇴화"의 역설적 가치를 강조함으로써 더욱 고차원적인 생명을 창조하는 구도자의 길을 찾아내고자 한다. 그가 우리의 일상 속에 "암암히 흐르는 샤머니즘에의 향일성"을 발판으로 새로운 방향을 찾고자 하는 이유도 바로 여기에 있다. 또한 그의 첫 시집 『초적』에서 보여준 고전적 문화유산에 대한 관심 역시 이러한 전통적 회귀의식과 결코 무관하지 않다. 이는 "근원으로 돌아가고자 하는 욕망"19)으로, 문명의 폐해가 고스란히 남아 있는 역사적 현실과 인간의 상처를 근본적으로 치유하고자 하는 시적 통찰을 담고 있는 것이다.

이상에서 살펴봤듯이 김상옥의 시의식은 유기론적 장르의식과 서정의 본질에 대한 탐구에 바탕을 두고 있다. 그에게 시(시조)는 생명사상을 구현하는 가장 본질적인 장르이므로 서정의 본질에 대한 탐구는 시작 활동의 가장 기본적인 토대가 되지 않을 수 없다. 다시 말해 그에게 서정의 형식은 생명사상이라는 내용을 가장 효과적으로 담아내는 그릇으로서의 성격을 지니고 있는 것이다.

---

19) 에른스트 피셔는, "근대의 서정시에는 두 개의 대립적인 경향이 있다. 그 하나는 어떤 '마법'으로부터 자유로운, 완전히 의식적인 방법으로 시를 구성하려는 경향이며, 다른 하나는 '근원'으로 돌아가고자 하는, 낱말의 관습적인 의미와 결합을 벗어버리고 거기에다 젊음의 신선함과 오랜 동안 잊혀졌던 마법적인 의미를 복원하고자 하는 욕망을 가리킨다"고 했다. 여기에서 서정은 근대라는 역사사회적 환경 속에 놓인 인간에 대한 통찰을 내포하고 있는 것으로, 근대적 삶의 양식에 대한 반성을 제기하는 것으로 볼 수 있다. 에른스트 피셔, 김성기 역, 『예술이란 무엇인가』, 돌베개, 1984, 176면.

3. 전통서정과 생명사상의 구현

김상옥의 시는 자연친화적 정서와 향토적 서정을 바탕으로 한 전통서정의 세계를 보여준다. 그의 시에서 자연은 단순한 정물로서의 대상이기보다는 대부분 고향에 대한 그리움을 담고 있는 정서적 대상으로 변용된다. 그가 태어나고 자란 통영에 대한 원초적 그리움과 잃어버린 것들에 대한 향수를 자연을 매개로 하여 형상화하고 있는 것이다. 따라서 그에게 자연은 내면의 정서가 투사된 인간화된 자연이고, 고향으로 돌아가고자 하는, 근원적 시간의식이 내재된 자연이다. 이러한 자연친화적 세계인식과 근원적인 것에 대한 동경은 근대의 유기론적 사유와 맥락을 같이 한다. 근대의 유기론은 근대주의에 파괴되고 분열된 현실을 초극하는 '유기적 전체'에 대한 갈망을 담고 있기 때문이다.[20]

> 눈을 가만 감으면 구비 잦은 풀밭길이
> 개울물 돌돌돌 길섶으로 흘러가고
> 白楊숲 사립을 가린 초집들도 보이구요
>
> 송아지 몰고 오며 바라보던 진달래도
> 저녁 노을처럼 山을 둘러 퍼질것을
> 어마씨 그리운 솜씨에 향그로운 꽃찌짐!
>
> 어질고 고운 그들 멧남새도 캐어오리
> 집집 끼니마다 봄을 씹고 사는 마을

---

20) '유기적 전체'의 이상은 과거에서 찾아지므로 전통은 근대 유기론의 중요한 이론적 근원이 되고, 사유방법에 있어서나 세계관에 있어서 사유의 연원으로 작동한다. 다라서 근대의 유기론은 우주론적인 생명론을 전개하거나 원시적이고 자발적인 생명력과 자기표현 및 감정의 영역을 중시하는 미학으로 발전한다. 구모룡, 「시학과 유기론적 대안」, 『제유의 시학』, 좋은날, 2000, 23면.

감았던 그 눈을 뜨면 마음 도로 애젓하오.

—「思鄕」(『초적』, 8~9면)

제목에서 충분히 알 수 있듯이 인용시는 고향에 대한 절절한 그리움을 담고 있다. 화자는 가만히 눈을 감고서 고향의 옛풍경들을 떠올린다. 구비 잦은 풀밭길, 돌돌돌 길섶으로 흐르는 개울물, 백양숲 사립을 가린 초집이 한데 어우러진 고향의 모습은 그 자체로 생명의 본연성을 간직하고 있는 세계다. 그곳은 "향그로운 꽃찌짐", "봄을 씹고 사는 마을"에서처럼 우리의 모든 감각을 자연스럽게 열어주고, "송아지 몰고 오며 바라보던 진달래도/ 저녁 노을처럼 산을 둘러 퍼지"는 풍경에서처럼 사람과 자연의 조화롭고 아름다운 참모습을 보여주기도 한다.

이러한 자연친화적 공간과 향토적 서정의 세계는 외적 풍경으로만 각인되는 것이 아니라 "어마씨"와 "어질고 고운 그들"과 같은 추억속의 사람들에 대한 그리움으로 내면화되기도 한다. 특히 육친에 대한 원초적 그리움은 첫 시집 『초적』 곳곳에 산재해 있는데, 「봉선화」, 「어무님」, 「안해」, 「누님의 죽음」 등에서 이러한 정서는 더욱 현실감 있게 전달된다.

비오자 장독간에 봉선화 반만 벌어
해마다 피는 꽃을 나만 두고 볼것인가
세세한 사연을 적어 누님께로 보내자

누님이 편지 보며 하마 울까 웃으실까
눈앞에 삼삼이는 고향집을 그리시고
손톱에 꽃물 들이던 그날 생각 하시리

양지에 마주 앉아 실로 찬찬 매어주던
하얀 손 가락 가락이 연붉은 그 손톱을

지금은 꿈속에 본듯 힘ㅅ줄만이 서노나

—「鳳仙花」(『초적』, 13~14면)

1939년 가람 이병기에 의해 『문장』에 추천된 작품으로, "타고난 시인이 아니고는 아니 될 것"으로 "우리 語感, 語例를 새롭게 살리는 말법을 쓰는 것이 더욱 용하다"[21]는 극찬을 받은 작품이다. 토속적 소재와 세련된 언어감각에서 빚어진 이미지의 선명함은 마치 지금 눈앞에서 누님의 모습을 보는 것 같은 감동을 자아내게 한다. 또한 '비—봉선화—누님—편지—고향집—꽃물'로 이어지는 자연스런 연상의 세계는 아스라이 잊혀진 아름다운 유년의 추억을 실감 있게 떠올리게 한다. 이처럼 김상옥의 시는 "감았던 그 눈을 뜨면 마음 도로 애젓하"고, "지금은 꿈속에 본 듯 힘줄만이 서"는 상실된 추억의 세계에 대한 안타까움을 내면 깊숙이 간직하고 있다. 이 때문에 그의 시는 자꾸만 뒤를 돌아보거나 유년의 기억 속을 맴도는 근원적 시간의식에 머무르고 있다. 그에게 고향과 유년의 기억은 근대적·도시적 삶을 살아가는 현실적 자아를 근원적으로 성찰하는 반성적 기제로 서정의 본질을 내재한 시적 유토피아인 것이다.[22]

이러한 유토피아 지향성은 '민족적 고향과 근원에 대한 탐색'으로 이어지면서 더욱 심화된 세계를 보여준다. 우리 근대시조에서 육당 최남선과 노산 이은상이 역사적 사실이나 유적지 등의 순례를 통한 애국심의 고취를 드러냈던 것처럼, 초정 김상옥의 경우는 문화재를 통한 한국미의 재발견을 모색하는데 주력하였던 것이다. 이러한 그의 노력은 우리의 문화재나 유적에 대한 깊은 자각이 없었던 일제하의 현실에서 이루어졌고, 그 자신이 항일운동과 관련되어 옥살이를 하기도 했다는 점

21) 이병기, 「시조를 뽑고」, 『문장』, 1939, 180면.

22) 동일성의 세계를 잃어버린 자아가 찾아가는 길 중의 하나는, 추억의 세계를 복원함으로써 '통시적 동일성'에의 갈망을 보여주는 것이다. 이광호, 『위반의 시학』, 문학과 지성사, 1993.

에서 다분히 항일적 성격을 지닌 것으로 평가되기도 한다. 하지만 자신의 태도가 "너무 미지근하고 행동(行動)함이 없었음을 나는 이제사 뉘우치고 스스로 오장(五臟)을 찢고 싶은 그러한 불같은 미움을 금(禁)하지 못하옵니다"[23]라는 고백에서 알 수 있듯이, 그의 시의식 깊숙이 내재된 문화적 유물에 대한 관심과 애정은 적극적인 항일의 성격을 지녔다기보다는 역사와 현실에 대한 참회의 정신을 드러낸 것으로 이해하는 편이 타당하다. 다만 그의 시세계는 관념적이고 당위적인 방향에서 항일을 외치던 여느 시인들과는 달리 구체적 사물과 장소에 민족혼을 불어넣음으로써 민족적 동일성을 지켜나가려 했다는 점에서 문학사적 의미 부여를 할 수 있는 것이다.

『초적』 제3부 「노을빛 구름」에는 이와 같이 문화적 유물 혹은 역사적 유적을 소재로 한 시가 집중적으로 수록되어 있다. 「청자부(青磁賦)」, 「백자부(白磁賦)」, 「옥적(玉笛)」, 「십일면관음(十一面觀音)」, 「다보탑(多寶塔)」, 「촉석루(矗石樓)」, 「선죽교(善竹橋)」, 「무열왕릉(武烈王陵)」, 「포석정(鮑石井)」 등의 작품이 그것이다. 특히 그의 '도자(陶磁)'에 대한 관심은 아주 특별했는데, 『삼행시』에서도 「항아리」, 「이조(李朝)의 흙」, 「내가 네 방(房)안에 있는 줄 아는가」, 「관계(關係)」, 「포도인영가(葡萄印靈歌)」, 「착한 마법(魔法)」, 「금(金)을 닝마로 하는 술사(術師)에게」 등의 작품이 모두 도자(陶磁)를 시적 대상으로 삼고 있다.

> 詩와 陶磁는 사실상 별개의 것입니다. 그렇지만 도자기를 詩와 더불어 이야기 못할 것도 없다고 생각합니다. 왜냐? 비유컨대, 詩는 언어로 빚은 '도자기'라고 말할 수 있다면, 도자기는 흙으로 빚은 '詩'라고 말할 수 있겠기에 말입니다.
>
> 여기 '言語'란 말이 나왔지만, 소리로써 의사를 전달하는 우리네 일상의 '언어'가 있고, 또 소리 아닌 어떤 造形으로 의사를 전달하는 이른바 '造形言語'

23) 『초적』 후기, 70면.

라는 말도 있습니다. 때문에, 詩란 반드시 언어로만 빚어질 것이 아니라, 흙으로 즉 '조형언어'로 빚을 수도 있다는 말입니다. 저는 여태껏 詩를 썼지만, 詩에서 詩를 공부하기보다는 차라리 도자기에서 더 많이 詩를 공부한 경험이 있습니다.[24)]

이처럼 그에게 '도자'는 단순한 소재로서의 의미에 국한되지 않고 '시'와 동일한 차원에서 동양의 신비와 한국 멋의 정수를 담아내는 가장 훌륭한 그릇으로서의 의미를 지니고 있다. 즉 '도자'는 '흙으로 빚은 시'라고 할 수 있는데, 여기에 담긴 세계는 "참선을 하지 않아도 불립문자(不立文字)하는 저 고고한 선미(禪味)"를 지향한다. 결국 "선미(禪味)와 운치(韻致)는 동양 정신이 남겨놓은 마지막 여백"으로, "이 여백은 스스로를 몰각하는, 아니 그 본연으로 귀의하는 무관심"의 사상을 낳고 있는 것이다. 이런 점에서 그는 "아무리 흙으로 빚어내었기로서니 백자(白磁)여! 네 앞에서는 무릇 무엇이나 제 존재를 감히 주장하고 나설 수가 없고나! 이 의연한 무관심 앞에 어찌 내노라 하고 나서서 뽐낼 자가 있겠느냐"[25)]고 하면서 백자의 본연적 생명성 앞에서 경외감을 드러내기도 한다.

찬서리 눈보래에 절개 외려 푸르르고
바람이 절로 이는 소나무 굽은 가지
이제 막 白鶴 한쌍이 앉아 깃을 접는다

드높은 부연 끝에 風磬소리 들리던 날
몹사리 기달리던 그린 임이 오셨을 제
꽃아래 비진 그 술을 여기 담아 오도다

갸우숙 바위틈에 不老草 돋아나고

---

24) 김상옥, 『시와 도자』, 아자방, 1975, 52~53면.
25) 김상옥, 위의 책, 69~70면.

彩雲 비껴 날고 시내물도 흐르는데
아직도 사슴 한 마리 숲을 뛰어 드노다

불속에 구어내도 얼음같이 하얀 살ㅅ결!
티 하나 내려와도 그대로 흠이 지다
흙속에 잃은 그날은 이리 純朴하도다

—「白磁賦」(『초적』, 49~50면)

이 작품은 백자의 고아함을 드러내는 데 그치는 것이 아니라 동양의 신비와 한국의 미와 멋을 집중(集中)[26]의 수법을 통해 생동감 있게 형상화하고 있다. 즉 찬서리 눈보라에도 굽힘 없는 소나무의 의연함과 숭고함은 씩씩한 기상의 징표로, 소나무에 어우러진 백학 한 쌍은 정결과 고고함을 상징화한다. 그리고 백자의 얼음같이 하얀 살결은 흙의 정제, 불기의 정화로 도달된 고결함을 담고 있어서 백자의 소박미와 단순미의 이면에는 엄청난 함축과 정제가 깔려있음을 보여준다. 또한 백자는 드높은 부연 끝의 풍경소리 들으며 기다리던 님이 꽃 아래 빚은 술을 담아오는 그릇으로 형상화됨으로써 인고의 끝에 비로소 발견되는 운치와 향기를 느끼게 한다. 뿐만 아니라 "불로초", "사슴", "채운" 등에서는 한 폭의 동양화가 지닌 격조와 신비감[27]을 불러일으킴으로써 동양미학의 정수를 경험하게 한다.

이처럼 그는 도자의 세계를 통해 여백의 순수성을 지닌 동양의 예술정신을 높이 평가하고 이를 자신의 시정신과 일치시킴으로써 생명사상의 시적 형상화에 도달하고자 했다. 그가 흙에서 비롯하여 이조 백자가 완성되는 과정에 특별히 주목하여 이를 시창작 과정과 연관지으려는 태도 역시 유기체적 생명의식을 깊숙이 내재한 시의식에서 비롯된 것으로 이해할 수 있다.

---

26) 백기수, 『미의 사색』, 서울대 출판부, 1986, 163면.
27) 주강식, 「현대시조의 양상 연구」, 동아대 박사논문, 1990, 36면.

솔씨가 썩어서 송진을 게워내기까지
송진이 굳어서 반쯤 蜜花가 되기까지
용하다 李朝의 흙이여 너는 얼마만큼 참았는가.

슬픈 손금을 달래던 마음도 네게로 가고
그 숱한 비바람도 다 네게로 갔는데
지금쯤 李朝의 흙이여 너는 어디만큼 닿았는가.

하룻밤 칼을 돌려대고 五百年 훔쳐온 이름
어느 골짜기 스스로 無垢한 눈을 길러
끝끝내 찾아낸 네 乳白의 살은 또 어디로 옮겼는가.

—「李朝의 흙」(『三行詩』, 28~29면)

이조 백자는 "솔씨가 썩어서 송진을 게워내"고 "송진이 굳어서 반쯤 밀화가 되기까지"의 세월만큼이나 오랜 인고의 세월을 거쳐서 만들어진 흙의 생명력으로 창조된 것이다. 여기에서 시인은 완성된 백자의 아름다움 이전에 "무구한 눈"을 지닌 흙의 원형적 상징성을 동경한다. 이는 흙의 생성에서부터 백자의 완성에 이르는 도자의 창작과정을 생명현상의 유기적 과정으로 인식함으로써 이를 통해 우주의 생명적 진실을 발견하는 시정신을 깨우치고자 함이다. 시정신은 생 속에 내재하는 생명현상으로서의 "생성하는 자연"으로, 시인과 자연에 내재하는 우주의 생명적 본성을 담은 시창작에 있어서 태반에 해당하는 것이다. 이러한 인식과 태도는 시를 하나의 생명체인 유기체로 보고 시작의 과정을 생명의 현상으로 인식함으로써 "시는 생명 그것의 표현"이고 "시의 세계는 질서와 조화의 세계"이고 "하나의 우주"[28)]라고 사유하는 시유기론에 깊숙이 닿아 있다.[29)]

28) 조지훈, 『시의 원리』, 나남, 1996, 26~27면.
29) 구모룡, 『한국문학과 열린체계의 비평담론』, 열음사, 1992, 29~59면 참조.

김상옥의 시는 "적막"(「백자」)의 깊이와 "부재"(「부재」)의 넓이가 느껴지고, "정적"(「미물」)의 깊이와 "정지"(「정지」)의 넓이가 느껴진다. 즉 그의 시세계는 그 어떤 현세적 욕망이나 갈등을 뛰어넘어 초월의 영역에 자리 잡고 있다. 현실을 초월하여 세계를 관조하고 이를 통해 인간의 삶과 자연이 갖는 초월적 의미를 확인하는 도인(道人)의 직관적 시선이 그의 시세계를 지배하고 있는 것이다.[30] 그가 남긴 산문집 『시와 도자』를 살펴보면 현실세계의 눈으로는 볼 수 없는 "妙한 일"에 대한 집요한 탐색을 지닌 그의 초월적 세계인식을 곳곳에서 확인할 수 있다.

> 있는 것이 있으므로 없는 것도 있는 줄을 알라고 타이른 老子의 말은 생각사록 묘(妙)하다. 그도 그럴 것이, 이미 신(神)을 신이라 불러 버리면, 또 무릇 이름도 이름할 수 없는 것이 있을지니, 그 더욱 묘한지고.

> 지극히 작은 것은 알맹이가 없고, 지극히 큰 것은 껍데기가 없다고 갈파(喝破)한 莊子의 말은 묘(妙)하다. 점(點)은 면(面)이 없고 위치(位置)뿐이니, 그 알맹이를 찾지 못한다. 우주는 그 점의 무한한 확대요 연장이라, 그 껍데기를 찾지 못한다. 이리하여, 마침내 극단(極端)과 극단이 귀일(歸一)하는 묘한 이치(理致)여. 아, 진실로 오묘(奧妙)한지고.[31]

그의 시론의 본질적 바탕에는 노장(老莊)적 세계인식이 있다. 앞서 살펴본 대로 언어의 구속과 자유를 동시에 인정함으로써 동양적 형이상학에서 논의되는 불립문자(不立文字)의 세계를 지향하는 그의 시적 토대 역시 바로 이러한 세계인식의 결과이다. 그는 '있음-없음'의 관계와 '알맹이-껍데기'의 관계에서 "극단과 극단이 귀일하는 묘한 이치"를 발견하고자 한다.[32] 이는 현실의 세계에서는 찾을 수 없는 초월의 영역

---

30) 장경렬, 앞의 글, 107~109면.

31) 김상옥, 「妙한 일, 妙한 일」, 아자방, 1975, 20・25면.

32) 없음이 있음의 상대라면, 그것은 단지 있는 것이 사라진 [遺]일 뿐, 독자적인 가치를 갖지 못한다. 무는 있던 것이 없어진 것이 아니다. 무는 오히려 모든 있던 것의 어머니

인데, 그의 시 「제기(祭器)」는 이와 같은 현실의 세계와 초월의 세계를 이어주는 시적 인식을 보여준다.

굽 높은
祭器.

神前에
제물을 받들어
올리는 —

굽 높은
祭器.

詩도 받들면
文字에
매이지 않는다.

굽 높은
祭器!

—「祭器」(『墨을 갈다가』, 74면)

“제기”는 인간과 초월세계를 이어주는 매개물이다. 이미 시와 도자의 동일성을 인식한 그에게 “문자”는 “제기”와 같은 의미를 지님으로써, 시는 “신전에 / 제물을 받들어 올리는” 제사(祭祀)와 동일한 것으로 인식된다. 전통적으로 시란 사제(司祭)로서의 시인이 초월자의 의지를 인간 세계에 전달하는 메시지로 이해되어 왔는데, 바로 이와 같은 전통적 시

이고, 모든 있던 것이 사라져야 할 땅이다. 이때 무는 공간을 점유하지 않는다는 소극적인 의미에서의 허[虛]를 넘어서 참으로 큰 세계로 우리 앞에 열린다. 정세근, 「무의 미학(하)」, 『신생』, 2000년 겨울, 195면.

의식이 시와 제사 혹은 문자와 제기 사이의 유추관계를 형성하도록 하는 것이다. 결국 김상옥에게 시 혹은 시조는 초월세계와 인간, 또는 자연과 인간 사이의 의사소통을 위한 수단인 셈이다.[33] "시도 받들면/문자에/매이지 않는다"는 구절에서처럼, 언어의 구속과 형식의 억압에 통제되지 않는, 그래서 언어에서조차 초월적인 세계를 창조하는 것이 그가 궁극적으로 지향하는 시의 세계이다. "있는 것이 있으므로 없는 것도 있는 줄을 알라고 타이른 노자의 말"이나, "지극히 작은 것은 알맹이가 없고, 지극히 큰 것은 껍데기가 없다고 갈파(喝破)한 莊子의 말"은 언어에 구속되지 않고 현상에 매몰되지 않는 본연적 생명에 대한 통찰을 담고 있다.[34] 그의 시세계가 유기적 장르의식을 바탕으로 서정의 본질을 탐구하고 전통서정과 생명사상을 형상화하는 데 주력한 근본적 밑바탕에는 바로 이러한 시적 통찰이 내재되어 있는 것이다.

4. 맺음말

이상에서 김상옥의 시세계를 그의 시의식과 생명사상을 중심으로 살펴보았다. 그는 엄격한 형식적 통제를 강요하는 현대시조의 폐쇄적 구

33) 장경렬, 앞의 글, 112면.

34) 노장의 언어는 말할 수 없는 것에 대해 침묵하는 과학의 언어가 아니라 언어를 침묵으로, 침묵을 언어로[非言非默]말한다. 노장의 역설이 언어를 넘어서 닿으려고 하는 것은 우주적 무의 깨달음을 통해, 무를 통해 직면하고자 하는 모종의 전체적 실상이다. 무에 이르기 위해서는 기-기(氣-幾)를 거쳐야 하며 기의 황홀한 작용을 신이라고 한다. 여기서 우리가 기화생동하면서 생명의 대연쇄를 가능하게 하는 기에 초점을 맞출 때 노장의 언어는 오늘날 생태주의·생태시와 만날 수 있고, 신에 초점을 맞출 때 정신주의·정신주의시와 이어질 수 있다. 이성희, 「노장시학을 위한 시론」, 『무의 미학』, 새미, 2003, 75~102면 참조.

조에서 벗어나 형식과 내용의 유기체적 결합을 강조하는 장르의식을 드러냈다. 즉 시의 형식은 내용에 의해 규정되는 변화의 가능성을 열어 놓을 때 올바른 문학성을 구현할 수 있다고 보았던 것이다. 따라서 그는 현대시조의 방향을 개방적 구조로 열어감으로써 시조라는 형식에 얽매이지 않는 자유로운 시작 활동을 보여주었다.[35] 그 결과 그가 남긴 작품들은 시·시조·동시 등에서 명확하게 장르의 경계를 구분하기 어려운 다양하고 복합적인 성격을 드러냈다.

이러한 유기론적 장르의식은 사람과 사물 혹은 자연과의 동일성을 통해 자아와 세계의 일체감을 형성하는 서정의 본질에 대한 이해로 자연스럽게 이어졌다. 이는 사물(자연)과 인간의 관계를 수직적 구조로 인식해온 인간중심주의에 대한 성찰을 통해 자연과 사물을 동등하고 수평적인 인격체로 바라본 결과라고 할 수 있다. 따라서 그는 문명의 폐해가 남긴 '진화'의 허구성보다는 오히려 '퇴화'의 역설적 가치를 중요하게 인식함으로써 고향과 유년을 추억하는 근원적 시간의식을 내면화하였다.

그의 시세계는 대체로 자연친화적 정서와 향토적 서정을 바탕으로 한 전통서정의 양상을 드러냈다. 고향에 대한 근원적 향수와 잊혀진 사람들에 대한 그리움을 내면화하는 그의 시는, 근대적 삶의 상처와 고통으로 인해 송두리째 잃어버린 것들에 대한 그리움을 절절하게 형상화했다는 점에서 서정의 본질을 담은 유토피아의 모습에 다름 아니다. 또

---

35) 이에 대해 임종찬은, "초정은 과거 시조가 갖는 단편적 단일적 의미구조를 떠나 복합적 의미구조를 가진 시조를 창작하고자 시도하였으나 독자를 당황하게 만들 뿐"이라고 하면서, "전통시조의 단아한 형식에서 비롯되는 균제미와 숭엄미를 손상할 수도 있는 이 같은 파격은 경계되어야 할 것"이라고 평가했다(『현대시조론』, 국학자료원, 1992, 155~158면). 이처럼 김상옥 시조의 형식적 특성에 대해서 시조 연구자들은 대체로 긍정적인 평가보다는 부정적인 평가를 많이 하고 있다. 그의 시조가 우리 근대 시조문학사에서 아주 중요한 의미를 지니고 있음에도 불구하고 아직까지도 본격적인 연구가 이루어지지 않고 있는 이유는, 이와 같은 시조 장르의 파격이 시조 연구자들에게 여전히 부정적으로 인식되는 부분이 많기 때문으로 보인다.

한 이러한 근원적인 것에 대한 탐색은 민족적 원형에 대한 관심으로 자연스럽게 이어져 우리의 문화재나 유적들을 제재로 한 많은 작품들을 창작하였다. 이는 구체적 사물과 장소에 민족혼을 불어넣음으로써 민족적 동일성을 지켜나가고자 한 것으로 볼 수 있다.

이러한 관점에서 그는 무엇보다도 '도자'에 대해 아주 특별한 관심을 드러냈는데, 시는 흙으로 빚은 도자기이고 도자기는 흙으로 빚은 시라고 인식함으로써 시와 도자의 경계를 허물어뜨리는 통합적 세계를 지향하였다. 그리고 완성품으로서의 도자의 아름다움에 도취되기 이전에, 흙의 생성에서부터 도자의 완성에 이르는 창작과정을 생명현상의 유기적 과정으로 파악함으로써 우주의 생명이 탄생하는 것과 같은 시정신을 일깨우고자 했다. 이는 노장(老莊)적 사유를 바탕에 둔 초월적 세계인식으로 더욱 심화되어 언어와 형식을 초월하고 여백과 무관심의 사상을 내재한 생명사상을 구현해냈다. 이처럼 그의 시는 궁극적으로 "우주의 근원, 생명의 본존(本尊), 이름의 비롯됨"[36]을 찾아가는 시적 사유를 담아내는 가장 훌륭한 그릇으로서의 의미를 지녔다고 할 수 있다.

36) 김상옥, 『시와 도자』, 32면.

제 3 장

아시아 신식민지인으로서의 공동체의식

박인환, 「인도네시아 인민에게 주는 시」

박인환은 해방 직후 김경린·김수영 등과 함께 〈신시론〉 동인을 결성하여 『새로운 도시와 시민들의 합창』(도시문화사, 1949.4)을 발간하고, 이후 이봉래·조향 등과 함께 〈후반기〉 동인 활동을 하면서 전후 모더니즘 운동을 펼쳤다. 따라서 그의 시에 대한 평가는 대체로 〈후반기〉 동인의 시사적 위상과 맞물려 모더니스트로서의 면모에 집중되었다. 하지만 그의 시의 출발은 해방 직후의 정치·사회적 현실에 대한 비판적 인식을 토대로 현실주의적인 경향을 분명하게 드러냈다는 사실을 결코 간과해서는 안 된다. 즉 그가 해방기에 발표한 작품들은 모더니즘과 리얼리즘의 긴장에서 빚어진 시적 구조와 신식민지적 타자로 전락한 주체에 대한 성찰을 깊숙이 내면화하고 있었던 것이다. 특히 「인천항」(『신조선』, 1947.4.15), 「남풍」(『신천지』, 1947.7.1), 「인도네시아 인민에게 주는 시」(『신천지』, 1948.2)는 이러한 현실주의적 성격을 뚜렷하게 형상화하고 있어 주목된다.

그가 『새로운 도시와 시민들의 합창』의 서문에서 강조한 "시민정신"은 이러한 현실인식을 직접적으로 표명한 것으로 이해할 수 있다. 즉 그는 "시민정신에 이반된 언어작용만의 어리석음을 깨달았었다"는 자기성찰을 보이고 있는데, 이는 '기교주의'에 함몰된 모더니즘의 언어의식을 전면적으로 비판함으로써 당대의 모더니즘이 역사성과 사회성을 결합시켜야 한다는 점을 새롭게 인식하고 있는 것으로 받아들여진다. 다시 말해 '미학적 모더니티'에 경도된 모더니즘의 한계를 뛰어 넘어 신식민지적 타자로 전락해버린 해방 직후의 역사적 현실에 대한 응전으로서의 '역사적(사회적) 모더니티'의 정립을 모색한 것으로 볼 수 있다.

이러한 그의 시적 인식과 태도는 1930년대 모더니즘의 기수인 김기림으로부터 받은 영향이 크게 작용하였다. 1930년대 중반 이후 김기림은 "역사적 의의를 잃어버린 편향화한 기교주의는 한 전체로서의 시에 종합되어야 할 것"이라고 하면서, "기술의 각 부면", 즉 음악성과 회화성이 조화롭게 이루어진 "전체로서의 시"가 되어야 한다고 주장했는데, 이러한 시는 "그 근저에 늘 높은 시대정신이 연소하고 있어야 할 것"[1]이라고 강조했다. 또한 「모더니즘의 역사적 위치」를 통해 1930년대 조선시단이 "모더니즘과 사회성의 종합"을 이루어야 한다는 점을 역설하기도 했다(『시론』, 77~78면). 이처럼 김기림의 해방기 시적 경향은 모더니스트로서의 편향된 인식을 뛰어넘어 누구보다도 적극적으로 사회적 실천에 매진하면서 시와 정치의 공동연대를 통한 '민족주의' 노선을 지향하였다(「시와 민족」, 『시론』, 213면).

이와 같은 모더니스트로서의 김기림의 시의식의 변화과정은 해방기 박인환 시의 사상적 기반으로 중요하게 작용하였다. 게다가 그는 김기림으로부터 오든, 스펜더, 엘리엇 등 서구 모더니스트들의 문명비판적 문제의식을 발견함으로써, 모더니즘의 사회적 의미 확장에 대해 지속적

1) 김기림, 「시에 있어서 기교주의의 반성과 발전」, 『조선일보』, 1935.3.14. 본고에서는 「기교주의 비판」, 『시론』, 백양당, 1947, 139면에서 재인용.

으로 관심을 가졌던 것으로 파악된다. 하지만 이러한 그의 모더니즘에 대한 인식은, 김기림이 그러했던 것처럼, 우리 민족의 특수성으로까지 심화되거나 구체화되지는 못한 채 세계사적 보편성의 차원에서 당위적인 의미의 재생산에 머무르는 한계를 넘어서지는 못했다. 즉 우리 민족과 같이 식민지를 경험했던 인도네시아, 베트남 등 제3세계 국가의 역사적 현실에 대한 공동체의식을 바탕으로 아시아 신식민지인으로서의 연대의식을 보여주었을 뿐, 해방 직후 우리 민족의 역사적 현실에 대한 전면적인 통찰로까지 나아가지는 못했던 것이다. 다만 박인환은 이들 국가와 우리의 역사적 불구성을 같은 선상에 놓고 바라봄으로써, 아시아적 연대를 통해 우리 민족의 신식민지적 현실을 비판적으로 성찰하는 문제의식을 드러냈다고 할 수 있다.

박인환은 1946년 12월 『국제신보』에 「거리」를 발표한 것을 시작으로 한국전쟁 발발 이전까지 모두 13편의 시(동시 1편 포함)와 문학, 영화 등에 관한 산문 8편을 남겼다.[2)] 이들 작품의 대체적인 성격은 현실에 대한 강렬한 비판정신을 표명한 것으로 정리할 수 있는데, 특히 『새로운 도시와 시민들의 합창』에 수록된 5편의 시는 이와 같은 비판적 현실인식을 더욱 뚜렷이 부각시키고 있어 주목된다. 1949년 7월 『자유신문』에 남로당 당원이라는 혐의로 5명의 기자를 체포했다는 기사가 실렸는데 그 속에 박인환이 포함되었던 점[3)]으로 미루어, 당시 그는 우리 민족의 현실에 대해 상당히 구체적인 인식을 지니고 있었고 이를 실천하는 지식인의 자세에 대해 상당히 많은 고민을 했던 것으로 짐작된다. 이러한 결과가 그의 시의식에 온전히 반영되어 창작된 대표적인 시가 바로 「인도네시아 인민에게 주는 시」라고 할 수 있다.

---

2) 그의 작품의 서지사항은 문승묵 편, 『박인환전집—사랑은 가고 과거는 남는 것』(예옥, 2006)을 참고했음.

3) 박현수, 「전후 세계의 비전과 검은 '역사의 천사'」, 『박인환전집』(문승묵 편), 앞의 책, 568~569면.

이 시는 앞서 발표된 「인천항」·「남풍」 등과 같이 그의 시에서 가장 현실인식이 두드러진 작품이다. 「인천항」은 "밤이 가까울수록 / 성조기가 퍼덕이는 宿舍와 / 駐屯所의 네온사인은 붉고 / 짠그의 불빛은 푸르며 / 마치 유니언잭이 날리던 / 식민지 香港의 야경을 닮아간다"고 탄식하는, 즉 해방된 조국의 모습이 진정한 해방을 이루지 못한 채 여전히 식민지의식에 사로잡혀 있는 신식민지적 현실을 바라보는 화자의 냉철한 인식이 담겨져 있다. 이에 비해 「남풍」과 「인도네시아 인민에게 주는 시」는 바깥으로 눈을 돌려 베트남과 인도네시아의 신식민지적 현실을 세계사적 보편성의 관점에서 비판적으로 바라보고 있다. "아시아의 모든 緯度 / 잠든 사람이여 / 귀를 기울여라"(「남풍」)고 말하는 강한 어조 속에는 식민상태에서는 이미 독립했지만 아직도 제국주의의 잔재로부터 벗어나지 못한 아시아 신식민지인으로서의 공동체의식과 연대의식이 깊숙이 내재되어 있는 것이다.

東洋의 오—케스트라
란의 伴奏樂이 들려온다
오 弱小民族
우리와 같은 植民地의 인도네시아

三百年동안 너의 資源은
歐美資本主義國家에 빼앗기고
反面 悲慘한 犧牲을 받지 않으면
歐羅巴의 半이나 되는 넓은 땅에서
살 수 없게 되었다
그러는 사이 가메란은 미칠 듯이 울었다

오란다의 五十八培나 되는 面積에
오란다人은 조금도 갖지 않은 슬픔을 密林처럼 지니고
六千七十三萬人中 한 사람도 빛나는 南十字星은 쳐다보지도 못하며 살아왔다

首都 바다비아 商業港 스라바야 高原盆地의 中心地 반돈의 市民이여
너희들의 習性이 용서하지 않는
남을 때리지 못하는 것은 回教서 온 것만이 아니라
東印度會社가 崩壞한 다음
오란다의 植民政策 밑에 모든 힘까지도 빼앗긴 것이다

사나이는 일할 곳이 없었다 그러므로 弱한 여자들은 白人 아래 눈물흘렸다
數萬의 混血兒는 살길을 잃어 애비를 찾았으나
스라바야를 떠나는 商船은
벌써 汽笛을 울렸다

오란다人은 폴도갈이나 스페인처럼
寺院을 만들지는 않았다
英國人처럼 銀行도 세우지 않았다
土人은 貯蓄心이 없을 뿐만 아니라
貯蓄할 餘裕란 도무지 없었다
오란다人은 옛말처럼 道路를 닦고
亞細亞의 倉庫에서 임자 없는 사이
寶物을 本國으로 끌고만 갔다

住居와 衣食은 最低度
奴隸的 地位는 더욱 甚하고
옛과 같은 創造的 血液은 完全히 腐敗하였으나
인도네시아 人民이여
生의 光榮은 그놈들의 所有만이 아니다

마땅히 要求할 수 있는 人民의 解放
세워야 할 늬들의 나라
인도네시아共和國은 成立하였다 그런데 聯立臨時政府란 또다시 迫害다
支配權을 恢復할라는 謀略을 부셔라
이제는 植民地의 孤兒가 되면 못쓴다

全人民은 一致團結하여 스콜처럼 부서져라
國家防衛와 人民戰線을 위해 피를 뿌려라
三百年동안 받아온 눈물겨운 迫害의 反應으로 너의 祖上이 남겨놓은 저 椰子나무의 노래를 부르며
오란다軍의 機關銃陣地에 뛰어들어라

帝國主義의 野蠻的 制裁는
너희뿐만 아니라 우리의 侮辱
힘있는 대로 英雄되어 싸워라
自由와 自己保存을 위해서만이 아니고
野慾과 暴壓과 非民主的인 民政策을 地球에서 부셔내기 위해
反抗하는 인도네시아 人民이여
最後의 한사람까지 싸워라

慘酷한 몇 달이 지나면
피흘린 자바섬에는
붉은 칸나꽃이 피려니
죽음의 보람은 南港의 太陽처럼
朝鮮에 사는 우리에게도 빛이려니
海流가 부딪히는 모든 陸地에선
거룩한 인도네시아 人民의 來日을 祝福하리라

사랑하는 인도네시아 人民이여
古代文化의 大遺蹟 보로·보도울의 밤
平和를 울리는 鐘소리와 함께
가메란에 맞추어 스림피로
새로운 나라를 맞이하여라

—「인도네시아 人民에게 주는 詩」 전문

이 시는 오랜 세월 식민지의 억압과 고통 속에서 살아온 약소국 인도

네시아 인민들에게 자유와 독립의 쟁취를 촉구하는 다분히 선동적인 성격을 지닌 작품이다. 1~7연까지는 구미자본주의의 희생양이 되어 300년 동안 식민지를 경험하면서 인도네시아 인민들이 겪을 수밖에 없었던 "참혹한 희생"을 직접적으로 드러내고 있다. 여성들에 대한 폭력, 자원과 보물의 강탈, 참혹한 의식주의 실상, 인민의 노예화 등 지배권을 장악하기 위해 그들이 저지른 말로 다할 수 없는 핍박 속에서 인도네시아 인민들은 "완전히 부패"할 수밖에 없는 최악의 현실을 견뎌야만 했던 것이다. 따라서 8~9연에서 화자는 인도네시아 인민들에게 이러한 침략주의에 맞서 투쟁할 것을 강력하게 촉구한다. 더 이상 "식민지의 고아가 되면 못쓴다"는 자기성찰을 통해 "오란다군의 기관총진지에 뛰어들어라", "힘있는 대로 영웅되어 싸워라", "야욕과 폭압과 비민주적인 민정책을 지구에서 부셔내기 위해" "최후의 한 사람까지 싸워라"고 강한 어조를 전면에 내세우고 있는 것이다. 그리고 10~11연에서는 이러한 투쟁의 결과 "피흘린 자바섬에는/붉은 칸나꽃이 피"고 "남항의 태양"이 "거룩한 인도네시아 인민의 내일을 축복"하는 "새로운 나라"를 맞이할 것이라는 낙관적 미래상을 제시하고 있다.

박인환의 시에서 잘 드러나듯이, 아시아의 민족주의는 "제국주의에 대한 반항, 빈곤에 대한 반항, 서양에 대한 반항"[4]이라는 사회운동의 성격이 강하게 부각된다. 이는 식민주의에 맞서는 제3세계 국가들의 탈식민주의적 전략에 상응하는 것으로, 자종족중심주의에 토대를 둔 민족주의의 성격과는 확연히 구분된다. 프란츠 파농에 의하면, 식민주의에 저항하고자 하는 원주민들의 폭력은 춤과 신들림이라는 정서적 배출을 통해 발산되는 점이 있다고 한다.[5] 인용시에서 "가메란"과 "스림피"는 이와 같은 성격을 지닌 인도네시아의 전통음악과 춤이다. 그들에게 이러한 음악과 춤은 민족의식의 각성과 반제국주의의 기치를 올리는데 가장

4) 마루야마 마사오, 김석근 역, 『현대정치의 사상과 행동』, 한길사, 1997, 329면.

5) 프란츠 파농, 남경태 역, 『대지의 저주받은 사람들』, 그린비, 2004, 78~79면 참조.

효과적인 진폭제 역할을 한다고 할 수 있다. 그래서 시인 역시 "가메란에 맞추어 스림피로 / 새로운 나라를 맞이하여라"고 말하기도 했다. 이처럼 그는 인도네시아의 역사적 현실을 우리의 해방기 역사적 현실과 동일시함으로써, 신식민지로 전락하고 있는 아시아 국가의 제3세계적 연대의식을 강력하게 표명하였다. 다시 말해 그의 아시아적 연대의식은 해방기 한국의 현실에 접근하기 위한 하나의 방법[6]으로, 그가 말한 "시민정신"은 바로 이러한 역사의식을 반영한 테제로 이해할 수 있다.

이상에서 살펴봤듯이, 박인환의 해방기 시의 양상은 자본주의 문명의 폐해나 제3세계 국가들에 가해진 제국주의의 억압 등 신식민지적 상황에 적극적으로 대응하는 뚜렷한 전략을 지니고 있었다. 뿐만 아니라 1953년 3월 미국을 여행하고 돌아와 쓴 「아메리카 시초」 연작 11편에도 자본주의 문명에 대한 동경과 부정의 양가적 긴장 속에서 자신의 민족적 정체성을 고민하는 뚜렷한 현실인식을 보여주었다. 하지만 그의 해방기 시에 구현된 현실주의적 성격은 생전의 유일한 시집이었던 『박인환 선시집』(산호장, 1955.10.15)에도 수록되지 않았던 때문인지, 지금까지도 그의 시에 대한 논의에서 현실주의적 면모는 배제되거나 아주 약소하게 다루어지고 있는 실정이다. 물론 그의 현실인식이 역사적 구체성을 충실히 담아내기보다는 다소 추상적인 보편성에 갇혀 있는 한계를 지니고 있었지만, 그렇다고 해서 그의 시를 무조건 모더니즘 일색으로 재단하는 것은 더욱 온당하지 못하다. 따라서 앞으로 그의 시에 대한 평가는 역사주의적이고 현실주의적인 시각에서 새롭게 조명될 필요가 있다. 전후 모더니즘의 경향이 두드러진다는 그의 50년대 시 역시 "적개심으로 식민지의 애가를 불렀"(「식민항의 밤」, 『박인환 선시집』)던 우리 민족의 애환과 정신으로부터 결코 자유로울 수 없었음을 간과해서는 안 되는 것이다.

---

6) 한명희, 「박인환 시와 민족주의의 문제」, 『한국 근대문학과 민족-국가 담론』(서울시립대 인문과학연구소 편), 소명출판, 2005, 322면.

제4부

제1장
해방기 부산·경남의 문학비평

제2장
조지훈의 비평의식과 서정시론

제3장
1950년대 고석규 비평의 근대성

제4장
1950~60년대 최일수의 문학비평

제5장
김현의 비평과 『문학과지성』의 형성과정

제
1
장

해방기 부산 · 경남의 문학비평

1. 머리말

지금까지 부산 · 경남의 문학비평은 한국전쟁 이후 형성된 전후비평에서 비롯된 것으로 논의되었다. 특히 부산은 한국전쟁을 겪는 동안 임시수도로서 정치 · 경제 · 사회 · 문화 전반에 걸쳐 중심의 역할을 수행했다는 점에서 당시 부산문학의 성격은 '부산'이라는 지역적 한계를 뛰어넘어 전후 한국문학의 원체험을 형성하는 정신사적 토대가 되었다고 보았다. 따라서 고석규[1]를 중심으로 한 1950년대 부산의 문학비평은 한국전쟁으로 인해 파편화된 세계의 위기의식을 부정하거나 혁신하는 근

1) 하상일, 「1950년대 고석규 비평의 근대성 연구」, 『비평문학』 제19호, 한국비평문학회, 2004 참조.

대적 지향성으로, 전통에 대한 새로운 인식, 전후의 허무의식과 상실된 방향감각을 초극하는 새로운 주체형성을 위한 실존의식과 유토피아적 시간의식을 드러냈다.

이러한 전후비평의 문학사적 의미에 압도되어 그동안 부산·경남 문학비평 연구는 해방기에 대해서는 거의 관심을 기울이지 않았다. 물론 해방기에만 한정하여 부산·경남 문학비평의 성격을 논의하는 것은 구체적 실증성을 고려하지 않은 연역적 논리로 비쳐질 수도 있다. 당시 문학비평의 전반적 성격이 지역적 특수성을 제대로 부각시키지 못했을 뿐만 아니라, 대부분의 비평가들이 특정 지역에 안주하면서 비평 활동을 전개하지는 않았기 때문이다. 게다가 각 지역의 개별적 특성과 지역 문인으로서의 특수한 조건을 바탕으로 하는 지역문학에 대한 객관적 분류기준조차 마련하기 힘든 것이 엄연한 사실이므로, 해방기 부산·경남 문학비평의 독자성을 찾는다는 것은 문학사적 연속성을 지나치게 의식한 이상적 담론으로 받아들여질 여지가 다분하기 때문이다.

하지만 필자는 부산·경남의 문학비평이 해방기 한국문학비평의 흐름과 전혀 무관하고 1950년대 한국전쟁 이후에 와서야 비로소 형성되었다고 보았던 그동안의 비평사적 평가는 지금의 시점에서 새롭게 논의되어야 한다고 생각한다. 최근 들어 해방기 부산·경남의 문학비평에 대한 실증적 자료가 상당수 공개되었고, 이들 비평이 해방기 한국문학비평의 전체적 지형 속에서 중요한 담론을 생산해냈다는 점을 결코 간과해서는 안 되기 때문이다.

이러한 문제점을 비판적으로 성찰하기 위해서는 우선 해방기 부산·경남의 문학비평을 개괄적으로 이해하는 데서부터 새로운 연구의 출발점을 삼아야 한다. 따라서 본고는 당시 발표된 비평자료의 정리와 개관에 목표를 두었고, 이를 바탕으로 부산·경남의 해방기비평과 전후비평의 연속성을 발견하는 새로운 연구방향을 모색하고자 한다. 즉 해방기 비평과 전후비평 사이에 가로놓인 단절의식을 극복함으로써 부산·경남 문학비평의 비평사적 연속성을 새롭게 정립하고, 이를 토대로 부산·경남의 지역문학적 특수성을 비평적 차원에서 논리화함으로써 지역문학 연구의 폭을 더욱 넓히고자 하는 것이다.

2. 해방기 문학지형의 변화와 문예조직의 형성

일제 말 우리의 문학지형은 사실상 암흑기 혹은 공백기나 다름없었다. 1939년부터 일제의 민족문화말살정책이 가속화되어 1940년 『조선일보』와 『동아일보』, 1941년 『문장』지가 강제 폐간되었고, 『인문평론』의 경우 『국민문학』으로 바뀌어 친일문학의 온상이 되어버렸다. 게다가 당시 일제는 우리 문인들에게 우리말과 우리글을 쓰는 것을 금지시켰고, 1943년 조선문인보국회를 만들어 일본군국주의에 협력하도록 강요하였다. 이러한 강력한 탄압의 결과 일제에 저항해 민족적 직필을 고수했던 상당수의 문인들마저 결국엔 일제에 굴복하고 협력의 길을 걷는 절망적 상황에 직면하기에 이르렀다.[2)]

이처럼 해방 직후 우리의 문학지형은 혼란과 혼돈의 정점에 있었다. 당시 우리 민족에게 해방은 자율적 독립이 아니라 타율적 해방이었으므로 좌우의 이데올로기 대립과 갈등은 더욱 심화되었고, 그 결과 우리

---

2) 조선의 문학인들이 집중적으로 친일 파시즘의 길로 들어서게 되는 결정적 이유는 1938년 10월 무한 삼진의 함락에 있다. 이때 조선의 문학인들 중 상당수는 이 새로운 사태를 받아들여야 한다고 주장하면서 친일 파시즘의 길로 걸어갔다. 중일전쟁이 일어났을 무렵만 해도 중국이 일본에 이기게 되면 조선이 자동적으로 해방을 얻게 된다는 기대감을 가지고 있었다. 하지만 국민당이 중경으로 공산당이 연안으로 쫓겨나는 것을 보면서 이제 동북아에서 일본의 승리는 기정사실이 되었다고 판단했고, 그 마지막 방어선이었던 무한삼진이 함락하면서 상당수의 문인들이 친일 협력의 길에 들어 선 것이다. 김재용, 「친일문학과 근대성」, 『협력과 저항』, 소명출판, 2004, 77~94면 참조.

민족의 의사와는 무관하게 남북분단의 현실을 겪어야만 했다. 이러한 급격한 변화의 중심에는 당대의 의식을 선도하고 계몽하는 지식인으로서 문학인들의 실천이 자리 잡고 있었다. 당시 문학인들의 실천적 태도는 해방을 맞이한 기쁨보다는 해방 이후의 역사적 과제와 방향에 초점을 두었는데, 일제강점기 문학의 청산, 우리말과 우리글 되찾기, 이데올로기 대립과 갈등의 극복 등이 바로 당면과제였다.

해방 직후 문학비평은 크게 좌익진영과 우익진영, 그리고 중간파의 소론으로 나누어 살펴볼 수 있다. 우선, 좌익진영의 경우 임화, 김남천, 이원조 등을 중심으로 〈문학건설본부〉(이하 〈문건〉)가 결성(45.8.16)되고, 이에 맞서 이기영 · 한설야 · 한효 등이 중심이 된 〈프롤레타리아문학동맹〉(이하 〈동맹〉)이 결성(1945.9.15)되었다. 이들 두 단체는 공산당의 승인을 얻기 위해 서로 암투를 벌이다가, 공산당이 박헌영파와 그의 추종세력에 의해 장악되자 〈문건〉을 중심으로 '문화통일전선'[3]의 결성을 주장했던 임화가 주도한 〈문학가동맹〉(이하 〈문맹〉)으로 통합(45.12.13)된다. 이를 토대로 그들은 〈전국문학자대회〉(46.2.8~2.9)를 개최하여 현단계 문화건설의 목표를 프롤레타리아문화가 아닌 민족문화로 규정하는 〈조선민족문화건설의 노선〉[4]

---

3) '문화통일전선'은 프롤레타리아 작가 및 비평가가 중심이 되어 중간층 문인들을 폭넓게 포섭해야 한다는 것으로, 그 과제로는 문화에 있어서 친일잔재와 봉건유제의 청산 및 국수주의의 배격이 지목되었다. 이는 반제 · 반봉건을 목표로 하는 부르주아민주주의 혁명단계의 문화적 사업이자 반동적 지주자산층을 제외한 광범한 인민층의 새로운 문화—인민적 신문화를 육성하기 위한 전제조건이었다. 이에 대해 〈프롤레타리아문학동맹〉은 문화통일전선을 전위에서 수행해야 할 프롤레타리아 작가 및 비평가의 주도권이 확립되어 있지 않다는 점을 비판하면서, 프롤레타리아 전위는 공고한 동지적 결합을 바탕으로 한 별도의 조직체를 가져야 하며, 이를 기반으로 프랙숀 활동을 수행함으로써 문화통일전선을 주도해야 한다고 주장했다. 신형기, 「해방 직후 문학비평의 흐름」, 『해방3년의 비평문학』(신형기 편), 세계, 1988, 12~13면.

4) 1946년 4월 『신문학』 창간호에 전문이 발표되었는데, '민족문화의 수립'을 강조한 부분만 옮기면 다음과 같다. "문화전선에 있어서도 극좌적 경향은 대중과 분리되며 통일전선운동에 가장 유해한 방해물임을 깊이 인식하여야 한다. 우경적 위험은 반동세력이 정치적 · 경제적 분야에 상당히 남아있으므로 문화영역에 반영되는 것이니 이러한 반민주주의적 문화는 용허지 않아야 한다. 그러므로 완고한 우적 경향과 극좌경향의 두

을 천명하였다. 이때부터 사실상 〈문건〉에 의해 장악된 좌익진영의 〈문맹〉은 『문학』·『문학전선』·『신문학』·『예술신문』·『상아탑』 등의 매체를 직접 지휘하였을 뿐만 아니라, 『민성』·『신천지』·『신세대』 등의 매체도 자신들의 영향권 아래 둠으로써 명실공히 해방기 한국 좌익문단의 총체적 권력을 쥐게 되었다. 이태준·김동석·정지용·양주동·이병기 등 좌익에 반대하던 문인들이 일제히 〈문맹〉에 가담하기 시작한 것도 바로 이 무렵이고, 〈문건〉 주도로 좌익문단이 조직화되고 재편되는 것에 반발했던 이기영·한설야 등이 월북(46.3.25)을 선택한 시기도 바로 이때였다.

해방 직후 좌익진영의 문학인들이 문인조직의 형성과 노선 정리에 아주 적극적으로 나섰던 반면 우익진영 문학인들의 움직임은 상당히 정체되어 있었다. 좌익진영이 〈문맹〉으로 조직통합을 이루는 동안 우익진영의 문인들은 거의 침묵하거나 심지어 좌익진영에 흡수되는 경우도 없지 않았던 것이다. 우익진영이 〈문맹〉에 대항할 단체로 처음 결성한 것은 박종화·오상순·이헌구 등이 주축이 된 〈전조선문필가협회〉(46.3.13)였지만, 이 단체는 젊은 문학인들의 의지를 담아내는 역할을 제대로 수행할 수 없었으므로 정태용·조연현·김동리·서정주·조지훈 등이 결성한 〈조선청년문학가협회〉(46.4.4)와 적극적으로 연대하였다.[5] 우익진영의 이들 두 단체는 힘을 합하여 『민주일보』를 창간하고 각종 문학집회를 개최하는 등 역량을 집결시키기 위해 노력했지만, 이미 문단의 주도권

려운 파괴행위를 반대하여 투쟁함으로써 이것을 극복·청산하지 않고는 내용에 있어서 민주주의적이고 형식에 있어서 민족적인 신문화를 건설하지 못할 것이다. 인민적 민주주의적 진보적 민족문화의 수립, 이것이 우리 문화전선의 당면 과업이 되는 것이다." 송기한·김외곤 편, 『해방공간의 비평문학』 1, 태학사, 1991, 160면에서 재인용.

5) 〈전조선문필가협회〉가 주로 과거의 민족진영과 해외문학파 세력을 중심으로 결성되었다면, 〈조선청년문학가협회〉는 식민지 말기 신세대논쟁에서 신인측의 이론적 기수였던 김동리를 위시한 일련의 신진그룹을 주축으로 형성되었다. 전자가 심정적 차원의 '민족'을 지향했다면, 후자의 주장은 '순수'로 집약된다. 특히 후자는 이러한 '순수'에 입각하여 좌익진영의 '정치'를 비판함으로써 좌익진영과의 투쟁에 나서면서 점차 우익진영을 이끌어 가는 구심점 역할을 하게 된다. 신형기, 앞의 글, 17면.

은 좌익진영이 쥐고 있었으므로 그 위세에 압도만 당할 뿐 사실상 특별한 활동을 모색하지 못한 채 침잠해 있었다.

그런데 월북한 이기영 · 한설야 · 한효 · 윤기정 등이 〈북조선예술총동맹〉을 결성(46.3)하고 이태준 · 이원조 · 임화 · 오장환 등이 월북(47.11)하면서부터 좌익진영은 현저히 약화되기 시작했다. 이에 위기를 느낀 안회남 · 김동석 · 김병규 · 설정식 등이 우익진영의 김동리, 조연현 등과 논쟁을 벌임으로써 좌익진영의 문학적 입지를 재구축하려 했지만, 남한만의 단독정부수립이 기정사실화되면서 〈문맹〉에 가담했던 이무영 · 정지용 · 김기림 등의 문인들마저 전향성명을 발표함으로써 좌익문단의 혼란은 더욱 심화되었다. 이러한 전세의 역전에 힘입어 우익진영의 두 단체는 민족진영 문화인의 총 결속을 위해 〈전국문화단체총연합회〉를 결성(47.2.12)하고, 『민주일보』를 중심으로 『동아』 · 『민중』, 『경향』 · 『평화』 등의 신문과 『백민』 · 『문화』 · 『해동공론』 등의 잡지를 통해 더욱 기반을 넓혀갔다.[6)]

이와 같은 좌우의 극심한 대립을 지양하려는 중간파 문학인들의 노력도 주목할 필요가 있다.[7)] 〈문맹〉에 가담했다가 탈퇴한 백철 · 김광균을 비롯하여 〈동맹〉의 성원이었다가 〈문건〉과의 통합 과정에서 조직을 떠

---

6) 우익진영에 의한 한국문단의 주도적 권력 형성은 1948년 남한만의 단독정부가 수립되고 좌익진영의 문학인들이 대부분 월북한 시점에 이르러서야 비로소 가능했다. 이후 한국문학의 통시적 양상은 보수우익의 문학적 전개과정과 그대로 일치한다고 해도 과언이 아니다. 이런 점에서 장사선은 해방기 문학비평의 지형을 '해방1기 : 좌익 전횡기(45.8～47.2)', '해방2기 : 좌우익 논쟁기(47.2～48.8)', '해방3기 : 우익 정착기(48.8～50.6)로 구분하였다. 장사선, 「해방문단의 비평사」, 『한국현대문학사』, 현대문학사, 1989, 244～255면.

7) 중간파의 위치란 극성을 띤 좌우가 존재하는 한에서 설정될 수 있다. 그러나 중간파가 취한 정치적 입장 자체는 이른바 민족주의 좌파에 연맥되는 것이었다. 그들은 우익측의 〈전문협〉에 가담하지 않았으며, 그렇다고 해서 나름의 조직을 결성하지도 않았다. 따라서 그들의 주장은 순수하게 개인적인 발언이었던 것이며, 그만큼 서로의 주장이 다를 수 있었다. 그러므로 그들 모두를 중간파로 집단화하는 것은 좌우의 논리를 지나치게 의식하는 데서 비롯된 획일화된 시각이라고 볼 수도 있다. 신형기, 『해방 직후의 문학운동론』, 제3문학사, 1988, 173～189면 참조.

났던 홍효민, 그리고 시종일관 국외자의 위치에 있었던 염상섭 등이 바로 그들이다. 백철은 〈문맹〉과 〈전문협〉이 해체되어야 한다고 주장하면서 '신윤리문학'을 제안했는데, 이것은 혁명적 낭만정신에 비판적 고발의 정신을 가미한 것이다. 그리고 홍효민은 문단의 좌우대립은 남이 제공한 이데올로기의 포로들이 벌이는 이전(泥田)의 난투라고 비판하면서 현실의 모든 부정면을 가차 없이 폭로한다는 '조선적 리얼리즘'을 제창하였다. 또한 김광균은 정치적 아이디어가 시가 되기 위해선 그것이 먼저 시인의 생활을 통해 '인간적 신념'으로 용해되어야 한다고 했고, 염상섭은 사회적 실천을 위한 전제조건으로 문학의 자유를 요구했다.

하지만 당시 정세를 볼 때 이러한 중간파 문인들이 실질적인 영향력을 행사하는 것은 사실상 불가능했다. 남한만의 단독정부 수립과 동시에 좌우 대립과 갈등은 저절로 일단락되어 남한 문단은 우익진영의 주도로 급속히 재편되어 버렸기 때문이다. 즉 순문예지 『문예』가 창간(49.8)되고, 〈전문협〉과 〈청문협〉의 통합으로 〈한국문학가협회〉가 결성(49.12.17)됨으로써 이후 한국문단은 보수우익 문예조직을 중심으로 전개되고 말았던 것이다.[8)]

3. 해방기 문학비평의 성격과 부산·경남 문학비평의 현황

해방기는 지식인의 역할이 그 어느 때보다 강조되는 역사적 혼란기였다. 따라서 당대의 역사적 현실에 맞서는 지식인담론으로 문학비평의 중요성이 더욱 강조될 수밖에 없었다. 이런 점에서 해방기 우리 문학비

---

8) 김철, 「한국 보수우익 문예조직의 형성과 전개(I)」, 『구체성의 시학』, 실천문학사, 1993 참조.

평의 지형은 문학단체의 노선과 이데올로기적 갈등을 중심으로 전개되는 지식인담론의 양상을 드러냈다. 문학운동에서 단체는 곧 정치적 선택의 단위가 된다. 이때 비평은 현실의 여러 조건을 진단함으로써 단체운동의 방향을 설정하고 그 실천의 방법과 지침을 제공하는 역할을 한다. 당시 문학비평의 성격이 정치·경제·사회·문화를 아우르는 시론적(時論的) 성격을 두드러지게 드러낸 이유도 바로 여기에 있다.

시론비평은 시사적이고 주관적인 관심에 혹은 비평의 전략적 개념에 보다 적극적이었다. 다시 말해 시대적 특수상황을 적극적으로 추구하면서 문제제기와 주의주장을 펼치는 논쟁적이고도 실천적인 속성을 지니고 있었던 것이다.[9] 따라서 해방기 문학비평의 대상을 '문학'이라는 한정된 범주에 가두어서 논의하는 것은 타당하지 않다. 보다 넓은 의미의 문화론적 시각에서 한국문화의 정체성을 인식하고 발전방향을 제시한 논의 모두를 포괄적으로 검토할 필요성이 있는 것이다. 이런 점에서 문학인들이 언론에 발표한 정론적 성격의 글이나 한글학자들의 한글문화운동에 관한 일련의 글들도 비평의 영역으로 보아야 한다. 당시 우리 문학의 궁극적 방향이 민족문화의 건설에 있었다는 점에서 이러한 글들 역시 문학지형의 변화와 유기적 관련성을 맺고 있음에 틀림없기 때문이다.

해방기 부산·경남의 문학지형은 부산·진주·마산·통영·밀양 등 지역권별로 나누어 살펴보는 것보다 이를 통합하여 하나의 권역으로 이해하는 것이 바람직하다. 물론 지금의 시점에서 각 지역별 개별 특성을 논의하는 것은 충분히 가능한 일이지만, 당시 문단의 상황을 고려할 때 부산·경남의 문학은 개별적 성격보다는 통합적 성격이 더욱 우세했기 때문이다.[10] 따라서 본고에서는 해방기 부산·경남의 문학비평을

---

9) 이러한 관점에서 해방기 문학비평을 좌우대립의 문제로 초점화하지 않고 시론비평과 원론비평으로 구분하여 논의한 송희복의 연구는 주목할 만하다. 송희복, 『해방기 문학비평 연구』, 문학과지성사, 1993 참조.

10) 부산문단의 지역성은 단순한 지리적·지정학적인 구분에서 생각하기보다 문학적 풍토와 문학인의 유입이 가능했던 인접지역으로까지 확대하거나 포함시켜야 그 모습

지역과 문화전반을 아우르는 통합적 지형 속에서 이해함으로써 그 현황을 개관하고 의미를 살펴보고자 한다.

우선, 어떤 기준으로 부산·경남의 문학비평을 규정할 것인가가 관건이다. 이 문제 역시 한 가지 기준으로 엄밀하게 재단하는 것은 상당히 무리가 따른다. 당시 우리의 역사적 현실을 돌아볼 때 대부분의 문인들이 특정 지역에서 안정된 문학활동을 하는 것은 사실상 어려웠다는 점에서, 지금의 행정구역에 맞춰 이를 구획짓는 것은 그다지 유효한 구분이라고 보기 어렵기 때문이다. 다만 출생과 성장, 주요 문학활동 장소 정도에서의 한정은 필요할 듯하다. 즉 부산·경남에서 출생한 경우는 그 문학활동 장소에 관계없이 우선 부산·경남문인으로 분류해야 하고, 타지에서 출생한 문인들의 경우에는 성장과정이나 교육활동, 그리고 문학활동을 부산·경남에서 주로 한 경우에 한해서 그 대상에 포함시켜야 할 것이다. 이러한 기준에서 해방기 부산·경남 문학비평의 현황을 정리하면 〈표 1〉과 같다.

〈표 1〉 해방기 부산·경남 문학비평 현황

글쓴이	글명	발표지	연도
권 환	「문화와 정치」	『인민보』	1945.10
	「간단없는 자기비판」	『신문예』	1946.7
	「문화전선도 급속 통일하자」	『중앙신문』	1946.7
	「예술운동의 당면임무」	『조선일보』	1945.11.29~12.1
	「현정세와 예술운동」	『예술운동』	1945.12
	「조선 농민문학의 기본방향」	『건설기의 조선문학』	1946.6
김상훈	「시경에서 보는 계급의식」	『문학평론』	1947.4
	「테로문학론」	『문학』	1947.7

이 드러난다고 하겠다. 그러므로 해방 전에는 통영, 진주, 마산 등의 서부경남 지역까지를 포함한 경남권이 부산문단이 되고, 그것이 1963년 직할시 승격 이후 비로소 지금의 수준으로 한정된다고 하겠다. 김중하, 「부산지역의 문학활동과 현황」, 『소설, 비평적 읽기의 실제』, 세종출판사, 2005, 294면.

글쓴이	글명	발표지	연도
김용호	「문학하는 정신」	『민성』	1948.10
	「시 이전의 노우트」	『예술평론』	1948.10
	「시의 지향」	『경향신문』	1946.10.6
	「언론자유의 사회적 모랄」	『신세대』	1946.5
	「오월의 시인」	『신세대』	1946.7
	「해방 이후 시단과 그 전망」	『신문학』	1946.11
	「시인의 노트」	『조선중앙일보』	1948.1
	「문학과 과학」	『태양신문』	1949.3.9~3.12
김정한	「직언자가 되라」	『부산매일신문』	1946.1.14
김춘수	「시와 시인에 대한 소묘」	『죽순』 10	1949.4
	「아네모네와 질풍노도기」	『문예』 4	1949.11
	「릴케와 천사」	『문예』	1949.12.1
	「시의 감각성」	『문학』	1950.6.10
박석정	「레닌과 예술」	『적성』	1946.3
	「정치와 예술」	『인민보』	1945.10
설창수	「소우주형성」	『등불』 3	1947
	「신민족문학운동론－청문진영에서의 제창」	『영남문학』 5	1947
	「문학과 종교의 관계」	『영남문학』 6	1948.10
	「발양기의 예술」	『자유민보』	1949.11.19
	「신민족시의 정신」	『태양신문』	1949.11.26~11.28
	「영남문학동인의 푸로필」	『문예』	1949.8.1
신고송	「조선연극의 진로」	『문화통신』	1945.11
	「연극운동과 그 조직」	『인민』	1945.12
	「동심의 형상－윤석중」, 『초생달』	『독립신보』	1946.6.2
이경순	「시와 과학」	『영남문학』 5	1947
	「향토와 민족문학」	『영남문학』 6	1948.10
이극로	「조선어학회의 임무」	『민중조선』 1	1945.11
	「사천여년의 역사가 있다」	『대조』 1	1946.1
	「국가 · 민족 · 생활 · 언어」	미상	1946.2.
	「한자폐지에 대하여」	『한글문화 1』	1946.3
	「에스페란토와 민족어」	『한글』 95	1946.5
	조선의 민족성과 민족정치」	『개벽』 78	1948.5
	「예술과 도덕」	『여성공론』	1946.1

글쓴이	글명	발표지	연도
정진업	「계몽교화수단으로서의 영화예술」	『예술영화』	1948.3
정태용	「문화통일전선론」	『신건설』 2	1945.12
	「현금작단의 동향」	『신천지』 32	1949.1
	「필연과 자유-한하운의 시를 보고」	『신천지』 37	1949.7
	「문학의 자유-백철, 염상섭 양씨를 박함」	『조선중앙일보』	1949.2
	「생활과 언어」	『국도신문』	1949.7.7
조연현	「논리와 생리」	『백민』	1947.9
	「희롱의 진실-김문집론」	『영남문학』	1948.10
조 향	「역사의 창조」	『죽순』	1947.10
	「현대시단상(상)」	『자유민보』	1949.10.26
최현배	「국어정책의 으뜸된 문제」	『경향신문』	1948.5.23
	「쉬운 한글」	『태양신문』	1949.10.9
	「우리문화의 기초」	『문화창조』	1945.12
	「한글로 생활하자」	『조선일보』	1947.10.9
	「헌법과 한글」	『신천지』	1948.8.1

이상에서 해방기 부산·경남 문학비평의 현황을 도표로 제시해 보았다. 이는 『부산문학사』(부산문인협회 편, 소문출판인쇄사, 1997), 『경남문학사』(경남문인협회 편, 불휘, 1995), 『울산문학사』(울산문인협회 편, 2004) 등 지역문학을 대상으로 한 세 권의 단행본, 『근현대 부산·경남 항쟁문학 사료집1』(구모룡 외편, 민주공원, 2003), 『아름다운 평등; 권환전집』(황선열 편, 전망, 2002), 『항쟁의 노래-김상훈전집』(신승엽 편, 친구, 1989) 등의 단행본, 그리고 해방기 관련 문예자료를 집대성 해놓은 『해방기 한국문예자료총서』(총 11권, 한일문화사, 1987), 『해방공간의 비평문학』(송기한·김외곤 편, 태학사, 1991)에 수록된 자료들을 중심으로 정리한 것이다.

4. 해방기 부산·경남 문학비평의 의미와 방향

해방기 부산문학은 사실상 경남지역 문학 활동의 한 부분으로 존재했다고 할 수 있다. 당시 부산문학의 사정은 염주용에 의해 발간된 『문예신문』과 『부산일보』·『국제신보』·『민주신보』 등의 신문이 아주 소략하게나마 문학의 설자리를 마련해 주는 정도에 머물러 있었다. 이에 비해 경남문학은 마산, 진주, 통영 등지에서 비교적 활발하게 전개되었는데, 당시 부산문학의 성격은 이들이 부산으로 활동영역을 옮기면서 형성된 문학적 기반 위에서 성립되었다고 해도 과언이 아니다. 따라서 당시 부산·경남의 문학적 특성을 이해하는 데 있어서 부산과 경남을 이원화해서 파악하기보다는 두 지역을 하나의 지역적 단위로 아우르는 통합적 시각이 더욱 유효하다고 하겠다.

이러한 부산·경남문학의 전반적 토대 위에서 이루어진 부산·경남 문학비평의 일반적 성격은 중앙문단의 경우에서처럼 좌우대립이나 문단조직의 대립이 그다지 선명하게 부각되지는 않았다. 하지만 비평적 관점과 비평가들의 성향을 통해서 볼 때 좌익적 경향의 비평들이 많이 발표되었던 것으로 보인다.[11] 또한 한글문화운동의 차원에서 많은 글들이 발표되어 우리말과 우리글의 주체성 확립 문제가 비평의 주요 쟁점이 되었음을 알 수 있다. 그리고 연극·영화를 비롯한 문화운동 전반에 관한 글이나 예술조직과 예술운동의 노선과 방향 정립에 관한 글들도 중요하게 언급된 것으로 보인다.

권환의 비평은 자주적인 민주정부를 수립하는 데 있어서 예술운동의

11) 해방과 더불어 부산·경남의 문인들은 자주적 민주주의 국가 건설이라는 과제에 직면하여 매우 활발한 활동을 전개한다. 당시 부산·경남의 진보적 문인 대다수가 〈조선프롤레타리아문학동맹〉에 소속되어 있었는데, 권환·박석정·엄흥섭·이주홍·신고송 등이 그들이다. 구모룡, 「근현대 부산·경남지역 항쟁문학비평 사적 개괄」, 『작가사회』, 2003년 겨울, 168~173면 참조.

목표와 방향을 제시하는 것이 주된 목적이었다. 그는 「현정세와 예술운동」에서 "현정세에서는 최 우익적 부르주아 예술경향에 대한 투쟁이 더욱 필요하다"는 점을 강조하면서, 국수주의 경향, 이데올로기 무용론을 주장하는 우익적 예술경향을 비판한다. 뿐만 아니라 좌익의 경우도 "조선의 현실을 무시하고 부르주아 혁명단계를 밟지 않고, 이중적으로 프롤레타리아 혁명까지 할 수 있다는 극좌적 정치사상"이 있음을 우려하면서 "모든 진보적 동반자적 예술가를 최대한도로 광범하게 포용하며 흡수하여 우리 진영을 확대강화 할" 필요가 있다고 주장했다.

> 우리 조선은 일본제국주의 지배하에 있었을 때나 해방된 후의 지금이나 마찬가지로 부르조아혁명 단계에 있다. 그러나 일제지배로부터 해방된 전과 후의 투쟁대상은 동일하지 않다. 즉 일제지배시에는 거대하고 잔인한 일제의 착취대상이 있었으므로 우리 예술운동은 필연적으로 피착취계급적 예술운동으로 발전되었다. 그러나 일제로부터 해방된 금일에는 그러한 주요대상이 없어졌다. 금일 우리 민족의 당면임무는 오직 일제 및 봉건제도의 잔재를 제거하며 팟쇼를 ○○하면서 민족통일전선(진보적 원칙 위에서)을 결성하여 완전독립을 달성함에 있다. (…중략…) 따라서 우리 예술운동은 현 단계에 있어서는 착취계급에 대립하는 피착취계급적 예술이 고○될 수 없으며 또다른 전선에서와 마찬가지로 우리와 같은 전선을 향해 길어가는 모든 진보적 민주주의 예술가는 동일한 전선으로 통일하여 우리의 힘을 일층 강화할 것이다. (…중략…)
>
> 그러나 우리가 잠시라도 망각하지 말아야 할 것은 우리 운동의 주체적 대상은 인민의 절대다수를 점령한 노동자, 농민이며 또 우리는 금일의 사업을 수행하면서 명일의 준비도 잊지 아니하여 노동자, 농민과 기타 광범한 대중에게 ○○○○사회주의 원칙의 계몽사업에도 게을리하지 않는 것이다. 이러한 사업과 기타 근로대중층 속에 직접 들어가서 수행할 모든 사업을 민주주의 예술가에게 담당시키는 것은 무리한 요구일 것이다. 그러나 진보적 민주주의자들인 만치 그러한 사업을 배격하지 않을 뿐 아니라 힘자라는 대로 협력할 것이다. 그리고 또 그들은 그들 ○○가 있지 않은가. 통일된 전선 속에 (……) 협력수행하는 데서 우리 문화운동은 일층 활발하게 진행될 것이다.

—권환, 「문화전선도 급속 통일하자」

이처럼 그의 비평의식은 정치적 연대에 있어서는 유연한 태도를 보이면서도 문학예술의 조직에 있어서는 계급성과 당파성의 선취를 강조하는 결연한 태도를 드러냈다. 그가 발표한 「문화와 정치」, 「예술운동의 당면임무」, 「조선 농민문학의 기본방향」 등에는 이러한 비평적 태도가 아주 선명하게 드러나 있다. 이와 같은 맥락에서 박석정의 「정치와 예술」, 「레닌과 예술」을 이해할 수 있는데, 이 글에서 당파성의 선취는 레닌주의의 실현으로 구체화된다. 그리고 신고송의 「연극운동과 그 조직」 역시 같은 맥락에서 살펴볼 수 있는데, 여기에서 그는 프롤레타리아 연극운동의 헤게모니를 두드러지게 강조함으로써 당파성과 계급성의 구현을 지향하였다.

김용호의 「해방 이후 시단과 그 전망」은 순수시의 허위성을 둘러싸고 쟁점화되었던 우리 시문학계의 오랜 논쟁의 초기적 성격을 보여준다. 이 글에서 그는 시의 순수성은 현실로부터 도피하고자 하는 맹목적 태도의 결과이므로 당시 순수시를 주장한 시인들에게 역사의식과 현실인식이 철저하게 결여되어 있음을 날카롭게 비판했다. 반면에 그는 지나치게 공식적이고 구호적인 방향으로 흘러가는 프롤레타리아 시문학의 경향에 대해서도 부정적으로 평가했다. 즉 "시는 사상이 완전히 육체화해야 예술의 형태"일 수 있으므로 내용과 형식의 유기적 결합을 바탕으로 한 문학적 형상화가 무엇보다도 중요하다고 보았던 것이다. 이는 사상성과 예술성의 통합을 통한 리얼리즘적 인식을 더욱 심화하고자 했던 것으로, 이러한 관점에서 그는 설정식·신석정·오장환·이용악·박산운·김상훈 등의 시를 특별히 주목하였다.

이러한 순수문학 비판과 같은 맥락에서 김상훈은 「테로문학론」을 발표했다. 이 글에서 그는 당시 우리 문단이 민족문학자들과 반민족문학자들의 두 갈래로 나뉘어져 있다고 전제하고, "조선인민에 의하여 조선

인민의 복리를 위하여 봉건잔재 친일세력 팟시스트의 음모 등 모든 반동세력과 항쟁하는 인민적 기초 위에 선 문학만이 조선민족이 갈구하는 것이며 정당히 우리 민족의 주조를 이루어야 할 것"이라고 분명하게 밝혔다. 따라서 "아무리 문학의 순수를 부르짖고 문학자의 양심을 운위하고 유아독존을 선언하더라도 심지어는 저이들만이 민족을 위한다고 헛소리를 치더라도 그들이 걸어가는 방향은 정해져 있는 것이며 그것은 곧 조국을 파는 길"이라고 강도 높게 비판했다.

> '순수'란 거짓에서 '반탁'이란 매국 합리화 운동으로 다시 인민의 의사를 억눌르는 '테로' 조장운동으로, 반민족 문학자의 행로는 이러한 굴곡을 거쳐 오늘에까지 왔다. 거짓말이 권력의 사취(詐取)로, 권력의 사취가 폭력으로 흐른 것은 그다지 무리한 선은 아니다. (…중략…)
>
> 반민족문학자들이 이렇게 번창하고 벼슬자리를 얻고 하는 동안에 필연적인 결론으로 민족문학자는 진실로 고난의 길을 걸어왔다. 시인은 민주청년에게 드리는 시를 읽어서 그것으로 말미암아 감옥살이를 하고, 배우는 권총 세례를 당하고, 극장은 모리배의 손에 독점되고, 각본은 삭제와 간섭을 면할 길이 없고, 상연 중에 '테로'단이 유리창을 깨고 들어와서 난무하고, 백주에 당당히 신문사로 몰려온 폭력단들이 주필을 난타하고, 편집 책임자에겐 무수한 협박장이 오고, 다시 바라는 별도 두려운 하늘 밑에서 민족문학 수립의 중책을 어깨에 지고 민주주의를 사랑하는 문학자들은 분에 겨우며 걸어온 것이다. 당연히 숙청되어야 할 친일파 민족반역자가 의기양양해서 날뛰고 있는 남부 조선의 정계와 한가지로 당연히 파멸로 이끌어야 할 파쇼의 수족 친테로문학자들이 민족문학 수립을 가해하고 있는 것은 명일 우리의 민주주의 건설을 위하야 몹시 걱정스러운 문단의 현상이다.
>
> —김상훈, 「테로문학론」

이러한 좌익적 성향의 비평에 맞서 반좌익 투쟁의 선봉장 역할을 한 비평가가 바로 조연현이다. 해방 이후 그는 함안에서 서울로 올라가 『문화창조』 창간호(1945.12)에 「문학자의 태도」를 발표한 것을 시작으로

1945년 2편, 1946년 8편, 1947년 9편, 1948년 20편, 1949년 40여편 등 무려 80여 편에 육박할 정도로 왕성한 비평활동을 하였다.[12] 거의 대부분의 비평활동을 서울에서 전개했기 때문에 그의 비평을 부산·경남의 문학비평으로 한정하기 어려운 점이 있는 것은 사실이다. 하지만 그가 당시 우익문단의 비평적 기수로서의 역할을 했다는 점에서 그의 비평이 지역평단에 미친 영향 또한 클 것이라는 점을 간과해서는 안 된다. 따라서 앞으로 조연현의 비평에 대한 연구는 지역과의 연계고리를 중심으로 한 더욱 구체적이고 실증적인 논의가 필요하다. 특히 유물사관을 타자화한 역사의식, 순수문학론과 부르주아 리얼리즘에 근거한 그의 비평이 당시 지역평단에 어떠한 영향을 미쳤는가에 대한 논의는 앞으로 상세한 검토가 필요한 부분이다.[13]

> 우리 조선 경제는 오랜동안의 일본의 악독한 굴레를 벗어버리고 자주적으로 나라의 모든 일을 마련하는 계단에 있다. 국어정책은 바로 그 중의 한 중요한 일이다. 돌아보건대 조선에 국어정책이 근본적으로 확립하였던 적이 거의 없었다 하여도 과언이 아니겠다. (…중략…)
>
> 그러면 국어정책의 으뜸되는 문제는 무엇일까?
>
> 첫째 우리말을 깨끗이 하여야 한다. 해방으로 말미암아 우리는 잃었던 우리말을 도로 찾게 되었다. 그러나 우리말은 근 사십년 동안의 압박으로 말미암아 깨끗하지 못한 티가 많이 석기어 있다. 우리는 일본말의 더러운 때를 깨끗이 씻어버리지 않으면 안 된다. (…중략…)
>
> 둘째로 한자쓰기를 그만두고 우리 한글만으로 우리의 글자생활의 온낯(全面)을 덮도록 할 것이다. 일본침략의 사십년 동안에 우리는 반만년 래에 일찍 겪지 못한 치욕과 착취를 당하다가 이제 그 쇠살은 벗어버리고 자유의 국민이 되어 자유스런 자기문화를 세우고자 하는 마당에 있다. 이대를 당하여 우리는 국가의 장래 민족의 생존발전을 위하여 근본적으로 자기비판을 하고 일

---

12) 김명인, 『조연현, 비극적 세계관과 파시즘』, 소명출판, 2004 참조.

13) 이는 조연현만을 대상으로 한 별도의 글에서 충분히 검토될 필요성이 있으므로 다음 과제로 남겨둔다.

찍 시험하지 아니한 근본적 발전을 세우지 아니하면 안된다. 모든 방면의 근본적 방책의 근본이 되는 것은 한자 안쓰기다. 한글만 쓰기의 혁신이다. 이것을 일워내지 않고는 조선의 허다한 새 경륜이 다 실효를 거두지 못할 탁상공론이 될 염려가 있다. (…중략…)

셋째 한글을 가로글씨로 만들어야 한다. 한글이 과학적 조직을 가져옴은 온 세상이 다 인정하는 바인즉 이러한 훌륭한 한글을 가장 과학적으로 이용하지 않으면 안된다.

—최현배, 「국어정책의 으뜸된 문제」

인용문에서 알 수 있듯이, 해방기 부산·경남 문학비평의 두드러진 특징 가운데 결코 빼놓을 수 없는 중요한 사실은 지역출신 한글학자들을 중심으로 한글문화운동이 아주 활발하게 전개되었다는 점이다. 이극로, 최현배 등이 주축이 되어 발표된 이와 같은 문제의식의 글들은 양적 측면에서나 질적 측면에서 당시 문학비평의 수준에 결코 뒤지지 않는 의미 있는 논의를 펼쳤다고 평가할 수 있다. 이러한 문제의식은 우리말과 우리글을 억압당한 채 일제치하를 살아온 당시 우리 민족 구성원 모두에게 가장 절실한 과제였음에 틀림없다. 문학과 예술의 주체성을 논하기 이전에 말과 글의 주체성을 확립하는 것이야말로 중요한 선결과제가 아닐 수 없었기 때문이다. 이런 점에서 이들의 논의는 대체로 한글의 우수성, 한자폐지와 한글전용, 한글문화의 창달 등을 무엇보다 강조함으로써 우리말의 주체성 확립과 이를 실천하기 위한 당면과제를 제시하는 데 집중하였다.

이외에 김정한은 「직언자가 되라」를 통해 민주주의 임정수립을 위한 언론의 역할과 책임을 강조했고, 정진업은 「계몽교화수단으로서의 영화예술」에서 "모든 예술형식 가운데 가장 선전적 침투력이 강렬한 이십세기의 거대한 과학예술인 영화창조에 부과된 대중적 사회성 및 세계관의 투철한 파악 없이는 계몽교화수단으로서의 영화예술의 사명과 목적은 결코 달성되지 않을 것"임을 주장했다. 그밖에 진주에서 설창수를 중심으로 조직된 〈시인협회〉가 〈영남문학회〉로 발전하면서 발간한 『영남문학』을 중심으로 활동했던 설창수·이경순 등의 평문과 마산에서 활동했던 조향의 릴케에 관한 평문 등이 발표되었다.

5. 맺음말

이상에서 해방기 부산·경남 문학비평의 현황과 의미를 대략적으로 살펴보았다. 본고의 연구방향이 성급한 일반론이 되지 않기 위해서는 당시 발표된 비평 자료를 찾아 일목요연하게 정리하고 이를 깁고 더하는 실증적 연구가 더욱 체계화되어야 한다. 그런데 해방기 부산·경남 문학비평은 현재까지 기본적인 서지사항을 정리한 목록이나 자료조차 확인하지 못하고 있는 실정이다. 따라서 당시 발표된 비평 자료의 출처와 성격을 확인하고 이를 정리하는 차원에서부터 새로운 논의가 시작되어야 한다. 본고는 이러한 연구목적으로 우선 당시 발표된 비평 목록을 제시하고 그 전체적 성격을 개관하는 데 초점을 두었다. 무엇보다도 당시 문학비평의 성격이 부산·경남만의 독자성을 강조하기보다는 해방기 문학비평의 전체적 지형변화와 밀접하게 연관된 보편성을 드러냈다는 점을 주목하였다. 따라서 본고는 해방기비평의 역사적 전개양상과 부산·경남 문학비평의 전개과정이 상호 검토될 수 있도록 서술하였다.

지역문학에 대한 구체적이고 체계적인 논의조차 턱없이 부족한 현재의 연구풍토에서 서둘러 문학사적 맥락을 세우겠다는 시도는 다소 성급한 발상으로 비쳐질 수도 있을 것이다. 하지만 개별 작가, 작품에 대한 연구와 문학사적 체계화는 동시에 전개되어야 마땅하다는 것이 필자의 생각이다. 이런 점에서 앞으로 해방기 부산·경남 문학비평에 관한 연구는 다양한 주제와 방법으로 더욱 심화되어야 한다. 여기에서 밝힌 여러 비평가들의 개별비평에 대한 실증적인 연구와 누락된 자료를 더욱 깁고 더한다면 해방기 부산·경남 문학비평의 문학사적 위상과 의미는 더욱 구체적으로 밝혀질 수 있을 것이다. 이는 앞으로 우리 현대문학비평사 연구와 지역문학 연구가 함께 고민해야 할 중요한 과제임에 틀림없다.

제 2 장

조지훈의 비평의식과 서정시론

1. '민족'의 재발견과 '근대주의'에 대한 대응

한국 근대시사에서 서정시론은 1920년대 민요시론, 1930년대 〈문장파〉의 전통론, 〈시문학파〉의 순수시론, 그리고 해방공간의 조지훈의 유기체시론으로 이어졌다. 이러한 서정시론은 근대적 시관(詩觀)에 대한 타자의식에서 비롯된 것으로 왜곡된 식민지 근대에 대한 철저한 반성과 대안으로 제시되었다고 할 수 있다. 당시 우리 시단의 현실은 서구의 근대적 문명과 의식에 압도되어 새로운 시의 형식과 음률에 집착하였고, 근대성의 두 축이었던 카프의 계급주의와 모더니즘의 기술주의에 맹목적으로 매달림으로써 서정시의 본래적 성격과 위상이 급격히 쇠퇴하였기 때문이다. 따라서 당시 서정시론의 방향은 민요시의 도입을 통해 서구시 수용의 한계를 뛰어넘는 새로운 시형을 모색하고, '조선적인 것'에 대한 관심으로 주체적 시관을 새롭게 정립하려는 역사철학적 대응 양상을 분명하게 보여주었다. 그 방향은 크게 두 가지로 정리될 수 있는데, 첫째는 '민족' 혹은 '전통'에 대한 재발견이었고, 둘째는 기계적 모더니즘으로서의 근대주의에 대한 비판적 성찰이었다.

조지훈의 시론은 해방 직후 좌우익 진영의 극심한 대립 속에서 민족의 위기에 대응하는, 즉 민족의 구원, 민족의 건설이라는 현실인식을 구체화하는 실천적 방법론으로 정립되었다. 다시 말해 그의 시론은 "민족은 하나이고 그것은 전체이지 부분으로 분리될 수 없다"는 "민족유기체"의 관점을 견지하였는데, 이는 "민족의 분열과 해체를 조장하고 있"다고 보았던 "계급주의에 대한 대응"으로서의 성격을 강하게 표방한 것이다.[1] 여기에 대해서는 긍정과 부정의 두 가지 입장이 팽팽히 맞서는데, 민족문학의 측면에서 그의 시론을 높이 평가해야 한다는 긍정적 측면이 있는가 하면, 유물사관에 대한 대타적 입장으로서의 편향된 한계를 비판하는 부정적 측면이 있기도 하다. 특히 후자의 관점은 해방 직후 좌익문학과는 대립적인 지점에서 활동한 조지훈의 문단활동과 밀접한 관련이 있는데, 해방 직후 〈문학가동맹〉과의 이념적인 투쟁을 통해 형성된 '정치주의 문학의 배격'과 이를 실천하기 위한 조직체인 〈청년문학가협회〉의 활동이 조지훈에게 있어서 '민족'을 전유하는 외적 기반으로 작용했기 때문이다. 그 결과 그의 민족 담론은 '우리의 것'을 강조하는 고전 탐구의 정신을 바탕으로 '전통'의 문제를 재인식하는 방향으로 나아갔는데, 이러한 태도는 1930년대 〈문장〉지가 표방했던 '상고주의(尙古主義)'를 발전적으로 계승한 것으로 평가할 수 있다.[2]

---

1) 이러한 인식과 태도는 "유물론의 기계론과 유기론의 생명론이 대립적인 관점에 서 있다는 철학적 바탕에서 비롯된다"(H. 화이트, 6천형균 역, 『메타역사』, 문학과지성사, 1991, 26~35면)고 할 수 있다. 구모룡, 『한국문학과 열린 체계의 비평담론』, 열음사, 1992, 34~38면.

2) 고전론(古典論)은 이원조, 서인식으로 대표되는 '제3의 입장으로서의 고전론'과, '조

다음으로 조지훈의 시론에서 주목할 점은 모더니즘 문학을 강경하게 비판했다는 사실이다. 이는 당시 김기림을 비롯한 일련의 모더니즘론자들이 〈문학가동맹〉에 가담했다는 외적 사실과 모더니즘이 서구의 과학을 기반으로 삼고 있었다는 데서 그 이유를 찾을 수 있다. 즉 과학은 서구의 지성사에 토대를 두고 있을 뿐만 아니라 인위적인 변형의 산물[3] 이라는 점에서, 또한 모더니즘은 과학을 우선시하면서 인간을 배제하는 문학적 성격을 드러낸다는 점에서, 그 논리가 어떻든 간에 결코 수용할 수 없다고 판단했던 것이다. 따라서 조지훈은 "전통에의 회귀는 문화의 전진을 위한 현대의 거점"이고, "지주(支柱)를 상실한 현대, 극도의 자기 분열에 떨어진 현대를 소생시키기 위하여 먼저 전통을 찾을 때가 왔다"[4]고 주장했다. 결국 그는 전통과의 연속성 속에서 새로운 의미를 발견하는 데서 모더니즘의 현재적 의의를 찾을 수 있다고 보았다.

선주의(朝鮮主義)'에 직결된 역사적 심정으로서의 〈문장〉지 중심의 직관적 복고주의(復古主義)로 나누어 볼 수 있다. 그런데 〈문장〉지의 고전 의식은, 고전이 현실 도피로 고발당하고, "고전은 다만 낡은 문화가 파탄되고 새로운 문화의 창조가 요구되는 역사적 전환기에 있어서 문화원리를 고찰하는 재료로서만 의의가 있다"(서인식)는 경고에도 불구하고 복고주의적 색채와 국수주의 혹은 민족주의적 이념으로 가장된 현실 도피적 느낌마저 없지 않았다. 동양정신의 반성이라는 배경을 업고 고전론으로서의 역사의식을 공분모로 하는 〈문장〉파의 상고주의는 조선적(朝鮮的)이라는 한정사로 집약시킬 수 있는 것이다. 따라서 〈문장〉은 「한중록」(이병기), 「조선문학연구」(이희승), 「춘향가와 춘향전」(서두수) 등 고전문학에 대한 본격적인 소개에 상당히 많은 지면을 할애했다. 김윤식, 『한국근대문예비평사연구』, 일지사, 1976, 320~342면.

3) 허윤회, 「조지훈 시론 연구」, 『한국의 현대시와 시론』, 소명출판, 2007, 191~194면.

4) 조지훈, 「전통에의 회귀」, 『조지훈전집 3-문학론』, 나남, 1996, 130면. 이하 『조지훈전집』에서 인용한 경우 『전집』으로 약칭함.

2. 전통의 재인식과 고전 탐구의 현재성

조지훈의 모더니즘 비판은 '근대적인 것에 대한 거부와 전통주의로의 환원'[5]으로 요약할 수 있다. 여기에서 '전통'이란 과거로부터 현재까지 이어져 내려오는 동안에 현재의 삶에 지속적으로 영향을 미치는, 일정한 흐름을 형성하고 있는 유형무형의 모든 것을 일컫는다. 이처럼 전통은 세대적 연속성을 지니고 있지만, 그렇다고 해서 전통을 무조건 물려받을 수 있는 것으로 인식해서는 안 된다. 오히려 전통은 꾸준한 노력에 의해서만 성취될 수 있는 미래적 가치로 인식하는 것이 더욱 타당하다. 전통은 고정적인 것이 아니므로 과거의 것을 수용하면서 미래의 것에 작용하는 이상적 질서라고 할 수 있기 때문이다. 결국 그 내용에 있어서 과거에 속하는 것이지만, 과거에 속하는 것 전부가 전통이 될 수는 없다는 점, 과거에서 현대로 이어져 현대 사회의 행동양식으로 변함으로써 인간의 '주체적 측면'을 구성하는 것이어야 한다는 점, 인간의 부정적 행위를 통하여 소멸하는 것이 아니라 갱생하여 사회적 행동과 인간의 현재적, 주체적 측면을 구상할 수 있어야 한다는 점이 전통의 특징이라고 할 수 있다.[6] 과거의 것은 현재를 위해서만 존재 의의가 있다는, 과거의 것에 대한 맹목적인 추구를 지양하는 미래지향적 논리로 전통의 본질과 특성을 이해할 필요가 있는 것이다.

이와 같은 관점에서 조지훈의 전통론은 '역사성'과 '시대성'을 아우르는 창조적 생성의 차원에서 정립되었다.

> 전통은 창조의 원천이요 그 형상의 질료이며, 창조는 전통의 의욕이요 그 계승의 방법이다. 그러므로, 전통 없는 창조는 공소(空疎)하고 허약하여 뿌리

5) 구모룡, 앞의 책, 30면.
6) 『조선일보』, 1938.10. 본고에서는 김윤식, 앞의 책, 332~340면 참조.

없는 나무와 같고 창조 없는 전통은 침체하고 고루하여 인습의 폐풍(弊風)에 병들게 된다. 이와 같이 전통과 창조는 불즉불리(不卽不離)의 상관개념이기 때문에 오늘 우리가 당면한 새로운 민족문화의 수립이란 명제 앞에 전통심구(傳統深求)의 현대적 의의가 놓이게 되는 것이다.[7)]

전통의 문제를 창조적 생성의 차원에서 바라보려는 조지훈의 관점은 조연현의 전통론으로부터 상당히 많은 영향을 받은 것으로 보인다. 조연현에 의하면, 전통은 민족의 창조적인 능력에 의해 좌우되는 것으로, 민족의 창조력과 결부되지 못한 전통은 단지 과거의 유물에 불과하며, 전통의 배경을 갖지 못한 창조력이란 단순한 혈기에 지나지 않는다. 따라서 전통과 창조력은 상보적인 위치에서 밀접한 연관성을 지니고 있는데, 전통은 고정된 내용이나 세계가 아니라 새로운 현실과 함께 부단히 변용되고 발전될 수 있는 현실이나 역사의 기본적인 생명이기 때문이다. 그러므로 전통이란 단순한 과거로부터의 축적된 가치나 역량만이 아니라 오히려 미래로 향해서 이념(理念)하는 산 생명이요 움직이는 힘이라고 보았던 것이다.[8)]

조지훈이 전통을 "창조의 원천"이나 "형상의 질료"로 파악한 것이나 전통 없는 창조를 "뿌리 없는 나무"에 비유한 것은 바로 이러한 전통에 대한 유기적 인식에서 비롯된 결과라고 하겠다. 따라서 그는 전통을 역사적·문화적·주체적 개념으로 파악하고, 한국문화, 민족문화를 세계문화의 보편성 위에서 해석하려는 열린 의식과 태도를 분명하게 견지하였다. 그 결과 한국의 종교·사상·미술·음악·문학·신화·가요 등 우리 민족 문화 전반에 대한 총체적 연구서인 『한국문화사서설』(『전집』 7), 우리 민족의 이민족 투쟁의 역사와 민족의식의 발달 과정을 밝히면서 민족운동사의 기본 관점을 정립한 『한국민족운동사』(『전집』 6) 등

7) 「『민족문화연구』 창간사」, 『전집』 3, 386면.
8) 조연현, 「문학의 이상과 현실」, 『해방 40년의 문학 4-비평』(권영민 편), 민음사, 1985, 91면.

의 저술을 남겼다.[9)]

이와 같은 조지훈의 전통에 대한 재인식은 고전 탐구의 정신으로 이어진다. 그에게 있어서 고전은 "전통의 입상(立像)"으로, "생활의 의욕에서 형성되어 역사의 흐름 속에 지속하는 자요, 개성의 주체 속에 생탄하여 보편성의 객관에 용화되어 가는 자"로 인식된다. 따라서 그는 고전이 "한 민족문화가 카오스(Chaos)에서 코스모스(cosmos)로, 방산(放散)하는 관념에서 구체적 집결로 나아가는 비롯이 되기도 한다"[10)]고 보았다. 그가 표방한 고전주의에서 무엇보다도 중요한 문제의식은 고전을 골동품이나 박물관의 진열창에 그냥 방치만 해서는 안 된다는 데 있다. '살아있는 고전', '생활화된 고전'의 중요성을 특별히 강조하는 데서 알 수 있듯이, 그의 고전 탐구는 과거적인 것이 아니라 현재적인 의미를 지향하는 데서 그 의의를 찾을 수 있는 것이다.

> 고전주의의 가장 큰 위험성은 골동상(骨董商)적인 것과 박물관 진열창(陳列窓)적인 두 가지에 있다. 벽에다 화폭(畵幅) 하나를 걸어도 그림이 살도록 걸어야 하겠거늘 물상(物象)을 명시함으로써 만족할 바에는 고고학자가 곧 그대로 시인됨직한 일이요, 막연히 옛 것을 좋다 해서 놋화로, 놋촉대, 화류문갑, 서문고를 이루만진다 해도 생활에 침투되고 맞지 않아서는 박물관 진열창을 면하지 못하리라.[11)]

고전이 옛 것이면서 오늘에도 규범이 되고, 남의 것이면서도 우리에게까지 존경받는다는 사실 하나만으로도 이미 고전에는 '초시간성(超時間性)'과 '초공간성(超空間性)'이 내포되어 있음을 안다. 이러한 영원성과 보편성이 본질이 된다는 것은, 바꿔 말하면 고전문학이 항시 "인간성의

9) 조지훈의 '민족문화론'에 대한 자세한 연구는, 남근우, 「조지훈의 '민족문화학'」, 『한국문학연구』 제18집, 동국대 한국문학연구소, 1995년 12월 참조.
10) 「고전주의의 현대적 의의」, 『전집』 3, 45면.
11) 「서창집」, 『전집』 2, 192면.

일반성 공통성을 지향하고 있다"는 것을 증거함에 지나지 않는다. 그러기에 "자유방종의 시대정신의 반영이 아닌 건전한 사회 생활의 암시", "미숙난잡(未熟亂雜)한 기교가 아니라 조화 통일의 구성", 이것이 고전문학의 한결같은 지향이 된다.12)

조지훈은 질서, 조화, 통일의 관점에서 고전의 규범적 가치를 무엇보다도 강조한다. 통시적 연속성과 공시적 보편성을 동시에 아우르는 전통과 이를 토대로 한 고전문학의 형식이야말로 오늘의 문학이 지향해야 할 '규범'으로 인식하였던 것이다. 따라서 조지훈의 고전론은 과거의 유산으로서의 전통이 아니라 미래의 발전을 위해 계승될 수 있는 전통을 재인식하는 데 있다. 즉 과거의 단순한 집적물이 아니라 새로운 창조의 바탕이 되는 것이 바로 '전통'이라는 것이다.13) 이러한 조지훈의 비평의식은 '모더니즘 비판'으로서의 성격을 내재하고 있다.

> 현대시는 고대시를 계승하여 고대시를 부정하는 '현대의 시'이며 고전시에 항거하면서 새로운 고전을 형성하려는 '현대적 시'여야 한다. 그러므로, 현대시는 어느 것이나 현대성－모더니티를 존중해야 한다. 그러나, 현대성의 지말(枝末)의 일면을 고집하는 '모더니즘'을 경계해야 한다. '모더니티'의 과도한 존중 곧 편중(偏重)이 모더니즘에의 전락(轉落)의 첩경이요, 모더니즘은 고전이 될 수가 없다. 모더니티의 과도한 경계 곧 증오가 매너리즘의 함정이요, 매너리즘도 고전이 되지는 못한다. 시(詩)는 '시(時)'! 되풀이하면서 항상 새로운 천도(天道)의 순환이 바로 시(詩)의 법(法)이다. 모더니티! 그것은 영원한 자의 자기 표현의 시대적 모습이다.14)

여기에서 조지훈은 현대시가 모더니티의 과도한 존중과 과도한 경계

12) 「고전주의의 현대적 의의」, 『전집』 3, 47~48면.
13) 박호영, 「'문장'파의 전통주의」, 『한국 현대시론사 연구』(한계전 외), 문학과지성사, 1998, 232면.
14) 「현대시의 문제」, 『전집』 3, 177면.

를 모두 비판함으로써 "고전시에 항거하면서 새로운 고전을 형성하려는 '현대적 시'여야 한다"고 주장했다. 이는 '고전주의의 현대적 의의'를 밝힌 것으로, '고전과 모더니티의 동시적 구현'으로 해석될 수 있다. 이러한 양가성은 그의 초기 시세계의 특징과도 일맥상통하는데, 그의 시세계의 출발이 전통지향적 서정주의와 모더니즘적 감각주의의 혼재 상태에 있었다[15]는 점에서 그 단초를 확인할 수 있다. 결국 조지훈의 모더니즘 비판은 전통과 유기적으로 결합되지 못한 맹목적인 현대성 추구와 감각적 기교주의에 대한 비판에 초점을 두고 있다. 다시 말해 현대시가 추구해야 할 모더니티의 방향은 전통과의 결합 속에서 실현되는, 즉 전통의 형식에 세련을 주는 유기적인 차원에서 실천되어야 한다고 보았던 것이다.

3. 유기론적 미학과 서정적 세계관

조지훈의 시론에서 가장 중요한 기초는 '자연'이다.[16] 그는 자연을 두 가지 관점에서 이해하고 있는데, 첫째는 시의 제재로서의 자연이고,

---

15) 조지훈은 「화련기(華戀記)」라는 모더니즘 계열의 시와 전통지향적인 서정시인 「고풍의상」 두 작품을 가지고 정지용에게 자신의 향방을 물었다. 그런데 정지용은 두 편의 시 가운데 「고풍의상」을 추천했는데, 이것이 그의 시세계가 서정주의적 방향으로 나아가는 결정적 계기가 되었던 것으로 보인다. 「약력과 느낌 두셋」이란 추천 소감문에는 이러한 그의 시의식이 잘 드러나 있다. "言句에 떨어지는 것이 흔히 邪道가 되고 이런 분위기에서 나는 玄玄한 나라를 꿈꿔봅네다. 未開에서 얻는 슬픔이야 과학에서 찾지만 과학에서 얻는 권태와 불안은 어디서 찾나요. 앙상한 분석을 거쳐 나는 다시 타고난 천품 통일된 세계인 우리의 고향 동양의 하늘로 돌아가겠습니다." 『문장』, 1940.3, 157면. 구모룡, 앞의 책, 30면.

16) 최원식, 「해방 직후의 시론」, 『민족문학의 논리』, 창작과비평사, 1982, 269면.

둘째는 시정신으로서의 자연이다. 후자의 경우 자연은 그 자체로서 의미 있는 존재가 됨으로써 대상으로서의 자연을 압도하는 정신성을 획득한다. 이는 자연의 세계가 살아있는 세계일 뿐만 아니라 질서 있고 규칙적인 움직임의 세계라는 유기체적 자연관을 표방한 것이다. 조지훈에 의하면, 자연은 조화와 질서를 갖춘 완미(完美)한 것이므로, 이를 이용하고 지배하려는 문명적 사고는 오히려 부자연(不自然)의 상태를 초래하고 만다. 이러한 그의 생각은 "동양의 혼은 자연과 혼일체(混一體)가 되는 곳에 있다. 자연을 정복하려는 생각은 조금도 없다"[17]고 말하는 데서 명확히 드러난다. 결국 조지훈은 자연을 살아 움직이는 생명체로 파악함으로써 "문학은 처음부터 끝까지 살아 움직이는 자연을 취재(取材)하고 그것을 양식(糧食)으로 하는 것"[18]이라고 보았던 것이다. 이러한 유기체적 자연관은 조지훈의 시론이 우주의 생명적 본질로 다가가는 중요한 통로로 작용한다.

> 생명은 자라려고 하는 힘이다. 생명은 지금에 있을 뿐 아니라 장차 있어야 할 것에 대한 꿈이 있다. 이 힘과 꿈이 하나의 사랑으로 통일되어 우주에 가득 차 있는 것이 우주의 생명이 아니겠는가. 우주의 생명이 분화된 것이 개개의 생명이요, 이 개개의 생명의 총체가 우주의 생명이라고 볼 것이다. 그러므로, 나는 '시는 자기 이외에서 찾은 저의 생명이요, 자기에게서 찾은 저 아닌 것의 혼(魂)'이라고 한다. 다시 말하면, '대상을 자기화하고 자기를 대상화하는 곳에 생기는 통일체 정신'이 시의 본질이라고 나는 믿는다. '인간 의식과 우주 의식의 완전 일치 체험'이 시의 구경(究竟)이라고 믿어진다는 말이다. 이런 뜻에서 우주의 생명적 진실을 수정(受精)함으로써 시를 생탄(生誕)시키는 것은 시인의 보편적 지향이라 할 것이다.[19]

조지훈의 시론에서 가장 중요한 것은 '생명'인데, 우주의 생명이 분

17) 「서창집」, 『전집』 2, 196면.
18) 「자연과 문학」, 『전집』 3, 41면.
19) 「시의 원리」, 『전집』 2, 26면.

화된 것이 개개의 생명이요, 이 개개의 생명의 총체가 우주의 생명이라고 보았다. 이는 그의 시론이 형성되는 중요한 정신적 토대가 되는데, 이와 같은 우주의 원리로부터 시의 본질, 시의 창작과정 그리고 시의 미학을 이끌어내고 있는 것이다. 그에 의하면 모든 생명현상은 개별성과 전일성의 관계로 설명된다. 전통적인 유기론은 모든 현상을 보편생명의 전체로 해석하고, 자연과 인간 그리고 인간의 문화적 성취를 생명의 전일적 상태로 인식한다. 그가 말하는 "인간 의식과 우주 의식의 완전 일치 체험"은 부분에서 전체로, 개체에서 보편으로의 내재적 관계에 의한 시의 원리가 되는 것이다.[20] 이러한 우주론적 통합의식은 '질서와 조화의 세계'를 지향한다. 따라서 그는 "시의 세계는 질서와 조화의 세계이다. 하나의 우주이다"라고 말한다. 여기에서 우주는 시간과 공간을 포괄하는 통칭개념(通稱概念)으로, 질서 없는 혼돈이 질서와 통일과 조화를 이룬 것이 우주이듯이 하나의 광대한 도(道)로서 카오스가 코스모스로 나아가는 길이 시정신이 된다는 것이다. 다시 말해 "'관념의 카오스'가 '시정신의 에로스'를 통하여 이루어지는 '시의 코스모스'가 바로 미(美)",[21] 즉 '서정적 세계관'이라는 것이다.

이러한 관점에서 그는 시를 사물의 근본적인 원형인 대자연 다음의 "제2의 자연"이라고 명명했다. 즉 유기체인 자연에서 새로운 유기체인 제2의 자연으로 창조된 것이 바로 시라는 것이다.

> 대자연은 사물의 근본적인 원형으로서 여러 가지 의미를 실현하고 있다. 대자연의 일부인 사람은 그 자신 자연의 실현물(實現物)로서만 존재하는 것이 아니라 창조적 자연을 저 안에 간직함으로써 다시 자연을 만들 수 있는 기능

---

20) 이러한 시의 원리를 구모룡은 '제유의 시학'이라고 명명했다. 제유는 대상과 전체의 관계에서 통합적으로 표현된 내재성에 관한 어법이기 때문에 우주 전체를 부분과 전체가 잘 조화된 거대한 생명체로 인식하는 유기론적 세계관과 일치되는 것이다. 이에 대한 자세한 내용은, 구모룡, 『제유의 시학』(좋은날, 2000)을 참조할 것.

21) 「시의 원리」, 『전집』 2, 27면.

을 가지는 것이다. 대자연은 자연 전체의 위에 그 '본원상'을 실현하지만 반드시 개개의 사물에 완전히 나타나는 것은 아니기 때문에 어느 의미에서 시인은 자연이 능히 나타내지 못하는 아름다움을 시에서 창조함으로써 한갓 자연의 모방에만 멈추지 않고 '자연의 연장(延長)'으로서 자연의 뜻을 현현(顯現)하는 하나의 대자연일 수 있는 것이다. 바꿔 말하면, 시는 시인이 자연을 소재로 하여 그 연장으로써 다시 완미(完美)한 결정(結晶)을 이룬 '제2의 자연'이라고도 할 수 있다.[22)]

시가 대자연의 본원상을 현현한다는 것은 시가 하나의 소우주로서 우주의 보편원리를 표현한다는 것이다. 따라서 한 편의 시는 우주의 보편원리를 구현하는 차원에 이르게 되고, 시작은 하나의 소우주를 창조하는 행위가 된다. 앞서 시가 경험세계의 혼돈으로부터 조화와 질서의 세계를 창조하는 것, 즉 "카오스의 코스모스화"라고 한 것은 바로 이러한 유기체적 생명사상, 우주의 조화와 질서의 원리에 그 바탕이 있는 것이다. 유기체론은 시를 살아있는 식물에 비유하는 시관으로 시와 시인의 본질을 생명현상의 관점에서 설명하는 것이다. 즉 시인은 주위 환경을 자기 내부로 동화시켜 그 내부의 생명적 원천으로 자라는 식물과 같이 시를 탄생시키며, 시인, 시적 의장, 구절, 운율 등은 씨앗, 꽃, 열매, 껍질, 수액 등으로 비유되는 관점이다. 이는 근본적으로 인간과 자연(우주)을 하나의 연속체로 보는 것으로, 자아에서 비롯된 합일(合一)과 일체(一體)를 중요시하는 시관이다.

이처럼 유기론은 우주를 정적 기계주의로 보지 않고 자라나는 식물과 같이 생명을 지닌 동적 유기체로 본다. 유기체란 이미 만들어진 그 무엇이 아니라 만들어지고 있거나 자라고 있는 그 무엇이기 때문이다.[23)] 유기론은 우주의 원리에 대한 유비(analogy)적 사유형태이다. 유비적 사유방법의 하나로 자연 유비는 우리의 전통적 사유형태에 속한다.

22) 위의 글, 20~21면.

23) 구모룡, 『한국문학과 열린 체계의 비평담론』, 19면.

이는 인간과 자연의 조화와 일치에 대한 믿음에서 비롯된 것으로 인간 사회의 법규와 자연의 법칙 사이에 어떠한 분리도 없다는 사유이다. 즉 자연은 끊임없이 창조하는 전진의 과정이며 인간은 이 과정에 참여하는 또 하나의 창조자로 인식됨으로써 자연과 인간은 둘이면서 하나가 된다는, 그래서 생명 전체가 서로 융화하고 교섭하는 것으로 받아들여진다. 따라서 유기론적 사유와 방법은 오늘날 서정시론에 있어서 가장 핵심적인 세계관이 되지 않을 수 없다.

4. 시창작의 생명성과 순수시론의 정립

조지훈의 서정시론은 시창작론을 중심으로 이루어진다. 이는 우리 시사에서 시창작의 과정을 시론으로 정립시킨 1930년대 박용철의 시론에 영향을 받은 바 크다. 박용철은 시를 하나의 존재로 보고 시는 탄생 혹은 창조되는 것이라고 생각했다. 그것은 마치 나무가 그것을 둘러싼 자연환경과 조응하며 자라듯이, 시인을 둘러싼 세계에 대한 온갖 체험들을 시인이 자신의 피 속에 용해시키는 과정을 거쳐 수태(受胎)를 하고 이것이 완전한 성숙을 통해 새로운 생명으로 창조된다는 것이다. 또한 이 생명의 탄생과정은 "교묘한 배합, 고안, 기술, 그리고 기다림"[24]과 같이 시적 변용의 과정을 거치는데, 이러한 변용의 과정, 즉 언어를 통한 존재전이의 과정을 통해 시는 창조된다는 것이다. 결국 박용철은 시 이전의 상태, 즉 선시적(先詩的)인 것에 애착을 가지고 있으면서 그것과 언어 표현의 기술이라는 두 관점 사이를 왕래하면서 상호 교섭의 작용

24) 박용철, 「시적 변용에 대하여」, 『삼천리문학』 창간호, 1937.1. 본고에서는 시문학사 편, 『박용철전집』 2, 동광당서점, 1940, 4면에서 재인용.

을 천착했다고 할 수 있다.[25)]

시유기론에 있어서 중심이론은 시작의 과정에 관한 시창작론이다. 조지훈은 시작 과정을 탄생의 비유를 통하여 설명하는데, '감성우위론'과 '생명적 진실론'의 두 가지 특성으로 나타난다.[26)]

> 시는 처음에는 천진한 영아(兒)로서 감성의 젖을 먹고 자란다. 이 젖은 시를 잉태하던 순간에 유선(乳腺)에다 그 영양소의 준비를 요청한 것이기 때문이니 이 감성의 젖을 먹고 자라는 동안 지성을 배우고 윤리를 체득하는 것이다. 감성의 윤리는 양심의 발로요, 감성의 지혜는 사랑의 발로이다. 다만, 여기서 말하는 감성이란 지성과 이성을 포함하여 거느린 감성임을 알아야 할 것이다.
>
> 그러나 나는, 시란 무엇인가. 시는 어떻게 감수(感受)되는가, 시는 무엇으로 표현되는가를 다 잊어버리길 권한다. 왜 그러냐 하면, 이것을 다 몰라도 시를 사랑만 하면 시의 참뜻을 알 것이니 시를 사랑하는 마음은 천부(天賦)의 양심이기 때문이요, 시와 결혼한다면 절로 시를 낳을 것이니 시를 생탄(生誕)하는 육신은 생명의 본연상(本然相)이기 때문이다.[27)]

조지훈은 시 창작의 과정을 착상, 구성, 현상의 세 가지 과정을 통해

---

25) 이 창작과정의 시론은 하우스만 시론의 수용뿐 아니라, 기교주의 논쟁의 과정에서 임화 시론과 김기림 시론에 대응하는 나름의 독자적인 시론을 제시하려는 의도의 산물이다. 즉 임화나 김기림의 시론이 간과하고 있는, 시의 생성과정에 작용하는 은밀한 비밀을 밝혀냄으로써 시의 본질을 천착하고자 한 것이다. 이는 근대 서정시론이 당시의 지배적 시론에 대한 반성으로 '서정적 주체의식'을 드러내는 것이란 점을 분명하게 보여준다. 그동안 박용철 시론과 조지훈 시론의 상관관계에 대한 집중적인 논의는 거의 없었다고 볼 수 있는데, 이에 대한 연구는 우리 근대 서정시론의 특성과 전개과정을 살펴보는 아주 유효한 맥락이라는 점에서 앞으로 구체적인 논의가 있을 필요가 있다. 오형엽, 『한국 근대시와 시론의 구조적 연구』, 태학사, 1999 참조.

26) 감성우위론은 시는 감성의 바탕 위에 지성과 이성이 유기적으로 통섭된다는 것이고, 생명적 진실론은 시는 시인의 생명의 본연상에서 생탄한 것이므로 생명적 진실의 표현이라는 것이다. 감성우위론은 가장 직접적이고 원초적인 감정의 표현이 서정시라 보고 이러한 서정시를 가치의 정점에 두는, 서정시 중심주의의 다른 표현이다. 시는 생명의 원초적인 본성의 표현이며 생명 그 자체이기 때문에 가장 진실된 것으로 인식된다. 구모룡, 『한국문학과 열린 체계의 비평담론』, 52면.

27) 「시의 원리」, 『전집』 2, 47면.

설명한다.[28]

첫째, 착상단계는 우주의 생명적 진실, 즉 시정신을 인식하는 것으로, 이는 시에 앞서 있는, 시인과 자연 속에 내재하는 우주의 생명적 본성을 일컫는다. 그는 이것을 "모든 예술에 공통된 에스프리 곧 포에지"[29] 라고 하는데, 시인은 이것을 체득하여 형식의 제약 속에 시를 창조한다는 것이다. 또한 그는 착상의 두 가지 방법으로 '영감'과 '주의력'을 제시하는데, 영감은 우주 중심의 수동적 방법이고 주의력은 자아 중심의 능동적 방법으로 구분된다. 하지만 그는 이 두 가지 방법이 착상단계에서 별개의 것으로 작용하는 것이 아니라 상호작용하는 관계, 즉 영감과 주의력, 곧 천위(天爲)와 인위(人爲)의 자연적 동화를 지향한다고 보았다. 왜냐하면 영감만으로는 창조가 못되고 반대로 주의력만으로는 시가 기술로 전락해 버릴 우려가 있기 때문이다. 이는 서정시가 세계의 자아화라는 일방적 통합이 아닌 자아와 세계의 동일화라는 상호동화 혹은 일체임을 나타낸다.

둘째, 구성단계는 착상된 시정신을 구체화하는 과정이다. 착상단계에서 수태된 시는 비로소 "정신적 육체적 성격"을 찾는 구성을 거치는데, 이때 구성은 기교적·기술적·형식적인 것이 아니라 내면적·내용적인 특성을 지닌다. 즉 "시인의 내부적 생명이 그 받아들인 내용인 '생의 의미'를 정리하고 변경하고 비약시키는 것이 구성"이라는 것이다. 따라서 구성은 수태한 아기가 태반에서 자라는 생명의 성장과정에 비유될 수 있다.

셋째, 현상단계는 착상된 시정신이 구성단계를 거쳐 비로소 표현되는, 그래서 시의 형식인 언어의 육체를 가지게 되는 단계이다. 조지훈은

---

28) 위의 글, 66~124면.

29) 포에지는 시를 시인 내부의 본질과 연결시킴으로써 구체적인 작품이 아닌 어떤 정신이나 성질로 보는 것을 말한다. 동양시학에서는 시를 poem이라는 형식적인 측면에서 정의하지 않고, poetry라는 내용적 측면에서 정의하는데, 여기에서 poetry는 창작되기 이전의 '시정신'을 의미한다. 김준오, 『시론』, 삼지원, 1997, 19면.

이 과정을 "혼돈의 질서화, 복잡의 단순화에서 비롯되는 것"으로 이해하면서 생략·해조(諧調)·과장·반복의 원리를 통해 설명한다. 이 또한 생명현상의 유기적인 관련성 속에 놓이므로 "기술을 통한 기술의 초탈", "천기(天氣)가 깃들이는 것", "생명 그대로의 시도(詩道)"라고 표현한다. 결국 시의 현상은 우주의 생명적 진실이 표면적으로 드러나는 과정으로, 그의 순수시론은 이러한 생명사상을 구현하는 서정적 주체의식을 드러낸 것이라고 할 수 있다.

> 시인은 민족시를 말하기 전에 그냥 시 자체를 알지 않으면 안 된다. 먼저 시가 된 다음 그것이 민족시도 되고 세계시도 될 수 있는 것이므로 시의 전통이 확립되지 못한 이 땅의 시가 민족시로서 세계시에 가담하기 위하여서 먼저 일어날 것은 순수시 운동이 아닐 수 없다. 순수시의 운동은 곧 시의 본질적 계몽운동인 동시에 그의 발전이 그대로 민족시의 수립이기 때문이다. 시(詩)가 시로서 가진 바 그 본질의 가치와 사명을 몰각하고 시의 일부인자(一部因子)요, 오히려 그 부수성인 공리성을 추출 확대함으로써 시의 전체를 삼고 자신의 문학적 창조와 개성의 무력(無力)을 엄폐(掩蔽)하고 정치에의 예속, 정당과의 야합의 당위를 부르짖는 수다한 시인은 기실 시인이 아니므로 민족문학의 한 지류(支流)는커녕 정치의 부동세력(浮動勢力) 밑으로 추방될 성질의 것이다. 시는 시로서 저 자신과 민족과 인류에 기여할 것이니 시는 모든 사회현상의 가치로 더불어 홀로 설 수 있는 개성을 고수할 것이므로, 정치건 무엇이건 시의 개성을 굴복시키려는 유파(流波)가 있을 때만은 진실한 시는 언제나 순수시로써 그 정통을 유지하는 것이다.[30)]

조지훈의 시론은 당시의 비평가들 대부분이 시대와 현실을 문제삼아 시와 정치의 결합이라는 편협성을 드러내고 있음에 대한 비판적 담론의 성격을 지녔다. 즉 문학을 하나의 도구로 인식하고 있는 정치적인 문학의 한계성을 지적하면서, 〈조선문학가동맹〉의 결성 이후 좌익 문인

---

30) 「순수시의 지향—민족시를 위하여」, 『전집』 3, 226~227면.

들에 의해 주장된 '민주주의 민족문학'이라는 것이 실상은 공산주의 이념의 실천을 위한 선전도구에 지나지 않음을 분명히 하고 있는 것이다. 따라서 그는 문학정신의 문제가 그 독자성과 종속성의 한계를 인식하는 데 있음을 말하면서 문학이란 인간의 '생명적 요구'에 의해 나온 것이므로 문학 이외의 어떤 요구에 의해서도 종속될 수 없다는 '시의 독자성'을 강조한다.[31] 시의 독자성은 "시의 가치를 실현하는 사명과 방법"으로서의 기능적 측면과 관련된다. 시의 기능은 범박하게 말해 고유한 기능과 당위적 기능, 혹은 자율적 기능과 타율적 기능으로 구분되는데, 조지훈은 시의 고유한 기능이 무시되고 타율적 기능이 지나치게 부각되는 당시 우리 시단의 모습을 비판하고자 했던 것이다. 따라서 그는 시의 공리성만을 강조하는 문단세력에 맞서 공리성은 예술성에 종속된다는, 즉 예술성을 살리는 경우 자연스럽게 공리성을 얻을 수 있다는 점을 강조한다. 그러므로 위대한 예술은 공리성이 절로 부수되는 것이지 그 공리성이 위대한 예술의 일차적인 것은 결코 아니라는 것이다.

조지훈의 순수시론은 시의 예술성과 독자성, 그리고 개성의 중요성을 내세우는 것으로 시를 정치적 선전수단으로 이해하는 당시의 문단 주류에 대한 대항 담론으로서의 성격을 지녔다고 할 수 있다. 그에게 '순수시'란 '시다운 시', 곧 '사상이 완전히 혈액화되어 시 속에 따로 유리하지 않는 시'이다. 이는 무정치성이나 무사상성을 뜻하는 것이 아니라 진정한 '시정신'을 옹호하는 것이라고 할 수 있다. 결국 조지훈이 주장하는 순수시는 모든 사상과 이념을 폭넓게 수용하되 그것이 형상화의 과정을 제대로 거쳐 예술적으로 승화된 시를 가리킨다.[32] 주체적 전통론에 바탕을 둔 고전 탐구의 정신과 유기론적 미학에 입각한 서정시론의 정립은 바로 이러한 시적 실천을 모색하는 비평적 토대라고 할 수 있다.

---

31) 권영민, 「조지훈과 민족시로서의 순수시론」, 『한국 민족문학론 연구』, 민음사, 1995, 405면.
32) 정효구, 「유기체 시론의 의미」, 『시와 젊음』, 문학과비평사, 1989, 269면.

제 3 장

1950년대 고석규 비평의 근대성

1. 1950년대 · 근대성 · 부산

고석규는 1950년대라는 무참한 폐허의 공간과 삶의 한계성에서 비롯된 실존의 의미를 역설적으로 형상화한 비평가이자 시인이다. 고석규에 대한 연구는 유고 평론집 『여백의 존재성』(지평, 1990)이 출간되면서부터 본격적인 논의가 시작되었고, 〈오늘의 문예비평〉 동인들에 의해서 『고석규 유고전집』(책읽는사람, 1993)이 간행됨으로써 그의 문학에 대한 온전한 평가와 문학사적 자리 매김이 모색되었다. 이처럼 고석규에 대한 관심이 뒤늦게 활발히 이루어진 것은 전후비평에 대한 문학사적 의미 제고와 맞물린 것으로, 1950년대 한국문학사의 한 비평적 흐름이라는 통시적 차원이 아닌, 한국문학의 전환기에 대응하는 정신 활동이라는 측면에서 그의 비평이 중요한 의미를 지니고 있기 때문이다.

1950년대 한국문학은, 자본주의와 공산주의를 통합하여 단일 국가를 건설하려던 좌우 합작 노선의 실패와 1948년 남한 단독 정부 수립, 그리고 한국 전쟁과 그 이후 냉전 체제의 산물이었다. 이러한 역사적 격변을 거치면서 시인들은 한국전쟁이 초래한 허무의식과 폐허의식, 그리고 상실의식에 시달리게 되는데, 이것은 바로 근대성의 철저한 파산에 다름 아니다. 1930년대로부터 겨우 명맥을 유지해 온 한국문학의 근대성은 전쟁의 포연과 함께 송두리째 사라져 버리고, 초토화된 현실의 어디쯤에서 '아아 50년대!'라는 감탄사[1]를 남발하면서 우두커니 서 있어야 했던 것이 1950년대 문학의 어두운 현실이었다. 특히 50년대의 시는 이러한 절망의 현실을 이겨내지 못하고 그대로 주저앉아 버림으로써, 전후 현실에 대한 복구의지와 미래에 대한 전망을 보여 주지 못한 채 파산된 현실을 주관적으로 묘사하는 데 급급할 따름이었다. 이러한 상황에서 근대성은 한갓 헛된 망령에 불과했고, 결국 50년대 시인들은 비이성적인 사유체계로 빠져드는 결정적인 한계를 드러낼 수밖에 없었다.

한편 비평 분야는 감성의 과다 노출로 치닫고 있는 전후 시단의 흐름과는 달리, 논리와 이성을 앞세운 지성적 태도를 견지한다. 단절과 폐허, 불안과 공포 등으로 얼룩진 전쟁의 참상은 비평가들에게 역사적 전망에 대한 불확실한 예견보다는 '현실에 있어서 오늘을 어떻게 살아야 하는가'라는 실존의 문제에 보다 깊숙이 빠져들도록 했다. 따라서 파괴와 단절로 폐허화된 현실에 대응하기 위한 새로운 문학 양식이 그들에게 절실히 요청되었는데, 이것이 바로 50년대 문단을 풍미한 모더니즘 문학이다. 이러한 1950년대의 사회·역사적 상황과 문학적 자장 속에서 전후 비평은 이성적 사유의 틀 속에서 파산된 근대성의 복원에 주력하였고, 절망의 현실에 새로운 가능성과 대안을 제시하려는 뚜렷한 지향성을 드러냈다. 결국

1) 고은, 『1950년대』, 청하, 1989, 19면.

50년대의 시와 비평은 '근대성'이라는 관점에서 상당한 모순을 안고 있었는데, 이는 감성과 지성으로 분별되는 시와 비평의 장르적 특성 때문이기도 하지만, 무엇보다도 1950년대 문학이 전쟁의 참상을 부각시킴으로써 근대성의 파산을 토로하려는 시문학과, 이를 극복함으로써 다시 근대성의 기틀을 마련하려는 비평문학의 현격한 차이를 드러냈다는 점에 가장 큰 이유가 있다. 따라서 1950년대 한국문학의 근대성은 전쟁에 대한 원체험을 떠나서는 결코 성립할 수 없으며, 이 체험에 대한 주체적 자기정립이 그것의 구성에 중요한 인식론적 기반으로 작용한다.[2)]

1950년대 모더니티의 이론적 정립은 김기림에 대한 비판과 청록파에 대한 반동을 통해 이루어졌다. 전자는 근대의 본질적인 정신이 없다는 점에서, 그리고 후자는 근대와의 대결정신이 부족하다는 점을 들어 비판하고 있는 것이다. 이러한 관점에 대해 고석규는 인생파와 청록파의 리리시즘을 "도피적 · 정관적 리리시즘에서 반발적 · 적극적 리리시즘으로 전환하기 위한 전통적 노력"[3)]이라고 평가하면서 전통에 대한 모더니즘론자들의 맹목적 부정을 비판한다. 하지만 이러한 그의 관점이 전통에 대한 신비화나 과거지향적 전통의식을 옹호하기 위한 것은 결코 아니다. 오히려 과거의 현재적 의미를 역사비판의 한 가능성으로 제기함으로써 전통과 모더니티의 종합을 모색하였다. 즉 혼란스러운 전후 현실과 시적 주체의 분열된 경험에 질서를 부여함으로써 경험적 자아의 실존적 위기를 극복하는 존재론적 초월을 지향하는 것이다. 이러한 맥락에서 전통과 모더니티, 서정과 주지의 종합에 대한 고석규의 비평적 탐색은 당대 모더니즘의 몰주체적이고 근시안적인 모더니티 지향성에 제동을 걸고 분열된 주체를 전통의 초개인성 속으로 지양시킴으로써 근대의 위기를 초극하고자 했다는 점에서 주목하지 않을 수 없다.

근대성에 있어 질서의식은 '위기의식'에 대한 산물이다. 그것은 현재

2) 송기한, 『한국 전후시와 시간의식』, 태학사, 1996, 55면.

3) 고석규, 「모더니티에 관하여」, 『여백의 존재성』, 책읽는사람, 1993, 66면.

의 위기에 대한 불안의식과 앞으로 나아갈 길에 대한 방향감각의 상실에서 온다. 근대성이 하나의 구조체를 지향한다는 사실을 감안할 때, 이러한 위기의식은 앞으로의 방향성에 대한 새로운 인식을 통해 고찰될 수밖에 없다. 따라서 항상 위기가 가정되는 현실을 감안하거나 그것이 다가올 때, 정말 긴요하고도 중요한 문제는 다름 아닌 '질서의 관념'을 정당화시키는 일이다.[4] 이런 점에서 전후 현실은 '위기의식'을 반영하는 시대로 규정할 수 있으며, 시인 개인뿐만 아니라 사회적인 측면에서도 '새로운 질서란 무엇인가'라는 관념을 그들 자신의 세계관이나 사회통합에서 어떻게 정당화시킬 것인가 하는 문제들이 첨예화되었던 것이 사실이다. 따라서 1950년대 한국문학, 특히 전후비평의 근대성은 한국전쟁으로 인해 파편화된 세계의 위기의식을 부정하거나 혁신하는 방향에서 이루어졌다. 즉 전통에 대한 새로운 인식과 전후의 허무감이나 막연한 방향의식에 대한 극복의 과제로 대두된 새로운 주체형성을 위한 실존의식, 그리고 파편화된 시간을 넘어서는 질서의식과 유토피아 지향성은 당대의 근대성을 드러내는 유효한 지표가 아닐 수 없다.

이러한 맥락에서 1950년대 고석규의 문학은 당대의 핵심적 논제를 본질적으로 접근하고 있다는 점에서 상당한 의의를 지니고 있다. 특히 그가 줄곧 문학활동을 한 '부산'이라는 지역적 특수성은 당대의 위기의식이 절실하게 수용될 수밖에 없었던 막다른 곳이었다는 점에서 1950년대 한국문학의 근대성이 비롯된 공간이라고 보아도 무리가 없을 것이다. 따라서 1950년대 한국문학의 원체험적 공간이었던 '부산문학'의 모습을 살펴보는 것은 고석규의 비평을 이해하는 가장 중요한 방향성을 지녔다고 할 수 있다.

1950년대 부산은 한국전쟁의 충격으로부터 출발한다. 즉 부산은 한국전쟁을 치르는 동안 두 번의 임시수도 역할을 맡음으로써, 비록 한시적

4) F. Kermode, 조초희 역, 『종말의식과 인간적 시간』, 문학과지성사, 1993, 133면.

이긴 했지만 명실상부한 중앙으로서의 기능을 담당했었다. 따라서 부산은 대한민국의 운명을 건 생명선이자 심장부로서 절대적 의미를 지녔을 뿐만 아니라, 정치 · 경제 · 사회 · 문화 등 모든 부문에서 전쟁수행의 중추적 역할을 담당해야만 했다. 하지만 전국 각지에서 몰려든 피난민들이 겨우 하루의 삶을 버텨 가는 부산의 절박한 현실은 중앙의 지원과 통제만으로는 도저히 감당하기 힘든 역부족의 현실이 아닐 수 없었다. 화재의 위험이 항상 도사리고 있었던 무수한 판자집들, 식수의 어려움, 식량문제, 교통문제 등 온갖 어려움이 산재해 있었을 뿐만 아니라, 유흥업소의 난립과 더불어 퇴폐풍조가 만연된 정신적 타락의 현실은 당대의 위기를 여실히 드러내는 병리적 징후임에 틀림없었다. 내일을 기약할 수 없는 전쟁의 극한 상황과 실추된 도덕성, 이기주의의 만연 등은 당대의 지성인들이 앞장서서 해결해야 할 몫이었지만, 어떠한 문제도 쉽게 감당할 수 없다는 무거운 절망만이 더욱 고통을 가중시킬 뿐이었다. 이처럼 1950년대 부산의 현실은 전쟁의 폐허를 운명적으로 받아들임으로써 '근대성의 파산'이라는 현실을 온몸으로 껴안고 있는 원체험적 공간이 될 수밖에 없었다.

고석규는 이러한 부산문학의 중심에 서서 그의 문학적 진로를 모색하였다. 한국전쟁이라는 거대한 외형적 상처 속에서 단신 월남하여 고향과 부모를 향한 원죄와 같은 그리움의 상처를 짊어져야만 했고, 혼란과 위기로 점철된 1950년대를 거치면서 파산된 현실을 시로 형상화했으며, 이러한 현실을 이겨내는 새로운 질서를 모색하기 위해 비평정신을 달구었던 것이다. 그의 비평은 비극적 전쟁체험의 공포에서 벗어나려는 문학적 열망과 부정부패가 극에 달한 사회에 대한 절망감, 울분 등이 뒤엉켜 있는 1950년대를 과감히 '부정'함으로써 새로운 '질서'를 창출하고자 했던 것이다. 따라서 고석규의 문학은 '근대성의 파산'으로 상징화된 '부산'이라는 운명적 공간으로부터 '근대성의 초극'을 향해 새롭게 나아가는 1950년대 한국문학의 원체험을 보여주었다고 할 수 있다.

2. 『초극(超劇)』과 형이상학적 세계인식

주지하다시피 한국전쟁은 해방 이후 간신히 이어온 민족과 개인의 전망을 불투명하게 했을 뿐만 아니라 인간의 생존이라는 최소한의 욕구마저도 채울 수 없는 극한 상황을 초래하고 말았다. 전쟁이라는 비인간적인 살육의 현장에서 인간의 의식은 생존에의 욕구를 벗어나지 못했기 때문에, 문학이니 이데올로기니 지식이니 하는 것은 한갓 사치에 불과했다. 즉 1950년대 한국문학, 특히 전후비평은 전쟁 이전의 문학사상이나 문학적 방법에 대해 이의를 제기한다. 다시 말해 전후의 비평가들은 전쟁이라는 극한 상황에서 문학은 말할 것도 없거니와 인간 자체가 부정되는 현실을 과거적인 문학사상이나 방법으로는 극복할 수 없다고 보았다. 따라서 새로운 문학사상이나 문학적 방법을 요구했는데, 이것이 바로 실존주의이고 모더니즘이다. 결국 1950년대 문학은 기성세대의 문학을 철저히 거부함으로써 새로운 문학의 출발을 모색했는데, 기성세대를 질타하는 그들의 목소리는 너무나 단호했으므로 기성세대들은 그들의 질문 앞에 "마음 드디어 견딜 수 없음"의 허무와 절망을 토로할 수밖에 없었다. 고석규는 이러한 절망과 폐허의 현실을 바라보면서 새로운 질서의식을 현성하는 초석을 다졌는데, 이것이 바로 고석규·김재섭이 함께 묶어낸 『초극(超劇)』[5]이다.

기성세대가 절망과 죽음의 형식을 취하고 있을 때, 임시수도 부산으로 몰려온 전국의 대학생들은 구덕산 기슭에서 형이상학을 논하고 있었다. 살육과 피비린내가 들끓고 생존의 절박함이 현실을 짓누르는 힘겨운 상황 속에서 현실과는 다소 유리된 문학과 철학의 세계로 빠져든

5) 1954년 6월 부산의 삼협문화사에서 간행된 것으로, '젊은 형벌'이란 제목으로 묶인 아홉 편의 「형상」 연작시(김재섭 作)와 '청동의 계절'이란 제목으로 「윤동주의 정신적 소묘」를 비롯한 5편의 비평(고석규 作)이 실려 있다.

다는 것은 아이러니가 아닐 수 없었다. 구덕산 기슭의 신인들에게 이러한 형이상학적 동경은 일종의 환각이었는데, 이 기묘한 환각의 세계를 지향하는 것이 바로 『초극』이다.[6] 정신의 지주라고 할 "질서와 동경과 의지의 대영야"가 포연과 살육으로 완전히 파산되었다고 인식했던 세대에겐 "끝의 끝" 앞에서 눈멀고 귀먹는 일이야말로 오직 유일한 선택이 될 수밖에 없었는데, 이것이 바로 시이고 형이상학이었던 것이다.

> 오늘 "인간에게 있어서 영원적인 것에 대하여 경례(敬禮)하기 위하여" 우리들의 전의식을 호소한다면 시는 실존적 인간을 모더니티에 더 강경히 충전시킬 수 있는 것이며 인간의 극한적 신앙으로 비약할 수 있는 가능성을 또한 점령하는 것이 될 것이다.
>
> 고로 모더니티란 자아를 버릴 것이 아니라 어디까지나 자아적 연소와 아울러 무의식적 현실을 의식적 현실로 귀환시킬 수 있는 것이라고 인식하는 것이다.[7]

고석규는 근대성의 파산으로 점철된 한국전쟁의 경험을 가장 철저하게 내면화하고 이론화한 부산비평의 기원으로, 그에게 있어서 한국전쟁의 상황은 미적 근대성의 가능성으로 이어진다. 하지만 그의 모더니티는 의식적 현실로의 귀환이라는 역사적 태도를 취하지 않고 종교적 구원과 미학주의와 맥락을 같이 하는 미적 실존으로 귀결되고 만다.[8] 다시 말해 고석규의 모더니티는 부재하는 것의 아름다움을 향해 있는데, 그의 시 「침윤(浸潤)」에서처럼 "파란 傷花"로 상징되는 환각을 향해 있다. 이는 김윤식의 지적대로 "한갓 환각에 지나지 않는 것, 대낮에 노출되면 사라질 꽃에 지나지 않는 것"[9]으로 그의 시적 모더니티가 지닌 한

6) 김윤식, 「고석규의 정신적 소묘」, 『고석규의 면모』(오늘의 문예비평 편), 책읽는사람, 1993, 66~68면 참조.
7) 고석규, 앞의 글, 67면.
8) 구모룡, 「근대성의 경험」, 『부산문학사』(부산문인협회 편), 소문출판사, 1997, 366면.
9) 김윤식, 「1950년대 한국문예비평의 세 가지 양상」, 앞의 책, 101면.

계를 여실히 보여준다. 따라서 근대성의 파산 속에서 피어난 "파란 傷花"가 마침내 대낮에도 사라지거나 시들지 않는 면역성을 획득하는 과정이 절실하게 요구되는데, 이것이 바로 1950년대 비평의 커다란 줄기를 형성하는 내면, 혹은 내성(內省)의 비평이다. 고석규의 비평이 윤동주, 이육사, 김소월, 이상(李箱)을 정신사적으로 해명하는 작업으로 나아간 것은 바로 이러한 내성의 비평을 지향했기 때문이다.

고석규의 비평은 「여백의 존재성」이라는 그의 대표적 비평문이 말해주듯 '부재의 존재성'을 드러내는 것을 궁극적 목표로 삼는다. 이는 전쟁 중에 "남과 같이 피살되지 않은 경우가 어찌하여 나에겐 그다지 신랄한 것이었던지. 죽음보다 더 어려운 목숨의 체험이란……" 고백에서 알 수 있듯이, "나의 공간으로 나보다 먼저 살아있는 나보다 뒤에 살아있을 그 공간으로 돌아가는"10) 것을 의미한다. 다시 말해 전쟁을 통해서 '무'에 대한 체험을 얻고, 그 '무'에서부터 자신을 새롭게 출발시키고자 하는 것이다. 그래서 그의 사고는 릴케나 하이데거, 엘리어트에서 출발하며, 시에 대한 물음 또한 그들의 사상인 '무'에서 비롯되는 것이다. 그의 시에 대한 생각은 무한한 저 높이의 공간에 대한 인식이며, 그곳을 향해 있는 '나'의 존재에 대한 문제 제출이다. 따라서 그에게 있어서 시와 실존은 둘이 아니라 이미 하나인 것이다. 그는 던져서 있음에 대한 인식을 갖고, 그 던져져 있음에서 나의 실존을 의식하는데, 그것은 나의 현존재에의 인식이면서 동시에 초월에의 의지이기도 하다.

> 나는 나의 이웃이 흘리는 피를 씻어주기 위하여 적어도 그러한 피를 바라보려 그러한 강물로 달음질치기 위하여, 지금인 여기에서 일어서는 것이다. 일어서는 것(Aufstand), 아무런 협약도 없이 나의 지평선을 바라보며 일어서는 것은 아아 남아있는 나의 실존이다. 우리들의 시다.11)

10) 고석규, 「여백의 존재성」, 앞의 책, 18면.
11) 고석규, 「지평선의 전달」, 위의 책, 60면.

여기에서부터 고석규의 비평이 시작되는데, 그는 전쟁과 그 전쟁의 상흔을 통해서 자의식을 갖고 서구의 전후사상으로서의 실존주의를 인식하면서 그 접점에 자신의 비평의식을 정립한다. 따라서 「여백의 존재성」은 "마음 드디어 견딜 수 없음"의 현실을 산문(에세이)[12]의 차원에서 형상화한 것으로, 루카치의 『소설의 이론』이나 하이데거의 『존재와 시간』과 내질상 흡사한 작품으로서의 성격을 지니고 있다. 그래서 고석규의 비평은 "L이여!"라는 감탄사와 고백체,[13] 그리고 "-습니다"의 경어체로 일관하는데, 이는 더 이상 설명이 필요없는 비평적 공간을 확보하고자 하는 의도에서 비롯된 것이다.

> L에게!
>
> 시간에 뒤쫓기며 살아가는 우리들은 가끔 정지된 공간을 눈여겨 봅니다. 그것은 볼수록 움직여가는 어떤 내재의 화면이올시다. 그 화면에는 무수한 물상들이 위치하고 있습니다. 구름과 비둘기와 시내와 과수원들이 그리고 방카와 보초와 철망과 주검들이 무슨 필요가 있어서가 아니라 각기 마련된 자리에

---

12) 고석규의 언어관은 포괄적인 개념인 비지시적 언어관이라 부를 수 있다. 첫째로 지시적 언어관과의 구별을 위해서 이 개념이 요청되는데, 지시적 언어관이란 기표와 기의 사이의 관계가 직접적이며 언어(기호)와 대상이 엄밀하게 대응된다는 것을 전제로 하는 언어관으로 과학적 내지는 일상적 언어의 용법과 관련된다. 이는 고석규에게 있어서 제일 먼저 거부되는 정태적이며 비생산적인 언어를 추구하는 사유방식이기에 비지시적 언어관이라는 개념은 그것과의 차이를 드러내는 것이라 볼 수 있다. 더욱이 그가 비평활동을 한 전후의 신세대가 전쟁체험을 통해 이성의 비합리적인 기원들에 대하여 해명해야 할 상황에 있었다는 사실은 그러한 언어관의 필요성을 고양시켜 준다. 둘째로 하이데거의 존재론적 언어관 및 언어 자체를 존재로서 파악하는 관점과 구별하기 위해 비지시적 언어관이라는 개념이 요청된다. 이것을 정신사적 관점에서 살펴볼 때, 당대 사회가 직면했던 위기적 상황과 실존주의 사상의 영향에 의해 이루어진 것이라고 볼 수 있다. 이는 에세이적 글쓰기라고 명명할 수 있는데, 당대의 이러한 에세이 양식은 기존의 사상으로는 이미 자신이 처해 있는 상황을 해명할 수 없는 위기에 대응하는 글쓰기 양식이라 할 수 있다. 임태우, 「고석규 문학비평 연구」, 서울대 석사논문, 1993 참조.

13) 가라타니 고진에 의하면 '내면적 인간'의 실존은 '고백'을 통해서 확인된다. 즉 고백해야 할 '자기(내면=주체)'가 원래 존재해서 '고백'이라는 형식이 생겨난 것이 아니라, '고백'이라는 형식이 성립되면서 고백해야 할 '자기'에 대한 의식이 생겨났다는 것이다. 가라타니 고진, 박유하 역, 『일본 근대문학의 기원』, 민음사, 1997, 103면 참조.

머물러 있는 것입니다.

그들은 말할 수 없는 정적에 싸여 있습니다. 정적! 그렇습니다. 지금은 아무런 음운도 들을 수 없는 것이나 사실 그들의 침묵은 우리에게 무엇인가 전하고 있는 것입니다.

그들의 고독한 위치와 경건한 자세를 바라볼수록 정적이란 다만 들을 수 없는 소리에 절로 상태한 것입니다. 그들은 저마다 소리와 같은 파문을 던지며 저 무한한 공백 속에서 스스로의 위치를 떠나기 위하여 울고 있는 것인지도 모릅니다. 분명히 들려올 듯한 그들의 환한 울림, 그것은 차라리 이름할 수 없는 빛깔이라고도 할 것입니다.[14)]

고석규의 「여백의 존재성」은 "L에게"라는 무인칭 대상을 향한 편지 형식의 글인데, 이것은 그의 초기 비평의식을 종합적으로 보여주고 있어서 주목된다. 특히 "여백은 존재를 증명하기 위한 부재의 표현에 지나지 않는다"는 비평적 논리는 폐허화된 50년대를 새로운 질서의 세계로 편입시키는 정신사적 토대가 아닐 수 없다. 이것은 '부정'의 논리로 심화되어, 여백이 존재를 증명하듯 부정이 긍정을 위한 논리라는 역설적 인식을 가져옴으로써 당대의 어두운 현실을 새롭게 규명한다.

그는 우선 우리가 가끔 만나는 정지된 공간에서 볼수록 더욱 움직이는 어떤 내재의 화면을 떠올린다. 외면상 정지되어 있지민 안으로는 끊임없이 움직이고 있다고 생각하는 것이다. 이는 정(靜)을 통해 동(動)을 떠올리는 것, 즉 정적 혹은 침묵 속에서 어떤 울림 혹은 이름할 수 없는 빛깔을 생각하는 것이다. 그래서 정적은 하나의 표현이 되는데, 결국 보이지 않고 들리지 않는 것을 듣고 본다는 형이상학적 지향을 드러낸다. 따라서 그는 릴케의 사상에 탐미하는데, 릴케는 고석규에게 "없는 것"에서 "있는 것"으로 나아가는 시선을 안내해 주었고, 또한 로댕에 대한 논의를 통해서 '공간 속에 비공간을 마련하는 눈'을 엿보게 했기 때문이다. 즉 눈에 보이는 세계(삶)를 눈에 보이지 않는 세계(죽음)로 바꿔 놓

14) 고석규, 「여백의 존재성」, 앞의 책, 16면.

는다는 릴케의 변용개념을 통해 죽음이라는 공포의 공간을 긍정적인 삶의 공간으로 전이시키는 '부재의 존재성'을 인식하게 되는 것이다.

> 이제 나는 또 무엇을 이야기 할 것입니까. 이와 같은 샤필로의 〈레캬프트 레이숀!〉 로당의 피비린 감동의 역사, 노자의 허무적 도기(道紀)를 그리고 나의 기적만을 이야기 할 것입니까. 아닙니다. 나는 다만 나의 공간으로 나보다 먼저 살아 있는 나보다 뒤에 살아 있을 공간으로 돌아가야 합니다. 그리고 거기에 이즈러진 물상들의 무명한 주변에 그 눈물겨운 여백의 저항에 나의 눈과 입과 귀와 신체의 모든 부분을 더 가까이 닿을 수 있어야 겠습니다. 아! 나는 그들이 부정한 부재의 공간에서 어떻게 떠날 것입니까. 그들의 부재적 아름다움! 그들의 부재적 울음을……. 그것은 릴케가 생각한 물상의 정적, 〈소리없는 소리〉와 서로 하나의 의미였습니다.15)

그가 이토록 부재의 공간, 즉 '여백의 존재성'에 집착하고 있는 것은 바로 전쟁이라는 실존적 경험에서 비롯되었음에 틀림없다. 다시 말해 "죽음보다 더 어려운 목숨의 체험"을 통해 이미 부재를 경험해 버렸기 때문에 바로 이 부재를 통해 존재를 확인하고 증명하려는 실존적 태도를 지니게 된 것이다. 부재는 장차 반드시 있을 그 무엇을 전제로 한 개념이라고 볼 때, 이것은 일종의 환각이 아닐 수 없다. 곧 여백, 부재의 철학은 인간의 영원한 갈망의 표적이 되는데, 이것이 "마음 드디어 견딜 수 없음"의 현실과 부딪치면서 형이상학적 지향을 모색하는 것이다. 이와 같이 암울한 전후세계를 바라보면서 그는 형이상학적 지향을 통해 파산된 근대성을 초극하는 정신사적 토대를 마련하려 했다. 그리고 그는 '여백의 존재성', 즉 '부재'의 철학을 '부정'의 철학으로 심화시킴으로써 그의 세계관을 확장시켜 나가는데, 이것은 '역설'이라는 수사학을 통해 실현되고 있다.

---

15) 고석규, 「여백의 존재성」, 위의 책, 18~19면.

3. 「시인의 역설」과 부정정신

「시인의 역설」은 시인의 실존과 그것이 반영된 작품 사이의 관계를 중심으로 김소월 · 이육사 · 이상 · 윤동주의 시세계를 살펴본 것이다. 여기에서 '역설'은 두 가지 사실 또는 두 가지 극단을 전제로 하여 말해지는 상대적 반박이므로 '모순'과는 달리, 보다 넓은 전체로서의 새로운 상태, 실존할 수 있는 상태로 번지려는 절대적 반박 내지 초월적 반박이라 규정된다. 즉 역설은 인간의 실존과 연결되는 개념으로 전후의 부조리하고 반어적인 상황을 해결하려는 '부정정신'의 소산인 것이다.[16] 고석규에게 이 '역설'의 문제는 핵심적인 방법론으로 그의 비평세계를 이해하는 중요한 실마리가 된다. 이는 이미 스스로 무너진 근대를 다시 부정함으로써 새로운 근대의 실마리를 찾는 의식형태[17]로, '근대성의 초극'을 지향하는 그의 비평세계를 해명하는 중요한 열쇠가 되는 것이다.

'역설'을 중심으로 네 명의 시인들을 검토할 때, 이상(李箱)과 김소월은 창작의 방법적인 면에서 역설을 사용한 경우에 해당한다. 이상(李箱)과 김소월은 각각 '아이러니'와 '부정'이라는 작품 내적인 역설을 시도하지만, 작품의 역설이 실존의 상황에까지 이르지는 못한다는 점에서 하나의 유형으로 묶이는 것이다.

우선 이상(李箱)의 작품에 등장하는 형태상의 실험 또는 기교는, 하나의 의미가 진술되었을 때 그것이 서로 상반된 또는 더 나아가 반대되는 의미를 의도하는 '방법적 아이러니'에 속한다. 고석규는 이상(李箱)의 방법적 아이러니, 즉 형태 실험이 절망에 기인한 것이긴 하지만, 결국 기

---

16) 그는 '역설'을 기교의 문제로 바라보기보다는 역설의 가능성, 즉 '역설정신'을 강조하고 있다. 즉 고석규의 비평에서 '역설'이라는 용어는 문학 내에 국한된 'paradox'의 개념을 넘어서 실존의 상황까지를 지칭하는 개념이다.

17) 구모룡, 앞의 글, 368면.

교만이 남음으로써 작품의 형식을 빌려 절망을 합리화하는 것이라고 비판하고 있다. 맨 처음 절망에서 비롯된 형태의 실험이 타성이 되어 종국에는 형태만 있으면 절망이 있다는 전도된 양상을 빚는다는 것이다. 다시 말해 그는 이상(李箱)에게 있어서 절망은 '절망하지 못한', 곧 '표현하는 절망' 또는 '절망의 형태'로만 존재한다고 해석하고, 절망이 기교를 낳고 기교 때문에 절망한다고 파악한다.

> 箱의 한계점은 그 자신으로 말미암은 데 지나지 않는다는 것이다. 물론 식민지 예속민으로서의 불행을 고려치 못하는 것은 아니지만 그가 가책하며 회한한 이유란 전혀 타율적인 것으로 느껴질 수 없다는 사실이다. 어디까지나 내부의 갈등이며 자신의 임의적인 선택(문학 방법상의)이 끝내는 그로 하여금 도저히 헤어나지 못할 파국으로 몰아세운 것이다. (…중략…) 이상 문학은 한마디로 내용에 반발하는 형식(방법)의 비늘만이 수두룩히 돋히고 내용의 무게가 좀처럼 느껴지지 않을 만큼 종합적인 문학으로서의 '이데'가 결여되었다는 것이다.[18]

이처럼 고석규는 이상(李箱)의 절망이 일종의 합리화의 방법에 불과하다고 보고 있다. 즉 최초의 절망은 형태의 절망이 되고, 이것은 다시 합리화의 절망이 되고 말며, 이러한 절망에 완전히 포박된 채로 절망이 기교(형태)로 나타난다는 그의 논리부터가 수긍되지 않는다고 한다. 이러한 고석규의 이상(李箱)에 관한 논의에 대해 김춘수는 다음과 같이 밝히고 있다.

> 李箱을 말하는 사람들은 대개 절망을 말하고 있는 것 같지만 최근(『문학예술』, 1957년 4월호) 고석규 兄이 「시인의 역설」이란 글에서 흥미있는 말을 하고 있다. "사실 그는 무엇에 대하여 절망할 수 있었다는 것인가"라고 고兄은 반문하고 있다. 이 물음에 나도 동감이다. 왜냐하면 절망은 하나의 의지다. 절

18) 고석규, 「李箱 二十週忌」, 앞의 책, 160면.

망은 궁극으로는 인간에 대한 절망이냐? 신에 대한 절망이냐?의 의지일 것이다. 아까도 말한 바와 같이 이상의 의식은 악순환의 단계에 머물러 있을 뿐, 더 이상 나아가지 못하고 있는 것이다. 악순환을 거듭하고 있는 의식이 인간과 신에 대하여 무엇을 할 수 있다는 것일까? 이상은 무엇에 대하여 절망한 것이 아니라, 무엇에 대하여 절망할 수 없는 절망을 살았다고나 할 것이다. 말하자면 그는 꼭 절망하고 싶었으나, 절망할 수가 없었던 한국의 지성인의 한 전형이었다.[19]

이상(以上)의 논의를 종합해 볼 때, 고석규는 이상(李箱)의 절망은 절망을 위한 절망에 불과한 것으로, 그의 아이러니는 실존의 차원에까지는 이르지 못하고 단순히 기교의 차원에서 끝나버림으로써 실패로 끝났다고 결론짓는다.

이상(李箱)이 기교에서 출발해서 의식의 변화가 수반된 경우임에 반해, 김소월은 의식 속에 이미 부정정신을 가지고 작품을 써낸 경우이다. 고석규는 '부정정신'을 '역설정신'과 거의 동일한 개념으로 파악하는데, 여기에서 '부정'은 단순한 '거부'가 아니라 오히려 '부정의 부정은 무엇을 의미하는가' 하는 적극적인 의미로 사용되고 있다.[20] 고석규가 부정정신을 긍정적으로 평가하는 것은 바로 이러한 적극성 때문인데, 그는 부정정신이 가장 잘 드러나는 예로 김소월의 「먼 후일」을 들고 있다.

그가 '믿음' 약속을 부정하고 '잊지 않음' 기억을 부정하고 다시 '요즈음' 현재를 부정하는 그 모든 부정 속에 자신의 시작을 온통 묻어버린 것이라면 부정의 대상을 이미 부정화하는 조작 속에서만 일어오는 것이며, 부정의식이 부정의 대상을 안으로 잉태하는 것이 된다. 따라서 소월의 부정의식은 '임'에 대한 회고로서 대부분 율화되었지만 '임'은 선재한 것이 아니라 어디까지나 '못' '아니'하는 의식의 부정화 끝에 비로소 명명되고 형상된 것으로 믿어진다.[21]

---

19) 김춘수, 『한국현대시형태론』, 해동문화사, 1959, 181~182면.
20) 문혜원, 「역설을 주제로 한 고석규 비평 연구」, 앞의 책, 188면.
21) 고석규, 「시인의 역설」, 앞의 책, 174면.

위의 글은 소월의 「먼 후일」의 3연 중 "믿기지 않아서 잊었노라"를 분석한 것인데, "믿기지 않아서"라는 부분에서 믿음을 부정하고, "잊었노라"에서 잊지 않음을 부정하며, 잊는 시점인 "먼 후일"로서 현재를 부정하는 이 시는, 미래의 시점과 과거의 시점이 혼합되어 상호 모순을 빚고 있다. 고석규는 이 모순을 "현재에서 미래로 뻗어가는 자의식의 소산"이라고 설명하면서, 소월의 강렬한 부정의식이 논리와 시제까지를 부정했다고 보고 있다. 이때 시에 등장하는 당신, 즉 임의 존재는 그 부정 끝에 따라나오는 존재일 뿐이다. 즉 김소월은 자신의 경험 속에 있는 '임'에 대한 회한을 노래한 것이 아니라, 부정의식을 가지고 먼저 작품을 만들고 대상으로서 '임'을 형상화한 것이다. 부정의 정서는 어떠한 대상에 대한 거부뿐만 아니라, 존재하지 않는, 혹은 돌이킬 수 없는 대상에 대한 그리움까지를 포함하는데, '임'은 바로 이 그리움의 대상인 것이다.[22)]

문학적인 차원에서 부정의 대상인 '임'을 창출해 낸 김소월의 부정의식은 인간 김소월의 실존의 양태와도 대응된다. 고석규는 김소월의 부정의식에 대해 시제를 초월함으로써 시간성을 뛰어넘으려 한 저항이었다고 밝히고, 인간의 유한성에 대한 극복의지와 대응시키고 있다. 그러나 죽음 앞에서 김소월은 '영원에의 정진'이라는 이념적 깊이에 도달하지 못하고 절망해 버린다. 고석규는 죽음을 시간성의 문제와 연관시키는데, "지금의 시간과 지난 시간은 아마 모두 앞으로의 시간에 있을 것이며, 앞으로의 시간이란 지난 시간에 포함될 것이다"라는 엘리어트의 말을 통해 실존적인 시간성을 가장 적절하게 표현해 놓고 있는 것이다.

이처럼 고석규는 이상(李箱)과 김소월의 시적 실천이 문학적인 역설(부정)을 만들어내는 데는 성공했지만, 개인의 실존적 상황으로까지는 이르지 못한 것으로 평가한다. 따라서 그는 개인의 실존이 어떻게 해결

22) 문혜원, 『한국 현대시와 모더니즘』, 신구문화사, 1996, 51면.

될 수 있는지를 알기 위해서는 죽음의 문제를 전면적으로 부각시킬 수 밖에 없다는 결론을 도출한다. 결국 그는 생물학적인 죽음을 넘어서지 못했던 이상, 김소월과는 반대로, 죽음을 현존재의 존재 가능성으로 받아들이는 공통점을 지닌 이육사와 윤동주에 주목함으로써, 시인의 실존과 문학적 역설의 유기적 결합을 구체적인 작품 분석에 적용한다. 이러한 관점에서 고석규는 이육사의 「교목」·「꽃」 등에 나타나는 죽음의 문제에 주목하는데, 이때 죽음은 넓은 의미에서 유기성의 폐기, 즉 불모의 상태와 같은 것으로 취급된다. 「교목」에서 성장을 멈추고 검은 그림자를 호수에 비치고 있는 교목은 외관상 형태를 유지하고 있을 뿐 실제로는 이미 유기성이 폐기된 상태인 것이다. 호수 깊이 거꾸러져 있는 교목과 모진 상황 속에 피어난 꽃의 처절한 상황은, 생명체가 존재할 수 없는 상황에서 피어나 살아 있어도 이미 죽은 것과 마찬가지인, 그 자체가 역설적인 모습이다.

> 푸른 하늘에 닿을 듯이 / 세월에 불타고 우뚝 남아 서서 / 차라리 봄도 꽃피진 말아라 // 낡은 거미집 휘두르고 / 끝없는 꿈길에 혼자 설레이는 / 마음은 아예 뉘우침 아니라 // 검은 그림자 쓸쓸하면 / 마침내 호수 깊이 거꾸러져 / 차마 바람도 흔들진 못해라.
>
> —이육사, 「교목」 전문

이 시는 한결같이 마지막 행들이 반어 수식으로 이루어지면서 교목의 죽음을 표현하고 있다. 세월이라는 시간에 의해 교목은 불모화되었는데, 이것은 더 이상 생태로서의 꽃이 아니다. 고석규는 이것을 "죽음 속의 생태"라고 명명하는 '역설적' 태도를 드러낸다. 즉 "스폰타니티(유기성)의 폐기가 스폰타니티 그것으로 해석되며 죽음 속의 생태는 생태로서의 죽음을 형상"화하고 있다고 보는 것이다. 그러나 고석규는 이육사의 작품에 나타나는 역설이 실재를 멀리한 이미지권에 예속되어 있었을 뿐이며, "심미에 의하여 엄폐된 행위를 개탄하였으되, 끝까지 심미가 무엇으로 반성되어야 하는가를 미처 깨닫지 못하는 사고의 연대에 머물러 있었다"고 비판한다. 즉 작품상의 역설에 그쳤을 뿐, 역설을 만들어내는 정신의 고찰에까지 이르지는 못했다는 것이다. 이는 '심미적 단계'에서 '실존적 단계'로 옮겨오지 못한 것으로, 결국 실존의 '윤리적 단계'로까지 심화되지는 못했다는 점을 비판하고 있는 것이다.

마지막으로 고석규는 윤동주[23]의 시를 죽음의 인식을 통해 '윤리적 단계'에 이름으로써 이육사의 한계를 뛰어 넘고 있다고 파악하고, 삶과 죽음의 구분을 뛰어 넘기 위한 조건으로 '내면성'을 든다. 이때 '내면성'이란 불확실하고 모순된 진리 속에서 고립된 인간이 끊임없이 자신과의 관계를 만들어 가는 자아의 정열을 일컫는 것인데, 고석규는 릴케의 『로댕론』[24]에서 이러한 내면성의 승화를 찾고 있다. 이 때문에 그는 내면을 지향한다는 면에서 릴케와 흡사한 윤동주를 가장 높이 평가하고 있는 것이다.

> 윤동주의 시에는 밤의 천체적 심미를 그림 이상으로 복사하고 있다. 초기의 시상(詩想)들이 순환적 자연과의 관조에서 출발하여 마침내 하늘의 경이와 심미를 상징한 것은 일층 승화된 '순수근저'에로 그의 정경이 옮아간 뒤였다. 인간 윤동주에 있어서 밤은 우주와의 교류이며, 부재자와의 응시이며, 대화의 연속이었다. 그는 대부분의 시를 이러한 밤의 인상과 의식의 주변에서 결정한

---

23) 윤동주론은 고석규 비평을 이해하는 데 가장 중요한 실마리를 제공하고 있다. 윤동주는 그가 생전에 가장 애착을 가지고 있었던 시인으로, 송영택의 아래 글은 이러한 사실을 뒷받침해 준다. "석규가 윤동주의 시에 몰두한 적이 있었다. 그야말로 앉으나 서나, 날이 새나 해가 지나 윤동주 타령이었다. (…중략…) 술잔을 들고 「별 헤는 밤」을 읊조리며 그는 눈물을 글썽거렸다. 이북에 계신 어머니와 어린 동생들이 죽도록 보고 싶다는 것이었다. 그는 윤동주의 시를 거의 다 외우고 있었다." 송영택, 「감상과 야심 속에서 간 고석규」, 『현대문학』, 1963.2.

24) 이 책에서 릴케의 모든 관심은 외부세계가 아니라 자기의 내면으로 향하고 있으며, 로댕의 조각에서 발견한 것 역시 그 자체의 내부적인 완전성 또는 자기 내면 지향성이다. 전광진 역, 『로댕』, 범우사, 1990 참조.

> 것이니 그것은 그에게 내재한 투명 의식이 암흑적 정경 속에서도 충만한 까닭이었다.[25)]

윤동주의 시에서 중요 제재는 '어둠'과 '죽음'이다. 그러나 어둠은 일반적으로 사용되는 부정적 이미지와는 달리, 그가 지향하는 부재자와 만날 수 있는 시간으로 형상화되고 있다. 따라서 윤동주의 시에서 어둠은 시인의 소유물로서의 존재가 아니라 바로 시인 자신으로, 「또 다른 고향」에서처럼 '어둠으로서의 존재'인 '나'가 '존재로서의 어둠'에 의존하는 역설을 보인다. 내면을 지향한다는 면에서 윤동주는 릴케와 흡사하지만, 종교적 단계에는 이르지 못하였다. 고석규는 그 원인을 "어둠과 대칭되는 밝음에로의 길차비를 부렸던 까닭"에서 찾고 있는데, 끊임없이 압박을 가하는 사회적 여건이 끝내 윤동주로 하여금 죽음을 통한 영원 세계 즉 종교적 단계로의 진입을 허용하지 않은 것이다. 윤동주의 시에서 '참회'가 중요한 요소로 부각되는 것은 그가 윤리적 단계의 인간이었기 때문이다. 그리고 고석규가 윤동주를 가장 높이 평가한 것은 종교적 단계에 가장 가까이 다가선 내면의 인간이기 때문이었다.

이상에서 살펴봤듯이 「시인의 역설」은 시인의 실존과 문학적인 역설을 상호 대응시킴으로써 실존의 문제를 구체적인 작품 분석에 적용한 것이다. 이러한 부정(역설)정신은 50년대의 폐허, 즉 근대성의 파산을 극복하는 중요한 정신사적 의미로 주목된다. 1950년대는 그 자체로 극복되기 어려운 '부정'의 깊이에 함몰되어 버린 시공간이다. 여기에서 '부정'을 '부정'함으로써 전후 현실과 맞서려는 고석규 비평의 입지점은 '근대성의 초극'을 지향하고 있음에 틀림없다. 그에게 있어 '역설'은 '근대성의 파산'을 근원적으로 '부정'함으로써 파산된 근대성을 새롭게 질서화하는 비평정신의 깊이를 드러낸 것에 다름 아니다.

---

25) 고석규, 「시인의 역설」, 앞의 책, 143~144면.

4. 「시적 상상력」과 질서의식

앞에서 살펴봤듯이 전후세대는 구세대로부터 물려받은 것은 아무 것도 없으며, 자신들은 황폐한 땅에서 새롭게 밭을 일구어야 하는 화전민과 같다고 인식했다. 따라서 그들은 구세대의 문학적 전통을 부정하는 것에서부터 출발하는데, 이는 곧 새로운 질서를 수립하는 것을 의미한다. 고석규 역시 "마음 드디어 견딜 수 없음"으로 표상되는, 이성적 사고와 논리적 체계가 송두리째 무너져 버린 1950년대 폐허의 현실을 체험하면서, 비평을 통해 이러한 현실을 극복하려는 질서의식을 분명하게 드러낸다.

고석규의 비평은 시론이나 시인론, 그리고 에세이비평으로 분류될 수 있는데, 전자는 주로 현대시의 방법론이나 개별 시인을 탐색하는 것이고, 후자는 자신의 정신세계를 드러내는 글에 가깝다. 「시적 상상력」은 전자에 속하는 것으로, 현대시의 '주지적 전통주의'를 체계화한 것이다. 그에 따르면 우리의 현대사(現代史)는 현대성과 전통성 또는 주지적인 것과 정서적인 것의 두 갈래밖에 없고, 따라서 이 두 기류가 빚어내는 종합이 있을 뿐이다. 그러나 우리 현대시 속에는 이러한 두 기류의 심화를 전혀 볼 수 없고, 이 둘의 종합은 더구나 생각할 수 없다는 것을 발견하게 되면서, 그는 현대시의 기본항인 주지적인 것, 즉 모더니티와 정서적인 것, 즉 전통성의 문제를 체계화하고 논리화할 필요성을 절감하게 된다. 이 때문에 그는 "4천여 권의 형이상학적 성채" 속에서 엘리어트, 리챠즈, 흄 등의 모더니티를 탐독하고, 발레리와 릴케의 글을 통해 전통의 의미를 발견하게 된다.

> 현대시란 일반적으로 현대의 상황을 반영하며 비판하기 위한 시인 자신들의 언어 활동을 지칭하는 말일 것이다. 그러나 이 어색한 정의를 내세움에 앞

> 서 '반영'하며 '비판'하는 두 가지 기능에 대하여 약간의 주석이 필요하지 않을까 싶다.
>
> 무엇보다도 '반영'하는 기능과 '비판'하는 기능은 서로 대위적인 시인의 태도를 결정하는 것이며, 특히 구미문학의 경향으로 볼진대 '반영'하는 수동적 기능에 대하여 '비판'하는 능동적 기능이 새로이 가중됨으로써 현대시의 구성은 자못 논리적이며 의미적인 데로 기울어진 것이 사실이나, 이러한 대위는 곧잘 지양되며 온전한 종합적 체험(Synthetic Experience)으로 동시에 발전될 수 있으리라는 것이 또한 오늘의 상식처럼 대두되고 있다. 이때 종합적 체험을 이룩하는 것이 바로 시적 상상력(Poetic Imagination)임을 나는 밝히고자 하는데 그의 범주란 스스로 한정할 수가 없는 것이다.[26]

그는 「시적 상상력」에서 상상력의 '종합적' 능력에 특별히 현대적 의의를 부여한다. 즉 현대시는 비판의 기능이 우세해져서 현저히 논리적이고 의미적인 데로 경사되고 있음을 지적하면서 변증법적 사고를 보이는 것이다. 곧 수동적 기능인 '반영'은 감성에 지배되고 낭만주의적이라면, 능동적 기능인 '비판'은 지성에 지배되고 고전주의적이라는 점에서, 그는 지성과 감성을 하나로 종합하는 체험의 가능성, 즉 종합적 체험의 추구를 현대시의 방향으로 설정하고 있다.[27] 이는 결국 엘리어트로부터 배운 '지성적 전통주의'가 바로 '모더니티'라는 입장에 서 있는 것이다.

이것은 서두에서 밝혔듯이 50년대 모더니즘론의 핵심적 논의 중의 하나인 '전통론'에 맞닿아 있다. 여기에서 '전통'은 복고주의나 비근대성을 말하는 것이 아니라, 오히려 과거와의 단절을 강조하고 새로운 것, 현대적인 것을 주장하기 위해 내세운 것이다. 또한 통상적으로 전통을 내세우는 보수적인 입장과는 상반되는 자리인 모더니스트의 입장에서

26) 고석규, 「시적 상상력」, 앞의 책, 246면.
27) 김준오, 「1950년대 시론 형성과 그 전개」, 『한국현대시론사』(김용직 외편), 모음사, 1992, 377면.

그것이 논의되고 주장된 것이라는 점에서 50년대 전통론의 한 특색으로 지적될 수 있다.

> 사실 시의 모더니티란 엘리어트가 지적한 바 '개성으로부터의 도피'인 것이며 어디까지나 전체적인 것으로 알려졌고 여하한 종류의 시라도 이것을 거역할 수는 없는 것이다. 엘리어트는 '시적 경험'에 내포되는 역사의식을 무엇보다도 강조하였으며 '개성의 멸시'로써만이 시에 총체적인 세계가 유지되는 것이라 하였다.
>
> 주지하는 바와 같이 엘리어트는 가장 지성적인 전통주의자인데 그에게 있어서 전통이란 한 마디로 모든 역사와 조류 속에서 발견되는 불멸적 결합 또는 가장 세계적인 질서를 지칭한 것이라 본다. 엘리어트의 모더니티란 어디까지나 '과거적 현재'에 의한 것이었으며 따라서 전통과 모더니티는 가장 유기적인 것으로 판단되는 것이다.[28]

이처럼 고석규는 전통 존중의 관점에서 '과거적 현재', 곧 전통의식에 뿌리박고 있는 몰개성론을 모더니티로 인식함으로써 전통과의 유기적 관계를 드러내는 '질서의 문학'을 표방했다. 결국 전통을 자아(혹은 현재)와의 긴장관계로 파악하여 그를 통해 한국문학의 후진성을 극복하고 올바른 자아를 확립하고자 한 것이다. 따라서 전통은 현재의 자아의 세계관을 확립시켜주는 창조적 동력이며, 엘리어트의 전통론의 핵심인 몰개성론과 역사의식의 창조성이 그 가장 중요한 개념으로 대두된다. 여기에서 몰개성은 개성의 박탈이 아니라 개성을 넘어선 창조성을 의미하는 것이다. 전쟁을 겪은 직후, 전후의 황폐와 불모성은 50년대 비평가들로 하여금 '전후의 새로운 질서란 무엇인가'라는 본질적 물음들을 끊임없이 제기하도록 했다. 50년대의 모더니티는 전쟁에 대한 원체험을 떠나서는 성립할 수 없으며, 이 체험에 대한 자기의식이 모더니티의 구성에 중요한 인식론적 기반이 되므로, 이러한 질문은 결국 근대성의 모

28) 고석규, 「모더니티에 관하여」, 앞의 책, 65~66면.

색에 다름 아니다.

그는 또한 상상력의 본질을 밝혀 현대시의 특징을 해명해 보려고 하는데, 이를 위해 그가 선택한 하나의 틀은 우선 '지각과 기억'의 문제이다.

> 시인이란 화가 또는 그 밖의 모조공과 같이 하나의 모방자이므로 어떠한 경우에 있어서나 사물들이 있는 그대로 또는 있어야 했던 그대로 또는 있지 않을 수 없는 그대로의 세 가지 양상 중 어느 하나로든지 재현해야 하는 것이다. 시인은 이 모든 일을(자신에게 주어진 특권이라고도 할) 합성된 언어인 외래어 비유 그리고 각종 수식어를 통해서만 다할 수가 있다.[29]

이처럼 고석규는 아리스토텔레스의 『시학』에서부터 '지각과 기억'의 논의를 이끌어 내고 있다. 아리스토텔레스가 말한 "사물들이 있는 그대로" 모방한다는 것은 현재의 지각된 사물에 한해서만 모방한다는 의미로, 그리고 "있어야 했던 그대로"와 "있지 않을 수 없는 그대로" 모방한다는 것은 지각될 수 없는 과거 내지는 미래의 기억된 사물에 한해서만 모방한다는 의미로 파악함으로써, 시인의 역할이란 지각된 사물과 기억된 사물에 구애됨이 없이 모방할 수 있는 데 있다고 밝힌다.

고석규는 이 '지각과 기억'의 본질을 좀 더 구체적으로 해명하기 위해 앙리 베르그송의 '물질과 기억'을 중심으로 계속 논지를 전개한다. 베르그송은 상상의 집합을 '물질'이라고 명명하고 있으며, 그것이 한 주체의 가능적 활동과 관련될 때 물질의 지각이 일어난다고 보았다. 즉 한 주체의 가능적 활동이 물질을 대하게 되는 지각의 방법을 '선택'이라 하고, 이 선택은 의식적인 지각의 기능을 의미하며 어떠한 감정에도 치우침이 없이 물질을 물질 그것으로 지각하는 상태를 '순수지각'이라 명명하고 있다. 또한 이와 함께 '기억'은 과거에서부터 현재로 진행되는 것이며, 무의식적 상태로부터 출발하여 차츰 의식적 평면으로 옮아와 드디어 현실

29) 아리스토텔레스, 『시학』, 제25장. 고석규의 번역을 그대로 따르기 위해, 「시적 상상력」, 248면에서 재인용.

적 지각 가운데서 물질화되는 것을 '순수기억'이라고 지칭한다. 그리고 이러한 순수지각과 순수기억은 '순수지속'으로 종합된다고 본다.

베르그송의 입장을 통해 지각과 기억의 종합 가능성을 확인한 고석규는 다음으로 리챠즈의 '고정상상'과 '자유상상'을 통해 '지각과 기억'의 관계를 '상상력'의 차원으로 끌어올리고 있다. 리챠즈가 말하는 고정상상이란 기호화된 악보나 문자를 통해 직접적으로 전달되는 상상이고, 자유상상은 보다 시각적 상상에 가까운 것으로 악보와 문자의 여러 가지 결과에 있어서 이해되는 간접적인 상상을 말한다. 이러한 개념정립을 바탕으로 리챠즈는 과학자의 사고는 고정상상에 집중된 '비상상적 사고'라고 부르며, 시인의 사고는 항상 고정상상과 자유상상과의 사이를 자유로이 내왕하는 '상상적 사고'라고 규명하고 있다.

고석규는 이러한 리챠즈의 상상론을 베르그송과 비교하여, 베르그송이 간과했던 정서 문제를 리챠즈가 새로이 환기함으로써 '지각과 기억'에 대한 우리의 논의가 '표현'이라는 문학적 관심으로 다시 회복되는 길을 열었다고 평가한다. 즉 심리학에서 수사학 내지는 시학의 차원으로 넘어오는 길잡이가 되었다는 것이다.[30)]

다음으로 고석규는 '공상과 상상'의 문제를 드라이든, 코울리지, 흄, 엘리어트 등의 이론을 통해 검토한다. 여기에서 그는 '공상과 상상'의 문제에는 지성과 감성, 고전주의와 낭만주의, 합리주의와 비합리주의, 신과 인간의 대위가 언제나 놓여 있다는 사실을 발견한다. 이러한 두 가지 대립적 요소는 두 개의 가치체계와 두 개의 문학적 태도를 낳았으며 계속적인 갈등을 반복하게 하였는데, 무엇보다 중요한 것은 이 양자의 조화와 통일을 위해 현대시가 어떠한 방향으로 나아가야 할 것인가 하는 점이었다. 그래서 고석규는 이 모순 속에서 모순을 넘어서는 일관성을 창출하는 본질적 힘이 '시적 상상력'이라고 믿었던 것이다.

---

30) 남송우, 「고석규, 그 미완의 문학적 행로」, 앞의 책, 137면.

> 시의 분야를 넘어서서 외계로만 방황했던 나의 지나친 소견의 과오에서인지는 몰라도 어차피 볼 것은 보고 들을 것은 듣지 않을 수 없는 것이 현대시의 결벽이어야만 할 것 같다. 현대시의 특징이라고도 할 소위 '지성'의 정체가 다시 개혁되고 비판되는 날에 있어서만 가령 소월시와 이상시를 척결하여 감성 대 지성을 운운하는 비평적 소아병자들에게 우리는 좀 더 폭넓은 미지의 영역을 과시할 수도 있는 일이 아니겠는가.[31]

이상에서 살펴봤듯이 그는 "반영"하며 "비판"하는 기능이 종합됨으로써 현대시는 그 존재이유를 밝힐 수 있으며, 그 기능을 담당하는 것이 시적 상상력이라고 주장한다. 그의 상상력론은 근대성의 폐허 위에서 겨우 이분법적 경직성을 드러내며 자신들의 입지를 구축하려 했던 1950년대의 문학적 위기에 대한 경종의 메시지라고 볼 수 있다. 따라서 그는 파산된 근대성을 초극하는 새로운 질서의식이 필요하다고 생각했는데, 이것은 결코 전통의 부정으로만 이룰 수 있는 것은 아니었다. 고석규가 생각하는 근대성은 현재의 상황에 영향을 미치는 과거의 가치 있는 규범들, 즉 전통을 끌어안으면서 동시에 "반영"과 "비판"의 두 가지 긴장 속에 놓이는 새로운 질서의 수립을 통해 가능한 것으로 여겨졌다. 따라서 그는 전통과 모더니디를 가장 유기적인 것으로 판단하고, 시간의 지속성에 따른 자아의 확립과 전통의 재질서화에 대한 감각을 강조함으로써 '근대성의 초극'을 지향했던 것이다.

31) 고석규, 「시적 상상력」, 앞의 책, 296면.

5. 고석규의 비평과 시의 상관성

1950년대 문학은 한국전쟁의 폐허와 충격을 어떻게 수용하고 인식하였으며 또 형상화했는지에 대해 살펴봄으로써 문학사적 의미를 찾을 수 있다. 1950년대는 일제 강점과 해방 후의 혼란으로 이어지는 역사적 질곡 속에서 참혹한 흉년의 세월을 보내고 이제 막 새로운 희망을 제시하려 하는데 한국전쟁이 그 모든 것을 송두리째 앗아가 버린 형국이었다. 또한 전쟁이 끝난 폐허의 자리에서 기성세대들과의 단절과 부정의식을 표방한 전후세대의 대거 등장은 오히려 시대적 단절을 심화시키는 결과를 가져올 수밖에 없었다. 기성의 문학·질서·권위에 대한 철저한 부정을 내걸고 결성된 〈후반기〉 동인과 전후세대의 정신적 위상을 '화전민지역'이라는 말로 명명한 신예 평론가 이어령의 등장은 바로 이러한 문학적 현실에 대한 응전의 결과라는 점에서 상당히 주목하지 않을 수 없다.

고석규의 문학, 특히 시는 바로 이러한 '폐허의식'의 정점에서 출발하고 있다. "끝의 끝"이라는 막다른 공간, 부산이라는 극한 지점에 있었던 그에게 있어서 전쟁은 분열, 파괴, 혼란 등의 부정적 의식만을 던져주었고, 그의 시는 이러한 폐허의 현실을 정면으로 바라보는 실증적 태도를 유지했다. 그가 겪은 전쟁의 중심에 서서, 휴머니즘마저 사라져 버린 어두운 현실을 안타깝게 바라보는 것, 이것이 바로 그의 시가 머무는 정신적 자취들이다. 이러한 고석규의 시적 모색은 한국전쟁이 가져다 준 '근대성의 파산'을 치유하기 위한 의지적 몸부림이었지만, 결국 파산된 현실을 보여주기에 급급했을 뿐 근원적인 상처를 봉합해 주지는 못했다. 그의 시는 '폐허'의 현실 속에 머물고 있는 절망적 인식의 심화에 다름 아니었고, 여기에서 '근대성'은 도달할 수 없는 헛된 이상에 불과했다. 따라서 그의 시는 오히려 '근대성의 파산'이라는 극단적 모습을 여실히 보여주는 부정적 결과를 초래하고 말았다. 결국 고석규는 '근대성의 초극'이라는 새로운 지향성을 드러냈는데, 이것은 파산된 전후 현실을 넘어서 새로운 질서를 모색하는 그의 비평적 주제와 일치함은 물론, 그의 문학이 일관되게 추구하는 모더니티의 방법적 맥락, 즉 '역설'과 '아이러니'의 정신에 깊숙이 맞닿아 있다.

고석규의 문학은 1950년대 전·후반기로 나누어 살펴볼 수 있는데, 시 창작은 주로 대학 재학 시절인 전반기에, 그리고 비평 작업은 대학원 재학시절을 중심으로 한 후반기에 집중되어 나타난다는 점에서, 시와 비평이 시기적으로 단절된다는 사실에 주목할 필요가 있다. 그는 1952년 부산대학 국문과에 입학하자마자 곧 시동인지 『산호』를 출발로 『시조』·『신작품』·『시연구』 등의 동인 활동을 통해 시작업에 몰두했다. 그런데 대학 3학년 이후부터 시창작보다는 시론 쪽으로 관심을 돌리면서 본격적으로 비평가의 길을 걷게 되는데, 이때 썼던 산문들이 『초극』에 실려 있는 「여백의 존재성」, 「해바라기와 인간병」, 「돌의 사상」 등이다. 그 후 그는 『시연구』·『신작품』·『부대학보』·『부산일보』·『국제신문』 등의 지면을 통해 시사성 있는 비평 작업과 문학의 근본적인 문제, 특히 현대시의 본질을 규명해 보려는 노력을 동시에 일구어 나간다. 이러한 그의 노력은 1957년 『문학예술』에 발표된 「시인의 역설」, 그리고 1958년 『현대문학』에 유고로 연재된 「시적 상상력」에서 그 모습을 구체적으로 드러내어 50년대 비평의 의미심장한 흐름으로 자리 잡게 된다.

그의 문학적 이력에서 알 수 있듯이, 그의 시와 비평은 함께 병행된 것이 아니라 시창작과의 단절이 곧 비평으로 이어지는 양상을 보였다. 즉 1950년대의 어두운 현실 속에서 시장르가 지닌 한계를 인식하고 그것을 극복하는 가능성으로 새롭게 비평을 모색한 것이다. 하지만 한 인간의 내면 의식 속에서 비롯된 문학작품이 장르의 차이 때문에 전혀 이질적인 양상을 드러낸다는 판단은 지나친 비약일 수 있다. 고석규의 시와 비평은 분명히 함께 공존하며 쓰여진 것은 아니지만, 그에게 있어서

50년대 초반을 함께 했던 시정신은 이미 비평 속에 충분히 용해되어, 그 어떤 비평가들보다 감성적이고 시적인 비평 세계를 보여 주고 있다는 사실을 결코 간과해서는 안 된다.

> 어쩐지 감정과 논리의 합성에 실패하듯 시와 산문의 아니 시정신과 산문정신의 대립에 얼마나 많은 출혈을 계속해야 옳겠는가. 음양을 이어가는 '인간극'이 두려운 것이다. 벌써 시는 산문이 가졌던 괴로움을 즙고 산문은 시가 품었던 뼈저림을 나눌 때가 아닐까? 의식류, 심리실험이란 두고 보는 명명에 불과하다. 원컨대 나의 에세이는 이러한 시와 산문의 시뻘건 감전에서 조금이라도 사양치 말 일이다.32)

이 글은 시와 산문의 경계와 대립을 넘어서는 그의 문학적 태도를 잘 보여 주는 것으로, 그의 시와 비평이 현상적인 측면에서 상당한 차이를 드러내고 있는 것은 사실이지만 그 심층에는 동질적 바탕이 있음을 감지할 수 있게 한다. 따라서 고석규의 시와 비평은 '근대성의 파산'과 '근대성의 초극'에 대응되는 변별성을 뚜렷하게 드러내고 있지만, 그의 비평이 폐허를 노래하는 50년대 시문학에 대한 초극으로 질서의 문학 공간을 창출하고 있다는 점에서는 정신사적 연속성을 지니고 있는 것이다. 초극은 항상 '무엇'에 대한 초극인지를 분명하게 인식할 때 충분한 의의를 발현할 수 있다. 고석규 비평에서의 초극은 근대성의 파산으로 자아의 정체성을 잃어버린 그의 시에 대한 초극이라는 뚜렷한 지향성을 지니고 있다는 점에서 50년대 시문학을 계기적으로 완성해 나가려는 의지가 역력히 드러난 것이다. 그의 이러한 문학적 노력은 결코 개인사적 문제에만 머무는 것이 아니라, 1950년대 한국문학의 정신사적 흐름을 온전히 감싸 안은 것이라는 점에서 중요한 의미를 지닌다.

사실 지금까지 고석규에 대한 논의는 대부분 그가 쓴 비평 세계를 중

32) 「시와 산문」, 44면.

심으로 이루어져 왔음을 미루어 볼 때, 그의 시세계는 50년대 시사에서 극도로 소외되고 묻혀 있어 영원한 무명시인으로 사장되어 버릴 위험성이 있다. 이것은 첫째 그의 비평적 글쓰기가 그 이전까지 볼 수 없었던 새로운 방식 속에서 지속되었다는 점, 둘째 그 지식 수준의 깊이가 전무후무한 본보기를 낳고 있다는 점[33)]에서 감히 뛰어 넘을 수 없을 만큼 뚜렷한 비평사적 입지를 확보하고 있었기 때문이다. 하지만 그가 이런 비평 활동을 하기 이전부터 줄곧 시를 썼다는 사실과 그 수준이 비평만큼의 깊이를 담보하고 있다는 사실을 결코 간과해서는 안 된다. 그의 비평들이 어느 정도 외래 지식의 원론적인 수용 및 그 적용에 관계될 수밖에 없는 다소 인위적인 글쓰기 방식이라면, 오히려 그가 쓴 시들은 시장르 자체의 본질적인 성격을 지니고 있다는 점에서 1950년대적인 삶의 충동 및 체험과 아주 밀접한 관련성을 지니고 있는 것이다.

또한 에세이적 글쓰기로 명명되는 그의 비지시적 언어관은 상징과 비유 등의 수사법을 기교의 차원에서 이해하지 않고 존재론적 차원에서 해명하고자 한 것으로, 그의 비평가적 위상은 바로 이러한 시정신에서 발현된 결과라고 보는 것이 타당하다. 따라서 그의 시는 1950년대 비평을 존재론적 차원에시 새롭게 이해하는 데 중요한 정신사적 궤적이 된다는 점에서 중요한 의미를 지닌다. 이것은 결국 그의 시가 표면적으로는 '근대성의 파산'을 노래했지만, 그 심층에는 실존주의 비평을 통해서 '근대성의 초극'을 지향하려는 정신을 내면화하고 있었음을 분명하게 보여준다. 즉 그의 시와 비평은 '근대성'의 문제를 통일성 있게 전개해 나가는 계기적인 연속성을 드러낸다는 점에서, 1950년대 한국문학의 정신사적 흐름을 꿰뚫는 중요한 문학사적 의의를 지니고 있다. 따라서 앞으로 고석규에 대한 연구와 논의는, 그의 시와 비평을 연속선상에 놓고 바라보는 새로운 관점과 방법론의 재정립에서부터 다시 출발해야 할 것이다.

---

33) 조영복, 「공포 체험의 시적 변용과 그로테스크의 시」, 『한국문학과 모더니즘』, 한양출판, 1994, 198~199면.

제 4 장

1950~60년대 최일수의 문학비평

1. 머리말

지금까지 우리의 비평사는 1950년대와 1960년대 사이에 깊숙한 단절의식이 있다고 보았다. 이러한 관점은 전후비평을 타자화함으로써 4·19세대 비평의 문학사적 의의를 특별히 강조한 1960년대 비평가들의 세대론적 전략에 가장 큰 원인이 있었다. 또한 1960년대 비평지형은 '1965년'이라는 특정한 연대를 중심으로 양분되어 전반부는 1950년대의 특징을, 그리고 후반부는 1970년대 비평을 형성하는 토대가 되었다고 평가함으로써 사실상 1960년대 비평의 자리는 실종되고 말았다.[1] 따라

1) 이러한 사실은 1960년대를 대표하는 상징적 작가인 김승옥이 1965년 동인문학상을 수상한 것을 비롯하여, 홍성원, 박태순, 이문구, 이청준 등의 소설가와 정현종, 조태일, 등

서 앞으로 우리의 비평사 연구의 방향은 무엇보다도 1950년대－1960년대－1970년대로 이어지는 연속성을 확보하는 데 주력할 필요가 있다.

이런 점에서 1950년대 후반 분단극복과 민주주의를 지향하는 민족문학을 한국문학이 나아가야 할 방향으로 제시한 최일수와, 1960년대 초반 재일 한인잡지 『한양』을 중심으로 활동한 장일우의 비평이 지닌 중요성을 결코 간과해서는 안 된다. 특히 최일수－장일우－『상황』 동인(임헌영, 구중서, 김병걸)－백낙청으로 이어지는 1960년대 민족문학론의 계보에 대한 재정립은 『창작과비평』 중심으로 전개되어 온 현실주의 비평담론을 비판적으로 성찰하는 중요한 문제제기가 된다. 따라서 최일수, 장일우에 대한 본격적인 평가는 1950년대 이후 우리 비평사 연구의 새로운 방향을 여는 의미 있는 작업임에 틀림없다.[2] 이러한 맥락에서 본고에서는 우선, 최일수의 비평을 대상으로 1950～60년대 우리 비평사의 간극을 메우는 연속성을 찾고자 한다.

그동안 우리의 비평사 연구에서 최일수[3]는 거의 묻혀 있다시피 한 비평가이다. 민족문학론 논의와 관련해 간헐적으로 그의 비평이 언급되

의 시인, 그리고 조동일 · 백낙청 · 임무웅 · 구중서 · 김현 · 김치수 · 김병익 · 김주연 등이 문단에 등장한 시점과 맞물리면서 상당히 설득력 있는 관점이 되었다. 특히 1966년 백낙청에 의해 창간된 『창작과비평』과 『산문시대』－『사계』－『68문학』을 거쳐 1970년 김현 등에 의해 창간된 『문학과지성』은 이후 한국문학을 양분하는 가장 대표적인 문학에콜로서의 위상을 획득함으로써, 1950년대 후반에서 1960년대 후반에 이르는 소수의 문학담론들은 대부분 이 두 에콜의 문학담론 속으로 편입되어 버리거나 이들의 전횡에 의해 아예 배제되어 버림으로써 문학사의 단절을 초래하고 말았다.

2) 하정일, 「주체성의 복원과 성찰의 서사」, 『분단 자본주의 시대의 민족문학사론』, 소명출판, 2002, 219면.

3) 1924년 전남 목포 태생으로 1955년 『조선일보』 신춘문예에 「현대문학과 민족의식」이 당선되면서 평단에 등장했다. 그는 목포상업에서 수학한 후 검정고시를 거쳐 1950년 조선대에 입학하였으나 전쟁 발발로 학업을 중단함으로써 동시대의 비평가들과는 달리 전문적인 문학수업을 받지 못하고 독학으로 문학공부를 했다. 『조선일보』, 『서울신문』 문화부 기자를 역임했으며, 세 권의 평론집 『현실의 문학』(형설출판사, 1976), 『민족문학신론』(동천사, 1983), 『분단헐기와 고루살기의 문학』(원방각, 1993)을 출간했고, 1995년 타계했다.

기는 했으나, 그에 대한 본격적인 연구는 최근에 와서야 활발히 전개되고 있는 실정이다. 그의 비평적 입론 대부분이 1950년대 이후 민족문학론의 전개에 관한 것이었음에도 불구하고 지금까지 그에 대한 논의가 거의 없었다는 사실은 정말 아이러니가 아닐 수 없다.[4] 이처럼 최일수가 우리의 비평사에서 철저하게 소외될 수밖에 없었던 이유는, 그의 비평활동이 조연현이 주재한 『현대문학』을 중심으로 전개됨으로써 50년대 비평의 성격을 지닌 것으로 재단되었다는 점, 서울 중심 강단비평의 학맥을 전혀 지니지 못했다는 점, 민족문학론의 중심에 『창작과비평』을 위치시키는 우리 비평사의 주류론적 접근방식[5] 등에 원인이 있었다고 할 수 있다. 이러한 비평사 연구의 결락에 대한 반성을 토대로 최일수 연구는 최근에 이르러서야 서서히 본격적인 궤도에 오르기 시작했다.[6] 본고 역시 이러한 연장선상에서 그의 비평의 총체적 복원과 재구성의 방향을 찾기 위한 일환으로 이루어졌다.

---

4) 진보적 민족문학론의 역사적 전개과정에 관심을 기울였던 최원식의 「민족문학론의 반성과 전망」(『민족문학의 논리』, 창작과비평사, 1982)과 임헌영의 「민족의 상황과 문학사상」(『민족의 상황과 문학사상』, 한길사, 1986)에서도 최일수에 대한 언급을 전혀 찾아볼 수 없다.

5) 필자는 이러한 비평사의 관행에 대한 비판적 관점에서 1960년대 현실주의 비평의 계보를 『한양』(1962)-『청맥』(1964)-『창작과비평』(1966)-『상황』(1969)으로 새롭게 정립한 바 있다. 하상일, 「1960년대 현실주의 문학비평 연구」, 부산대 박사논문, 2005 참조.

6) 지금까지 논의된 최일수에 대한 주요 연구를 밝히면 다음과 같다. 한수영, 「1950년대 한국문예비평 연구」, 연세대 박사논문, 1995; 한수영, 「최일수 연구」, 『민족문학사연구』 제10호, 민족문학사학회, 1997; 강경화, 「분단현실의 비평적 소명의식과 민족문학」, 『1950년대 문학의 이해』(조건상 편), 성균관대 출판부, 1996; 강경화, 「1950년대의 비평 인식과 실현화 연구」, 성균관대 박사논문, 1997; 이상갑, 「민족과 국가, 그리고 세계」, 『상허학보』 제9집, 깊은샘, 2002; 정학재, 「최일수 문학비평 연구」, 『한국언어문화』 제22집, 한국언어문화학회, 2002; 전승주, 「1950년대 한국문학비평 연구」, 서울대 박사논문, 2002; 이나영, 「1950년대 최일수 민족문학론 연구」, 『문학과언어』 제25집, 문학과언어학회, 2003; 이명원, 「최일수 비평의 복원과 재구성의 방향에 관한 시론」, 『비평과전망』, 새움, 2004년 상반기.

2. 전통론의 새로운 지평과 민족문학의 현대화 방향

1950년대 문학지형은 한국전쟁을 거치면서 좌파적 성향을 지닌 문인들이 대거 월북함에 따라 김동리 · 서정주 · 조연현을 중심으로 한 우파 민족주의 문학이 대세를 형성하였다. 최일수의 비평의식은 이러한 보수적 민족문학론에 맞서는 진보적 민족문학론의 방향을 새롭게 정립하는 데 있었다. 그는 민족문학의 당면과제로 분단상황의 극복을 무엇보다도 강조했고, 이를 실현하기 위한 구체적 방법론으로 민족적 리얼리즘을 제기하였다. 지금까지 1950년대 비평 연구가 실존주의와 모더니즘에 대한 인식의 과잉으로 당대 현실의 문제를 전면화하는 데 상당히 소홀했다는 사실을 미루어볼 때, 그의 비평은 1950년대 우리 비평지형을 새롭게 읽어내는 중요한 가늠자 역할을 한다.

1950년대 비평의 두드러진 지향점은 전후의 피폐한 현실을 초극하는 '현대성'에 대한 인식에 있었다. 당시 신세대 비평가들 대부분이 전후 서구사회의 문명적 위기를 극복하는 대안으로 제시된 실존주의와 휴머니즘을 그대로 수용하여 한국문학의 현실에 적용시키고자 한 이유도 바로 현대성의 구현을 위한 의식적 노력의 결과였다. 하지만 최일수에게 이러한 시도는 서구적 보편성을 맹목적으로 추종하는 추상적인 세계주의의 허상으로 비쳐질 뿐이었다. '한국적=전근대적, 서구적=근대적'이라는 공식 앞에서 우리의 자생적 전통은 '빈곤'과 '단절'로 폄하되는 극단적 전통단절론의 양상을 드러냈기 때문이다. 따라서 최일수는 민족문학의 '현대화' 방향으로 "서구의 현대문학의 비판적인 섭취와 전통의 올바른 계승을 통한 주체성의 확립"7)이라는 두 가지 명제를 내세운다. 이런 점에서 1950~60년대 전통론에 대한 이해는 최일수의 비평

7) 최일수, 「우리문학의 현대적 방향」, 『현실의 문학』, 형성출판사, 1976, 190면.

의식을 해명하는 중요한 토대로서의 의미를 지닌다.

최일수의 '전통'에 대한 입장은 한국의 구체적 현실에 대한 인식 없이 서구 현대문학의 수용을 통한 새로운 문학 건설을 주장하는 전통부정론에 대한 비판에 초점을 두고 있었다. 이는 민족사와 세계사의 연관성에 대한 인식의 편린을 앞서 보여주는 것으로서 1950년대 전통 논의의 구체적인 한 성과이다.[8] 그는 '전통'을 현실적 성격과 구체적 역사에 기반을 둔 '주체적 창조정신'으로 인식함으로써 현재와 활발히 교섭하지 않는 전통은 죽은 전통에 불과하다고 보았다. 따라서 그는 전통계승론자들이 우리의 전통을 '은근과 끈기'(조윤제), '맛과 멋'(이희승), '멋'(정병욱), '얼과 넋'(이은상)과 같은 민족적 상징으로 환원시켜 의미화한 것 역시 진정한 의미에서의 전통이라고 보지는 않았다. 그의 전통에 대한 인식에서 무엇보다도 중요한 관점은 '어떤' 전통인가 하는 문제에 있었다. 따라서 그는 '복고적' 전통과 '현실비판적' 전통을 구분했는데, '복고적' 전통의 예로 서정주와 청록파의 시를 들면서 전통론이 신비주의나 영원주의에 빠지는 것을 철저하게 경계했다. 이를 더욱 명확히 하기 위해 서정주의 「춘향유문」과 박재삼의 「춘향이 마음」을 대조해서 설명하는데, 같은 제재를 다루었다 하더라도 서정주의 경우는 춘향을 통해 "지극히 보수적인 모랄"을 내세운 데 반해, 박재삼은 "불의에 저항하는 사랑의 세계로 승화"시켰다고 평가하였다.[9] 이는 그가 현대문학의 근본특질로 "저항정신"[10]을 강조한 사실과 결코 무관하지 않다.

> 우리문학의 전통은 향가에서 시조로 흐르는 절충적인 것보다는 춘향전 등의 평민문학에서 형성되어지는 주체성의 확립과 인간평등의 자유정신의 통일된 정신 속에서 찾아볼 수 있다. (…중략…)

---

8) 전승주, 「1950년대 한국문학비평 연구」, 『민족문학사연구』 제23호, 민족문학사학회, 2003, 314면.

9) 최일수, 「종착역의 기수」, 위의 책, 256~301면.

10) 최일수, 「현대문학의 근본특질」, 위의 책, 131~153면.

> 춘향전의 저항정신은 어디까지나 독자성과 인간의 평등정신에 있었다. 그러나 일제강점 근대문학은 이 저항정신을 한결 강하게 조성했어야 했음에도 불구하고 일제강압과 근대적 정관 때문에 춘향전 등의 전통을 이어받을 만한 역량을 상실해 버렸다.
>
> 그러면 오늘 우리가 이 춘향전 등의 전통을 어떻게 이어받아야 할 것인가 하는 문제다. 그런데 오늘 우리문학의 기본정신은 분단된 민족의 통일정신에 있다고 믿는다. 따라서 이 민족통일정신으로 하여금 춘향전이 지니는 저항정신의 전통을 이어받는 것이 문제일 것이다.
>
> 이 현대화의 구체적 방법은 춘향전 등이 지니는 민족정신을 기초로 하여 오늘 우리의 눈앞에 당면한 현실에 입각한 주체적인 위치에서 서구의 현대문학을 비판적으로 받아들이는 것에 있다.[11)]

최일수의 전통론은 '민족문학의 현대화'를 위한 구체적 방법론으로 제기되었는데 크게 두 가지 방향에서 쟁점화된다. 첫째는 "민족정신을 기초로 하여 오늘 우리의 눈앞에 당면한 현실에 입각"해야 한다는 사실이고, 둘째는 "주체적인 위치에서 서구의 현대문학을 비판적으로 받아들이는 것"이다. 따라서 그는 춘향전과 같은 평민문학의 내면에 흐르는 저항정신이 인간옹호의 평등정신에 기반을 둔다는 점에서 전통으로 규정하고 이를 민족문학의 주체적 토대로 삼았다. 즉 춘향전은 일정한 작자가 없고 순전히 평민들 사이에서 발생되고 창작되고 성장함으로써 철저하게 평민문학의 성격을 지니고 있는 작품이며, 우리글로 된 문학으로서 한문학의 압박에 반항하면서 우리 문학의 독자성을 확립한 작품이기 때문이다. 이처럼 춘향전은 "인간불평등 구조에 대한 '저항정신'이며, 한글 표기를 통한 '민족적 형식'의 문제로 귀결된다"는 점에서 평민문학이 갖는 민족문학으로서의 전통성을 가장 잘 대변해주는 작품이라고 보았다.

'저항정신'과 '민족적 형식'을 전통의 특질로 설정하는 그의 전통론은 궁극적으로 당대의 현실에 대한 역사적 인식에서 비롯된 것으로 평

---

11) 최일수, 「우리 문학의 현대적 방향」, 위의 책, 206~207면.

가할 수 있다.[12] 그가 전통의 문제를 분단이라는 민족적 현실의 특수성으로 인식한 것도 서구적 전통의 답습이 아닌 한국의 역사적 현실에 기반을 둔 주체성의 관점을 정립하고자 했기 때문이다.

> 현대에 있어서 민족의식의 문제는 곧 우리 문학의 고유성의 확립 문제와 일치된다. 현대적인 민족의식이 없고서는 우리 문학의 무엇이 고유한 것인가를 알 수 없을 것이다. 그러므로 우리 문학의 고유성을 확립하기 위해서는 오늘 이 시점에 우리 민족이 서 있는 분단된 상황부터 의식해야 할 것이다. 오늘의 분단된 상황을 먼저 의식하지 않고서는 우리가 무엇인지 알 수가 없는 것이다. '우리'를 모르고 어찌 우리의 고유성을 운운할 수 있을 것인가. (…중략…)
>
> 오늘의 분단된 현실을 인식하지 않고 오늘과 단절된 박물관 유적 속에서 찾아낸 어떠한 것도 그것은 진보적인 고유성은 되지 못한다. 오늘에 이어지지 않은 전통이 어떻게 고유성이라 할 수 있겠는가. (…중략…) 우리 문학의 고유성은 그러한 반역사적인 운동 속에서 찾아지거나 확립될 수는 없다. 요는 우리 문학의 모든 유산이 오늘의 분단된 현실의 시점에서 재정리되고 재통일을 함으로써 참된 고유성이 무엇이며 그것이 어디에 있는가를 찾아내야 할 것이다. 그리하여 확립된 우리의 고유성을 분단에서 통일로 지향하고 역사적 현실의 발전과정에서 키워나가야 할 것이다. 그러므로 우리 문학의 고유성은 분단의식 다시 말하면 통일로 향하는 그 정신풍토에서부터 이야기되어야 할 것이다.[13]

최일수의 비평의식은 궁극적으로 분단현실에 초점을 두었다. 따라서 그가 생각하는 진정한 전통의 의미는 분단현실의 극복과 통일지향이라는 역사적 과제를 수행하는 것에서 찾을 수 있다. 즉 "현대적인 문학정신이란 올바른 전통의 계승에 입각한 민족문학의 현대화를 말하는 것이며, 그것은 분단된 민족의 통일의식"[14]에서 발현된다고 보았던 것이다. 결국 그가 말하는 "우리 문학의 고유성"은 분단현실의 역사적 특수

12) 한수영, 「최일수 연구」, 앞의 책, 165면.
13) 최일수, 「우리 문학의 고유성」, 앞의 책, 79~80면.
14) 최일수, 「우리 문학의 현대적 방향」, 앞의 책, 192면.

성을 토대로 한 민족성의 올바른 구현에 있다고 할 수 있다. 이런 점에서 그는 우리 문학의 현대적 방향은 서구문학을 보편적 기준으로 설정한 맹목적 추종에서 얻어지는 것이 아니라 분단극복이라는 우리의 역사적 과제에 충실함으로써 성취될 수 있다고 보았다. 그가 서구적 보편성의 기준에 맞춰 한국문학의 세계화를 강조하는 당시 일각의 비평적 태도에 반기를 들면서 민족문학과 세계문학의 관계를 한국과 유사한 정치사회적 경험을 겪은 동아시아국가의 전통에서 찾고자 한 이유도 바로 여기에 있다.

> 표면적으로는 외래문학에 대한 비판적 토대와 민족고유성의 창조적 계기가 약화되었으나 반면에 민족간에 의식있는 지성인의 성장과 더불어 독특한 민족적인 저항의식이 짙게 흐르고 있었다. 이러한 민족적 저항의식은 예속하에 있는 민족들의 필연적인 과정으로써 예속적 제약하에서 그것을 비판하게 되는 문화의식의 성장과 더불어 자유의 갈망과 민족평등의 요구로써 나타난 것이다. 그리고 이 행동은 외래제약이 아시아 독특의 정체성과 겹쳐서 그 후진성을 여지없이 강요받은 그러한 저차원의 상황하에서 발현되었다. 그러므로 인간옹호를 주제로 한 유우럽의 '레지스탕스'와는 근본적인 차질이 개재하고 있었다. 즉 유우럽은 인간의 자유문제가 주로 된 인간적 형성이오, 아시아는 인간의 자유와 평등을 민족의 위치에서 찾아보려는 것이있다.[15)]

최일수는 서구문학의 현대화 방향과 우리 문학의 그것은 분명히 다르다는 점을 강조한다. 서구가 인간의 '자유' 문제가 주로 된 '국민'적 형성이라면 아시아는 인간의 '자유'와 '평등'을 '민족'의 위치에서 찾아보려 한다. 즉 문학의 창조적 계기가 서구에서는 개아 단위로 이루어진 인간적인 '휴머니티'에 있는 데 비하여 동남아문학은 인간의 기본적인 옹호가 민족적인 단위에서 향유되고 있다고 보았던 것이다. 따라서 동남아문학은 인간옹호를 주제로 한 서구의 레지스탕스와는 근본적으로

---

15) 최일수, 「동남아의 민족문학」, 앞의 책, 82면.

다른 민족적 고유성을 내재하고 있었다. 이런 점에서 그는 동남아문학이 서구문학에 비해 열등한 문학이 아니라 오히려 그것은 서구문학이 '새로운 세계성'을 확립하는 데 주도적인 역할을 할 수 있으므로 서구의 현대문학과 달리 세계문학적인 가치가 있다고 보았다. 서구문학의 발전과정과 전혀 다른 역사적 변화를 겪은 우리의 경우에는 제3세계의 문학적 지평 안에서 민족문학의 고유성과 특수성을 인식하는 것이 바람직하다는 논리를 펼쳤던 것이다.

서구 민족문학이 자본주의 발전이라는 물적 토대와 밀접한 관련을 맺고 진행된 것인 반면에, 동남아의 민족문학은 제국주의 침략으로 인해 형성된 민족의식을 토대로 이루어진 것이므로 민족문학 형성의 역사적 과정이 다르다. 따라서 그는 아시아 여러 민족의 문학은 오랜 세월을 전통적으로 중국 및 인도문학의 영향권 아래 놓여 있었고, 근대에 들어와서는 서구문학의 영향권 안에 놓여 있다는 역사적 공통성을 띠고 있으며, 역사적으로 형성된 그러한 후진성을 극복하는 것이 바로 세계문학으로 진입하는 민족문학의 성격으로 이어진다고 보았다. 결국 서구 현대문학의 사조가 개인을 중심으로 한 자율성이나 소외의 문제로 나아가는 반면, 동남아의 문학은 민족을 단위로 한 자주적인 발전을 모색함으로 해서 기본적으로 문학의 지향점이 다르며, 오히려 후자에 세계문학다운 성격이 더 강하게 부여된다는 점을 강조하고자 했던 것이다.[16]

> 민족문학을 단위로 제각기 지니고 있는 민족적 특수성을 통하여 세계적인 교류와 연대성을 가지려고 하는 이른바 민족문학에 있어서 세계적인 성격은 세계문학과 엄격한 차질이 있다는 것은 두말할 것도 없다. 그런데 그 민족문학의 특수성이란 것은 어떤 것인가 하면 특정한 개인이 창작한 작품에 선행해서 민족공동체의 생활 속에서 발생한 '모티브'에 창조의식을 불어넣음으로써 이것을 문학화하는 데 있는 것을 말한다. (…중략…)

---

16) 한수영, 「최일수 연구」, 앞의 책, 158~160면.

> 문학에 있어서 민족적 고유성을 통하지 않고 그저 초월해 버린 일차원적인 문학이란 있을 수 없는 것이다. 다시 말하면 민족문학적인 고유한 특수성을 초월해 버리는 세계문학이란 있을 수 없다고 본다. (…중략…)
> 따라서 세계문학이란 (…중략…) 가공적으로 초월된 것이 아니라 민족의 개개의 문학에 있어서 공통적으로 흐르는 객관적인 내용의 세계적인 총화일 것이다.[17)]

그의 민족문학론은 1970년대 이후 민족문학 진영에서 제기되었던 '분단문학론'이나 '제3세계문학론'의 맹아적 단계를 드러내는, 우리 현실주의 문학비평의 중요한 전사(前史)로서의 의미를 지닌다. 무엇보다도 그는 문학의 세계성은 민족문학을 초월한 추상적인 것에서 성취될 수 있는 것이 아니라 민족문학이라는 고유한 형식에 있어서 세계적인 내용의 공통성을 지향함으로써 구현될 수 있다고 보았다. 즉 민족문학으로서의 특수성과 세계문학으로의 보편성을 동시에 지녀야 한다는 것이다. 이처럼 민족문학과 세계문학에 대한 최일수의 균형잡힌 시각은 당시 분단현실로 인해 퇴색되어 버린 한국문학의 리얼리즘적 전통을 회복하고 이를 현실인식과 연계함으로써 냉전논리나 서구중심주의를 극복하고자 하는 시도였다는 점에서 중요한 비평사적 의미를 지닌다.

3. 세대론적 비평의식과 모더니즘 비판

최일수의 비평의식은 구세대 비평과 차별되는 1950년대 신세대 비평의 세대론적 역할과 정체성 확립에 있었다. 무엇보다도 그는 당대의 역

17) 최일수, 「민족문학과 세계문학」, 앞의 책, 103~105면.

사적 상황이 삶과 문학을 조건 지우고 있다는 점에서 신세대 비평가들이 역사와 현실에 대한 비평적 감각을 지녀야 한다고 강조했다. "문학에 있어서 신인의 위치는 일정한 역사적 시대의 특질을 지니고 주어진 세대를 배경으로 그 전망과 방향을 설정하기 위해 전개되는 문학운동의 새로운 문제를 제시하는 데 있다"고 보았던 것이다. 다시 말해 한 개인의 능력에 따라 신인의 문학사적 위치를 결정하기보다는, 그가 발딛고 서 있는 문학사의 필연적인 창조과정의 흐름을 보고 신인의 위치를 결정해야 한다는 것이다. 이런 점에서 진정한 의미에서의 신인이란 "선배들의 작품세계와 질적으로 구별되는 새로운 세대의 특수성을 지니고 신인이 진정 가져야 할 위치를 옳게 인식해야 한다"고 주장했다.[18]

그렇다면 최일수가 말하는 "새로운 세대의 특수성"은 무엇인가? 이러한 문제의식은 앞서 살펴본 민족문학의 현대화 방향과 같은 맥락에 있다. 즉 그는 신세대의 역할과 입장을 정리하면서 가장 우선적인 요건으로 분단현실의 역사적 상황을 제기했으며, 그 토대 위에서 진정한 신인들의 위치와 역할을 설정하고자 했던 것이다. 그는 구세대의 비평의식과 신세대의 비평의식의 차이를 해방세대와 동란세대의 역사적 경험의 차이를 통해 설명한다. 해방세대는 일제의 억압 속에서 성장기를 보내고 이후 분단을 경험했기 때문에 그들의 의식의 기저에는 절망과 불안과 허무가 자리 잡았지만, 동란세대는 직접 전쟁의 폭격을 겪으면서 민족분단과 동족상잔의 비극을 목격한 세대이므로 민족과 현실에 대해 더욱 투철한 문제의식을 지닐 수밖에 없다는 것이다.[19] 이러한 인식의 연장선상에서 최일수는 비평의 현대성에 대한 문제의식을 드러낸다.

---

18) 최일수, 「우리문학에 있어서 신인의 위치－민족문학의 현대화를 중심으로」, 『문학예술』, 1956.2, 114면.

19) 최일수, 「반성하는 현대시」, 『현대문학』, 1957.6～7; 「동란의 세대」, 『문학예술』, 1957.9; 「문학상의 세대의식」, 『지성』, 1958.9 참조.

비평은 비평 자체가 소설이나 시보다도 한결 첨예하게 새로운 세대를 감각해야 하고 또 그 移向의 준비를 먼저 시도함으로써 새로운 방향을 발견하고 제시하여 낡아버린 기능을 맨먼저 지양하지 않으면 안되리라 (…중략…) 비평문학의 현대성은 오늘날 우리가 이어받아야 할 전통을 비판적 위치에서 엄정하게 선택하는 규준을 밝히는 동시에 새로운 전통을 형성하면서 하나의 주체성을 확립시키는 데 있어서 가장 기저가 되어야 할 문학정신의 창현에 집중하고 나아가서는 이러한 문학정신의 창현 속에서 서구의 행동적인 '휴머니티'를 비판적으로 섭취할 수 있는 구체적인 창작방법을 제시하는데 있다고 믿는다. (…중략…) 현대비평의 기능은 문학적 방향의 창현자로서 또는 있어야 할 위치의 설정자로서 새로운 문학의 형성을 擔能해야 한다는 것이다.[20]

"문학적 방향의 창현자", "있어야 할 위치의 설정자"라는 구절에서 알 수 있듯이, 최일수가 생각하는 비평의 현대성은 비평의 현실주의적 기능과 역할을 강조함으로써 구현될 수 있었다. 즉 역사적 지평 위에서의 세대적 정체성과 밀접하게 관련되면서 분단현실의 극복과 통일지향이라는 새로운 민족문학의 형성이라는 비평적 지표로 귀착되는 것이다. 이러한 특수한 역사적 상황에 대한 인식은 비평의 현대성을 확보하는 근본적인 요소로 작용함으로써 신세대 비평가의 위치와 역할을 명확하게 규정하였다. 특히 역사적 지평 위에서의 소명의식을 비평의식으로 삼았다는 점이야말로 다른 신세대 비평가들과는 변별되는 최일수 비평의 독자적인 영역에 해당한다.[21]

이처럼 문학과 현실의 관계를 중심에 놓고 있는 그의 현실주의 비평정신을 통해 볼 때 당시 유행하던 모더니즘 문학론은 철저한 비판의 대상이 되지 않을 수 없었다. 또한 순수문학 역시 "민족과 문학 그리고 인간과 사회를 서로 관련될 수 없는 이질적인 세계의 소산으로 단정하고 이른바 인간성을 민족이나 사회적인 생활로부터 격리시키면서 감각적

20) 최일수, 「비평의 문학성과 현대성」, 『현대문학』, 1956.9, 176면.
21) 강경화, 『한국문학비평의 인식과 담론의 실현화 연구』, 태학사, 1999, 261~262면.

인 생리의 세계로 내향하기 위한 것"이란 점에서 "역사의 낙후성"[22]을 면치 못한다고 신랄하게 비판했다. 결국 최일수는 현실보다는 관념과 감각의 세계, 민족보다는 세계, 특수성보다는 보편성을 지향하는 모더니스트들에게서는 역사적 전망을 찾을 수 없다고 보고 내면몰입과 순수감각을 규제하는 강렬한 현실인식과 역사의식을 촉구하였다.

> 그리하여 언제까지나 초조와 성급과 단명과 무질서 속에 자기를 그대로 반항만의 기수로만 두어 둘 수는 없는 것이며 또한 이 「모더니즘」을 지향해 주고 있는 주지주의나 초현실주의나 또는 실존주의까지도 그 역사적 移向과 근원에 대해서 무비판적일 수 없다고 본다.
>
> 원래 모더니스트들의 시정신이란 그 자체가 보다 비판적이어야 하기 때문에 전세대의 문학적 인습처럼 고착될 수 없는 것이며 부단히 새로움을 추구해 나아가는 그 정신이 필연적으로 자체의 위치까지도 비판하고 주체 발전의 계기와 다음 세대로의 移向의 준비를 의식하지 않으면 안 되는 것이다.[23]

그는 시에 있어서 모더니즘의 본질은 "전세대의 낡은 인습적인 관조풍의 시법과 그 정관적(靜觀的)인 사고에 대한 극단적인 예술상의 반항정신에 기초하고 있다"[24]고 보았다. 그러나 당시 모더니즘의 성격은 순수감각과 내면세계에 갇힌 현실적 문제점을 드러냄으로써 비판의 대상이 되지 않을 수 없었다. 하지만 그가 저항정신, 비판정신, 새로움을 추구하는 정신에 모더니즘의 본질적 가치가 있다는 사실을 견지하고 있었다는 점에서, 그의 모더니즘론은 모더니즘 자체에 대한 부정과 비판에 있는 것은 결코 아니었다. 즉 그의 모더니즘 비판은 모더니즘의 본질과 무관하게 구현된 1950년대 모더니즘의 양상에 대한 비판에 초점을 두었던 것이다. 이런 점에서 그는 김경린이 편한 『현대의 온도』의

22) 최일수, 「현대문학과 민족의식」, 앞의 책, 12면.
23) 최일수, 「모더니즘의 본질과 비판」, 『시와비평』, 1958.8, 238면.
24) 최일수, 「모더니즘 백서」, 앞의 책, 340면.

경우에는 관념편향과 실험적인 시도를 지양하려는 자각을 보여준다고 높이 평가했다.

> 현대시인들에게 주어져야 할 과제란 두말할 것도 없이 반항을 올바른 역사적 방향으로 이끌고 나아가야 할 것과 그것에 이어지는 철저한 새세계의 창현자로서 전위적 역할을 해야 한다는 문제이다. (…중략…)
>
> 이와 같은 역사적 과제가 지각되어진 그러한 현대시의 올바른 자세를 확립하기 위하여 그 기반이 되는 새로운 영토를 개척하고자 의식적인 공동작업과 엄정한 자아비판이 젊은 세대의 시인들 사이에서 활발하게 전개되고 있는 이때 「앤솔로지」, 『現代의 溫度』의 발간은 확실히 그 작품의 우열을 고사하고 일단 우리 현대시사에 하나의 자아비판기의 문학이라는 위치를 차지하면서 현대시가 앞으로 올바른 길에서 보다 전진할 수 있는 현실적인 가능성을 약속해 주고 있는 것이다. (…중략…)
>
> 그것은 무엇보다도 도피에 가까운 관념으로의 편향과 「모더니즘」이 지니고 있는 이른바 초기의 실험적인 시도단계를 지양하지 않으면 안 된다는 것을 누구보다도 굳게 자각하고 있는 젊은 시인들에 의하여 전개되고 있다는 데서 오는 것이다.[25]

그런데 최일수의 모더니즘에 대한 인식은 미학적 측면을 배제하고 역사와 현실에 토대를 둔 그의 비평관을 그대로 대입시킨 결과이므로 상당히 편향적이라는 비판을 받기도 한다.[26] 기법이나 형식보다는 정신을 강조하는 그의 비평의식을 생각할 때 이러한 비판이 전혀 유효성이 없는 것은 아니다. 그가 "사회비판적인 태도"를 드러낸 김차영과 "리얼리즘에 굳건한 기반을 두면서 이지적 영상으로써 침착하게 현실을 응시하고 있는" 박태진의 시에 주목하는 이유도 이러한 비평관과 결코 무관하지 않다. 하지만 이러한 비판에는 여전히 모더니즘을 형식의 차원으로만 환원시켜 인식하려는 의식이 짙게 깔려 있다는 점에서 오히려

25) 최일수, 「반성하는 현대시」, 앞의 책, 303~304면.
26) 강경화, 앞의 책, 267면.

더욱 편향적인 시각을 드러낸 것이라고 하지 않을 수 없다. 최일수가 생각하는 모더니즘의 형식은 독자들에게 가장 자연스럽게 내용을 전달할 수 있는 잘 짜여진 구조를 갖추는 데 있으므로, 형식과 내용의 문제는 결코 분리될 수 없다는 변증법적 미학의 관점을 견지하고 있었던 것이다. 이런 점에서 그는 『현대의 온도』가 "아직도 관념의 잔흔이 씻기워지지 못하고 있음에도 불구하고 『새로운 도시와 시민들의 합창』에 비하여 그 의식의 강도나 자아의 객관적 관찰력이나 또는 역사적 경험과 그 '시츄에이션'에 있어서 보다 커다란 차질을 지니고 비약했을 뿐만 아니라 무원칙한 반항으로부터 벗어나 현실에서 새로이 긍정돼야 할 역사적 필연성을 자각하려고 노력하고 있으며 또한 그 세계를 창현하기 위한 과감한 대결의 자세를 의젓하게 지니고 있"[27]다고 평가했다. 결국 그의 모더니즘 비판의 궁극적 방향은 미학성과 사회성의 조화에 있었다고 할 수 있다.[28]

이러한 모더니즘 비판의 연장선상에서 최일수는 실존주의 문학론에 대해서도 신랄한 비판을 전개한다.

> 원래 '야스퍼스'가 「현대의 정신적 상황」 속에서 말한 것처럼 인간성의 근저에는 반드시 전쟁과 혼란에 따르는 허무적인 요소가 있었다. 그리고 부조리한 모순이 횡행하는 환경에서는 의례 강박관념에서 나온 불안의식이 지배했던 것이다.
>
> 그러나 그것은 어디까지나 도시의 젊은 지식층에서만 볼 수 있는 이른바 창조적 기능이 정지되고 생활의 의식과 행동이 분열되어버린 그러한 세계에서만 있을 수 있는 것이었지 결코 인류전체 민족전체가 '유마니티'와 '레지스탕'적 입장에서 객관적으로 느끼는 전형적인 공통관념은 아닌 것이다.
>
> 이러한 사실은 사회적 생활의 기능이 영(零)에 까지 위축되어버린 우리 나라의 수많은 도시 지식 청년들이 이른바 실존철학이 주장하는 인간정유(人間

27) 최일수, 「반성하는 현대시」, 앞의 책, 322면.
28) 이명원, 앞의 글, 17면.

定有)의 호소를 허무적이며 자폭적인 상태에서 이를 영합하고 이미 체념기에 들어간 장년층에서는 이를 무관심해버렸다는 것으로 미루어보아도 충분히 알 수 있다.[29]

이처럼 최일수는 실존문학이 도시 지식층의 변형적인 자기 옹호를 위한 소산물이라고 비판한다. 전쟁의 혼란을 겪은 자들이 허무와 권태를 해결하기 위한 말초적인 방식으로 자기의 위치를 확인하려는 과정에서 실존주의가 자리 잡았다는 것이다. 따라서 실존주의는 장기적인 전망 속에서 세계를 바라보고 삶을 계획하기보다는 순간적 목표만을 추구하게 만드는 부정적 영향을 미치게 된다는 것이다. 또한 그는 실존주의를 '니힐리즘'이라고 비판하면서 니힐은 역사적으로 형성된다는 점에서 니힐의 진정한 초극은 개인의 차원이 아니라 역사적 차원에서 이루어져야 한다고 보았다.[30] 결국 최일수는 전후의 불안과 허무의 원인은 전쟁과 분단상황이라는 구체적인 역사적 현실에 있으므로 이를 제거해야 새로운 문학의 방향으로 나아갈 수 있다고 진단했다. 이는 실존주의에 의탁하여 세계적 보편성에 함몰되어 있던 당시의 지식인사회의 전반적인 분위기를 염두에 둘 때 아주 소중한 통찰이 아닐 수 없다.

4. 맺음말

이상에서 살펴봤듯이 최일수의 비평은 김동리로 대표되는 보수적 민족문학론을 비판하면서 진보적 민족문학론의 방향을 새롭게 제기하였

29) 최일수, 「실존문학의 총화적 비판」, 『경향신문』, 1955.4.13~15.
30) 최일수, 「니힐의 본질과 초극정신」, 『현대문학』, 1955.10.

다. 그는 당시 민족문학의 과제를 전통의 올바른 계승과 외래문학에 대한 비판적인 섭취로 파악하고, 그 토대 위에서 이념대립과 분단현실을 초극하는 통일지향의 새로운 민족문학론을 수립해야 한다고 주장했다. 따라서 그의 민족문학론의 방향은 한국의 역사적 특수성 위에 놓여 있었고, 서구적 보편성을 민족문학의 현대화 방향으로 삼기보다는 한국과 유사한 정치사회적 경험을 한 동남아문학의 전통에서 세계문학의 가능성을 찾고자 했다. 이는 민족문학과 세계문학의 관계를 주체성의 관점에서 새롭게 정리하고자 했기 때문이다.

이처럼 최일수의 비평의식은 전통론과 민족문학론으로 전개된 1950~60년대 우리 비평지형의 총체적 성격을 선취하는 중요한 문제의식을 보여주었다. 그럼에도 불구하고 최근에 이르기까지 그의 비평은 우리 비평사에서 소외된 지점에 머물러 있었다는 사실을 다시 한 번 상기할 필요가 있다. 특히 50년대와 60년대의 뚜렷한 단절의식에 바탕을 두고 비평활동을 전개한 당시 비평가들과는 달리, 그의 비평은 50년대와 60년대를 연속성의 관점에서 바라보는 세대의식을 지녔기 때문에 사실상 어느 쪽에도 소속되지 못하고 양쪽 모두로부터 비판을 받았다. 즉 '화전민의식'으로 구세대 비평과의 철저한 단절을 외쳤던 이어령은, 최일수가 "당시 조연현의 대변인 같은 글을 많이 쓰고 있어서 세대의식이 없는 '새끼우상'이라고 불렀"[31]다고 회고했으며, 4·19세대의 현실주의 비평가인 염무웅은 최일수의 비평에 대해 "참 답답하고 재미가 없"[32]어 당시 이어령과 유종호에 더욱 신뢰감을 가졌다고 말했던 것이다. 결국 1950~60년대 최일수 비평의 소외는 담론만으로는 해명될 수 없는 문단의 역학관계 또는 문단정치학도 얼마간 개입되어 있음에 틀림없다. 따라서 앞으로 최일수 비평 연구의 방향은 당시 특정 비평 에콜로 조직

31) 이상갑·이어령(대담), 「전후문학과 우상의 파괴」, 『증언으로서의 문학사』(강진호 외 편), 깊은샘, 2003, 87~88면.
32) 김윤태·염무웅(대담), 「1960년대와 한국문학」, 앞의 책, 408면.

화된 문단상황에 대한 실증적 문제제기와 아울러 논의될 필요가 있을 것이다.[33]

최근에 와서 민족문학론의 계보를 새롭게 정립해야 한다는 문제의식으로 최일수의 비평은 중요한 연구대상으로 부각되었다. 하지만 그에 대한 연구 대부분이 민족문학론과 전통론에 집중되어 있다는 점에서 아직까지 그의 비평의 총체적 성격은 제대로 밝혀지지 않았다고 볼 수 있다. 특히 그의 비평이 현실주의적 성격을 강하게 드러냈다는 점에서 모더니즘에 대한 논의는 상대적으로 취약했다는 사실을 간과해서는 안 된다. 1950~60년대 우리 비평의 주요 쟁점으로 모더니즘론·민족문학론·실존주의문학론·세대론·전통론 등을 언급할 때, 최일수의 비평은 이 모든 비평적 쟁점을 아우르는 종합적인 방향에서 전개되었다. 이런 점에서 모더니즘과 실존주의에 대한 그의 비평을 객관적으로 분석하고 평가한다면, 1950~60년대 비평의 연속성을 확보하는 중요한 비평사적 의미를 발견할 수 있을 것이다.

33) 이명원의 연구는 이러한 사실에 주목하여 최일수의 비평적 토대를 살펴봤다는 점에서 중요한 의미를 지닌다. "50년대 세대와 문학을 적극적으로 비판했던 4·19세대는 『창작과비평』(1966)과 『문학과지성』(1970), 『상황』(1969) 등의 문예-동인지를 통해서, 자신의 견해를 자유롭게 개진할 수 있는 발언의 장(場)을 확보할 수 있었고, 같은 전후세대인 이어령과 유종호는 각각 『문학사상』(1972)과 『세계의문학』(1977)을 통해서, 자신의 문학적 이념을 확대-재생산할 수 있었던 기반을 마련했던 것에 반해, 최일수를 포함한 전후의 사회파 비평가들은 '순수문학'을 발행이념으로 하는 『현대문학』과 어정쩡하게 동거할 수밖에 없는 열악한 매체환경에 봉착해 있었기 때문에, 그들이 평단에 제기했던 문제의식의 치열성과는 별도로, 그 논의의 파장이 상대적으로 미약해지면서 문단의 관심권에서 급속히 멀어졌던 것으로 볼 수 있다." 이명원, 앞의 글, 24면.

제 5 장

김현의 비평과 『문학과지성』의 형성과정

1. 4월혁명과 『문학과지성』의 계보

4·19 세대가 갖는 문화사적 의미를 어떻게 이해할 수 있을까? 김현은, "이 세대는 우리가 아는 한 역사상 가장 진보적인 세대"[1]였으므로, "내 육체적 나이는 늙었지만, 내 정신의 나이는 언제나 1960년의 18세에 멈춰 있었다. 나는 거의 언제나 사일구 세대로서 사유하고 분석하고 해석한다. 내 나이는 1960년 이후 한 살도 더 먹지 않았다"[2]라고 말하지 않았던가. 그렇다면 그가 말한 가장 진보적인 세대, 즉 사일구 세대로서 사유하고 분석하고 해석한다는 것은 도대체 어떤 의미일까? 이는 '한글

1) 김현, 「한국비평의 가능성」, 『68문학』, 한명문화사, 1969.1, 152면.
2) 김현, 「책머리에」, 『분석과 해석』, 문학과지성사, 1988, 4면.

과 민주주의'라는 두 가지 키워드를 통해서 그 의미를 찾을 수 있을 것 같은데, 4·19세대는 "기표와 기의를 일치시킨 언어로 교육받았다는 것, 그리고 문화적인 민족적 정체성을 한글을 통해서 더하게 되고 근대성이라는 교육을 민주주의를 통해서 배우게 되"었다는 사회역사적 의미가 내재되어 있다. 다시 말해 "4·19세대에 의해서 우리 역사의 근대화, 근대사의 실질적인 기점이 이어지는 것"[3]으로 이해할 수 있는 것이다.

1960년대는 질과 양의 측면에서 전대와 구분되는 뚜렷한 매체의 확대현상을 보였다. 4월혁명 이후 무려 1,400여 종의 잡지가 발행되었는데, 이러한 매체의 증가는 당시 지식인들의 비평의식을 크게 성숙시키는 중요한 계기가 되었다. 이러한 시대적 분위기에 힘입어 당시 젊은 문인들은 중심으로 〈한국문인협회〉의 현실적 한계와 보수성을 뛰어 넘으려는 적극적인 움직임이 지속적으로 제기되었다. 기성세대의 보수적 문학관과 문단의 헤게모니에 종속된 문학적 경향을 과감히 탈피하고자 문예지를 창간하거나 동인지를 발간하여 자신들의 문학적 다양성과 새로움을 최대한 실현하려 했던 것이다.[4] 이를 통해 1960년대 신진비평가들은 1950년대 전후비평을 타자화함으로써 자신들이 속한 4·19세대 비평의 문학사적 의의를 특별히 강조하는 세대론적 전략을 드러냈다. 그들에게 1950년대 문학은 "허위의 타파를 외치다가 자기에 대한 정당한 인식을 못하고 허세에 빠져버린,"[5] 부정하거나 폐기해야 할 대상으로 인식되었기 때문이다.

1960년대 후반에 이르러 4·19세대 비평은 '자유와 평등의 정신', '사

---

3) 김병익 외(좌담), 「4월혁명과 60년대를 다시 생각한다」, 『4월혁명과 한국문학』(최원식·임규찬 편), 창작과비평사, 2002, 38면.

4) 1960년대에 출간된 대표적인 문예지와 동인지 그리고 문학 분야에 많은 지면을 할애한 교양종합지를 대략 정리하면 다음과 같다. 『60년대사화집』(1961), 『한양』, 『산문시대』(1962), 『세대』, 『신춘시』, 『비평작업』(1963), 『청맥』, 『문학춘추』(1964), 『창작과비평』, 『사계』, 『현대시학』, 『문학』(1966), 『월간문학』(1968), 『68문학』, 『상황』(1969), 『문학과지성』(1970).

5) 김주연, 「60년대 소설가 별견」, 『현대 한국문학의 이론』, 민음사, 1982, 271면.

회의식과 역사의식'을 토대로 문학의 현실참여를 강조한 『창작과비평』 계열과, '감수성의 혁명', '리버럴리즘과 상상력'을 통해서 미학적 탐구로서의 문학을 주장한 『68문학』(이후 『문학과지성』) 계열로 양분되었다. 이들은 '문학의 기능성 / 문학의 존재성', '실천적 이론 / 이론적 실천', '민중적 전망 / 시민적 전망', '현실에의 몸담음 / 현실에의 반성적 질문' 등의 문학적 입장 차이를 드러냈는데, 『문학과지성』은 이러한 차별성을 전략적으로 이용하면서 문학의 사회적 기능과 실천을 강조한 『창작과비평』에 대한 대타의식으로 창간되었다. 즉 『창작과비평』의 '현실주의문학론'에 맞서 '자유주의문학론'을 표방함으로써, 『산문시대』－『사계』－『68문학』의 정신을 더욱 구체적으로 실천하기 위한 제도적 장치를 마련한 것이다. 그 결과 1970년대 이후 우리 비평사의 구도는 『창작과비평』 / 『문학과지성』의 대립이라는 도그마 속에 갇혀 버리는 결정적 한계에 종속되고 말았다.

김현의 비평과 『문학과지성』이라는 주제에 접근하기 위해서는 『문학과지성』의 창간배경과 시대정신 그리고 4월혁명 이후 우리 비평사의 흐름을 특별히 주목할 필요가 있다. 『문학과지성』의 역사는 1962년 『산문시대』의 창간으로부터 1966년 발간한 『사계』를 거쳐 1969년 『68문학』에 이르렀다고 할 수 있는데, 특히 『68문학』은 동인지의 성격과 필자의 구성에서 『문학과지성』과 거의 차이가 없었다. 즉 『문학과지성』은 정신사적인 측면에서 볼 때 『산문시대』로부터 그 역사가 시작되며, 그러한 정신의 흐름이 『사계』를 거치면서 더 넓어지고 깊어져, 마침내 『68문학』에 이르러 『문학과지성』이라는 이미지와 주요 작가들이 어느 정도 윤곽을 갖추게 되었다고 할 수 있는 것이다.[6)]

결국 김현과 『문학과지성』의 관계는, 김현의 주도에 의해 『문학과지성』이 창간되는 과정을 탐색함으로써 그 의미를 제대로 규명할 수 있을

6) 홍정선, 「'문학과지성' 30년, 그 흐름의 대강」, 『문학과지성사 30년』(권오룡 외편), 문학과지성사, 2005, 11～12면.

것이다. 소위 문지 4K로 불리는 김현 · 김치수 · 김주연 · 김병익 가운데 김현만이 유일하게 『산문시대』—『사계』—『68문학』 모두에 핵심적으로 관여했다는 사실에서도 이러한 점은 두드러진다. 이는 김현이 『문학과지성』을 창간하기까지 어떠한 비평정신의 궤적을 보여주었는지를 이해하는 계보학적 의미를 내포하고 있다. 김현이 집필한 것으로 알려진, "태초와 같은 어둠 속에 우리는 서 있다"로 시작하는 『산문시대』의 창간사와 "우리는 태초와도 같은 어둠 속에 서 있다"라는 『68문학』의 서문이 거의 동일한 비평정신을 보여주고 있다는 사실도 눈여겨볼 필요가 있다. 이처럼 김현과 『문학과지성』의 관계는 그의 비평 혹은 비평정신이 각 매체에 어떠한 영향을 주었는지를 살펴봄으로써 규명될 수 있을 것이다. 즉 〈문학과지성〉 에콜의 계보를 탐색하고 매체들 간의 정신사적 연속성을 주목한다면 김현과 『문학과지성』의 관계는 더욱 분명하게 밝혀질 것이다.

2. 외국문학이론의 수용과 계몽적 합리주의

『산문시대』는 1962년 6월 김현 · 최하림 · 김승옥에 의해 창간되었다. 5호까지 발간되면서 동인의 수는 점점 더 늘어나 강호무 · 곽광수 · 김산초 · 김성일 · 김승옥 · 김치수 · 김현 · 서정인 · 염무웅 · 최하림 등 모두 10명으로 늘어났다. 이들 가운데 강호무와 최하림을 제외하고는 모두 서울대 출신이었는데, 특히 영문학(서정인), 불문학(곽광수 · 김현 · 김치수 · 김승옥), 독문학(염무웅) 등 외국문학 전공자들이 주축을 이루었다. 이들은 영문 · 불문 · 독문과 학생들이 함께 공부했던 서울대 문리대 교양학부 B교실에서 문학적으로 교유하면서 김동리 · 조연현 등을 중심으로 한 기성세대의 문학과 구분되는 '대학생문단'의 창출을 기대하면서 의욕적으로 출발하였다. 여기에는 김광규·이청준(독문과) 등도 함께 있었고, 당시 창간 과정에서 동인으로 추천된 사람들에는 박태순·김화영·조동일·주섭일 등도 있었다.7)

『산문시대』에 발표된 비평은 김현의 「비평고」(2~5호까지 분재), 염무웅의 「현대성논고」(4~5호), 김치수의 「작가와 문학적 변모」(5호)가 있다. 이 가운데 김현은 『산문시대』 1호에 습작소설 「인간서설」, 「잃어버린 처용의 노래」 두 편을 발표한 이후 줄곧 서구 비평이론의 흐름과 방법론을 정리하고 소개하는 데 집중하였다. 「비평고」는 과학적이고 객관적인 비평방법론의 전개과정과 이에 반하는 인상주의적이고 주관적인 비평방법론의 정립이라는 서구 비평사의 두 가지 방향을 개괄적으로 정리하고, 이를 토대로 서구의 작가와 작품을 주관적 진리와 객관적 진리의 두 가지 틀로 분석한 것이다. 그리고 염무웅의 비평은, 제목에서 이미 알 수 있듯이, 독일의 시론, 음악론, 미술론 등을 통해 현대예술이 성립한 과정을 살펴보고, 이를 문학의 현대성 탐구에 접목시킨 것이었다.

이처럼 『산문시대』의 비평은 1960년대 한국문학의 구체적 성과에 대한 비평적 실천으로서의 의미보다는 서구의 현대성 이론에 절대적으로 기대어 비평이론을 정립하고자 했다. 다시 말해 외국문학이론을 통해서 비평의 본질과 현대성의 방향을 찾고자 한 것이다. 김치수가 장용학을 대상으로 구체적 텍스트 분석을 시도하긴 했지만, 그 역시 방법론에 있어서는 프랑스 문학의 기준을 벗어나지 못함으로써 한국문학비평의 서구이론 인용콤플렉스라는 결정적 한계를 그대로 답습하고 있었던 것이다. 결국 『산문시대』의 비평적 지향점은 당대의 구체적 현실이 아니라 서구

7) 『문학과지성』이 서울대 문리대를 중심으로 한 외국문학 전공자들의 연합체적 성격을 지니게 된 것은 『산문시대』를 창간하던 무렵부터 이미 형성된 토대였다. 따라서 염무웅을 제외하고 이들 대부분은 『문학과지성』의 창간에 직접적으로 관여하거나 주요 필자로 활약하면서 『문학과지성』의 역사에 크게 영향을 미쳤다고 할 수 있다. 이에 대한 자세한 내용은, 김승옥, 「『산문시대』 이야기」, 『내가 만난 하나님』, 작가, 2004 참조.

이론 그 자체였으며, 특히 서구 이론의 주된 관심사였던 현대예술의 특징이라는 이론적 주제에 집중되었다고 할 수 있다. 이러한 특성은 『산문시대』에 수록된 소설들이 취하고 있는 문학적 태도, 즉 의식의 분열이나 부조리한 인간 조건 등을 이해하는 중요한 이론적 바탕이 되기도 한다.[8)]

> 진정한 비평은 진정한 비평 정신에서 시작한다. 이 비평 정신을 이해하기 위해 우리는 플라톤의 비유를 계속하자.
>
> 동굴 속의 수인—그들은 태초와 같은 짙은 어둠을 묵묵히 감내하며 동굴 속에 앉아 있었을 것이다. 이 어두움 속에서 수인들은 무(無)와 다름없었기 때문이다.
>
> 어느 날 이 수인 중에 일일이 벽면 위에 비치는 어슴푸레한 실체의 영상을 보기 시작했을 것이다. 여기서 어둠 속에서 무이던 수인들은 '그러므로'라는 자기 주장을 통해 외부와 교통하기를 시작한 것이다. 광선의 근원—이것이 수인에게는 진정한 비평 정신을, 벽면에 비친 영상을 이해하려는 노력을 일깨워주었던 것이다. 이 영상의 출현—그것을 우리는 프랑스 대혁명에서 찾아볼 수 있다.
>
> 억눌린 자아의 발견, '그러므로'를 말한 의욕과 자유—그것은 프랑스 혁명(1789)을 통해 이루어진 것이다. (…중략…) 일군의 사람들 중에서 자기를 말할 수 있는, 비록 그것이 거짓일망정 '그러므로'를 외칠 수 있는 그런 자유를 말하고 있는 것이다. 자기라는 것이 '그러므로'의 주체로 등장하지 못하고, 타율적인 '~이다'라는 단정적인 어미에 의한 '그러므로'의 박탈—이러한 질식할 듯한 사회에서의 탈출, 의식이 제거된 인간에게서의 탈출을 이 혁명은 우리에게 고해주었던 것이다. 그러므로 1789년 7월 14일 바스티유 감옥의 파괴는 이런 자아의 발견에 대한 자유라는 종을 향한 하나의 난타였던 것이다.[9)]

김현의 문학적 지향은 '기독교적 원죄의식'에 뿌리를 두고 있었다. 즉 그에게 문학은 금지와 욕망의 문제를 동시에 밀고 나가는 방법적 기제였는데, 그는 문학을 통해 이러한 욕망을 공동체의 문화적 행위로 만들려

8) 서영인, 「『산문시대』와 새로운 문학장(場)의 맹아」, 『한국문학이론과 비평』 제34집, 한국문학이론과 비평학회, 2007.3, 287면.

9) 김현, 「비평고(1)」, 『산문시대』 제2호, 215면.

고 노력하였다. 따라서 그의 문학적 관심은 기독교의 신성성을 수용하되 그 금지 체계를 재편하려는 범인류적 삶의 양태로 확대되어,[10] 종교적 신성성에 속박되어 있는 중세적 가치를 근대적 합리주의로 이행시켰던 유럽의 계몽주의를 새로운 문학의 토대로 삼았다. 특히 김현은 "진정한 비평 정신"으로서의 계몽적 합리주의의 근거를 "프랑스 대혁명"에서 찾고 있는데, 이는 그의 문학적 토대가 불문학에 바탕을 두고 있었다는 사실과 전혀 무관하지 않을 것이다. 즉 금욕적 합리주의로부터 세속적(인간주의적) 합리주의로의 이행의 근거를 프랑스의 근대문학, 더 정확히는 그것을 가능케 하였던 프랑스의 역사에서 찾고자 했던 것이다.[11]

김현의 문제의식에서 특별히 주목할 점은, 그가 프랑스 대혁명의 성과에서 가장 중요하게 평가하는 것이 "억눌린 자아의 발견"에 있었다는 사실이다. 즉 혁명이 당대의 사회구조를 얼마나 혁신시켰는가 하는 외적 변화의 양상보다는 혁명의 성과로 인해 억압된 개인의식이 어떻게 표면화되었는가와 같은 내적 문제에 더욱 천착하였던 것이다. 하지만 혁명이 개인으로서의 주체적 비평의식을 성숙시키는 중요한 계기로 작용한 것은 분명한 사실이지만, 그렇다고 해서 이러한 개인성의 발견이 당대의 정치사회적 구조와 전혀 무관한 자리에서 형성된 것은 결코 아니라는 사실을 간과해서는 안 된다. 결국 김현의 프랑스혁명에 대한 이해는 투철한 역사의식에 기반을 둔 것이라기보다는 현저하게 문화사적인 혹은 정신사적인 측면으로 기운 한계를 지녔다고 평가할 수 있다.[12] 다시 말해 김현의 혁명에 대한 이해는 실천적이기보다는 관념적이고 관조적인 성격을 강하게 드러내는데, 이러한 편향성은 이후 『문학과지성』의 문학관이 개인의 자율성을 무엇보다도 강조하는 '자유주의문학론'으로 정립되는 정신사적 토대가 되었다.

10) 이인성, 「죽은 앞에서 낙타 다리 씹기」, 『문학과사회』, 1990년 겨울, 1462면.
11) 이명원, 『타는 혀』, 새움, 2000, 61면.
12) 위의 책, 63면.

이러한 김현의 비평의식은 그의 등단작인 「나르시스 시론」[13]에서 이미 제시된 바 있다. 즉 「비평고」에서 비유적으로 제시되어 있는 '동굴 속에 갇힌 수인(囚人)'이 바로 '나르시스'인 것이다. 나르시스가 그 자신의 내면 속에서 욕망을 느끼고 우물로 향했던 것처럼, 동굴 속의 수인 또한 욕망의 존재 — 동굴의 벽면에 비친 거대한 영상 — 를 느끼고 실재를 찾으려 했는데, 이러한 두 지향성은 모두 분열된 자기의식을 통합함으로써 자기동일성을 정립하려는 자아의 내적 욕망에 다름 아니라는 것이다. 왜냐하면 '그러므로'를 되풀이하는 비평 행위는 현실과 비평적 주체 사이의 간극을 넘어서는 일이며, 그것은 현실을 규정하는 비평 주체의 자유로운 자기의식의 표출에 의해서 가능하기 때문이다.[14] 문제는 이러한 자기의식의 표출이 배타적인 자기중심성으로 변질될 소지가 너무 많다는 점인데, 김현의 비평이 결국에는 자기동일성의 폐쇄적 나르시시즘에 빠져버리는 이유도 바로 여기에 있다. 그 결과 『문학과지성』의 자유주의문학론은 참여문학이라는 타자를 철저하게 배제하거나 부정함으로써 폐쇄적이고 고립적인 순수문학론의 논리로 귀결되고 마는 것이다.

3. 역동적 상상력과 현실초월의 시론

『사계』는 1966년 황동규 · 박이도 · 정현종 · 김화영 · 김주연 · 김현 등의 주도로 발간된 시 전문 동인지이다. 이는 소설 전문 동인지인 『산문시대』를 의식한 결과였다고는 하지만, 『산문시대』의 기본 정신이 '시 정

13) 김현, 「나르시스 시론」, 『자유문학』, 1962.3. 본고에서는 『김현문학전집』 제12권, 문학과지성사, 1992에서 재인용.
14) 김형수, 「김현 문학비평 연구」, 창원대 박사논문, 2002, 25~27면 참조.

신에 의한 산문'이었다는 점에서 『산문시대』와 『사계』는 차별성보다는 오히려 연속성의 관점에서 이해하는 것이 타당할 듯하다. 『사계』에 발표된 평론은 김주연의 「시와 진실」(1집), 「시와 인식」(2집), 「시에서 '참여'의 문제」(3집)와, 김현의 「상상력의 두 경향」(2집), 「'고은'의 상상적 세계」(3집)가 있다. 김주연·김현의 평문이 모두 시론 혹은 시인론에 집중되어 있다는 점에서 짐작할 수 있듯이, 『사계』의 비평은 『문학과지성』의 형성과정에서 시론을 정립하는 데 상당한 영향을 미친 것으로 보여진다. 특히 김현의 시론은 말라르메와 바슐라르의 상상력 이론에 절대적으로 기대고 있는데, 초월세계와 현실세계의 이원론적 대립을 통해 상상력을 창출하는 상징주의적 세계관에 바탕을 두고 있었다. 여기에서 상상력은 현실세계와 초월세계를 소통시키는 매개체로 작용하는데, 그것은 상징과 이미지라는 언어를 통해서 실현된다. 김현이 말라르메의 '암시의 미학'을 시적 사유의 본질로 삼고 있는 이유도 바로 여기에 있다.

암시의 미학은 실재계와 현상계의 이원론적 구조 안에서 주술적 언어를 통해 실재에 도달하는 과정을 가장 중요한 목표로 삼는다. 그런데 주술적 언어는 생성의 끝을 제거하고 본질로서 모든 것을 파악하려 하므로 시인이 받은 인상은 우리에게 직접적으로 전달되지 않는 것이 일반적이다. 따라서 시의 언어는 애매모호성을 띨 수밖에 없는데, 김현은 이러한 암시의 미학을 통해 소위 '언어파'로 불리는 기교주의 모더니즘 시의 이론적 토대를 마련하는데 상당한 공을 들였다.[15] 이처럼 김현이 『사계』를 통해 발표한 프랑스 상징주의 시론의 수용은 사실상 『문학과지성』이 추구한 시론의 배경이 되었다고 할 수 있는데, 특히 상상력의 강조는 『문학과지성』 시론의 핵심이라고 해도 과언이 아니다.

김현은 「상상력의 두 경향」에서 상상력을 동적 이미지를 산출하는 능력과 형태적 이미지를 산출하는 능력의 둘로 나누고 있다. 즉 동적

15) 김현, 「시와 암시」, 『현대한국문학전집』 제18권, 신구문화사, 1967 참조. 본고에서는 『김현문학전집』 제3권, 문학과지성사, 1991에서 재인용.

이미지와 형태적 이미지는 상상력이 나타나는 두 가지 패턴이라고 보는데, 이는 바슐라르의 상상력 이론을 그대로 수용한 것이나 다름없었다. 바슐라르에 의하면 우리 내부에 존재하는 존재 생성의 힘이 바로 진정한 의미에서의 상상력인데, 상상한다는 것은 현실을 떠나는 것이며 새로운 삶을 향해 돌진하는 것이기 때문에, 상상력은 하나의 상태가 아니라 인간의 존재 그 자체라고 보았다. 그리고 '있는 그대로'의 형태적 상상력과 '있어야 하는 의지'의 구현으로서의 물질적 상상력(역동적 상상력)을 구분하였는데, 여기에서 김현은 역동적 상상력을 우리 시의 미래를 사유하는 가장 중요한 원리로 삼고 있다. 역동적 상상력은 우리를 미래로 내던지는 것으로, 현실초월의 의지를 실현하는 욕망으로서의 상상력이라고 할 수 있기 때문이다.[16)]

> 상상력은 동적 이미지를 산출하는 능력과 형태적 이미지를 산출하는 능력의 둘로 나누어질 수 있다. (…중략…) 동적 이미지와 형태적 이미지는 상상력이 나타나는 두 가지 패턴이다. (…중략…) 형태적 이미지를 통해 상상력이 작용하는 경우는 일반적으로 개인의 생활과 밀접한 관련을 맺고 있다. 특히 생활에 필요한 이상의 물건들을 소유해본 사람이나 생활에 필요한 만큼의 물건을 소유해보지 못한 경우에 특히 그렇다. (…중략…) 그러한 물건들의 모습은 그런 사람들의 정신 깊숙이 인각되어, 하나의 콤플렉스를 형성한다. (…중략…)
>
> 반대로 우리가 동적 이미지를 산출하는 상상력이라고 부르는 경우에 있어서는 경험의 극점이 형태를 얻고 나타나지 않는다. 그것은 정신의 안벽을 격렬하게 스쳐지나간 '어떤' 힘에 의해 자극될 뿐이다. (…중략…) 육체적으로, 정신적으로 어느 정도의 만족을 얻을 수 있을 때는 물건이란 있어도 좋고 없어도 좋은 것에 속한다. 그때에는 다만 정신의 안벽을 스쳐가는 감정의 질감만이 문제된다. 생활은 그들에게 콤플렉스를 형성시켜주지 않는다. (…중략…) 형태적으로 이미지를 구축하는 상상력을 소유한 사람들이, 있었던 단계에서 없었던 단계로, 없었던 단계에서 있었던 단계로 변화하고 전이됨으로써 생활

---

16) 김현의 바슐라르 수용에 관한 자세한 내용은, 곽광수 · 김현, 『바슐라르연구』, 민음사, 1976 참조.

의 콤플렉스를 느끼는 것과는 반대로, 동적으로 이미지를 구축하는 상상력을 소유한 사람들은 그러한 전이의 단계를 거치지 않고 계속 살아옴으로써 생활에 콤플렉스를 느끼는 것보다는 오히려 형이상학적이고 질적인 것, 정신을 구속하는 어떤 힘에 콤플렉스를 느낀다.17)

우리가 어떤 작가나 시인의 '상상적 세계'를 말할 때, 단순히 '상상적인 것'만의 나열을 의미하지는 않는다. 상상적인 것의 편향 같은 것을 우리는 숱한 창작가에게서 발견하는데, 고전적 프로이트학파들은 그것을 콤플렉스라고 부르고 있다. 이 콤플렉스란 상상력을 계속 자극하는 압력 단체 비슷한 역할을 하고 있는데, 그것은 '과거의 이미지'의 강요를 말하지는 않는다. 그것은 일종의 의식의 편향이어서, 그것을 내보일 수는 없다. 다만 결과로서 우리는 그것의 유무를 짐작할 따름이다. 이 콤플렉스는 최근의 비평가들, 상상력의 세계를 파고들어감으로써 작가의 가장 내면한 곳까지 도달하기를 원하는 비평가들에 의해 '원초적 경험'이라는 개념으로 바뀌어져 왔다. 이미지란 '상상적인 것'이며, 여러 개의 되풀이되는 이미지란 그것을 창조한 자의 원초적 경험과 밀접한 관계를 맺고 있다는 게 그들의 압축된 주장이다.18)

인용한 두 글에서 공통되는 점은 상상력의 동인(動因)으로 '콤플렉스'를 언급하고 있다는 점이다. 특히 이 콤플렉스를 생활에서 비롯된 것으로 보지 않고 그것으로부터 멀리 떨어진 형이상학적이고 정신적인 것의 작용으로 보았다는 점을 주목할 필요가 있다. 물론 이러한 해석은, 김현이 이미 밝힌 대로 프로이트의 고전적 정신분석이론에 근거를 두고 있으므로 특별히 새로울 것은 없다. 문제는 이러한 서구 이론의 편향된 수용이 『문학과지성』의 비평적 토대로 자리 잡았다는 점이다. 즉 생활과 현실을 외면한 자리에서 오로지 개인의 의식만을 강조하는 편향성이 『문학과지성』 시론의 절대적인 논리로 체계화되었다는 사실을

17) 김현, 「상상력의 두 경향」, 『사계』 제2호, 1967. 본고에서는 『김현문학전집』 제3권, 앞의 책, 82~84면에서 재인용.

18) 김현, 「고은의 상상적 세계」, 『사계』 제3호, 1968. 본고에서는 「시인의 상상적 세계—고은론」, 『김현문학전집』, 위의 책에서 재인용.

비판적으로 바라보지 않을 수 없다. 당시 김현의 시론은 김춘수의 시를 미적 전범으로 삼았다. 그래서 그는 "그때 나는 말라르메에 미쳐있을 때였기 때문에 그의 「꽃」 연작은 특히 깊은 감명을 주었다. 그의 "이름도 없는 것"이 그 당시의 나에게는 말라르메의 대문자로 표기되는 한 권의 책처럼 이해되었다"[19]라고 고백하기도 했다. 또한 김현은 「존재의 탐구로서의 언어」[20]에서, 존재와 언어에 대한 김춘수의 탐구야말로 주술의 언어, 무언의 언어를 통해 부재하는 영원의 세계를 발견하려는 말라르메의 시의식에 맞닿아 있다고 보았다. 존재하는 사물을 선택하는 것이 아니라 그 사물이 지시하는 언어를 선택한다는 점에서 김춘수야말로 가장 말라르메적인 시인이라고 평가했던 것이다. 다시 말해 김춘수의 「꽃」은 언어가 곧 존재라는 말라르메 시학의 핵심에 가장 근접한 시라고 평가함으로써 『문학과지성』의 시학이 추구해야 할 현실초월적 언어미학의 방향으로 삼았던 것이다.

이처럼 『문학과지성』의 시론은 김현의 초기 시론으로부터 상당히 많은 영향을 받았다고 할 수 있다. 김현은 현실세계를 고통스러운 곳으로 파악했고, 고통스런 현실세계에서 행복은 부재할 수밖에 없다고 인식했다. 그러나 부재한 현실 속에서만 행복을 추구할 수 있다는 역설적 사유를 통해 유토피아에의 욕망을 꿈꾸는 것을 그의 시론의 궁극적인 방향으로 삼았다. 상징과 이미지를 우리 시문학의 표상으로 정립했다는 점에서 그의 시론은 유토피아 지향적이고 현실초월 지향적이다. 이러한 시론의 방향은 당시 시와 현실의 직접적 관계를 표명한 현실주의 경향의 시 혹은 시론들과는 완전히 다른 지점에 있었다. 현실을 고통스러운 곳으로 인식한다는 점에서만 같을 뿐 고통스런 현실에 맞서는 방법에 있어서는 전혀 다른 길을 선택하였던 것이다. 이때부터 김현을 중심으로 한 〈문학과지성〉 에콜은 『창작과비평』과 구별되는 자신들만의 문학

19) 김현, 「김춘수를 찾아서」, 『김현문학전집』 제3권, 문학과지성사, 383면.
20) 『세대』, 1964.7.

장(場)을 구축하려 했던 것으로 보여지는데, 문학의 기능성이 아닌 문학의 존재성을 무엇보다도 강조한 것 역시 『창작과비평』에 대한 대타의식의 결과라고 할 수 있다.

4. 전후비평의 극복과 세대론적 비평전략

『68문학』은 1969년 1월 한명문화사에서 간행된 것으로, 김승옥 · 김주연 · 김치수 · 김현 · 박태순 · 염무웅 · 이청준 등이 편집동인으로 참여하였다. 창간호가 종간호가 된 1집에는, 박상륭 · 박태순 · 이청준 · 홍성원 등의 소설과 김화영 · 박이도 · 이성부 · 이승훈 · 정현종 · 최하림 · 황동규 등의 시, 그리고 김병익 · 김주연 · 김치수 · 김현 · 염무웅 등의 평론이 발표되었다. 특히 평론 필자의 경우 『68문학』 이후 『창작과비평』으로 자리를 옮기는 염무웅을 제외한 네 사람이 『문학과지성』의 창간 동인인 소위 4K였다는 점에서, 『68문학』은 사실상 『문학과지성』의 전단계적 성격을 지녔다고 할 수 있다. 즉 동인들과 필자들의 면면에서 알 수 있듯이, 『68문학』은 『산문시대』와 『사계』의 성과를 아우르고 종합함으로써 『문학과지성』 창간의 밑그림 역할을 한 것으로 보여진다.

『68문학』에 발표된 「한국비평의 가능성」에서 김현은, 4 · 19세대로서의 자신의 비평의식을 전후세대의 비평의식과 분명하게 차별화하려는 세대론적 비평전략을 표방하였다. 여기에서 그는 55년대 비평가와 65년대 비평가를 양분하는데, 앞세대에 속하는 이어령 · 이철범 · 유종호 등의 전후세대 비평가들에 대해서는 혹독한 비판을 하는 반면, 뒷세대인 백낙청 · 염무웅 · 김치수 · 김주연 등 소위 4 · 19세대 비평가들에게서 새로운 비평의 가능성을 찾고 있다는 점에서 상당히 차별적인 의식을 드러냈다. 이는 전후세대 비평가들이 지향하는 휴머니즘의 추상성을 비판하고 이들을 배제함으로써 자신들의 세대를 부각시키려는 세대론적 인정투쟁의 양상을 노골적으로 드러낸 것으로 볼 수 있다.

> 이어령씨의 앙가주망은 본질적으로 '인간성 옹호'라는 것이었고, 그래서 나중에 상징소설예찬가로 변모할 소질을 마련하고 있었지만, 그 인간성이 어떤 편차를 가지고 나타나는가에 대한 탐구의 흔적을 보여 주지 않고 있었으며, 이철범씨는 역사적 실존이라는 거창한 문제를 쥐고 있었으면서도 작품을 통해 그 문제를 검증하고 비판하고 확대시켜 나가려 하지 않았으며, 유종호씨는 언어 미학의 구극을 가는 것을 포기하고 '조심스러운 급진주의자'가 되었다. 이것은 55년대 비평가의 장단점을 스스로 드러낸다. 어떠한 자의 어떠한 비난에도 불구하고, 비평사의 입장에서 본다면, 어느 한 관점을 스스로 수락함으로써 딴 많은 것을 배척하려 했다는 점에서 그들의 집단적이지만 개별적인 노력은 상당한 중요성을 획득한다. 그들의 평문은 저질의 것이든, 고질의 것이든, 자신을 확정지으려는 '비평의식'을 가진 자의 소산이었기 때문이다. 그것은 말하자면 저질의 정실비평에 대한 도전이 아니었겠는가. 그러나 그들이 내보인 치명적인 약점은 그들 자신이 문제를 설정하고 그것을 해결해 나가려고 애를 쓰다가 부딪친 문제, 혹은 반드시 부딪쳤어야 했을 문제의(고의적이건 무의식적이건) 방기이다. (…중략…)
>
> 시대의 추이에 항상 신경질적인 반응을 보이는 이어령씨는 '인간성 옹호'의 측면에서, 소비문화의 비평이며 세련된 감수성을 요구하는 안정된 사회의 비평인 신비평으로 자리를 옮기는데 (…중략…), 그 자신이 반드시 부딪쳤어야 했을 보편적 인간성의 편차라는 문제, 혹은 상징소설의 개별적 편차라는 문제를 스스로 방기한다. (…중략…) 유종호씨는 아르놀트 하우저의 전면적인 영향 밑에 사회학적 비평으로 길을 바꾸지만, 예를 들면 서정주류의 언어마술에 대한 구극적 탐구를 스스로 포기하고, 그 포기의 이유로서 역사에의 의지를 들고 있다. 언어에 대한 찬탄이 역사에의 초속주의라는 비난으로 급속스레 뒤바뀌는 것이다. 이철범씨의 경우는 예의 오문(誤文)과 작가에 의한 검증의 삭제를 역시 계속한다. 이러한 약점 때문에 이어령씨의 스타일연구와 상징분석(혹은 이미지분석), 유종호씨의 상황 속에서의 역사에의 의지, 이철범씨의 정치소

설에 대한 계속적인 집념은 그 뒷세대의 평론가들에 의해, 많은 공명을 얻으면서도 일말의 회의를 감수하게 된다.[21]

김현은 55년대 비평가들의 '비평의식', 즉 정실비평에 대한 도전이라는 문제의식에 대해 일면 긍정적으로 평가하기도 한다. 즉 55년대 비평가들은 김동리, 조연현 등이 주축인 구세대 문인들에 대한 전면적인 비판을 통해 한국문학의 새로운 길을 제시하고자 했다는 점에서 비평가로서의 뚜렷한 자의식을 지니고 있었다고 보았던 것이다. 하지만 김현은 55년대 비평가들이 이러한 자신들의 비평의식을 철저하게 지켜내지 못한 채 현실적으로 부딪치는 여러 가지 문제들을 외면하거나 방기하고 말았다는 점에서 구세대 문인들과 마찬가지로 비판의 대상이 되지 않을 수 없다고 생각했다. 이어령의 경우에는 그가 추구하는 인간성 옹호의 문학에서 인간의 표상이 서구적 보편인으로서의 추상성을 벗어나지 못함에 따라 결국 신비평으로 방향을 전환할 수밖에 없었다는 점에서,[22] 유종호는 언어에 대한 자각이 없는 시인에 대한 비판을 통해 비평가로서의 주체를 정립하지만 한국어의 토착적인 측면에 대한 관심을 보인 그의 비평적 지향이 언어의 구극으로 나아가지 않고 언어의 사회적 측면이라는 사회참여적 비평으로 방향전환을 한 것에 대해서 부정적으로 논평했다. 그리고 이철범의 경우에는 역사의식에 너무 매몰된 나머지 이를 작품을 통해 검증하지 않는다는 점에서 4·19세대 비평이 극복해야 할 대상으로 논의하였다.

이처럼 김현은, 구세대 비평가에 대한 55년대 비평가의 비판은 비평가가 반드시 지녀야 할 주체적 비평의식의 중요성을 부각시킨 것이란 점에서 커다란 의미가 있지만, 이들의 비평의식이 형성된 토대가 불분

21) 김현, 「한국비평의 가능성」, 『68문학』, 1969, 151~152면.

22) 이어령의 비평이 초기 단계에서부터 이미 문학의 형식적·기법적·탈역사적 측면에 대해서 상당한 관심을 가지고 있었다고 보는 시각도 있다. 이동하, 「영광의 길, 고독의 길」, 『한국현대비평가연구』(김윤식 외), 강, 1996, 286면.

명하였기 때문에 이러한 비판적 논의는 단지 하나의 수사에 머무르는 한계를 지녔다고 주장했다. 이에 반해 65년대 비평가는 계몽적 합리주의라는 비평적 토대가 분명했기 때문에 55년대 비평가들의 한계를 넘어서 한국비평의 가능성을 새롭게 열어나갈 수 있는 가능성을 지녔다고 평가했다. 따라서 그는 이러한 가능성의 실현을 위해 65년대 비평가들이 지녀야 할 문제의식을 크게 세 가지 방향에서 제시했는데, 첫째, 순수/참여의 도식적 이분법을 탈피할 것, 둘째, 문학적 상상력에 대한 깊이 있는 천착을 통해 문학적 창조과정을 구체적으로 해명할 것, 셋째, 치밀한 언어학적 분석으로 사회학적 방향과 미학적 방향의 극단화를 지양할 것 등이 바로 그것이다.[23)]

여기에서 반드시 짚고 넘어가야 할 문제는 과연 김현이 주장한 세대론적 차이, 즉 55년대와 65년대로 구분되는 비평의 단절을 어떻게 바라볼 것인가 하는 점이다. 지금까지 우리 비평사는 '65년'이라는 상징적 지점에 짓눌려 1950~65년까지를 '1950년대 비평' 혹은 '전후비평'으로, 1965~70년대까지를 '1970년대 비평'으로 재단해 버림으로써 '1960년대 비평'의 고유한 특질을 배제하거나 소외시키는 비평사의 결락을 초래했기 때문이다. 이는 『문학과지성』의 창간이 1970년에 이루어졌다는 사실과 결코 무관하지 않은 것으로 짐작된다. 다시 말해 1965년을 기점으로 시작된 4·19세대 비평의 가능성이 『문학과지성』이 창간된 1970년에 이르러 비로소 비평적 주체성으로 확립되었다는 세대론적 논리를 두드러지게 부각시키고자 했던 것이다. 이처럼 『68문학』에 구현된 김현의 비평의식은, 전후비평의 타자화를 통한 새로운 비평논리의 정립과 이미 상당한 영향력을 확보하고 있었던 『창작과비평』 중심의 현실주의 비평담론과도 차별성을 지닌 새로운 비평 에콜을 형성하고자 하는 데 있었다.

23) 김현, 앞의 글, 153~156면.

5. 『창작과비평』에 대한 대타의식과 『문학과지성』의 창간

『문학과지성』의 창간은 『68문학』에 결집되었던 비평가들이 『68문학』의 단명 이후 자신들이 주도하여 1966년 창간된 『창작과비평』에 버금가는 계간지를 창간해보고자 했던 열망의 산물이었다. 창간 동인인 김병익의 회고[24]에 의하면, 당시 김현은 1968년에 제기된 순수/참여 논쟁에서 이른바 순수문학론을 옹호하고 있었고, 참여론을 주장하는 『창작과비평』에 맞서 문학적 자율성을 견지할 새로운 동인지가 필요함을 주장하였다고 한다. 한국문학의 새로운 풍토 건설에 남다른 의욕을 가졌던 평론가 김현과 비판적이고 양심적인 지성인의 역할에 대해 깊은 모색을 해온 문화부 기자 김병익이 의기투합하면서 『문학과지성』의 창간은 가시화되었고, 이러한 작업에 공감했던 김치수가 뜻을 같이 하고 1년 뒤 유학에서 돌아온 김주연이 가세함으로써 소위 4K로 불리는 『문학과지성』의 편집동인 체제가 완성되었던 것이다.

앞서 밝힌 대로 1970년 9월 『문학과지성』의 창간은 『68문학』의 연장선상에서 이루어졌다. 4월혁명을 겪은 세대로서의 동질적 체험 속에서 그들은 자신들이 살아가는 당대적 상황을 "위기의 시대"로 파악했고, 이러한 위기는 "샤마니즘적인 것과 관념적인 유희와 비슷한 것이 되는 대로 결합하여 빚어내는 정신의 혼란 상태"에서 비롯된 것으로 보았다. 따라서 이러한 위기를 극복하기 위해서 "건전한 논리의 도움을 얻어 극복하는 길만이 우리에게 주어진 사명"이라는 세대의식의 필요성을 강조했는데, 이를 자유롭게 실천하기 위해서는 무엇보다도 새로운 세대로서의 "정신의 리베랄리즘이 더욱 팽창하"[25]여야 한다고 주장했다. 이러한 『68문학』의 창간정신은 『문학과지성』으로 온전히 이어지면서 더욱

---

24) 김병익, 「김현과 '문지'」, 『열림과 일굼』, 문학과지성사, 1991, 339~341면.
25) 「편집자의 말」, 『68문학』, 5면.

심화되고 성숙되었다고 할 수 있다.

> 이 시대의 병폐는 무엇인가? 무엇이 이 시대를 사는 한국인의 의식을 참담하게 만들고 있는가? 우리는 그것이 패배주의와 샤머니즘에서 연유하는 정신적 복합체라고 생각한다. 심리적 패배주의는 한국 현실의 후진성과 분단된 한국현실의 기이성 때문에 얻어진 허무주의의 한 측면이다. 그것은 문화·사회·정치 전반에 걸쳐서 한국인을 억누르는 억압체이다. 정신의 샤머니즘은 심리적 패배주의와 밀접한 관련을 맺고 있다. 그것은 현실을 객관적으로 파악하여 그것의 분석을 토대로 어떠한 결론을 도출해내는 것을 방해하는 모든 것을 말한다. (…중략…) 현재를 살고 있는 한국인으로서 우리는 이러한 병폐를 제거하여 객관적으로 세계 속의 한국을 바라볼 수 있는 여건이 형성되기를 희망한다. 그러기 위해서 우리는 한국 현실의 투철한 인식이 없는 공허한 논리로 점철된 어떠한 움직임에도 동요하지 않을 것이며, 한국 현실의 모순을 은폐하기 위한 어떠한 노력에도 휩쓸려 들어가지 아니할 것이다. 진정한 문화란 이러한 정직한 태도의 소산이라고 우리는 확신하고 있으며, 그런 의미에서 우리는 정신을 안일하게 하는 모든 힘에 성실하게 저항해나갈 것을 밝힌다.[26]

「창간사」를 통해 짐작할 수 있듯이, 『문학과지성』은 4월혁명의 역사적 의미에 바탕을 두고 한국 현실의 모순을 타개하는 지식인으로서의 실천을 보여줄 것을 다짐했다. 다만 그 실천적 양상이 이념과 현실에 기울어져 있기보다는 지식과 언어에 대한 방법적 탐구에 주력하는 열린 지성의 태도를 견지하였다. 『문학과지성』이 표방한 문학관의 기본적인 틀은 '문학의 자율성 옹호'와 '현실에 대한 분석적 인식'으로 정리된다. 이는 '문학의 자유스러움'을 억압하는 것을 모두 부정함으로써 문학의 자율성을 통해 현실 사회의 모순을 구조적 차원에서 인식하겠다는 의지를 표방한 것이라고 할 수 있다.[27] 즉 『문학과지성』의 창간은 "문

26) 「창간호를 내면서」, 『문학과지성』, 1970년 가을.

27) 정희모, 「문학의 자율성과 정신의 자유로움」, 『1970년대 문학연구』(민족문학사연구소 현대문학분과 편), 소명출판, 2000, 87~88면.

학을 질식시키는 도그마적인 발언에 대한 분노와 새것 콤플렉스로 명명되는 사대주의적 발상에 대한 혐오"에서 비롯되었는데, 『창작과비평』 진영으로 대표되는 참여문학론의 억압적 태도와 주체성을 상실한 외래적 허무주의를 동시에 비판하는 문학적 의지를 드러낸 것으로 볼 수 있다. 하지만 1970년대 『문학과지성』의 정신적 편력 역시 실존적 정신분석, 구조주의, 기호학, 문학사회학 등 서구 비평의 흐름을 특별히 주목한 사실을 통해 볼 때, 과연 그들 스스로가 김현이 그렇게 비판했던 '새것 콤플렉스'로부터 얼마나 자유로울 수 있는지 되묻지 않을 수 없다. 결국 『문학과지성』의 『창작과비평』 비판은 자기모순의 함정으로부터 벗어나기 힘든 것이 사실인데, 이러한 한계는 서구 문학비평의 다양한 방법론을 폭넓게 수용하면서도 정작 한국문학 속에서는 자신들의 방법론을 확실하게 정립하지 못한 데서 비롯된 결과였다고 할 수 있다.[28)]

이러한 『문학과지성』의 태도는 백낙청 · 염무웅 등 당시 참여문학론을 주장한 『창작과비평』 계열의 평론가들과 맞서는 것으로, '구호적 문학'으로서의 현실주의문학론을 '문학의 자율성'으로 대체하는 자유주의 문학론을 표방한 것에 다름 아니다. 이 때문에 4월혁명 이후 견고하게 형성되었던 문학의 사회성과 역사성은 상상력과 언어의 그물에 갇혀 버리는 결과를 초래하고 말았다. 1970년대 이후 우리의 비평사가 자유주의 · 지성주의 노선과 현실주의 · 민중주의 노선의 극단적 대립 양상을 보인 이유도 바로 여기에 있다. 당시 『문학과지성』은 이러한 인정투쟁의 비평전략을 통해 이미 상당한 영향력을 확보하고 있었던 『창작과비평』과 대등한 위치에서 자신들의 문학적 역량과 비중을 동일한 지위로 격상시키려는 음험한 전략을 내재하고 있었던 것이다. 또한 『창작과비평』/『문학과지성』의 관계를 우월/열세의 구도로 바라보는 평단의 분위기에서 비롯된 열등감과 역사와 현실을 배경화하는 『문학과지성』의

28) 홍정선, 「70년대 비평의 정신과 80년대 비평의 전개 양상」, 『역사적 삶과 비평』, 문학과지성사, 1986 참조.

자율성론을 향한 도덕적 비난에 대한 압박감을 역설적으로 해소하려는 치밀한 전략을 은폐하고 있었던 것이다.[29)]

> 구호와 풍문이 지배하는 세계에서 우리는 〈文學〉과 〈知性〉의 言語를 선택하는 것이 가장 성실하고 정직하며 용기있는 決斷이라 생각한다. 우리는 言語가 유령의 소리로 미만한 이 세계에 가장 근원적인 否定의 힘이 되고 그 힘에 의해서만이 진리를 허용하지 않는 이 狀況을 극복할 수 있다고 믿는다. 文學과 知性의 言語探究가 遊戱라는 음흉한 비난이나 逃避란 악의적인 공격을 우리가 결코 용납할 수 없는 것은 참담한 現實에 대한 고통스런 인식과 현실의 迷夢에 함몰할 것을 거부하는 뜨거운 自己選擇의 아픔 때문이다.[30)]

대부분 김현이 쓴 것으로 짐작되는 「이번호를 내면서」에는 당시 『문학과지성』이 표방한 이념과 방향이 아주 명료하게 드러나 있다. 『문학과지성』의 이념은 '고전적 자유론'에 바탕을 둔 '정신의 자유로운 조작' 또는 '자유롭고 진보적인 정신의 태도'로 정리할 수 있다. 도식적이고 성급한 결론이나 쉬운 해답보다는 방법적 성찰의 사고과정을 중시하며, 맹목적 선(善)의지, 도덕적 엄숙주의보다 '고민', 즉 '지성의 방법론적 회의'를 더 우월한 것으로 간주했다. 결국 "구호"나 "풍문"이 아니라 "문학과 지성의 언어"를 선택하는 행위가 바로 "가장 성실하고 정직하며 용기 있는 결단"이라고 보았던 것이다. 그래서 그들은 처음부터 관념적이고 추상적인 순수/참여라는 이분법을 지양·극복해야 할 과제로 삼았는데, 여기에는 『문학과지성』과 『창작과비평』의 관계를 순수/참여의 대립으로 바라보는 평단의 태도를 극복하겠다는, 그래서 『창작과비평』과의 관계를 배타적 대립관계가 아닌 변증법적 상호관계로 규정하려는 현실적인 의도가 내재되어 있었다.[31)]

---

29) 황국명, 「〈문학과지성〉의 도식적 기술체계 비판」, 『〈문학과지성〉 비판』, 지평, 1987, 57면.
30) 「이번호를 내면서」, 『문학과지성』, 1973년 여름, 259면.
31) 이에 대한 자세한 논의는, 황국명, 위의 글 참조.

『문학과지성』은 그 스스로가 타자의 권위에 절대적으로 기대고 있으면서도 정작 타자를 평가하는 데 있어서는 본질을 의도적으로 왜곡하거나 악의적으로 재단해 버리기 일쑤였다. 『창작과비평』과의 관계만 놓고 보더라도, 실제 비평에서는 『창작과비평』의 현실주의 비평의식에 대해 상당히 비판적인 입장을 취하면서도, 담론전략에서는 "보족성", "실천/이론의 종합"과 같이 상호보완적이고 절충적인 비평의식을 강조하는 자기모순을 드러냈던 것이다. 결국 그들은 이러한 비평전략을 실현시키기 위해 편집동인들 간의 의식적인 제휴를 통해 우리 비평사에서 전무후무한 폐쇄적 에콜의 전형을 창출했다. 명분상으로는 언제나 열림과 대화 그리고 다양성을 강조하면서도, 실제로는 어떠한 이견이나 편차도 용납하지 않는 철저한 폐쇄적 구조로 내부의 결속력을 다지고자 했던 것이다. 이러한 그들의 인정투쟁 전략은 결과적으로는 아주 유효했다고 할 수 있는데, 그 결과 『문학과지성』은 명실공히 문학권력으로서의 특권적 지위를 확보하게 되었고, 1970년대 이후 한국문학지형은 『문학과지성』/『창작과비평』의 대립 구도로 도그마화되는 양상을 고착화시키고 말았다.

6. 김현 비판과 1960년대 비평의 객관적 성찰

지금까지 김현의 비평을 1962년 『산문시대』의 창간에서부터 1970년 『문학과지성』의 창간에 이르는 과정을 중심으로 살펴보았다. 앞에서 살펴봤듯이, 김현의 비평은 『문학과지성』의 정신사적 계보를 통시적으로 이해하는 상징적 기표로 작용했다고 해도 과언이 아니다. 또한 1960년대 우리 문학비평사의 하나의 축인 자유주의문학론의 이론적 토대로서의 역할을 담당함으로써 전후비평을 타자화하는 4·19세대 비평의 구심점이 되었다고 평가할 수 있다. 즉 『창작과비평』 중심으로 전개되어 온 1960년대 현실주의 문학비평사의 흐름에 맞서는 비평사의 건전한 대립과 갈등을 불러일으킴으로써, 구세대 비평과 전후비평을 동시에 뛰어 넘어 비평사적 성숙을 가져오는 결정적 역할을 했다고 할 수 있는 것이다. 이런 점에서 김현의 비평은 1960년대 우리 비평사를 이해하는 중심축이 되기에 충분하고, 이러한 비평사의 흐름은 『문학과지성』의 형성과정에 김현의 비평이 끼친 영향관계를 해명함으로써 더욱 분명하게 밝혀질 수 있을 것이다.

그런데 문제는 김현과 『문학과지성』의 관계를 이해하는 데 있어서 〈문학과지성〉 에콜이 지나치게 김현을 신비화하고 특권화함으로써 이와 같은 비평사의 객관성을 일시에 무너뜨린다는 데 있다. 다시 말해 〈문학과지성〉 에콜이 지향하는 김현을 향한 과도한 찬사는 1960년대 우리 비평사의 공과에 대한 객관적인 비판과 분석을 봉쇄해 버림으로써, 오로지 4·19세대 비평의 위상을 과장하고 김현 비평의 의미를 신화화하는 주관적 오류를 더욱 심화하고 있는 것이다. 비평사 연구의 방향이 과거의 비평 혹은 비평가들의 작업에 대한 객관적인 성찰을 토대로 비평의 현재적 위상과 의미를 새롭게 밝혀내는 것임은 누구나 다 아는 상식이다. 그럼에도 불구하고 아직도 우리 비평사 연구에 있어서 1960년대의 의미는 이러한 객관적 성찰과는 무관하게 특정 에콜에 대한 찬사 일변도로 이루어지고 있다는 사실을 결코 간과해서는 안 된다. 『창작과비평』이 『한양』과 『청맥』의 비평적 성과를 의도적으로 지워나가면서 자신들의 위상을 세워나갔다면, 『문학과지성』은 『창작과비평』의 위상에 편승해 자신들의 헤게모니를 구축해 나가는 전략을 지니고 있었다고 할 수 있다. 따라서 두 매체는 1960년대 우리 비평의 의미 있는 지류를 거의 대부분 외면하거나 배제함으로써 사실상 당대의 비평적 쟁점들을 독점하는 막강한 권력을 누려온 것이 사실이다.

김현과 『문학과지성』의 관계는 거의 절대적이라고 해도 과언이 아니다. 하지만 앞으로의 김현 연구는 이러한 특별한 관계 속에 매몰되어 그의 비평을 오로지 『문학과지성』 안에만 갇혀 있게 해서는 안 된다. 그의 비평은 1960년대 비평의 객관적인 장 속에서, 그리고 지금 우리 비평의 현재성 속에서 다시 논의되어야 하고 그 의미 또한 재구성될 필요가 있다. 『산문시대』에서부터 『68문학』 이르는 그의 비평적 여정은 분명 『문학과지성』의 창간으로 나아가는 예비적 단계로서의 의미를 지니고 있음에 틀림없다. 하지만 이러한 『문학과지성』의 계보는 1960년대 우리 비평을 객관적으로 성찰하는 데서 더욱 중요한 의미를 찾을 수 있다. 지금 우리 비평사 연구에 있어서 김현 비판이 더욱 절실한 이유도 바로 여기에 있다. 김현 비판은 단순히 한 비평가에 대한 비판의 차원을 넘어서 1960년대 우리 비평을 쟁점적으로 분석하고 이해하는 핵심적인 텍스트임에 틀림없기 때문이다. 이제 우리 비평사 연구의 방향은 김현의 비평을 『문학과지성』의 것으로 한정시키지 말고 1960년대 한국문학비평사가 공유해야 할 중요한 대상으로 그 외연을 넓혀야 할 것이다.